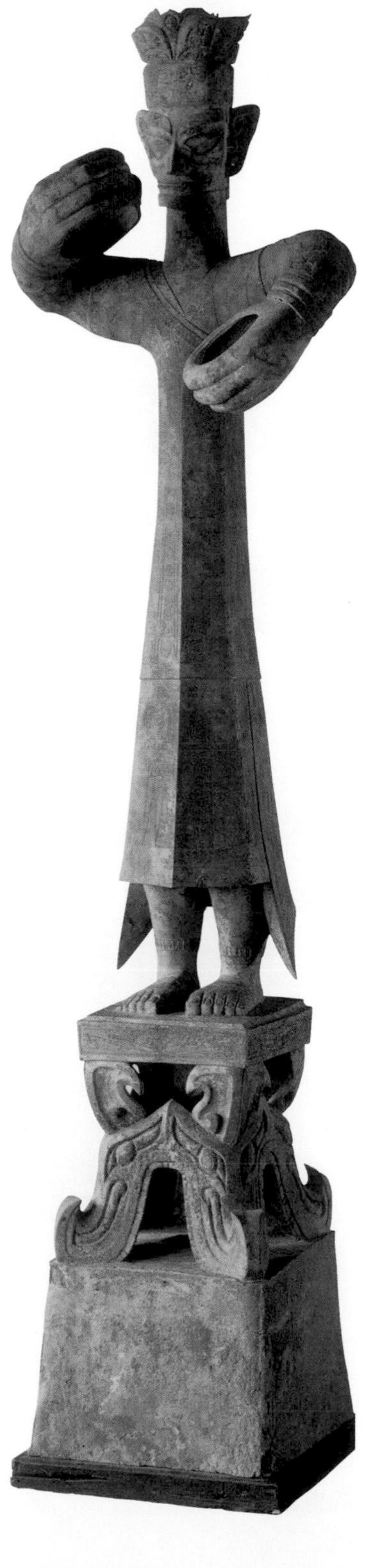

三星堆遺址出土的青銅大立人

1 | 2

3

1 三星堆遺址出土的戴冠青銅縱目面具
2 三星堆遺址出土的青銅面具
3 三星堆遺址出土的青銅縱目面具

1	2
3	4

1 三星堆遺址出土的圓頭頂、戴椎髻青銅人頭像
2 三星堆遺址出土的金面青銅人頭像
3 三星堆遺址出土的平頂青銅人頭像
4 三星堆遺址出土的金面平頂青銅人頭像

1 2
3

1 三星堆遺址出土的青銅鳥頭
2 三星堆遺址出土的青銅龍柱形器
3 三星堆遺址出土的鑲綠松石銅虎

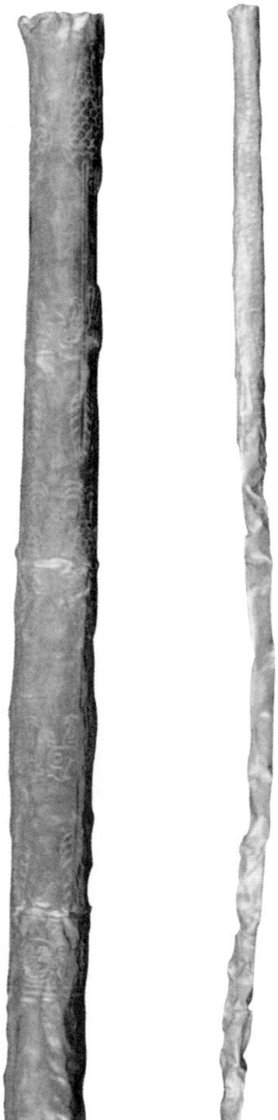

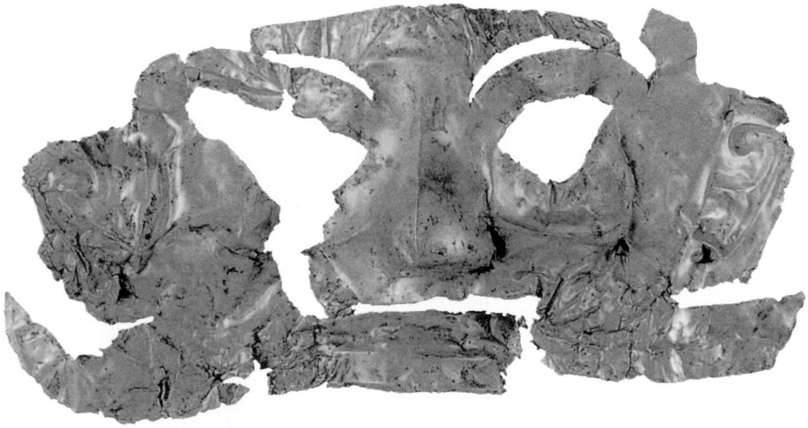

1	2
	3

1 三星堆遺址出土，代表最高權力的金杖

2 三星堆遺址出土的金面罩

3 三星堆遺址出土的金虎。出土時原被裝在一號祭祀坑第 11 號青銅人頭像內，在室內整理時才從銅頭中取出

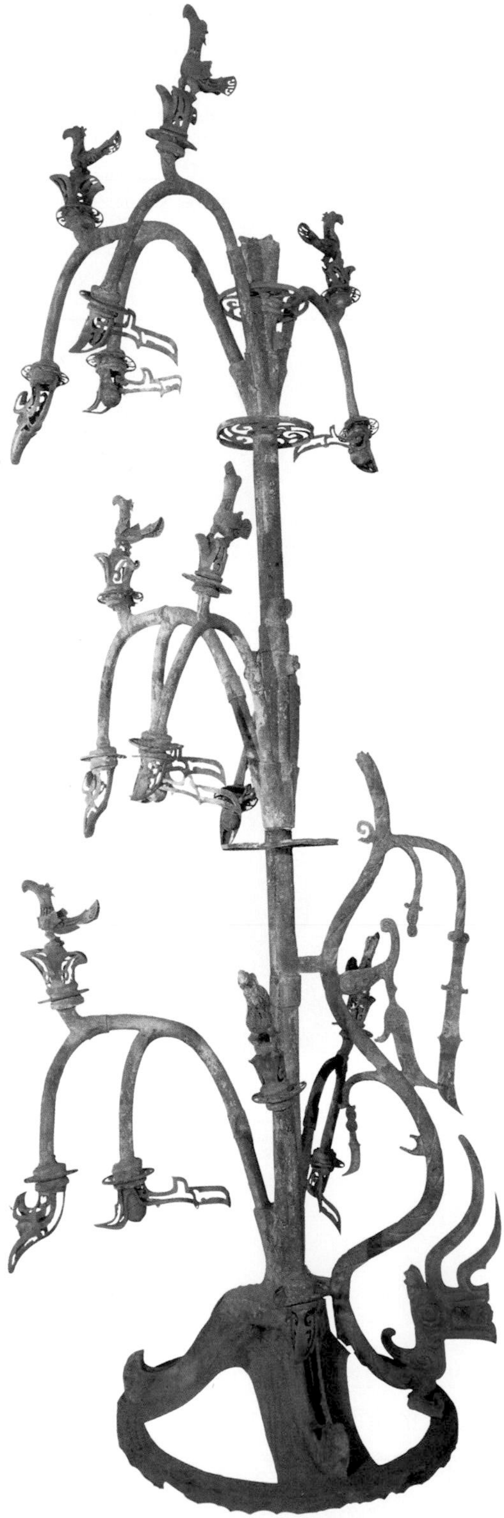

三星堆出土的青銅神樹

1	2
	3
	4

1 金沙遺址出土的金面具
2 金沙遺址出土的「四鳥繞日」金飾，2005 年被確定為中國文化遺產標徵
3 金沙遺址出土的金箔蛙形飾
4 金沙遺址出土的金腰帶

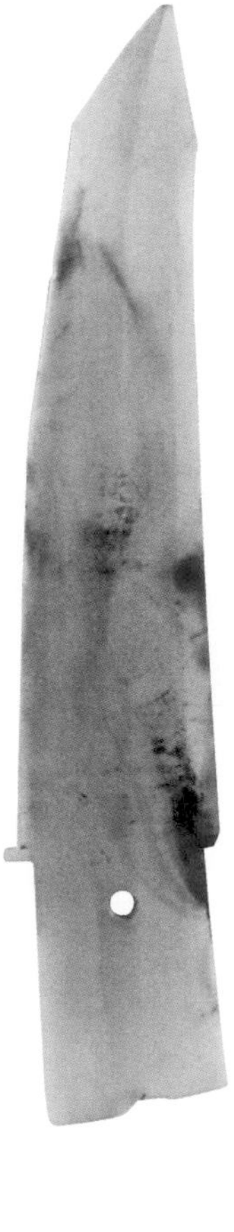

1 | 2 | 3 | 4

1 金沙遺址出土的玉戈
2 金沙遺址出土的玉鑿
3 金沙遺址出土的玉璋
4 金沙遺址出土的玉琮

岳南 著

天賜王國

三星堆、金沙遺址發現之謎

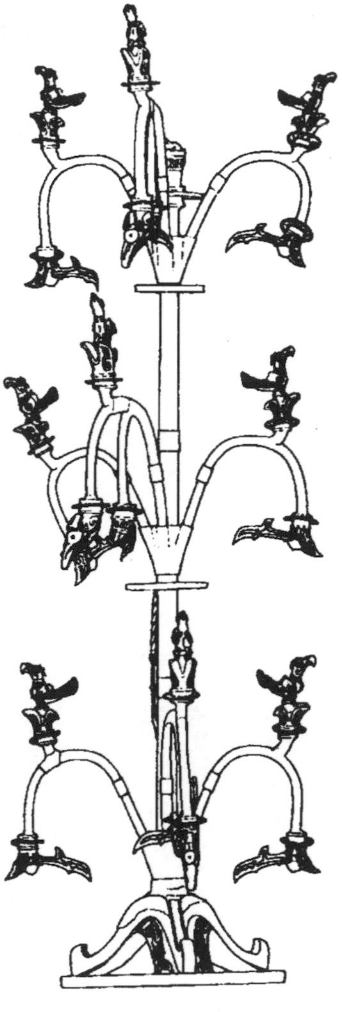

出版緣起

王榮文

‧歷史就是大個案

《實用歷史叢書》的基本概念，就是想把人類歷史當做一個（或無數個）大個案來看待。

本來，「個案研究方法」的精神，正是因為相信「智慧不可歸納條陳」，所以要學習者親自接近事實，自行尋找「經驗的教訓」。

經驗到底是教訓還是限制？歷史究竟是啟蒙還是成見？——或者說，歷史經驗有什麼用？可不可用？——一直也就是聚訟紛紜的大疑問，但在我們的「個案」概念下，叢書名稱中的「歷史」，與蘭克（Ranke）名言「歷史學家除了描寫事實『一如其發生之情況』外，再無其他目標」中所指的史學研究活動，大抵是不相涉的。在這裡，我們更接近於把歷史當做人間社會情境體悟的材料，或者說，我們把歷史（或某一組歷史陳述）當做「媒介」。

• 從過去了解現在

為什麼要這樣做？因為我們對一切歷史情境（milieu）感到好奇，我們想浸淫在某個時代的思考環境來體會另一個人的限制與突破，因而對現時世界有一種新的想像。

通過了解歷史人物的處境與方案，我們找到了另一種智力上的樂趣，也許化做通俗的例子我們可以問：「如果拿破崙擔任遠東百貨公司總經理，他會怎麼做？」或「如果諸葛亮主持自立報系，他會和兩大報紙持哪一種和與戰的關係？」

從過去了解現在，我們並不真正尋找「重複的歷史」，我們也不尋找絕對的或相對的情境近似性。「歷史個案」的概念，比較接近情境的演練，因為一個成熟的思考者預先暴露在眾多的「經驗」裡，自行發展出一組對應的策略，因而就有了「教育」的功能。

• 從現在了解過去

就像費夫爾（L. Febvre）說的，歷史其實是根據活人的需要向死人索求答案，在歷史理解中，現在與過去一向是糾纏不清的。

在這一個圍城之日，史家陳寅恪在倉皇逃死之際，取一巾箱坊本《建炎以來繫年要錄》，抱持誦讀，讀到汴京圍困屈降諸卷，淪城之日，謠言與烽火同時流竄；陳氏取當日身歷目睹之事與史實印證，不覺汗流浹背，覺得生平讀史從無如此親切有味之快感。

觀察並分析我們「現在的景觀」，正是提供我們一種了解過去的視野。歷史做為一種智性活動，也在這裡得到新的可能和活力。

如果我們在新的現時經驗中，取得新的了解過去的基礎，像一位作家寫《商用廿五史》，用企業組織的經驗，重新理解每一個朝代「經營組織」（即朝廷）的任務、使命、環境與對策，竟然就呈現一個新的景觀，證明這條路另有強大的生命力。

我們刻意選擇了《實用歷史叢書》的路，正是因為我們感覺到它的潛力。我們知道，標新並不見得有力量，然而立異卻不見得沒收穫；刻意塑造一個「求異」之路，就是想移動認知的軸心，給我們自己一些異端的空間，因而使歷史閱讀活動增添了親切的、活潑的、趣味的、致用的「新歷史之旅」。

你是一個歷史的嗜讀者或思索者嗎？你是一位專業的或業餘的歷史家嗎？你願意給自己一個偏離正軌的樂趣嗎？請走入這個叢書開放的大門。

推薦序

歷史的影像

◎鄒衡

二〇〇三年歲末的一個下午，岳南先生冒著凜冽的寒風，從亞運村來到北京大學我的寓所，出示他的新著《天賜王國——三星堆、金沙遺址發現之謎》書稿，並請為其書序。我當時雖有些含糊地答應下來，但還是告之待看完全部書稿後再做最後定奪。岳南走後，我用了三、四天的時間翻完了這部洋洋三十餘萬言的紀實文學作品，覺得有話要說，也有話可說。於是決定寫出下面幾段文字，與大家共用這部作品所展示的喜怒哀樂、悲歡離合，以及帶給我們的香甜與酸澀。

我真正接觸和了解三星堆文化，是在一九九六年遺址內兩個著名的祭祀坑發現、發掘之後。由於這兩個坑出土文物的特殊性與重要性，當時在學術界和社會各界引起了極大震動。此後不久，四川有關方面在廣漢召開一個全國性的學術討論會，我有幸被邀參加這次會議並發表自己的看法。之後幾年中，又受四川省文物考古部門之邀，前往三星堆發掘工地和博物館參觀考察過幾次，對遺址與出土文物的面貌、性質以及發生發展的源流等，有了進一步了解。圍繞這個文化主題，我也曾做過一點專門的研究。岳南先生在這部書稿中所涉及的一些人與事，特別是對三星堆遺址歷史源流與文化方面的描述，我不但不感到陌生，應該說還比較熟悉，並有些親近感與親切感。正是由於這部作品活靈活現的描述，引發我思緒再次向三星堆和曾在那裡工作過的朋友們飛去。

記得在一九九七年那個炎熱的夏天，我曾為四川省文物考古研究所編寫的名著《三星堆．祭祀坑》寫了一篇簡短的序文。這篇序文和一九八六年在廣漢召開的那次學術討論會上的發言，基本上代表了我的觀點和心聲。我曾這樣說過：

根據三星堆這個地方所出的陶器、陶片來看，它們的最早期肯定已經到了相當於中原地區的龍山文化時期，至少可以到龍山文化的晚期。

因為有些陶片與中原龍山文化陶器口沿上的作風完全一樣。從現場觀察和從圖上看，三星堆遺址很有可能是一個古城遺址，它的規模比之於在中原發現的其他商城也毫不遜色，文化內涵十分豐富，是值得特別重視的。如果三星堆真的是個城址，首先碰到的就是時代問題，講到時代就同遺址的文化期有關係。所以，文化分期是個迫切需要解決的問題。前一個時期，以四川學術界為首的眾多學者把三星堆文化分為四期是可以的，但是否還可以再細分或合併呢？我就不敢說了。談分期一般總是以地層為依據，而地層又是不能與分期畫等號的。這是個非常複雜的問題，要有一個較長時間的實踐與研究才能夠下最後結論。如果不把分期的問題解決，那麼，關於其學術價值等一系列的問題就不好定下來，例如城址的問題、遺址的性質問題、祭祀坑的問題以及銅器問題等等，都不好解決。

三星堆遺址的絕對年代究竟為西元前多少年？這是個說不準的事情。但是，在這一個地方發現，就證明有它的延續性。所以，這個遺址的發現、發掘對於探討這一個地方的文明起源，或者國家起源等問題，都是很重要的。我曾對四川考古界的朋友們說過，只能從三星堆遺址這個地方來考慮，不必更多地同中原去聯繫。就是說，我們已經發現了很重要的遺址，工作就從解剖這個遺址開始。我看了幾次之後，認為解決這個問題有很大的可能性，而這一問題對中國古代史的研究自然是很重要的。從三星堆遺址的發現，可以追溯巴文化、蜀文化的起源，探索它是怎麼形成和發展的。從全國來講，這麼大的一個城址的發現是相當重要的，即在中國考古學領域佔有相當重要的地位，絕不可輕視。

當然，三星堆遺址的兩座商代祭祀坑的首次面世，可以說是四川省乃至整個中國西南地區最重要的考古發現。之所以說如此重要，是因為這兩座祭祀坑並不是孤立存在的，在它的周圍還分布有約十二平方公里的同時期遺址。現經查明，在此遺址之上還包圍有邊長約一千八百至兩千公尺左右的城牆，祭祀坑就在城內靠南偏西的位置。據發掘者對我說，三星堆遺址是蜀國早期都城的中心部分。我看了之後，感到城牆的規模與鄭州商城不差上下，可以想見當時屹立在古代中國西南方的蜀國是何等氣派。大家知道，關於早期蜀國的歷史，文獻記載極其簡略，或者僅是神話傳說而已。早期蜀國歷史的重建，當然離不開考古學。由此發現，給四川省的考古工作開拓了廣闊的前景，在新中國考古事業中也立下了耀眼的豐碑。兩座祭祀坑發掘報告和相應的一些研究成果的出版發表揭開了早期蜀國歷史研究的序幕，這一豐碩成果的公諸於世，是值得學術界為之共同慶賀的。

以上就是我對三星堆遺址及兩個大型祭祀坑發現發掘之後，就文化分期和文化性質等問題發表的一點看法。儘管有些觀點沒有做出一個鐵板釘釘的結論，但由於考古材料的限制，話也只能說到這個份上了。

望著案頭上這部描寫三星堆與金沙遺址的考古紀實文學作品，不由得使我想起了老一輩考古學家夏鼐先生的一部書和他說過的話。

那是抗戰後期的一九四四年，當時尚年輕的考古學家夏鼐參加了中央研究院、中央博物院籌備處和北京大學文科研究所三家合組的西北科學考察團，並對甘肅一帶做了兩年的考古調查。後來，已成為新中國考古學巨擘的夏先生根據在甘肅地區實地考察的日記等材料，寫了一部《敦煌考古漫記》的書。作為一位學貫中西的考古學大師，夏先生對這部通俗性的「另類」作品，在序言中這樣解說道：「考古工作的目的，是想復原古代人類的生活狀況。但是我們自己的考古生涯，尤其是在這一種情況下的考古生涯，不也是後世想要知道的事麼？不也是同樣地具有歷史的價值嗎？將來中國考古學發達後，以更精密的方法和更宏大的規模來做這些工作，必定有更豐富的收穫。我們這次篳路藍縷的工作，所收穫的一些古物，數量上僅是滄海一粟，品質上也成為不足輕重的普通品。反倒是我們留下來的這些充滿人間味的工作情況的記載，成為較稀有的東西，或許更可珍貴呢！至於考古方面的通俗敘述，也是我的一種嘗試。我們知道那些費了很大精力所寫成的專門性考古報告，它們的命運常常是安放在圖書館書庫中和極少數的學者的書室內，僅供專家的偶爾取閱。當那些專家偶爾由書架上取下考古報告來查閱時，也像對付從地下新發掘出來的古物一般，需先行拂去書皮上的塵土和蜘網。翻了幾下之後，仍放回書架上。這些巨著又在書架上過它們漫漫悠長的空閒歲月。它們能夠這樣的偶爾一被查閱，便算是盡了它們的功能。」

對於這種頗為現實的狀況，夏先生進一步解釋說：「這本《漫記》把許多耳聞目見的各種瑣事，也都記進去，並不限於考古方面。便是涉及發現遺址的情形及考古方面的收穫，也力求通俗，不是專門研究考古學的讀者，也可以感到興趣。至於欲做專門研究的學者，則另有《甘肅考古報告》一專書在寫作中，可以供他們參考。不過那種枯燥的報告，便是專門學者，也沒有幾個人能從頭到尾地看過一遍。」

夏先生作為我的前輩和受業的恩師，在這裡說的可謂是大實話。身為考古學教授或一名田野考古工作者，常常考慮和感到困惑的一個問題是，如何做到不僅僅用我們手中的鋤頭將「沉入或掩沒於土壤之下，曾在流動的歷史長河中閃爍過奇光異彩的古代文化遺存」發掘出來並使之重見天日，公諸於世。而且是如何進一步把我們發現的這些文物史跡和研究成果，轉化為推動社會發展的精神力量，以發揮它能夠鼓舞和激勵現代人類的最大時代效應和社會功能。現在，從岳南新著的這部紀實文學作品以及此前創作的同類作品中，我感到已經找到了知音和盟軍，並看到了實現以上遠大理想的曙光。就考古發現和發掘的宣示與流傳而言，可以說紀實文學當是一個很好的傳導形式，從事精神文化建設的文學家和記者朋友們在這塊天地裡也將大有作為。可以說，擺在我案頭的《天賜王國——三星堆、金沙遺址發現之謎》這部紀實文學作品，就是岳南先生在這塊豐沃的園地裡辛勤耕耘和為民所急、所需，且是在考古學界甚至是整個學術界不可或缺的最新奉獻。

從這部作品的謀篇布局看，是以三星堆和金沙遺址的考古發現發掘材料為依據，以三星堆和金沙埋藏的奇珍異寶及有關事件、人物為主軸，以古蜀國故地、黃帝子孫誕生的搖籃——岷山附近這塊聖土上的歷史為素地，並配以與三星堆、金沙文化相關的歷史人物和文化風情，聚合而成為一個有歷史關聯與傳承相繼的文化叢體，向讀者展現出一幅卷帙浩繁、視野宏闊、情節曲折、意境深邃而畫面優美的全景式長軸畫卷。在這幅畫卷中，作者極具文學功力地刻劃了三星堆（月亮灣）玉器的最早發現人燕道誠父子，以及後來的董宜篤、戴謙和、葛維漢等外國學者的形象，特別是對鄭德坤、馮漢驥、王家祐、林向、馬繼賢、王有鵬、趙殿增、敖天照和年輕的陳德安、陳顯丹等幾代中國知識分子為三星堆遺址的發掘、保護所做出的貢獻，飽含感情地給予了客觀而公允的評價。

與此同時，作者還以辛辣的文筆，別開生面地描繪了大千世界無奇不有、無事不有、無事可以生非的眾生影像。這個影像在三星堆兩個祭祀坑文物出土之後，表現得分外刺眼，各色人等的嘴臉和做派無不有聲有色、活靈活現、栩栩如生地表露出來，令人觀之無不為之扼腕浩嘆。當然，作者在一路鋪陳刻畫各色景觀和人物表演之時，也不斷迸發出學術上的真知灼見，提出了很有見地的頗為獨到的見解和看法。從作者在筆下傾吐出的字裡行間不難看出，這部作品既有廣泛的包容性，亦有相當的深刻度，如果把這部作品看作是三星堆遺址發現七十餘年和金沙遺址發現三年來，最具體、最出色、最全面、最優秀，最具開拓性和獨創精神地描述這一連串事件發生、發展、演化的紀實性文學作品，並不算過譽。甚至完全有理由認為，這是一部難得的具有科學依據、文學藝術價值的高品位的精神文化產品。讀者若能細心品讀，相信一定會獲得良好助益和啟迪。

我和岳南先生是在一九九六年的「夏商周斷代工程」學術討論會上才真正相識的，當時他是夏商周斷代工程辦公室所批准允許的唯一一位全程採訪並執筆寫作此一「工程」的記者兼作家。在「工程」研究論證的五年多來，由於工作的關係，我們相識相知並在心靈上有所溝通。其間陸續讀過岳南本人或他和他的朋友合寫的、在社會上流傳甚廣並好評如潮的《風雪定陵》、《萬世法門》、《復活的軍團》等描寫考古發現、發掘的紀實文學作品，讓我感觸良多。

透過交談得知，岳南並不是學歷史或考古出身，他在大學攻讀的專業是文藝學。但由於自小對歷史、考古有很大的興趣，加上後來在北京求學有了一些條件和機遇，他自一九九〇年便開始有意識地接觸歷史文物考古界，並試著把歷史文物考古與文學結合起來開始寫作，結果取得了較大的成功。這種走史學、考古學、文學相結合的路子創作出來的精神作品，被國內外評論界命名為一種新的「考古文學」，而岳南和與他合著這一批作品的朋友，也自然成為中國開「考古文學」先河的第一批作家。從他初次嘗試到現在已逾十幾年，現仍在考古與歷史這個園地和這方沃土裡樂此不疲地來回奔波，並一直筆耕不輟。從岳南的創作體裁、創作方向與矢志不移的創作精神以及所取得的累累碩果來看，我得到一個體會，即古人所說的學貴有繼，學貴有恆，學貴有志。而重要的是志，但志在人，人的因素是第一位的。作為人，必須有志，必須是一個有志於將整個身心投入事業的人，才能耿耿忠心結出豐碩的成果。天下無難事，只怕有心人，凡有心志的人必然能成就一番大事業，創造出一番大輝煌來，這部作品的出版，或許就是有志者事竟成的再次印證和權威詮釋吧。

【推薦人簡介】鄒衡

一九二七年生，湖南省澧縣人，一九五二年畢業後作為北大即將成立的考古專業第一位研究生，師從著名考古學家郭寶鈞攻讀考古學副博士學位，主要從事商周考古的學習與研究。現為北京大學考古文博學院教授。主要學術論文一百餘篇，其中《天馬—曲村》獲美國華盛頓沙可樂、佛利爾國立藝術館及日本京都大都會遠東藝術研究中心評選的東亞藝術史最佳著作「島田獎」。

推薦序

「三星堆事件」的全景報告

◎林向

幾十年前默默無聞的三星堆，如今成了學術界的熱門、旅遊業的明星，觀者如鯽，著述如雪。但如仔細審視一番，就不難發現，在架床疊屋、洋洋灑灑的所謂大作之中，真正的科學論著並不多，而能為廣大群眾喜聞樂見、並具有較高品位的上乘之作更是鳳毛麟角。

屈指算來，三星堆遺址群的考古發現到今天已七十餘年，兩個祭祀坑的考古發掘已過去將近二十年，而三星堆博物館的建成也有十多年了。這中間圍繞三星堆出現過多少人，發生過多少事，又產生過多少糾葛矛盾和奇聞逸傳？可以毫不誇張地說，這一切已經構成了中國考古發現史上的「三星堆事件」，而這個事件實在值得追憶和關注。岳南先生的近著《天賜王國——三星堆、金沙遺址發現之謎》，以其對整個事件詳實的採訪、細緻的描述而令人耳目一新，尤其作品能直面事實、揭示矛盾、把「三星堆事件」的裡裡外外都抖落出來，公諸於世，聽憑眾議，更屬難能可貴。這一頗具膽識和才氣的文本，相信會對公眾產生巨大的衝擊。因而，我極願意向諸位鄭重推薦這部全景式描述「三星堆考古事件」的紀實文學翹楚之作。

當然，這裡我敘述的只是自己的一點粗淺感言，並未要強占話語霸權的意思。就我的人生經歷而言，長期在四川大學從事考古教學和西南地區考古研究工作，曾一度擔任川大考古專業的教研室主任，對那個年代為尋找考古教學基地及合作夥伴而遭遇的艱辛至今難忘。業內人士都知道，要做好考古教學，不能總把學生關在屋子裡死啃書本，非到田野現場實習不可。但我們幾位教員常常為了安排每年的田野考古教學實習而弄得四處碰壁、焦頭爛額。即便千辛萬苦有了著落，在與地方文物部門的合作中，多半會為了資料與經費等問題而產生衝突，末了還會有成果的研究、署名，及誰署名誰不署名、誰署名在前、誰署在後等等糾葛。

一般來講，在正常合作中雙方有些摩擦也是在所難免的，但問題在於總有些人熱衷於劃地盤、搞壟斷，他們找藉口生事端，弄得大家土頭灰臉的，最後合作夥伴成了冤家對頭。這些錯誤作法成了考古文物界的一種痼疾，同行們多有同感，大家心中不快卻又不好明說。至於發掘出土文物的歸屬問題更是棘手，就是北京與地方之間、地區單位之間的合作也累受困擾。岳南先生在這部作品中能把這種痼疾如實道來，點破癥結，提出一個亟待解決的問題，即當下考古界能不能奉行「學術本天下之公器」的原則，並本著這一原則去揭示現實生活中發生的摩擦與矛盾的根源與背景。雖然有些問題也許不如《天賜王國》中所描寫的那麼簡單，責任也不必歸咎於某個個人，但通過這部作品的描述能引起同行，特別是一些地方官員們的自尊和自律，共同來消除劃地盤、搞壟斷的陋習，實在是一件大快人心之事。

按岳南先生此前對媒體的說法，他寫的是文學作品，在採訪與寫作時「想的是怎樣表現主題」，任何人和事在他看來都是表現主題的符號，並依據自己的構想來決定取捨，所以現在呈現在讀者面前的這部書稿當然也應是紀實性的文學作品，而不是某個單位的年終總結和上報的邀功請賞的內部材料。因此只要是總體上反映了事實本質，則不必拘泥於小節的出入。不過岳南先生在他的作品中，對有些事件的描寫則是獨到而細膩的，我做為當事人之一，在讀罷這部初稿之後，不由得勾起了許多埋在心靈深處的陳年往事。記得我正式介入「三星堆考古事件」是從一九六一年的調查開始的。

那年春天，四川大學考古教研室主任馮漢驥教授根據他在四川省文物管理委員會掌握的情況，命當時他的研究生——我，與助教張勳燎同赴廣漢，為張講授《考古學通論》課程的學生進行考古調查做前期準備工作。記得我們到廣漢之後，是由鴨子河的北岸下河，涉河到真武宮附近爬上南岸的。那時鴨子河的南岸還沒有移動到現在這個位置，由於每年受河水的沖刷，現在人們看到的南岸已較那時大大地南移了。當時發現被河水沖刷的南岸斷崖上露出厚厚的文化層，其中嵌著陶片、燒土塊，有的還暴露出灰坑剖面，而在河灘上散落的陶片更是俯拾皆是。我倆見狀大喜過望，認為這裡果然名不虛傳，確實是學生實習的理想地點。此後我們還向南越過馬牧河，順新開的溝渠一直走到大土堆（三星堆）前，沿途採集到不少陶片。待由三星堆回到校園後，向教研室的所長報告了這一情況，最後大家決定，這年的六月由張勳燎率隊，與歷史專業五十八級學生一起進行實地調查。

這次考古調查取得的成果，後來由張勳燎執筆撰寫了〈廣漢中興公社古遺址調查簡報〉，刊登在《文物》一九六一年十一期上。由於有此一前期的工作，才催發了一九六三年九月四川大學考古專業與四川省博物館合作對三星堆遺址群中的月亮灣遺址的發掘。這次發掘，川大實習隊在現場是由當時的助教馬繼賢、童恩正、宋治民負責。四川省博物館派出張才俊負責，還有技工戴堂才等參加。馮漢驥教授作為四川省博物館館長和川大考古教研室主任在發掘期間常帶我們去工地指導，也讓我們有實地觀摩的機會，馮老師的諄諄教誨至今猶在耳際。這一些以及後來發生的事件大多都被岳南先生細微地描繪入他的《天賜王國》歷史長卷中去了。

當我第二次到三星堆工作的時候，已經是二十三年後的一九八六年了。原四川大學歷史系考古教研室主任馮漢驥教授已於一九七七年仙逝，由我和張勳燎接任川大考古教研室正、副主任。這時我正為學生的實習找點而四處奔走，後來找到四川省文物考古所的負責人趙殿增，經商談後同意合作，於是組成川大考古專業八十四級實習隊，我作為副教授，與助教霍巍、李永賢等一起於一九八六年三月一日開赴廣漢三星堆發掘。按當時的分工，我擔任川大考古實習隊的領隊，工地領隊則是四川省考古所的陳德安，發掘分為三個區，指導的有省考古所的陳顯丹（三區）和川大的霍巍（二區）、李永賢（一區）。參加這次發掘工作的，除省考古所與川大考古八十四級的二十多名學生外，還有廣漢、德陽、綿竹等地的幾位文物幹部，另雇用民工一百多人。這支龐大的考古發掘隊伍在早春的成都平原上顯得熱氣騰騰，連殘雪也為之消融，象徵著川大與地方文物部門開始不尋常的合作新階段。

一九八六年春的田野發掘順利地進行到六月初，這中間除了岳南先生的描述之外，我覺得有幾點值得補充：由於這是四川省內規模空前的正式發掘，其中有這麼一個細節，我固執地堅持要求每一個下坑操作者不能穿有跟皮鞋，因為凹凸的硬底會擾亂探坑地層平面的遺存現象。前面說過，當時參加發掘的各類人員有一百多位，一時間平底鞋嚴重短缺，造成恐慌。川大考古教研室派專人在成都緊急採購，才得以把這一難題解決，當年發給我的平底鞋一直保存到現在。有人可能說這些屬於瑣事，不值一提，但日前還有當年的川大學子、今日考古界的「一方諸侯」，對人繪聲繪色地講起此事，稱受益匪淺。可見考古實習的教學環節無小事，一舉一動都會對學子們今後的考古生涯產生長遠的影響。

大概是一九八六年五月的某一個發掘工作日，我們幾個發掘工地負責人，來到三星堆土堆以南的田埂旁時，發現當地農民挖出的土堆中有銅器殘片，但考慮實習時間即將結束，若要擴方發掘無論如何來不及了，只好把標本暫時取回，並做了紀錄，存入三星堆工作站。後來得知，這個出土銅器殘片的地點，與發現聞名於世的兩個祭祀坑的地點處在同一位置上並且相距不遠。當祭祀坑出土的器物引起萬人矚目和世界性轟動時，有人在奔相走告、歡呼振奮之餘對我說：「你這是巧遇良機而失之交臂呵，不感到懊惱嗎？」我的回答是：「任何考古發現都有它的規律和幾率，我帶領學生實習的時間和發掘的地點是有限的，而考古發現的機會是無限的，誰發現就該向誰道賀好運氣，何懊惱之有！」

再說，考古收穫不能總以是否挖到珍寶為標誌，當年馮師漢驥教授就常對我們說：「考古發現的有與無都是成果。」何況我們的發掘不是「無」，而是「有」。試看我們一九八六年三至六月在三星堆遺址發掘的一千三百二十五平方公尺範圍內，發現了房屋遺跡二十多處、灰坑一百零四個，還發現典型陶器群，外有玉石璋、玉石瑗和陶塑鳥獸、石人雕像、漆髹陶器、雕花漆木器等等，這些都是在後來天下震動的祭祀坑中未曾出土的珍貴標本。

除器物外，更有厚達二點五公尺、十六層相疊壓的文化堆積，構成從新石器時代晚期、夏商間、商末周初乃至漢唐宋明之間清晰的地層尺規——這些都是在東亞大陸中國西南地區的首次發現。如此成果說明我們已經在長江上游抓住了一根牽連著遠古文明至關重要的歷史藤蔓——三星堆祭祀坑不過是這根藤蔓上結著的兩個大瓜罷了。要解析這兩個坑的奧祕，就必須先解析那些地層中包含的極其豐富的歷史文化資訊，否則難以窺知歷史的真顏。可惜的是由於合作雙方存在的人力與經費的匱乏等種種原因，一九八六年春天發掘的資料至今未能整理公布，我作為川大實習隊的負責人當然是難辭其咎的，熱切地希望後繼者能早日了此心願。

就在一九八六年春天三星堆遺址發掘的後期，各種遺跡、遺物紛紛呈現，遂招來各級長官、群眾和媒體的來訪。應對方的要求，川大考古實習隊開始接待並給予講解。期間川大三位教師還應了參加發掘的綿竹文管所的邀請去當地給文物幹部作講演，臨結束時我作為川大實習隊的領隊又應廣漢縣委的邀請向全縣鄉、村幹部和教師及部分學生代表作「三星堆古遺址發掘情況報告會」。當時我們只想到普及考古科學義不容辭，但由於合作一方的我們曝光多了，就引起省考古所個別人的不滿甚至指責，現在想來這些都有值得反省之處。不過我引以為豪的是自己曾經為「三星堆熱」的持續升溫奉獻出搖旗吶喊之忱，包括以後十餘年中我所付出的綿力。

直到二十世紀九〇年代，我還時常來往於成都與三星堆之間，並做了一些有益的工作。岳南先生在其作品中已有較為詳細的描述，即三星堆遺址作為古蜀都邑，相繼發現了東、西城牆遺跡，北城牆疑被鴨子河沖毀成了河道，南城牆的位置過去一直認為就是三星堆的土堆。故包括我在內，都把兩個器物埋藏坑推定為蜀都南郊之外的祭祀遺跡。這裡有必要多說幾句，雖然目前各家對三星堆的祭祀內涵認識並不一致，如我就認為古蜀的宗教禮儀中有強烈的「泛薩滿文化」因素，不能硬套中原文化的《周禮》等所記的程式。古蜀因發生特大洪災而失寵的神像法器，有可能被當作厭勝埋藏物，在古人舉行祭祀儀式中（或後）被埋入坑中。對祭祀的含義各家可以認識不同，但土坑中是為祭祀儀式而埋藏的器物，則各家應該是一致的，所以把它們稱為「祭祀坑」是能夠成立的。

現在再回過頭來講述岳南先生在其作品中，沒有向讀者作詳細描述的祭祀坑與南城牆的關係及其發現這個至關重要的問題。記得有一段時間我曾為整理三星堆遺址內 86T1415 探方出土的遺物住在三星堆工作站，期間我與陳德安到周圍踏勘，在距三星堆以南約五百公尺處，突然發現了一條近東西走向的土埂，這條土埂隱露地面成一線與東、西城牆相對應，當時我們想這會不會是南城牆呢？當陳德安從農民那裡借來鋤頭，在土層中挖出一些三星堆文化的陶片並證明土埂是人工堆築物時，我倆禁不住歡呼起來——南城牆終於找到了。我臨時用紙包好陶片，並寫上發現經過，存入三星堆工作站。如此一來，對這座古老都邑的認識就變了，三星堆有可能不是南城牆，而是處在城內中軸線上偏南的祭壇，難怪其周圍會有許多個祭祀坑呢！這一發現使整個考古界對三星堆古蜀都邑的布局有了一個全新的認識。

最後還有一點也許並不算題外之話。從一九八六年起三星堆逐漸成為學術熱點，各種學術觀點的交鋒在所難免，呈現出一派百花齊放的大好春光，這在岳南先生的《天賜王國》中都已有精彩的描述，有的還加以中肯平和的評論，這當是本書的又一亮點。不過我以為學術問題不存在終極結論，至少三星堆的問題離弄清楚還早著呢，絕不存在什麼「總裁判」和「蓋棺定論」，也絕不會有哪個學者會如此自封的。我和許多同行一直認為：以三星堆遺址為代表的古蜀文明構成長江上游的「古蜀文化區」，它是中華古代文明多元一體的有機構成部分，有著獨樹一幟的文化特徵，特別是以禮儀與制度方面的差異最明顯，所以這樣的文化體系是不能硬套中原地區或其他什麼地區的文明程式來簡單類比的。關於古蜀文明尤其缺乏文獻記載，新材料需要新探索，學術見解相左是難免的，對於貌似謬論的見解，只要是「持之有據，言之成理」，最好還是先把人家的見解弄清楚，再平心討論為宜，因為是非尚難論斷，人人都應有話語權，真理也許就在不起眼的人的手中。當然學術有專攻，大家都有權評論，卻恐難以越庖代廚，學術問題還是讓學術界去繼續辯證為宜。有句名言是這樣說的：「我可以不同意你的觀點，但我誓死捍衛你發表觀點的權利。」願我們大家共勉之。

岳南先生是中國考古文學的領軍人物，他說過，他寫的「是純粹的報導文學」，「不是考古報告或那個單位的年終總結」，在三星堆及金沙遺址的發現、發掘與研究中，誰的功勞大，誰的功勞小，誰應該加官晉職，誰應該得到表揚或獎金，這些並不是他所關心的。他關心的是他認為應該寫出來公之於眾的事——哪怕有些事並不能得到當事人的喜歡，他是按照自己的價值觀來評論這一連串事件的。他自認為他的前幾部作品「寫作多是全景式的、慷慨激昂、個人情感宣洩多。而自描述陝西臨潼秦始皇兵馬俑發現發掘過程的《復活的軍團》之後，作品中漸漸多了理性的思考」。看了這部《天賜王國》的書稿，我以為他的著述又向前推進了一大步，這一大步的特點就是直接干預現實，貶褒是非，頗具史法。他曾說「寫作是有文化良知的，在褒貶中力求公正，為眾人服之」。我想他是在這樣努力著的，並相信這部《天賜王國》一定是岳南先生又一部受到公眾歡迎的考古文學力作。

【推薦人簡介】林向

一九三二年出生於中國上海，四川大學考古系教授。主要論著有《巴蜀文化新論》、《大溪文化與巫山大溪遺址》、《邛海地陷辨》、《成都地區歷史地震考古調查報告》、《涼山地區的地震考古研究》、《羌族的創世紀神話》、《清江深居集》。主編《巴蜀歷史．民族．考古．文化》、《三星堆與巴蜀文化》等。部分作品曾獲四川省重大科技成果獎、四川省社會科學成果獎。

台灣版序

從殷墟到三星堆

二〇一九年初冬，藉出席四川江安「國立劇專」陳列館資料捐獻儀式的機會，陪朋友來到同屬宜賓市轄的李莊鎮，再次參訪抗戰時期流亡此處的遺跡、遺物與名人故居。期間，接到台北遠流出版公司總編輯林馨琴微信，謂《天賜王國：三星堆、金沙遺址發現之謎》就要出版，請幫忙為台灣版寫一篇新序。

面對微雨軒客棧窗外滾滾東去的長江之水，我不禁回憶起十六年前一段過往。

那是二〇〇三年春天，我到四川省考古研究所採訪三星堆文物的發掘經過。結束後，一人來到大門外露天廣場喝茶，望著眼前各色人物和來往的車流，心中似乎有一種牽掛、有一種情愫揮之不去，簡單說就是覺得有一件大事因緣未了。沉思良久，突然感到上帝在叩擊我的額頭，一個到李莊看看的念頭閃電般襲來。於是，第二天我便從成都乘車來到了李莊鎮——這個抗戰時期中央研究院、中央博物院籌備處、中國營造學社、北大文科研究所等幾家學術機構在此過了六年之久的流亡之地。

我之所以突發靈感決定到此一遊，誘發的內因在《那時的先生》自序說過，但限於篇幅，另一個當時沒有明示的緣由，當與三星堆文物出土、研究有直接關係。

一九八六年，四川廣漢三星堆兩個田野土坑發現了大宗文物，此舉震驚世界，各路學者蜂擁而至，對其年代、屬性、來源、用途等進行探尋、研究。關於坑之屬性，有窖藏、祭祀、火葬墓、亡國寶器掩埋坑、不祥寶器掩埋坑、亡國滅族之坑、「厭勝」之坑、「宗廟犁庭掃穴」等多種說法。而出土的器物完全超出了人類以往的想像，如五十四件青銅縱目人像、面具，看上去神奇古怪，整個造型似人非人，似鬼非鬼，似獸非獸，神祕中透著恐怖，極具魔幻現實主義色彩。

一九八七年十月，三星堆兩坑出土的青銅大立人像、銅頭像、縱目人面像等精品文物，隨「全國重要考古新發現展覽」首次赴北京於故宮展出，再度引起各地學者極大關注，著名考古學家、時任哈佛大學人類學系主任的張光直先生，專程從美國飛往北京參觀，在青銅立人像前久久佇立，讚嘆不已。

面對三星堆出土的令人眼花繚亂的器物，各路專家、學者兼為數不少的文史愛好者，震驚之餘眾說紛紜，有謂此一宗器物來自外星球，屬於外星人投放的祕密武器；有謂來自遙遠西方一個文明開化之島；有謂來自中原商王朝窖藏，被一群虔誠的異教徒偷走後，運到古蜀國三星堆作為祭天禮地的神器；有謂來自四川本土，為古蜀人自己生產打造，以對抗外來入侵者云云。而多數考古學家，或者說參與過三星堆發掘的學者，皆認為這批器物為古代蜀國文明的孑遺，可與《蜀王本紀》《華陽國志》等互相參照印證，甚至補充古文獻之遺缺，填補古蜀歷史傳說中蠶叢、魚鳧、柏灌、杜宇、開明等時代的內容和譜系。

面對後一種頗具中國大陸解放區特色的思維模式和研究方法，遠在大洋彼岸的張光直有自己獨到的解釋，略謂：「中國歷史上第一次重大的發掘——由國家集中人力採用新輸入的現代考古學的方法所進行的發掘，是在河南安陽的殷墟。這件事情對中國考古學後來的發展，是有很大影響的。殷墟是歷史時期的遺址，在它的研究上一定要使用文獻的材料，出土甲骨和金文的材料，所以把考古學主要放在了歷史學的範疇內。考古學的目的、方法和所利用的文獻，使它主要在中國歷史學的傳統內延續下去。這種考古學的成見，影響到史前學的研究。假設中國集中人力連續數年發掘的第一個遺址，不是殷墟而是新石器時代的遺址比如半坡、薑寨或者廟底溝，培養出來的一代專家，不在歷史學而是在史前學的領域內，很可能中國考古學會走到另一條路上去。……中國學者的一個習慣，是研究中國不研究外國。中國過去所有的考古學家，都是研究中國歷史出名的，歷史學家也基本上是這樣。」

從殷墟到三星堆，事隔半個世紀，經歷了第二次世界大戰與朝代更替，中國大陸解放區的考古學家，在發掘與研究的路數上依然沒有改變前輩的思維方式。那麼，擺在眾學者面前的三星堆遺址和器物之謎，是否以史影中的文獻記載與出土器物作參照，在迷濛的歷史高山深谷中對號入座，就部分或全面解開古蜀國各代王朝之間的人事興亡以及掩沒日久的隱祕？——從考古學家與眾多研究者幾十年來給出的答卷看，事實並不能令人滿意。如果拋棄安陽殷墟研究的思維模式與路數，又該怎麼辦呢？假如這些學者們另辟溪徑，對比《聖經》、《古蘭經》或《死海古卷》《羊皮書》之類典籍加以研究，出土的神祕器物密碼又會得到怎樣的破譯？

帶著這個難以言說的困惑與疑問，我來到了距成都三百公里之外的川南李莊鎮，開始探尋中央研究院史語所傅斯年、李濟、董作賓、梁思永、石璋如、吳金鼎、夏鼐等大師故居與足跡，繼之追尋他們當年主持、參與安陽發掘、研究的歷史文化背景，以及那個時代的學術潮流和潮流激盪之脈胳。所幸，我找到了一個大體輪廓，如安陽小屯甲骨的流傳與學界的好奇心，使安陽逐漸走進學者的視野，而五四之後「疑古派」的崛起，「二千年未有之大變局」的衝擊，給學者們帶來了心理上的刺激，這一切，皆是促成安陽殷墟發掘的原動力。此一決定中國未來考古學走向的偉大行動，我於後來出版的《那時的先生》、《南渡北歸》中已提及，此處不贅述。

只是，我找到，或者說證實了張光直先生所言殷墟發掘形成的思維模式和內在原因，但與三星堆的研究前途無補。直到今天，除一批業餘愛好者架空歷史，天馬行空地對著一堆器物奇思怪想，並得出一連串令人駭異的「研究結果」外，還沒看到中國大陸的主流考古學者，完全擺脫或拋棄殷墟思維框架，另起爐灶，弄出一個全新的、夠硬的、令人信服、具有代表性的三星堆文化及出土文物的研究成果，各路學者似乎仍在一個小圈子裡喋喋不休地嘮來叨去，未有世人熱情期許的突破。這或許是一件憾事。

然而，考古學畢竟是一門嚴肅的學問，自有內在的路徑、規範可依，許多問題並非短時間所能解決。就三星堆的研究而言，殷墟考古思維也罷，外來精神注入也罷，只要主流、非主流的學者們持續探尋下去，總會有新的斬獲和突破。隨著各個學術流派的不斷碰撞、爭鳴與合作，說不定在一個月黑風高的夜晚，三星堆就會芝麻開門，轟然洞開一個全新的世界，所有寶藏及歷史謎團都迎刃而解。

岳南

二〇一九・十一・三十　於李莊草就

二〇一九・十二・八　於北京改畢

考古學家艱巨的任務就是，
讓乾涸的泉源恢復噴湧，讓被人忘卻的東西為人理解，
讓死去的轉世還魂，讓歷史的長河重新流淌——
因為這長河沐浴著所有的人，
不管他們住在布魯克林還是蒙帕納斯，
柏林還是聖地牙哥，雅典還是邁阿密。

——C・W・西拉姆

目錄

第六章　史影裡的蜀國

第七章　坑中珍寶之謎

第八章　在迷霧中穿行

序章

寶匣崩裂

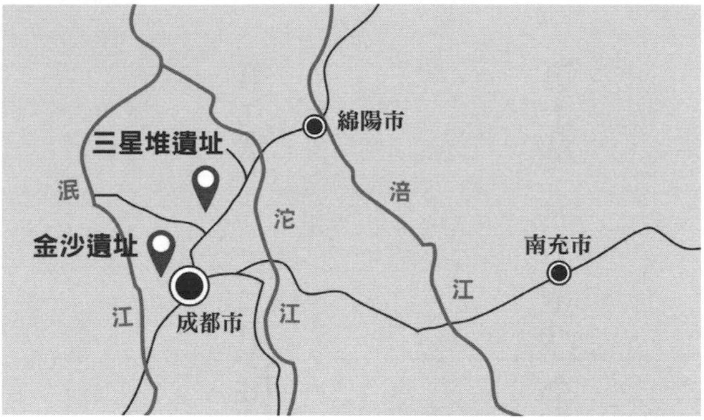

三星堆與金沙遺址位置示意圖

千禧年的第一個春天已悄然來臨，但冬日的餘韻猶在，整個成都被籠罩在一片迷蒙的細雨與蕭瑟的寒風中。濃重的灰色霧靄裹挾著各色車輛，在城市叢林那一條條、一道道狹窄幽暗的空隙間蛇一樣忽隱忽現地來回穿行。兩邊的行人裹了厚厚的棉衣，縮著脖子，將頭埋進高高的衣領內，只露著兩隻滴溜溜亂轉的蠶豆狀的小眼睛，於細雨寒風中匆匆前行。常年不事農耕操作、專以茶館為家的茶客們已無心天南地北地胡吹海侃，擺什麼長城短牆與龍門陣了，一個個勾肩搭背鑽出茶肆，悄然消失在暮色蒼茫的雨霧中。

這是二〇〇一年二月八日的傍晚，成都市西郊蘇坡鄉金沙村村外一塊高窪不平、野草飄蕩、亂石四散的工地上，幾十名民工正隨一台先進的現代化挖土機，於寒風細雨中挖掘一條壕溝。工地的東家是中房集團成都房地產開發總公司，在全國驟然升起的圈地造宅風暴中，這家公司憑藉龐大的經濟實力和非凡的人脈背景，以「逼高山低頭，讓河水讓路」的豪邁氣勢，在此處圈地幾千畝，並以人民政府徵地拆遷的名義，將附近幾個村莊夷為平地，打算興建一座具有「大面積空中花園、屋頂花園和陽光露台，既傳統又現代、既古典又蒙太奇的別墅型龐大、豪華的蜀風花園城」。

連續幾天的挖掘，工地出現了一條不規則的壕溝，幾十名民工則在壕溝內外上躥下跳地做著運土、平土、撤土、墊坑等事情。天色越來越暗，成都平原特有的雨霧水氣越發濃重地向工地潑壓下來，民工們早已全身沾滿泥水，一個個像水耗子一樣在壕溝內外躥來拱去。正當眾人在寒風苦雨中縮著瑟瑟發抖的身子，等待蜀風花園城的開發商派出的監工代表前來宣布休工時，一件意想不到的大事發生了。

就在挖土機伸出的巨手將緊攥著的一大堆泥土像平時一樣向壕溝外拋撒開來的時候，負責運土的民工馬步雲因自己的打火機掉進泥土中，忙彎腰撿拾。就在他抓住打火機的瞬間，一道異乎尋常的白光驀地出現在他眼前。這道白光若隱若現，忽明忽暗，形如鬼火，又似黃金閃出的光亮。

「怎麼回事，土裡為何有光發出？」馬步雲不自覺地叫了一聲，順手點著打火機，蹲下身好奇地在泥土中翻動。

旁邊幾個人聽到喊聲，無精打采地圍過來想瞧個稀奇。在暗淡的火光映照下，只見溼漉漉的黑色泥土中摻雜著一根根、一塊塊白色骨頭。這些骨頭形狀不一，有的尖，有的圓，有的一頭圓一頭尖呈牛角狀，只是比普通的牛角更為粗大。有的則像一根朽殘的、掉了皮的木棍，一拿就斷成幾截。

「不就幾根死人骨頭，有啥大驚小怪的！小的時候聽我爺爺說，這個地方埋過死人，有死人就有骨頭嘛，大呼小叫什麼？」一個瘦骨嶙峋、渾身打晃，人送外號「見風倒」的中年漢子對馬步雲剛才的行為頗不以為然，罵罵咧咧地扔下一句，然後搓了搓手，縮著脖子走開了。

其時，另一位姓李名樹龍，人稱外號「鑽山蛇」的民工懷著好奇湊了上來。他一邊用腳尖踢著泥土，一邊彎

左：遺址出土的青銅牛頭
右：遺址挖出的小型青銅人

腰默不作聲地進行觀察，並不時地動手在泥土裡翻動，似在期待著什麼。不多時，在他腳下出現幾塊殘破的陶片，接著一個薄薄的、窄窄的東西被摳了出來。鑽山蛇將東西托在手裡端詳了一會兒，輕輕擦去上面的泥土，只見一柄小巧玲瓏、約有幾寸長的玉石刀映於眼簾。望著這柄顯然是古物的玉石刀，鑽山蛇周身的血液一下子沖上腦門，頓時來了精神，彎腰伸臂加速翻動的力度。很快，又一個十幾公分長的小銅人出現。

「銅佛，我找到了一個銅佛！」鑽山蛇盯著銅人兩眼放光，情不自禁地喊了一聲。旁邊幾個漢子聽到這一聲喊，忙湊上前來觀看。當發現那玉刀和小銅人實實在在地呈現在眼前時，大夥在驚愕中嘴裡咕嚕著什麼，立即撲向土堆，學鑽山蛇李樹龍的樣子，彎腰伸臂在泥土裡翻找起來。不一會兒，一個相貌奇特的小銅人、一件精美的玉鐲和幾件玉璧從泥土中露出。面對這一連串的收穫，鑽山蛇突然悟到了什麼，他站起身有幾分賣弄又信心十足地大聲對眾人說道：「現在我曉得了，下面是一座古墓。這墓中一定有不少值錢的寶貝，快看看那邊的一堆土裡還有些啥！」

李樹龍的一席話，如同一個小地雷，在坑中「咚」地一聲引爆，使周圍的人從懵懵懂懂中一下子回過神來。對啊，要不是發現了古墓，哪會有這些奇特的玩意兒？「是古墓，是古墓，快掏，掏著看哪！」幾個人嘴裡叫嚷著，轉身向剛剛被挖土機拋出的一堆泥土狂奔而去。

鑽山蛇不幸言中，幾個民工很快從一堆新鮮的泥土中翻出十幾件石人、玉人、銅人、銅牛頭、玉鐲、玉璧等精美的古器物。儘管天色灰暗，但這些器物一經擦去身上的泥水，立刻泛出青幽幽、藍瑩瑩的光。這光如同爆裂的火花，耀眼奪目，燦爛輝煌，直刺得人心裡發癢，周身發燙。隨著一陣又一陣光的閃耀，壕溝裡發現古墓的消息迅速在工地傳播開來。

「不，這不是古墓，一定是專門藏寶的地方，小的時候聽我外祖父說過，蔣介石率領大軍撤退時，在成都郊外埋了大量的黑匣子，這匣子裡盛滿無數的金條和寶物。說不定下面就是老蔣藏寶的地方，那黑匣子一定是被挖土機弄碎了，寶物從崩裂的匣子裡散出來。快，快向溝內看看，趕緊找到黑匣子呀！」一個姓胡名思良，人送外號「鐵嘴公雞」的六十多歲的白髮老者當場推翻了鑽山蛇自以為得意的理論，提出新的高見。

鐵嘴公雞的即席發言，如同一針高強度的興奮劑，再次注入眾人已有些發燙的血液中。此時，每個人心中都已明白，不管是古墓還是老蔣埋下的黑匣子，眼下這條壕溝裡埋有寶物，已是不爭的事實了。機不可失，時不再來，眼看肥肉已到嘴邊，再不咬住，不就是傻子一個嗎？在強大的物質利益和一種說不清、道不明的光輝前景誘惑下，民工們一掃剛才那委靡頹喪的神情，一個個如同雪野泥水中臥伏多時的獵狗，突然聽到追捕的號令與槍聲，先是從原地「嗖嗖」地騰空而起，隨之箭一樣向壕溝撞去。霎時，幾十名民工號叫著蜂擁到溝內，個個圓睜二目，兩耳聳起，彎腰弓背，藉由昏沉沉的一絲亮色，四處尋覓古墓和黑匣子的確切位置。只幾分鐘的光景，就有人在溝底的土壁下發現一堆白骨。

這堆白骨如一捆被折斷的大號竹竿，靜靜地橫臥在泥水中。待把四周的覆土剝去，發現每根白骨如小碗的碗口般粗細，足有三四尺的長度。幾個人一擁而上，很快將這捆竹竿樣的白骨扒出來拋於坑外。此時，連聰明過人、號稱見多識廣的鑽山蛇李樹龍也沒有意識到，這些白骨其實是幾千年前大象的牙齒。由於白骨被當作無用的破爛折斷、踩碎和隨意拋掉，對後來的文物收藏保護造成無可彌補的損失。但沒有人去管這些，也沒有人知道這些，大家關心和關注的是那些認為值錢的寶物，黃澄澄的金條和金人、金馬等罕世珍寶。而此時，又有幾個漢子在壕壁和溝底接連摳出十幾件玉器和青銅器。這器物比剛才在挖出的土堆中發現的東西更為龐大和精美。

面對如此壯觀的場景，每個人的內心都翻騰著欲望的波瀾，兩眼跳動著渴望的火苗，周身充溢著一定能在很短的時間內尋到墓葬或寶匣子並占為己有的信念與豪氣。於是，在這條夜色朦朧、泥水混合的壕溝內，一場聲勢浩大、混亂不堪的尋墓挖寶行動全面展開了。

坐在挖土機上方駕駛室裡的駕駛員小竇，正疲憊地注視著每一次的挖掘方位，腦海裡想著趕緊收工回家好休息。冷不丁發現下面的人群拖著鐵鍬、钁頭等工具，連跳帶蹦地進入壕溝，完全不顧挖土機那碩長的鐵臂和利爪是否會傷到自己，瘋了一樣地在壕溝內摳挖什麼。小竇納悶地停止操作，從駕駛室鑽出，悄悄來到溝邊，對一個叫二狗子的小夥子喊道：「狗子，這些人在搞啥啊？」狗子聽到喊聲，於亂哄哄大呼小叫的人群中抬起頭，急促地說道：「竇大哥，你還在那裡愣著做什麼？快下來！古墓，黑匣子，寶，摸寶啊！」說完又低頭鑽進紛亂的人群中。

小竇聽罷這幾句沒頭沒腦的話，張了張嘴，自言自語地重複了一句：「寶，黑匣子，摸寶？」隨之恍然大悟，心想原來這幫傢伙是在哄搶我操作的機器挖出來的黑匣子和寶物啊。按說這地下寶物是由我所開的挖土機挖出來的，應該先歸我這個國家正式職工所有，想不到竟沒人通報我一聲！小竇感到自己的優越地位和尊嚴受到空前挑戰，頓時火起，「你們這幫烏合之眾瞎鼓搗什麼？都給我滾開，老子來也！」話音未落，整個身子已騰空而起，鷹一樣躍入坑中搶奪抓撓起來。

此時，另一批在梅苑工地上蓋簡易房的三十多位民工正休工回家。當他們接近壕邊時，猛地發現一堆亂哄哄的人群正在壕溝內外搜尋、爭搶什麼。當他們得知此處發現了古墓和黑匣子以及大量寶藏之後，立刻爭先恐後，連滾帶爬鑽進溝內，匯入紛亂的挖寶人群之中。

天漸漸黑了，由兩股勢力會合而成的近百人的挖寶隊伍在壕溝內外急速流竄蕩動。儘管古墓和黑匣子的確切位置依然沒有發現，且由於天空的霧氣與灰暗使分散匿藏於泥土中的器物已很難辨別，但沒人有退縮的打算，仍揮動各種工具四處刨著、挖著。最早發現寶物的李樹龍夾雜在氣喘吁吁、揮鍬弄鎬的人群中，他那有些破舊的棉襖口袋已塞滿十幾件銅人、玉璧等大大小小的器物。

面對已經黑下來的夜幕和搜尋的艱難，他擠出人群，直起腰，決定先將已經到手的器物送回家中，然後弄一個手電筒來繼續奮鬥。他將身上的棉襖拉緊，悄無聲息地離開紛亂的人群，爬出壕溝，撒腿向家中跑去。

李樹龍原屬金沙村村民，現在他的家就在花園城外那幾棟被開發商特別安置的連棟宿舍內，離現場大約有二里地的路程。在把寶物安置妥當後，他又攜帶一個手電筒，迅速返回工地。

眾人在黑暗中突然看見手電筒的光亮，燥熱緊張的心如同觸電般一震，待回過神來，看到李樹龍已在手電筒的光亮中開始尋寶、拾寶時，不禁暗自罵道：「真不愧是有名的鑽山蛇啊，看來這財寶要便宜這個王八蛋了！」大夥在短暫的嫉妒與咒罵之後，開始如法炮製。

十幾分鐘後，從工地到連棟宿舍之間的小路上，亮起了無數的手電筒、燈籠和火把，在各色光亮的照耀下，一群群由男人、女人、老人、頑童組成的家庭挖寶隊伍，扛著鐵鍬、背著麻袋、挑著籮筐，在一片大呼小叫、呼兒喚女的嘈雜聲中，呼呼隆隆地向工地壕溝方向奔去，新一輪更加浩大的哄搶劫掠文物的行動由此開始。

混亂中，兩位名叫沈旭貽、吳正沖的民工突然意識到事態的嚴重。兩人的年紀都是五十歲多一點，原是金沙村的村民，略通文墨，比其他人多一些見識，平時在村裡也算得上是熱心公益的模範生。自鑽山蛇李樹龍那夥人號稱發現古墓和老蔣埋下的黑匣子並引發一場哄搶器物的大混亂之後，沈、吳二人不約而同地意識到被哄搶的東西可能是需要保護的國家文物，於是聚在一個角落，討論要不要出面制止。根據二人所知的法規和常識，他們認為既然是屬於國家文物，那就搶掠不得。眼前這場哄搶地下器物的作法，肯定是違法亂紀的行為，應該加以制止。

此時哄搶現場出現寶藏爭奪暴力事件，不少人因此受傷、哀嚎，沈、吳二人驚覺事態嚴重，開始朝壕溝內的人群喊話：「快上來！寶物不能搶！那是犯法行為！」但似乎沒有一個人聽到，也沒有一個人為此哪怕回敬一個眼神。

沈、吳二人意識到單憑自己的力量，已無法遏制眼前的混亂，最後決定打一一〇報警。幾分鐘後，一輛警車呼嘯而至，在沈、吳二人的帶領下，警車來到工地現場。三名員警跳下車欲甩繩拿人，見場面如此混亂，人群如此龐雜，情緒如此亢奮瘋狂，當即未敢輕舉妄動，迅速與總部取得聯繫，要求緊急增派警力前來支援。大約六、七分鐘後，四輛警車鳴笛趕到，大批員警衝出車內，對現場進行圍捕。那些正打著燈籠哄搶器物的人一看警車突至，員警們手持槍棍在夜色中呈「人」字形包圍過來，頓覺大禍臨頭，迅速扔掉燈籠火把，四散奔逃。整個工地只有老弱病殘被當場擒獲。

混亂局勢被控制之後，警方立刻通知成都市文管會。文管會立即派文物科科長弋良勝和成都市考古隊勘探研究一部副主任馮先成前往觀察處理。弋、馮二人趕赴金沙工地後，與警方一道維持秩序、保護現場，並迅速和成都市考古研究所相關人員取得聯繫。彼時考古所主要人員正在四川綿陽市臨園賓館參加一場會議。

當所長王毅、副所長蔣成得知情報後，咸感事關重大，當即派副所長江章華帶領考古隊勘探二部主任、當年曾參與著名的三星堆祭祀坑挖掘的朱章義攜同副主任張擎，星夜返回成都處理此一突發事件。

江章華等三人一路駕車急行趕到成都時，已接近午夜時分。此時天空已淅淅瀝瀝地下起春雨，金沙村四周的燈光幾乎全部熄滅，成都郊外的原野一片寧靜。江章華等駕車在聽說的地方轉了幾圈，由於報告者未說清事件發

左：遺址出土的石蛇
右：遺址出土的玉器

生的具體方位，一行人始終沒找到正確所在。眼看雨越下越大，車子已無法向野外的縱深前行，大夥只好調轉車頭，無功而返。

第二天一大早，江章華等三人和考古所的另外兩名工作人員一同來到了現場。此時工地四周已布滿圍觀的人群，尚有一群群的人流，瞪著茫然又興奮的眼睛，大呼小叫地向工地蜂擁而來。只見在人群圍觀的中心部位開挖出一條長約二十公尺，寬約六公尺，深約五公尺的壕溝，壕溝內外一片狼藉。除了昨夜民工們扔掉的鐵鍬、鐝頭、麻袋和被踩碎壓扁的籮筐等工具外，到處是玉石殘片和象牙殘渣。土壕裡挖土機留下的鏟印清晰可見，壕四周的剖面上有三處明顯的象牙堆積，壁上還殘存大量的玉器、石器，溝底散落著石璧、玉璋、玉琮殘片和為數眾多的象牙。很顯然，這是一處重要的歷史遺跡。

由於事關國家重要文物遭遇哄搶，成都市公安局立即成立專案小組，專門負責追查並處理此次哄搶事件中的相關當事人與被搶文物的下落，同時將工地全部移交給市文管會保護、處理。在一時還不能判斷這處遺址確切性質的情況下，江章華、朱章義等考古人員先找來彩條布搭建臨時隔離牆，並調集三十餘人的保安隊伍，火速趕赴現場予以增援，以確保文物的安全。

當一切安排妥當後，他們開始指揮市考古所技工和從當地招募的民工，清理散土中的文物，並透過當地政府有關部門通知開發商，根據

继三星堆后四川最为重大的考古发现

成都近郊金沙发现古蜀国中心遗址

本报讯 2001年2月8日下午，中房集团成都总公司在成都市青羊区苏坡乡金沙村修建"蜀风花园大街"下水管道的施工中，挖出一批象牙、玉石器、铜器等文物。成都市文物考古研究所闻讯后立即派员赶赴现场，了解有关情况，责成施工单位立即停工，落实工地的安全保卫措施，并于次日进场组织发掘，现发掘工作仍在进行中。

经过9个多月的文物勘探和考古发掘，取得了重大进展；再加上近几年在蜀风花园

- 已探明遗址分布面积达3平方公里
- 发现有象牙堆积坑、大面积的野猪獠牙和鹿角堆积、石璧和石璋半成品堆积区及大量的房屋建筑遗迹
- 发现大片墓地
- 出土了金器、玉石器、铜器等重要文物2000余件和数以吨计的象牙

"梅苑"东北部发掘全景

编辑：梁鹏荣 RB018 新闻热线：65298873 **综合新闻** 第3版

"金沙遗址"

可破译三千年前古蜀悬案

据《华西都市报》报道 在"金沙遗址"引起社会各界强烈震撼和广泛关注的同时，考古界又掀开了一个个谜团。目前，一个较为一致的观点浮出水面："金沙遗址"反映出成都是当时古蜀文明的权力中心，它的发现，破译了三星堆发掘后留给学术界的一大悬念，有可能3000多年前，三星古城从广汉搬走后到了成都。

据介绍，有迹象表明，代表着古蜀文化权力中心的三星堆古城是毁于洪灾。那么其后，这个中心去了哪里？从"金沙遗址"目前发掘的文物证据看，这个去向很可能就是成都。四川大学考古系教授林向认为："金沙遗址"大量的象牙、玉器、金器，都不是生活用具，没有饮具，摆放亦是成批成堆，这些贵重物品是财富和权力的象征，而上古时期政治和宗教紧密联系，很可能这里当时就是政治文化中心；从考古学上讲，三星堆文化大约在商代，而附近发现的十二桥文化年代在西周，现在"金沙遗址"的年代还不能完全确定，但从金、玉器的制作图案与三星堆相衔接而制作水平超过三星堆这些方面来看，年代应稍晚一点。

"金沙遗址"让专家学者如获至宝，林向教授说："金器上的鱼、鸟等神话动物，在《山海经》中有相应记载，记载的地区正好也在成都平原西北的山区里，用实物与文字相互印证的考古发现来破译历史之谜，正是学术界梦寐以求的。"

媒體對金沙遺址的報導

《國家文物保護法》的規定，工地應立即全部停工，協助文物考古部門做好現場的文物保護和調查工作，待考古部門對工地全面勘察後，根據情況再決定是否准予繼續動工。在與開發商交涉的過程中，考古人員得知，此前挖壕時已有大量泥土被運出了工地，填入一個大型垃圾坑中。鑑於出土地域的重要性，朱章義迅速派人找到並掌握了那個垃圾坑的堆積範圍，使其與外界隔離，再著手進行清理。

二月九日下午，成都市考古所王毅等研究員與四川大學考古系教授林向，於綿陽會議結束後驅車直奔金沙現場。經過一番細緻的考察，認為此地很可能是一處重要的文化遺址，遂決定立即從其他工地調兵遣將對金沙遺址進行搶救性清理、挖掘。當幾十名得力幹將從野外火速趕來時，考古隊又在當地招募了近兩百名民工協助工作，並按預定方案將人員分成五組，一部分在壕溝內清理挖掘，一部分負責清理現場四個大土堆的散土和已拋棄到垃圾坑的泥土。僅一天功夫，就從散土中清理出金、銅、玉、石、象牙、骨器等精美文物四百多件。

此後近兩個月的時間，負責清理散土的考古人員在民工的協助下，又清理出金冠帶、太陽神鳥金箔飾、金面具、金箔蛙形人、青銅立人、青銅立鳥、獸面紋玉圭形器、石虎、石蛇等極為珍貴的文物一千三百餘件。由於大多數器物已損壞，器物的定名、拼接、整理工作極其困難。但考古人員經過多次努力，還是以最快的速度將第一批文物拼接成功。二○○一年四月四

左：金沙遺址工地

右：遺址出土的玉琮

日，市考古所就金沙遺址的清理、挖掘、文物收繳等情況召開記者會，向國內外媒體公布階段性成果，並讓媒體到現場參觀考察。多家媒體以斗大標題寫道：

又一個「三星堆」驚現成都

新近發現的金沙遺址已出土珍貴文物千餘件，專家認為其重要性可與三星堆並駕齊驅。目前的挖掘工作僅是冰山一角。

經考古工作者進一步整理後，發現出土玉器的精美程度，比三星堆遺址有過之而無不及。在兩件珍貴的玉琮中，一件顏色為翡翠綠，其風格與良渚遺址出土的文物幾乎一致，尤其玉琮上的微雕，更是令人叫絕。出土銅器中的青銅立人像與三星堆出土的完全一致，而出土的圭形玉鑿和玉牌形飾在四川省內屬首次發現。該處出土的珍貴文物幾乎全是禮器，其遺址很可能是繼三星堆之後，商末至西周時期成都地區的一個政治、經濟、文化中心。

不到一個月的時間，先後有八十多位國內外考古學家和相關學者飛往成都，欲親眼目睹金沙遺址的盛況和考察出土器物的價值與性質。各路專家學者一致認為：「金沙遺址的文化發展期在商代晚期至西周中晚期約一千年的大框架之內，其早期文化與三星堆晚期正好銜接。這批文物跟三星堆出土的器物極其相像。由此可以斷定，金沙遺址與三星堆文化有密切的關聯性。金沙遺址是長江上游及整個中國西南地區繼三星堆遺址之後最為重大的考古發現，其重要性完全可與三星堆並駕齊驅。」

遙想當年，三星堆遺址初露崢嶸，特別是一九八六年兩個大型祭祀坑的發現與一大批青銅器的橫空出世，在震驚寰宇的同時，也讓見多識廣的考古學家大開眼界、大長見識又大傷腦筋。成都平原突然出現的這批如此高度發達的青銅文明究竟是如何產生和發展的？這個文明為何到了商代晚期，在毫無歷史跡象和記載的情境下竟突然斷裂消亡？消亡之後它的子遺又去了哪裡……諸如此類的種種謎團，使無數專家學者於困惑之中，在學術界掀起了一場空前的探討熱潮。

隨著金沙遺址地下寶匣的突然崩裂，昭示著三星堆文明在突然消亡之後，並沒有從蜀地這塊熱土上蒸發，而是從廣漢悄然遷徙到了成都平原的腹心地帶，繼續維繫和延續著此一文化血脈，並以其獨特的風騷和更具魅力的文化氣象迎來了古蜀文明第二個奇峰。面對金沙遺址這座突兀而起、詭譎奇異的文化昆侖，凡參與考察的專家學者們在大感驚訝與驚嘆的同時，都不得不開始重新思索一個無法繞開的命題——三星堆文明是如何興起與消亡的？它和金沙文明到底是怎樣的一種內在聯繫？金沙文明真的是三星堆文明的子遺嗎？

第一章

醒驚天下

平靜的月亮灣突現玉器坑，燕氏家人深夜挖寶。
一扇鏽跡斑斑、充滿誘惑與希望的神祕之門即將開啟。

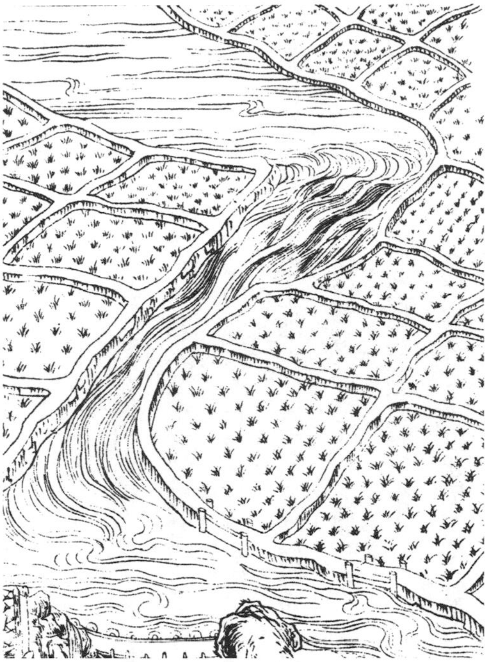

月亮灣的發現

沿著時光隧道，由金沙地下寶匣崩裂上溯七十二年，便是三星堆遺址發現的肇端。

這是民國十八年（西元一九二九年）的農曆二月，位於蜀國腹地的川西壩子在經歷了一個嚴冬的乾旱和寒風肆虐之後，終於迎來了明媚的春天。在這個暖風吹得人心騷動的景致中，平日裡靠天吃飯的農民們，抓住這大好時機，開始修築田埂、平整土地、挖渠引水，準備春耕春播，插秧栽苗。位於成都市以北九十里的廣漢縣（今廣漢市）太平場（後改為中興鄉）真武村的燕道誠一家，也和他的鄉鄰一樣，將主要精力和生活目標，由冬季裡每天吃飯睡覺，改投到緊張而繁忙的春耕春播之中。

農曆二月初八這天，燕道誠一大早就起床，待洗漱完畢，將身上的長衫和頭上的禮帽對著鏡子整了整，見無破綻，便提著早已備好的禮物跨出房門。當他來到兒子燕青保的房前時，突然想起什麼，遂立住腳，大聲朝屋內喊了句：「青保，起床了沒？今兒個可別忘了給田裡車水啊！」燕青保剛剛起床，正在屋裡對著一個陶盆嘩嘩啦啦地洗臉，聽到老爸又在門前囉唆，便有些不耐煩地抬頭應了聲：「不是已經說過了嗎？忘不了，去你的吧。」一語雙關，噎得燕道誠吭了一聲，嘴裡嘟囔著不滿的話，轉身在偌大的院子裡轉了一圈，覺得再無牽掛，便放心地提著禮品，精神抖擻地走出大門。

生於清同治三年（西元一八六四年）的燕道誠，於光緒五年（西元一八七九年）十五歲時考中秀才，一時成為聞名鄉里的少年天才和前程似錦的風雲人物。可惜好景不長，後來屢試不第。隨著操控大清國命運的慈禧太后與光緒皇帝的對立加深，加上康有為、梁啟超、譚嗣同等書生們煽動學潮在京城鬧事，世道越來越亂。燕道誠對依靠讀書博取功名的路子漸漸心灰意冷，開始死心塌地過起了娶妻生子的莊稼漢生活。

想不到就在大清快要倒台的時候，他昔日一個吳姓同窗，進士及第之後在京城打拚苦熬數年，突然衣錦還鄉

燕道誠（左）與兒子燕青保

當了縣令。這位新上任的吳縣令念及當年同學十載的情誼，也為了建立自己的人脈，便請燕道誠出山到廣漢縣衙門當一名類似師爺的司筆桿。

從鄉間稻田的泥塘裡突然爬上岸的燕道誠來到縣衙後，憑著自己的機智與聰明，左右逢源，大顯身手，很快就打拚出一塊適合自身立足發展的天地，並博得上下左右的好感與信任。有了這樣的大好局面，精明過人的燕道誠開始想方設法抓住一切可能的機會於黑白兩道間斂財謀利，幾年下來，居然也積攢了一筆數目可觀的銀子。口袋裡有了沉甸甸的硬貨，自然要像中國大多數官吏一樣，開始琢磨著在官道宦海中興風作浪、力主沉浮。

經過一番思慮謀畫之後，燕道誠決定先辦三件眼前最要緊的實事。第一，花些銀兩在家鄉月亮灣置一份像樣的地產和房產，以擴大門面，顯示一下燕家發跡後的氣勢；第二，娶一房年輕貌美的姨太太；第三，按燕道誠的想法，要獲取更大的物質利益和精神享受，就必須做一個能掌握實權的官員，且官位越高越大越好。他深知在中國這塊地盤上生存，要想不被別人欺負，就必須有能力欺負別人。而要欺負別人靠的是什麼？當然是大的權勢。要想得到大權勢，擺在自己面前的只有一條路，就是儘快破財行賄、花錢送禮，趁眼前天下局勢動盪、吏治腐敗透頂之時，買到一頂官帽。只要有這頂帽子戴在頭上，什麼事情都不在話下了。

主意已定，燕道誠立即行動起來，朝自己既定的目標奮勇前進。令他喜出望外的是，經過兩年的上下折騰，竟都如願以償。他既有一份足以傲視鄉鄰的家業，又說定一位年輕貌美的小姐充當自己的姨太太。更為重要和令人心跳的是，上邊已有告諭下來，將其調往相鄰的彭縣出任縣知事。

年近半百的燕道誠幾乎在一夜之間三喜臨門，驚喜得差點暈厥過去。按照他對形勢的估計，儘管此時南方有孫中山等革命黨人挑著大旗要「驅逐韃虜，恢復中華」，但大清一時半會兒倒不掉，朝廷分發到自己頭上的那頂披著紅纓毛毛的帽子也不會輕而易舉地被風吹掉。在此之前，先把美嬌娘娶回家再說。

正當他和家人連同親朋好友跑前忙後為迎娶那位秀色可餐的姑娘內外張羅時，萬萬沒想到，大清王朝在一夜之間垮了台。當燕道誠從睡夢中醒來，歷史已進入了民國時代——這次天下真的變了。

眼看大清這株常青樹已倒地不起，燕道誠作為大清國的朝廷命官，眨眼間變成歷史車輪甩下的一具臭皮囊。他在感慨了一番世事無常、人生無定數之後，於無奈中返回老家，而即將娶過門的那位準姨太太的娘家人，看到未就任的燕知事已失去往日的威風，便以時局動盪，社會不安為由，解除了婚約。

在事業和愛情上突遭如此巨變和打擊，燕道誠如同吃了幾頓悶棍，自此變得神經兮兮、脾氣古怪起來。每天早晨起床後，既不洗臉，亦不吃飯，而是披頭散髮赤腳跑到田地裡，對著空曠的原野與滿地的稻秧，說一些對世事的感慨與豪言壯語。時間一長，當地人見他整日這副不倫不類、妖三魔五的樣子，便不再請他到家中喝茶，也不再稱他為燕師爺或燕知事，而是稱他燕瘋子或燕神經。

如此瘋瘋癲癲、人不人鬼不鬼地生活了七、八年之後，隨著袁世凱完蛋、孫中山去世、蔣介石汪兆銘爭權奪利，各路軍閥漸成割據之勢等等政治嬗變，燕道誠漸漸從痛苦與恐懼中解脫，不再整天圍著稻田喊一些不著邊際的口號，說一些外人很難聽懂的胡話，逐步回到正常的持家過日子的軌道。由於自己在經濟方面還算殷實，兒子燕青保也已長大成人，燕道誠便恢復了當年做師爺時的那份精神與派頭，隔三岔五地坐公車到廣漢縣縣城或成都

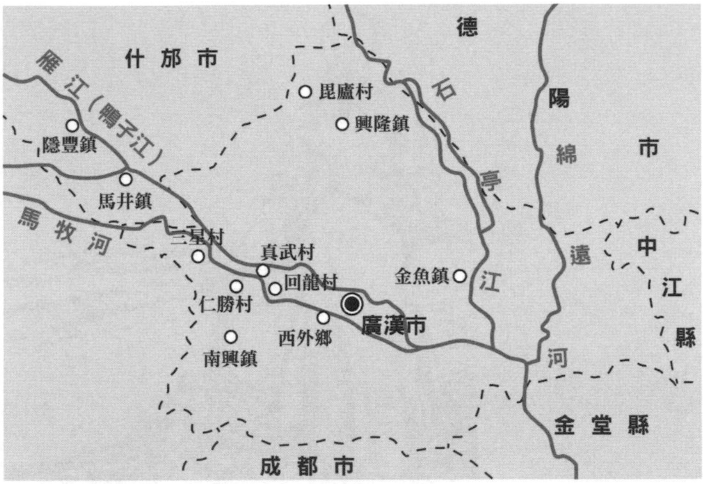

三星堆遺址方位圖

府去泡泡茶館、坐坐戲樓、會會朋友，日子開始有滋有味地過了起來。

今天，燕道誠一大早就起床，是因為一位老友的小兒子要舉行婚禮，特別邀他出席婚宴，據說還要請他講幾句。對方在廣漢縣算是有點身分的紳士，燕道誠在家閒得心慌，也樂意湊個熱鬧，便買了份禮物，準備前去賀喜。

燕道誠走後，已屆四十歲的燕青保吃過早飯，便叫十四歲的兒子牽了牛，扛了鋤頭，朝院牆外約二十公尺的一條堰溝旁走來，準備車水灌田。

這裡先大略說明一下：四川馬牧河的北岸，有一塊彎彎的台地高高突出，這就是著名的月亮灣。馬牧河的南岸，則有三個高出地面的黃土堆。由於這三個土堆在一馬平川的土地上突兀而起，且塊頭較大，遠遠望去如同天上的三顆金星，因此俗稱三星堆。三星堆與月亮灣隔河相望，一片高大的柏樹林和白果樹林掩映其間。其中一棵高大挺拔，樹冠高約四五丈，粗碩的樹幹六條壯漢都難以合抱，蔚為壯觀。由於其樹齡久遠得已沒人知曉，當地人便稱其為「風水樹」或尊稱「白果大將軍」。

月亮灣、風水樹與三星堆的完美結合，在當地形成了一道亮麗誘人的風景。尤其莊稼長成的季節，遠遠望去，三星堆與月亮

燕道誠在倒流堰旁使用龍骨水車。（孫永健繪圖）

灣這一廣袤地區，綠色蕩漾，碧波萬頃，三顆燦爛的金星正伴著一勾彎彎的明月，鑲嵌在無垠的蒼穹。這樣一種不凡的景致，自然令人產生許多美好的遐想，從而有「三星伴明月」的美譽。在清代嘉慶年間編修的《漢州志》等史籍中，編修者就曾對此一景觀明確記載為「三星伴月」或「三星伴月堆」。隨著名聲越來越大，此一區域也漸漸被當地百姓視為廣漢的「風水中心」，並成為古代漢州「八大人文景觀」之一。

再回到主題。自從燕家搬到這塊美麗又富饒的台地上定居以來，為灌田方便，就在水溝旁安了一部龍骨水車，車與溝之間有一條大約兩公尺長的小水渠相連，車下是一個被當地百姓稱作「龍窩」的水坑。此坑每到冬天閒置時便遭淤泥堵塞，待春天灌田時必先予以清淤，龍骨水車方能正常運轉，車出的水也才能流向田地。當燕青保父子二人來到水渠邊時，先把那頭老黃牛拴在車上，然後按照以往的慣例，揮鍬弄鋤開始清淤鏟泥。大約用了半個時辰多一點的工夫，就將龍窩掏成。老黃牛拉著龍骨水車慢慢騰騰地運轉起來，清泠泠的水順著鋪好的管道嘩嘩地流向肥沃的稻田。

日頭偏西的時候，燕道誠從城裡回來了。他見孫子一人站在龍窩前照看龍骨水車，便徑直走上前來，醉意朦朧地搖晃著身子，從隨身攜帶的一個布口袋裡掏出一把糖果塞到孫子手中，嘴裡咕嚕著充滿愛意的話，一邊問道：

「就你一個人在這裡，你爸呢？」

「回家做別的事去了。」孫子答。

燕道誠望著水渠裡流淌的水有幾分渾濁，又低頭看了看龍窩，便對孫子道：「這龍窩太淺，水供不上嘛！都刮到泥底了。搞什麼！快去叫你爸把這個窩再往下刨一刨。」孫子將一塊剛剝了包裝紙的糖果放入早已涎水四流的嘴中，點了下頭跑回家。不一會兒，燕青保扛著鋤頭來到龍窩前重新操作起來。

燕道誠站在溝邊一棵歪脖子柳樹下，慢悠悠地從布包裡掏出一盒婚宴酒席上得到的良友牌高級香煙，先抽出一支給青保，而後逕自抽出一支，點了火，美滋滋地吸著，很愜意地向孫子有聲有色地講起自己赴縣城參加婚宴的情形。

燕青保彎腰弓背揮動鋤頭連續挖出十幾撮箕稀泥，龍窩明顯加深加大。待他舉起鋤頭想加把勁再挖深些時，想不到鋤頭剛一落地，就傳出「砰」的一聲悶響，兩手的虎口被震得有些麻酥酥地發脹、發痛。他心想是不是遇到了一塊小頑石？便換了個角度，再次揚起鋤頭劈將下去。這次又是「砰」的一聲響，除兩手再度被震麻之外，翻起的汙泥還濺了自己一身。他將鋤頭抬起來察看，只見刃鋒被削掉了一塊。

「咊！這是怎麼回事，難道遇到地鬼了不成？」青保有點惱怒地小聲罵著，不再用力刨掘，而是變換戰術，在周邊慢慢清理起來。大約過了半個時辰，一塊長約五尺、寬三尺，比普通桌面大得多的石板顯露出來。

「好好的龍窩怎麼會有塊石板呢？」燕青保不解地小聲自問，轉身對樹下的兒子說道：「小子，這裡有塊石板，面光得很，拿回家可以用，趕緊過來幫我撬。」燕道誠正對他的孫子眉飛色舞地大吹特吹著中午那場婚宴如何氣派非凡，此時聽到青保這一聲喊，忙停了講演，和孫子一同來到龍窩前觀看。此時青保已用鋤柄將石板撬開一條縫隙，他的兒子忙跑過去將鋤柄按住，青保騰出雙手把住大石板的邊緣，嘴裡喊聲「給我起來吧！」兩膀一用力，大石板帶著泥水「嘩」地一下被掀起，直愣愣地立在龍窩邊。

待燕氏一家老少三代把目光移到石板下方時，瞬間一個個瞪大了眼，張著嘴，呆愣愣地望著面前的一切，好半天沒有緩過神來。只見石板之下是一個長方形的深坑，坑中堆滿一件件大小不一、形態各異、色彩斑斕的玉石器。

「寶，下面是寶貝啊！」燕道誠好半天才於驚愕之中嘴唇哆嗦著喊了一聲，隨後情不自禁地彎下腰去，伸手抓起一件玉瑗和一件玉琮。只見兩件器物在夕陽的餘輝照耀下放射出青幽幽的光，直讓人覺得眼前異彩紛呈，霧氣迷蒙又暈眩繚亂。

「爺爺，這是啥東西？」身旁的孫子望著燕道誠那肅穆驚異的神情，小聲問道。燕道誠顧不得答話，警覺地向四周瞥了一眼，只見不遠處有幾個本村的農民正扛著工具走過來。為防暴露祕密，他將手中的兩件玉器重新扔入坑中，壓低聲音說道：「快，快，趕快蓋上。」燕青保與兒子頓時心領神會，那扶著石板的手在鬆開的同時輕輕向身前一用力，碩大的石板又「噗通」一聲回歸原位。隨著一片泥漿「嘩」地濺出，滿藏奇珍異寶的神祕土坑被重新遮蓋了起來。

燕青保順勢摸起鋤頭剛在石板上覆了幾鏟土，遠處的幾個村民就走到了近前。眼見對方越走越近，燕氏三代頓時緊張起來，故意低頭裝作各自忙著什麼，想以此避開可能遭遇的糾纏。但對方似乎是故意跟他們作對，竟一個個含著長長的菸袋，順著田埂慢騰騰地斜插過來，一邊和燕道誠打招呼，一邊問道：「水怎麼停了，是龍骨車壞掉了嗎？」燕道誠聽著，心中恨恨地罵道：「這車是壞是好關你屁事？」但表面上還是裝出幾分熱情地應道：「呵，呵，是有點小毛病，有點小毛病……」說罷又低頭摸起鋤頭，做出一副忙碌的樣子刨起溝槽來。

這時有一人突然看到龍窩裡那塊裸露半截的石板，略作吃驚地說道：「怎麼會有這麼大的石板？埋在地裡多可惜啊，撬出來弄回家磨刀用吧！趁大家都在，我們哥幾個幫著把它弄出來好了。」說罷摩拳擦掌地就要動手。

燕道誠的頭「嗡」的一聲，覺得自己的心一下蹦到了嗓子眼兒，脈管的血液在呼呼地流竄奔騰。他的臉有些發脹，各個部位如同腫了起來令人好不自在，張開的嘴急忙結結巴巴地應對道：「呵，呵，放在這裡有用，現在不拿，灌完田再說，灌完田再說……青保呵，快拾掇拾掇休工回家了。」邊說邊做出不耐煩和欲收工的樣子。旁邊幾人見燕氏三代不再和自己搭腔，頓覺無趣，狠狠地吧嗒了幾口菸，有些不滿，嘴裡小聲咕嚕著「裝瘋賣傻地搞啥子鬼名堂……」，無精打采地離去了。

眼看幾個人漸漸遠去，燕道誠才長長噓了一口氣。他脫掉禮帽，用手理了理稀疏的頭髮，竟發現額頭已沁出一層溼漉漉的汗水。

「好險哪，差點被他們看破暗道機關。」燕道誠小聲說著，從長衫的衣兜裡又摸索出一支香菸點上火吸將起來。由於剛才的緊張和驚慌，那夾菸的手指不停地顫抖。此時他沒有想到，一扇封閉三千多年的古蜀王國大門，悄然洞開了。

過了好長一會兒，怦怦亂跳的心才逐漸平靜下來。他伸手撫摸著孫子的頭，壓低聲音神祕地說道：「現在爺爺告訴你，下面坑裡埋的是玉器。這些東西埋在這裡不知道做啥用，但肯定是稀有的古物，很貴重，說不準地下是一處古墓，坑中的東西就是為這墳墓陪葬的。我琢磨著在這堆玉器下面還會有更貴重的金銀財寶哩……」他畢竟是見過世面的讀書人，儘管對這坑器物的來龍去脈還弄不明白，但卻清楚地知道眼前這一坑東西是屬於古物和值錢的寶貝。既然是寶貝，就要把它弄到手為自己所用，否則便是糊塗蟲一個。於是他對燕青保吩咐道：「把石板埋好，東西收拾了趕緊回家，免得在這裡招人顯眼，待天黑之後再來挖掘。」說完收起幾件工具，與孫子一步三回頭地先行回到家中。

燕家合影。右一為燕青保，右二燕道誠

此物是吉是凶，是福是禍？難道是天國裡的上帝故意埋在這裡一堆金銀財寶，要試探一下燕家人的心靈嗎？抑或是看看燕家有沒有將這筆財寶弄到手的運氣？要不就是自家祖宗在地下冥宮裡發了橫財，故意顯露於此，讓燕家子孫作為中間人穿梭於紅塵滾滾的大千世界與鬼氣迷濛的陰曹地府之間，以此來完成祖先們的心願？

這天夜裡，燕氏一家在一炷燃起的香火前，於激動興奮中一邊對這坑神祕的珍寶做著種種猜測，一邊壓低聲音，焦躁不安地商討什麼時間行動和如何行動的計畫。待全家人大眼瞪小眼地熬到二更時分，只見窗外北風嗖嗖，天空烏雲密布，大有下雨的異兆。昏暗的燈光下，燕道誠將含在嘴裡的菸頭用兩根蠟黃色手指捏下來，輕輕放在腳下搓滅，小聲地說了句：「時候不早了，青保，再去探探動靜。」

青保聽罷，一聲不吭地站起身向外走去。只一會兒工夫，便又回到屋裡，壓低聲音說：「外頭靜得很，沒人走動，動手吧。」

燕道誠轉頭望了望窗外，略作沉思，終於下定決心。香火繚繞、燈光搖曳中，只見他兩眼噴著欲望之火，將手臂往空中用力一揮，聲音低沉略帶沙啞地說了個重重的「走」字。屋子裡早已整裝待發的男女老少如同聽到出征的號令，一個個神色莊嚴，面目凝重地「刷刷」站了起來，各自抓了工具向外走去。

墨一樣的天幕將大地嚴嚴實實地罩住，寒意頗重的北風越刮越大。那風在穿越燕家大院時發出「吱溜溜」怪異的聲響，似是陰曹地府祖宗幽靈或招魂的夜鬼發出的淒厲呼叫。就在這風聲大作、聲響怪異的遮掩下，燕家大院那扇已脫落漆皮的寬大厚實的木門「吱呀呀」地開了一條縫，燕青保小心地將頭伸出向四處張望了一會兒，見並無異常，便提著馬燈快步閃了出來。隨後他的父親、母親、妻子、兒子等全家老少，一個個拿著籮筐、布袋、扁擔、鋤頭、鐵鍬等運載工具與挖掘工具，跟在燕青保的身後悄悄向龍窩方向摸去。當到達預定位置後，燕道誠令婆媳兩員女將在旁邊站崗放哨，嚴密注意各種可疑的動靜，自己和兒、孫三人共同承擔挖寶事宜。

夜色籠罩下的月亮灣田野，四周分外空曠寂靜，一盞馬燈如同跳躍的鬼火忽明忽暗地照著那塊已重新裸露在外的大石板，遠處的樹林在勁風的吹動中發出刷刷拉拉的聲響，不時夾雜著陣陣微弱的犬吠聲，讓人感到有些莫名的驚慌與恐怖。很快，大石板被青保父子合力掀開並移到一旁，土坑中的珍寶顯露出來。燕道誠提著馬燈負責照明和指揮，青保父子蹲在坑邊將掏摸出的玉石器一件件小心謹慎地放進籮筐。面對燕氏祖孫三代暗夜中這番鬼打牆一樣的動作，兩位放哨的女將按捺不住心中的好奇，便不再顧及自己的職責，悄悄湊上前來瞪大了眼欲看個稀奇。面對慘澹的燈光下整整一坑形態各異並散發著幽暗光澤的器物，燕道誠的夫人禁不住失聲叫道：「哎呀，我的老天，真的有這麼多寶貝啊！」這一聲喊，把在場的人都嚇好大一跳。燕道誠打了個哆嗦，隨之火起，咬牙壓低聲音，惡狠狠地道：「找死啊！閉上妳的嘴巴，一邊待著去！」老夫人自知失言，趕緊溜到一邊不再吭聲，盡職盡責地放起哨來。

大約到了三更時分，坑裡的器物全部被掏拿乾淨。儘管燈光暗淡看不太分明，但總體上還是有一個大概的了解。所出的器物幾乎全部為玉器，此前燕道誠所期望的金銀器始終沒有露面。於心不甘的他叫青保拿了鋤頭將坑

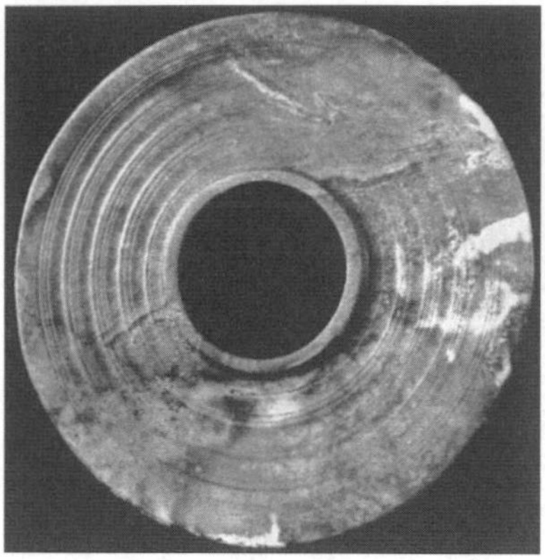

左：燕家挖出的玉璧

右：燕家挖出的大石璧與玉璋

中的邊邊角角又詳細地搜尋一遍，仍未發現金銀一類更加貴重的東西。對於這個結局，燕道誠多少感到有些失望，但事已至此，不便繼續耽誤，遂和家人匆匆忙忙將挖出的器物連背帶抬陸續弄回家中。

當破舊笨重的大門吱吱呀呀地關閉後，一家人顧不上飢寒交迫與身心疲憊，於驚喜中聚在燈下開始檢點剛才的收穫，計有璧、璋、圭、圈、釧、珠、斧、刀及玉器半成品共四百餘件，擺放在一起差不多占了半間屋子。出土器物中最小的只有指頭般粗細，最大的一副石璧直徑將近八十公分。當擦去上面附著的泥土時，各種器物鮮亮如新，光彩奪目，精美誘人。為了預防不測，避免事情洩露引起官府、村民以及土匪強盜的覬覦，從而惹來殺身之禍，精明的燕道誠當即決定將這批器物在家中院內選四個點和豬圈內分別挖坑埋藏。待將幾個深坑一氣挖成並把所有的器物掩埋妥當之後，家中的公雞已叫了三遍，東方的天幕泛出魚肚白，天就要大亮了。

就在坑中挖出的寶物被埋入院內幾個角落的當夜，燕道誠滿臉嚴肅和神祕地向全家人宣告：從今以後，無論遇到什麼人、什麼事，都不許將燕家挖寶、藏寶的祕密洩露出去，平時一定要小心防範，萬不可麻痹大意，否則家法伺候。鑑於「隔牆有耳」的古訓，即使是自家人在一起，也不要輕易談及此事，最好是當作什麼事也沒有發生一樣從心中忘掉它。至於這批器物要在燕家院子埋藏多久，最終做何處理，待自己考慮成熟後再作打算。這個鐵定的旨意下達後，整個燕家老老少少都閉上嘴巴，一如既往地生活，不但對外守口如瓶，即使是自家人在一起閒談，也沒有人主動去觸及這個敏感的話題。

然而，要真的抹去是不可能的。這種記憶不但無法抹去，反而隨著時間的流逝，在腦海裡逐漸發酵、膨脹、躁動、生長、鮮活起來，催發著燕氏家人特別是燕道誠要儘快做出抉擇，因為那畢竟是一批整日踩在自己腳下，並與燕家老少朝夕相伴、誘人遐想的祕密珍寶呵！但燕道誠卻以出奇的耐性在心中強憋著，像搭箭在弦的長弓，總是張之以待，引而不發。眼看大半年過去了，透過仔細觀察，他發現周圍的鄉民依舊像平時一樣安詳平靜，在與自己或整個燕家的交往中，也依然保持著老腔、老調、老習慣、老動作，毫無出格的表現。在確信沒有引起外人注意和警覺的情況下，他便放下心來，開始著手第二步行動。

按照燕道誠對家鄉這塊土地的了解，此地挖出藏寶坑絕非偶然。早在清代的時候，這一帶就不斷有古物出現，出土的器物以玉器居多，但偶爾也有小件的青銅器出土，只是沒有引起外界廣泛的注意。據老人們代代流傳的說法，此處在遙遠的古代，是蜀王鱉靈的都城，後來由於一場特大洪水災害，將都城沖毀掩埋了，從此這裡成為廢墟，再之後就成了人們耕種的土地，一直延續至今。不管這個傳說是真是假，燕道誠有一種預感：他在龍窩發現的這個器物坑既不是孤立的，也不是偶然的，一定還有其他的器物坑祕藏於這塊土地的某個角落，並且一定會埋藏令世人為之怦然心動、夢寐以求、價值連城的金銀翡翠，或更神祕、更值錢的奇珍異寶。

在這個念頭驅使下，他決定將龍窩中發現的那個坑再好好地翻騰一遍，看看到底有沒有金子銀子暗藏在裡邊。於是在一個夜深人靜的時刻，在燕道誠的指揮下，燕青保再次來到院外繼續掏挖龍窩中的那個土坑。但一個夜晚下來，土坑被掘開之後又向四周掏了幾個大窟窿，依然沒有發現心中渴望的寶物。面對此一結果，燕道誠並未灰心，而是根據自己的設想和推理，又在院外的稻田裡選擇幾個地點，像在賭桌上押寶一樣指揮自己的兒子暗中挖掘。

為了做到神不知鬼不覺，燕青保白天貓在家中蒙頭大睡，每到夜晚二更時分，便悄悄帶著工具溜出家門，不聲不響地在既定地點按計畫有目的地打起洞來。每當雞叫兩遍之時，下挖的土坑一般就能沒住人的頭頂，燕青保便停止挖掘，爬出坑外將掘出的泥土回填，以免引起外人的猜疑。天亮之前，回填完畢，收拾工具回家吃飯睡覺。如此循環往復，大約半個月之後，已在不同的方位挖了十二個洞穴，遺憾的是除了掘出一些破盆爛罐和一堆做工殘缺的石頭器物外，夢想中的金銀瑪瑙器物一件也沒有發現。

就在燕青保於一個風清月明、萬籟俱寂的秋夜，撅著屁股汗流浹背地挖掘到第十三個土坑時，意外發生了！村裡的公雞剛叫頭遍，燕青保挖掘的洞穴就達到一人多深，此時他突然覺得渾身如同散架一樣疲憊不堪、痲木痠痛，再也不能挖掘下去了，便想就此收工回家歇息。就在他沿著坑壁往上爬時，坑壁的上半部突然「轟隆」一聲塌了下來，泥土的衝擊力把燕青保當場擊倒，並將他下半截身子埋入坑底。面對這突如其來的災難，燕青保打了個冷顫，差點昏厥過去。他想喊家人救命，但又不能驚動四鄰，只好咬緊牙關強撐著施以自救。經過一番折騰，終於從坑中爬了出來。

由於當夜過度疲勞並受到坍方的猛烈撞擊與驚嚇，燕青保回家之後便開始上吐下瀉，發高燒說胡話。家人一看這情形，知道大事不好，忙從縣城請了一位號稱吳一針的著名老中醫為其把脈診治。這位老先生平時為人看病，宣稱一針見好，再重的病人也不會超過三針。但此次在燕青保身上又是扎針又是灌藥，先後折騰了半個月才略見好轉。

本來十三個土坑的連續挖掘，都一個個成了竹籃打水——一場空，令燕道誠心灰意冷，信心頓消。這次燕青保突遭厄運，燕老漢認為是冥冥之中地下那些小鬼或閻王的報復。驚恐、困惑之餘，便斷了繼續尋珍挖寶的念頭，開始轉而琢磨如何將家中埋藏的玉器儘快脫手，換來錢財，也好做一個徹底的了斷。

一個月之後，燕道誠獨自走出家門，來到成都少城路的古董市場，暗中觀察摸底，探聽行情。此時的少城路古董市場乃整個中國西南部最大的舊貨集散地，除四川本省外，與其相鄰的雲南、貴州、西藏、青海、甘肅甚至陝西等地的古董商，都經常攜大批在當地收購的真古董與假冒偽劣產品來此進行交易。各種瓷器、木器、玉器、銅器、金銀器等等琳琅滿目，應有盡有。燕道誠來回轉了幾次，漸漸瞅出點門道，認為時機已經成熟，便借著夜幕回到月亮灣，掘開家中埋藏的土坑，挑幾件上等玉器，神不知鬼不覺地來到成都少城路兜售。

儘管他是讀書人出身，做過師爺和未上任的知事，見多識廣，但畢竟隔行如隔山，對於古董市場以及商人之間的爾虞我詐缺乏了解，難免上當。當他將懷中的幾件玉器冷不丁亮出時，正在信口開河坑蒙拐騙的古董商當即兩眼放光，激動不已。而當他發現燕道誠在這類生意場上並非行家後，便一邊與他套交情，一邊拚命壓價收購。燕道誠禁不住對方花言巧語的引誘，很快便將所帶的玉器以極其低廉的價格拋出。

古董商得到這批玉器後，很快以天價轉手倒賣，眾多業內行家突然看到這批玉器，皆驚嘆不已，紛紛追索探尋它的來源。當最後得知來自四川廣漢縣時，惟利是圖的古董商們懷揣一夜暴富的妄念，潮水一樣蜂擁而至，四處打聽玉器的擁有者和知情人。燕道誠以讀書人特有的狡黠，在古董市場上只暴露廣漢縣地名，並未進一步說出更具體的月亮灣甚至自己的家庭住址與姓名。這一手讓古董商們在廣漢縣城和四周費盡心機，吃盡苦頭，卻總是得不到確切的情報。

當然，古董商們自有其邪招歪術，在一時得不到燕道誠下落的情況下，便開始大規模製作贗品，號稱廣漢最新出土的玉器投入市場，魚目混珠，矇騙錢財。一時間，廣漢玉器在古董商和古玩家之間被炒得沸沸揚揚，真的假的都成為市場內外關注的焦點、追逐的目標。在這股真假難辨的強勁旋風中，不知有多少人為此一夜暴富，更不知有多少人受騙上當，家財頓空。

隨著各種管道和資訊的不斷打通，終於有人打探到燕道誠一家挖寶藏寶的祕密，並親自登門收購。燕氏一家開始尚能故作糊塗、推脫躲避，但最後還是禁不住利益的誘惑，終於吐出真情，將成百件精美玉器從家中豬圈裡扒出，以低價大肆拋售。一時間，來燕家收購玉器者絡繹不絕。儘管當時買賣雙方都是在暗夜裡祕密進行，但這批價值連城的寶物，還是很快流散出去，或落入古董商之手；或經古董商轉外國人，而外國人又轉移到國外；或被騙子騙去流散於民間而不知去向。

就在這批寶藏慘遭瓜分割裂、流失損毀的大劫難之時，華西大學博物館出於對文物保護、收藏的目的聞風而動，四處打聽收購出售的廣漢玉器。經過一番努力，總算購得幾十件大小不同的器物。遺憾的是，後來經科學鑑定，多數為古董商製造的贗品，毫無收藏價值（有些贗品直到現在仍在四川大學博物館當作真品展出），而真品，正透過地下管道，源源不斷地向海外流去。就在這個關鍵時刻，一個關鍵人物適時出現了，此人就是居住在廣漢縣大北街聖公會的英籍基督教傳教士董宜篤。

董宜篤（V. H. Donnithome）早年畢業於英國劍橋大學，獲哲學博士學位。大學期間，因受歐洲著名探險家如斯文・赫定（Sven Anders Hedin，瑞典探險家）、斯坦因（Marc Aurel Stein，英國探險家）等輩赴亞洲腹地探險並取得輝煌成就的影響，開始對世界歷史、地理尤其是遠東歷史產生興趣，並開始這方面的熱切關注與研究。當他完成學業走出劍橋的校門後，他根據自己的所學專長，到英國一個勢力龐大的基督教會——聖公會工作。

十九世紀末二十世紀初，美國、加拿大、英國三國基督教會中著名的「美以美會」、「浸禮會」、「英美會」、「公益會」和「聖公會」等等各種名稱不同但目的相同的教會，紛紛派出傳教士奔赴遠東傳教。據後來三星堆遺址挖掘的主持人之一陳顯丹對廣漢縣民國時期的檔案考察稱：「當查到英國牧師董宜篤條時，紀錄中明確記載董是在一九三六年十月從雲南省入境，他的妻子和女兒於一九三七年從上海入境。但不知何故，在後來的有關報導中說他一九三一年就在四川廣漢、成都等地進行傳教活動了。這也算是一個懸而未決的謎吧！」

其實陳顯丹所說的這個謎未必就那麼懸而不能決，他不過是只知其一不知其二罷了，所查到的結果當是這位董牧師第二次或第三次來廣漢和成都的時間，其首次來川的日期要麼未入紀錄，要麼缺失。因為在二十世紀下半

古董商人甘懷慶

葉，當年董牧師在廣漢傳教時的教徒有許多人還活著，他們都曾肯定地說：「董師傅於一九三六年之前就已經在廣漢傳教佈道了。」

董宜篤來廣漢後，便入鄉隨俗，學當地紳士和讀書人的樣子穿起長袍馬褂，有些彆扭地使用木頭筷子，說一口生硬但並不令人討厭的漢語。他除了平時腋下夾著一本《聖經》或其他的耶穌語錄在廣漢的大街小巷來往穿行，認真地傳經佈道之外，經常騎驢或坐公車到廣漢城外的鄉村、特別是有名勝古蹟的地方轉轉，做些測繪和調查，同時也搜集各種流散於市井和古董商手中的古物進行收藏和研究。就是在這樣的背景和條件下，他與燕氏一家相遇，最終引發一連串對月亮灣的考古挖掘。

一九三一年春天的某個下午，董宜篤像往常一樣腋下夾著幾本快要翻爛了的福音書，晃晃悠悠地來到縣城南一個叫甘懷慶的古董商人兼基督教徒家中「傳經送寶」。當一壺茶喝得只剩下白開水時，閒談吹牛中甘懷慶無意間告訴董宜篤，最近在廣漢中興場一帶出土了一批精美絕倫、價值連城的古玉器。這批玉器已在成都市場上拋售，引起業界的轟動，而器物的擁有者，就是中興場月亮灣的燕道誠燕師爺。此前，當甘懷慶透過業內朋友輾轉得知此一訊息後，曾專程跑到燕家欲購買幾件玉器，但聰明狡猾的燕道誠深知這批東西的來路不是光明正大，怕樹大招風，遂不敢再明目張膽地向外拋售。每有古董商登門，他要麼壓根就不承認自己賣過什麼玉器，要麼在擺脫不掉對方糾纏的情況下，便謊稱自家的確有過幾塊與眾不同的石頭，但那是自己的爺爺早年到外地謀生，於岷山附近的峽谷中，在一場大水過後，偶爾撿了幾件特殊好看一點的帶回家中罷了。多少年來，這幾塊石頭一直扔在家中並沒有引起重視，直到前些日子有一古董商下鄉收購古物，偶爾發現了此石，便以微薄的價錢收走了，自此之後燕家再也沒有半塊玉石……

甘懷慶在燕家碰壁之後，於心不甘但又無可奈何。正在這個節骨眼上，董宜篤登門來訪。面對這位愛好收集、研究古物的洋師傅，甘懷慶將這個猛料抖了出來，並以一個古董商的眼界和判斷力，頗具天才地預言燕家那批玉器祖傳的可能性很小，而出土於古代窖藏或古墓葬的可能性很大。由於燕氏父子目力所及十分有限，出土地點亦很可能就在中興場月亮灣這個極小的範圍之內。

董宜篤聽完甘懷慶那繪聲繪色、活靈活現的描述，頓時旌搖心動。第二天上午，他邀請當地一個基督徒作陪，以傳播福音為名，騎著毛驢來到中興場月亮灣燕家。燕道誠見一位身穿馬褂，頭戴瓜皮帽的洋人前來拜會，便知與自家的玉器有關。他一邊小心謹慎地伺候著，一邊像平時對付古董商一樣打著哈哈搖頭做了應對。董宜篤見無法撬開燕氏的嘴巴，也不好撕破臉皮逼問，只得將氣憋在肚裡，先打道回府再另想計謀。臨走時，他在月亮灣燕家大院周圍轉了數圈，從稻田和溝梁中撿拾了半袋子陶片和幾件殘缺的打製石器。根據此處的地理位置、周邊環境及暴露出的古文化遺跡等等跡象分析，董宜篤相信古董商甘懷慶所言不虛，燕道誠一定是在月亮灣挖到了古墓或窖藏。既是古墓或窖藏，好東西一定不少，絕不能讓燕氏獨吞或私自藏匿，無論如何也要從燕家弄出幾件開開眼界。

當天晚上，董牧師失眠了。經過一夜輾轉反側的思考，他決定去廣漢縣文昌宮找陶旅長。陶旅長姓陶名凱，字宗伯，年方三十四歲，北川人士。早年肄業於華西大學，在家鄉當過小學教員。辛亥革命事起，受時勢的影響，遂入成都講武堂學習軍事，畢業後在劉湘任總司令的川軍鄧錫侯部當了一名排長，更一路升至川軍鄧錫侯任軍長、陳離任旅長的二十八軍第二混成旅二十團團長兼廣漢縣知事。之後陳離出任第四師師長，由陶凱接替第二混成旅旅長一職，防區在土地肥沃的廣漢、彭縣一帶，軍中所需給養全部由這幾個地方的政府供應。

由於陶凱少年時代父親去世，家道衰落，他親眼目睹了世事滄桑和人間大起大落的愛恨情仇，在咬緊牙關刻苦讀書考入華西大學後，開始接觸基督教教義並受到極大影響。當他駐防廣漢後，董宜篤深知此人在這塊地盤上所具有的舉足輕重地位，便主動接近結交，希望對方能加入基督教會。此時的陶凱對當時的政治形勢已有較為深刻的認識，正想找個洋人當靠山，為日後擴大自己的勢力和地盤做個鋪墊。於是，時任川軍團長兼廣漢縣知事的陶凱便痛快地加入了聖公會，成為一名基督教徒。今天，董宜篤以駐廣漢聖公會主教的名義和身分來到駐紮在廣漢縣文昌宮的川軍第二混成旅旅部，拜訪自己的教徒——這位早已升為旅長的一方諸侯陶宗伯。

陶凱聽到董宜篤拜見的稟報，立刻拋下繁忙的公務，親自到大堂迎接。師徒落座，香茶飲過，董宜篤開始將此次來訪的目的和盤托出，希望陶凱不孚所望，一定想方設法從燕家鼓搗出幾件上等玉器過過眼癮，以了平生嗜好之願。陶凱聽罷微微一笑，當場表示燕道誠跟自己有過幾面之交，算是熟人，如果他不是一條糊塗蟲，家中真有這種被吹得神乎其神的東西，只要陶某人出面，肯定會乖乖地交出來的。現在所擔心的是，燕氏藏的原本就是贗品，古董市場的奸商們懷揣不可告人的目的，編造出一個美麗的謊言，並以訛傳訛，弄得沸沸揚揚，使眾人皆以為真，才隨波逐流，挖空心思要得到它。

董宜篤聽罷當場答道：「只要你陶旅長能將東西弄到手，我過目後即可送到華西大學請專家朋友們鑑定，到時真假自明。」見董牧師如此執著，陶旅長覺得不好推辭，便說這燕師爺畢竟在廣漢地區還算是個士紳與賢達一類人物，不好隨便將他牽來弄去地搞得他沒得半點尊嚴，多少得給他點面子，這樣無論對哪方都有好處。

燕道誠送給陶旅長的玉琮

一個星期後，陶凱親自帶著一幫官兵以檢查防區軍務為名，順道來到了中興場月亮灣燕家。燕道誠一看廣漢地盤上威名顯赫的陶旅長突然大駕光臨，儘管彼此相識，但心中還是情不自禁地「噗通」了一下，心想：難道又是為了玉器之事？

燕老漢不愧是在官場上混跡多年的老油條，心裡雖然忐忑不安，表面上卻裝得鎮靜自若，不露一絲破綻。寒暄過後，果然不出所料，陶旅長直言不諱地提到了玉器，並要求「借」幾件把玩一番，以過好古之癮。他同時還真誠地表示要找行家看看成色，如果真的是上等玉器，自己願意出高價買下，倘是贗品，就如數歸還。燕道誠聞聽此言，便大著膽子想以打發古董商和董宜篤那樣的老策略搪塞過去。但想不到這位陶旅長是有備而來，看到燕道誠支支吾吾地故伎重施，臉色立即大變，壓低了聲音，頭輕輕湊上前來，柔中帶刀地說道：「燕師爺，你也算是在官場混過多年的老前輩了，按官場規矩，什麼時候、在什麼人面前裝憨擼人，都是有個界限的。常言道，有來無往非禮也，今天我陶某撇開繁忙的公務專程登門拜訪，總不能讓我兩手空空打道回府吧。」

燕道誠一看這陣勢，心中驀地打了個冷顫，知道躲過了初一也很難躲過十五，還是按識時務者為俊傑的古訓，索性賣個人情吧。於是他一咬牙，強作笑顏，身子前傾，嘴臉對著對方的耳朵，抬手半遮半掩小聲說道：「陶旅座今天大駕光臨，使我燕家蓬華生輝，這份深情厚意燕某還能沒有點表示？不瞞您說，孝敬旅座的那一份兒我都給您留著呢，本想親自奉到府上，但近來土匪、盜賊鬧得凶，怕中間有個閃失或三長兩短的，就一直放在家中沒動。剛才我怕人多嘴雜，就沒敢說出實情，您先喝口茶水潤潤嗓子，我這就去拿來。」說罷轉身進了裡屋。

不一會兒，燕道誠兩手捧著一個紅色的布包，滿臉堆笑地走了出來，待來到廳堂將包放到一張棗木茶桌上，故作慌張地用眼角的餘光向四周望瞭望。陶旅長心領神會，抬手摒退左右護衛人員，逕自將那布包慢慢揭開，原本有些昏暗的室內立即華光四射，通透明亮起來。陶旅長「啊」了一聲，情不自禁地起身瞪大著眼睛觀看。只見面前擺放著的玉璋、玉琮、玉刀等五件器物，件件玲瓏剔透，精美異常。

「不成敬意，請旅座笑納，哈、哈……」燕道誠一改剛才那擔驚受怕、沮喪、晦氣的神情，穿著長衫的手臂朝空中一揮，劃了個優美的弧線，頗具瀟灑意味地說著。

陶旅長一看對方的言行，很是舒暢，心想這老傢伙還算是個識時務之人，不愧做過師爺。遂故作驚訝狀，打著圓腔道：「哎呀，您看燕知事，這說哪兒去了，一家人不說兩家話嘛！禮重了，禮重了，哈、哈……」說著將器物重新包好放入腰間，起身告辭。待一行人走出燕家大院，賓主就要分手之時，陶凱又像突然想起什麼，轉身拉著燕道誠的手，半低著頭，兩道透著寒氣的目光逼視著對方的臉，壓低了聲音說道：「燕知事，我們都是官道上的人。明人不做暗事，你實話對我說，這些東西到底是從哪裡弄出來的？」

燕道誠聽罷，頓感愕然，嘴裡哼哼哈哈地說著：「這個……這個嘛……」很快又將心一橫，牙一咬，鐵青著臉冷冷地說：「陶旅長，事到如今對您我也就不隱瞞了！就在那塊稻田的下面，家裡人種地時刨出來的。」說著抬頭撅著下巴朝遠處輕輕點了一下。

「呵，呵！」陶凱聽罷點了點頭，表示心領神會，而後又提高聲音道：「不煩勞您再送了，請回府吧，你老漢要保重身體啊……」說話間轉身躍上副官早已備好的高頭大馬，抖動韁繩，率領手下官兵趾高氣揚地沿江岸絕塵而去。在駿馬的奔馳和噠噠的馬蹄聲中，陶凱昂頭挺胸，面對廣袤的鄉野田疇和川流不息的雁江波濤，兩隻不大的眼睛放出燦爛的光芒，微微翹起的嘴角露出了一絲外人難以察覺的微笑。

陶旅長的陰謀

陶旅長帶著副官和四名衛士興沖沖地來到廣漢縣大北街聖公會駐地，只見董牧師搖頭晃腦地正講道到興頭上。他突然看見陶旅長滿面春風地走進來，立即意識到月亮灣的事情有了個八九不離十，便扔下幾個聽得入神的信徒，逕自領著對方悄悄進入自己設在後院的密室。

陶旅長令隨行副官將一個大的黑色公事包打開，然後把五件玉器極其小心地捧出，輕輕擺放到一個檀木桌上。董牧師一見，臉上立即露出驚異之情，大張著嘴，雙唇微微顫抖，用半生不熟的漢語讚嘆道：「太好了，你做得太好了，這玉器太出色了，願上帝保佑你步步高升！」說著習慣性地伸出大拇指在陶凱面前晃蕩了幾下。

在激動與興奮之中，董宜篤將五件玉器一一捧在手中反覆端詳了半天，只覺異常精美，是難得一見的古物，但對真品還是贗品的鑑別卻沒有十分把握。他思索了一會兒，建議陶凱將玉器暫時留下，待過兩天自己專程趕往成都請華西大學研究這方面的朋友鑑定，到時將會水落石出。陶旅長覺得董牧師言之有理，遂點頭表示同意。

第三天，董宜篤攜帶五件玉器乘車來到華西協合大學。此時的華西大學位於成都古城南門外約兩里，地處古南台寺之西的「華西壩」上。這所大學除預設的專業外，還非常注重田野調查，對四川及西南邊疆的民族、社會、歷史、文化、物產、資源甚至民俗民情、語言文字，都有專門的考察。正是在這樣的背景和條件下，華西大學才有可能在後來的歲月中，對月亮灣遺址展開考古挖掘。

董宜篤一路顛簸來到華西壩找到了他的朋友、華西協合大學美籍教授、地質學家戴謙和（D. S. Dye），請其鑑定所帶玉器的真偽與年代。戴謙和對中國文物頗有研究，他反覆用手摩挲著這五件溫潤的古玉，又用放大鏡反覆做了觀察，然後毫不含糊地告訴董宜篤：「這是有著重要文物價值和研究價值的古蜀遺物，具體年代應在三四千年前的商、周之間。」

董宜篤一聽這批玉器不但是貨真價實的出土古物，且年代如此久遠，當下既驚又喜，翌日返回廣漢，便將鑑定結果告訴了陶凱。陶旅長一聽這幾件器物竟是三千年前的老傢伙，大喜過望，當晚帶著手下幾名官員以給董牧師接風洗塵為名，在廣漢最豪華的飯館擺了一桌，席間並詢問一些古董方面的常識和這批玉器可能賣到的價錢。待酒足飯飽之後，陶凱率領手下弟兄回到旅部，借著酒勁極為得意地高聲嚷了一句：「看來這耶穌上帝是要讓我這個廣漢地面上活著的閻王發一筆橫財，弟兄們也要跟著沾點光了！」隨之徑直來到會議桌前坐定，精神亢奮，滿嘴噴著酒氣道：「都往我跟前湊湊，弟兄們估摸一下，看這筆錢財到底是發還是不發，要發那怎麼個發法。」

眾軍官圍上來，你一言我一語，七嘴八舌地發表高見。就當時的情形而言，陶凱所部的日子過得並不舒坦，儘管廣漢一帶是天府之國的腹心，土地肥沃，物產豐富，但畢竟處於軍閥混戰的民國時期，除了政令不行，土匪橫行，貪官汙吏多如牛毛之外，僅強大的駐軍供給，就令各地官僚及百姓頭痛萬分，叫苦不迭。當時在廣漢和川西十幾個縣的地盤上，就駐有鄧錫侯二十八軍下轄的楊榮尚的第一師、黃隱的第二師、陳書農的第三師、陳離的第四師、馬德齋的第七師及一個獨立旅和其他兵種共四萬餘人。可想而知，這四萬多兵大爺每天要吃、要喝、要玩女人，開銷是何等巨大，而這個開銷幾乎全賴地方供應，其狀況只能形成僧多粥少，兵多糧少，官多錢少，姨太太多胭脂少的窘迫局面。要改變這種被動局面，就要自己想些法子來填補日甚一日的虧空。今天夜裡，陶凱受月亮灣出土玉器的啟示，靈機一動，開始打起掘寶的主意。想不到此議一出，立即得到眾軍官的積極擁護和熱烈回應。只見來自陶凱家鄉且具有較高知識，人送外號花狐狸的二營營長胡漢九借著酒勁說道：「那還用說！常言道，馬無夜草不肥，人無橫財不富嘛！要辦此事並不難，三年前的民國十七年，國民革命軍第十二軍軍長孫殿英將軍，不是率部在清東陵有過精彩表演嗎，難道大夥忘了不成？」

「你，你是說炸乾隆爺和慈禧老佛爺陵墓地宮的事？」身邊一個醉醺醺的軍官直著脖子搶先問道。

「沒錯，當年孫大麻子在行動之前以軍事演習為名封鎖清東陵，最後如期將幾座陵墓的地下玄宮炸開，盜走了所有的奇珍異寶。我們為何不來個以剿匪為名封鎖月亮灣？據我估計，一旦月亮灣被封鎖，只投入一個工兵營的兵力，三天之後此事可成矣！」花狐狸胡漢九狂傲且胸有成竹的一番鼓動，激起了眾軍官的欲望與靈感，許多相關的話題開始湧到桌面。自川軍第二混成旅駐防廣漢後，這塊地盤就理所當然地成了自家的院子，而二混成旅在向當地百姓收捐要稅的同時，也象徵性地做了幾件為士紳百姓所喜歡的事情，諸如剿匪、禁煙、修路、辦學堂等等。此時廣漢匪風正勁，許多土豪劣紳與大家富戶的子弟不時遭到悍匪綁票，弄得城裡城外人心惶惶，雞犬不寧。如果這次行動打著剿匪的牌子製造假像，當可以矇住外人的眼睛，只是需要多加小心，把假戲演得像真的一樣罷了。

一個星期後，陶旅長按胡漢九的計謀，先後派出一個工兵營和一個加強連約四百五十人的隊伍進駐月亮灣，對外宣稱要在雁江一帶設卡堵截悍匪朱小豬等作惡分子為民除害。在加強連駕起的機槍與刺刀的包圍中，工兵營官兵以燕家大院為中心，在方圓幾公里的範圍內老鼠打洞一樣偷偷刨掘起來。

此時的陶凱和胡漢九等尚未意識到，自己未免過於書呆子氣了些，此一時彼一時，無論是天時還是地利，今天的月亮灣挖寶都不可與三年前孫殿英炸清東陵的情形同日而語。因而當陶凱的部隊進入月亮灣的第三天，就有消息傳到廣漢與成都，謂陶旅長在月亮灣與雁江兩岸掘了蜀王鱉靈的墳，得到兩口袋金珠玉貝，還有十幾棵搖錢樹，其中兩棵最大的分別送給了鄧錫侯和川軍總司令劉湘等等。一時間，廣漢駐軍二混成旅刨墳掘墓、劫財盜寶之事遂成為社會各界議論的焦點。這個頗具刺激性的盜寶話題在大街小巷流動了一陣子之後，很快就灌進陶凱的上司、川軍第二十八軍軍長鄧錫侯，人稱「水晶猴子」的耳中。這鄧錫侯乃川軍將士公認的聰明絕頂之人，立即

川軍三巨頭。左起劉文輝、楊森、鄧錫侯

要師長陳離把陶凱弄到軍部過問實情。陶旅長自恃有華西大學和成都講武堂的雙重資歷，平時總以文武全才的大將軍自居，在同行中有意無意地顯現了趾高氣揚、不可一勢的派頭，引得川軍其他將領經常側目與反感。這次鄧錫侯也是受到其他將領的蠱惑，才將其招來準備教訓一番以殺其威。

陶凱一看上司的表情，知道事已洩露，便支支吾吾不知如何是好。鄧錫侯知道事情還沒有鬧大，同時也為了給陳離一點面子，便板著臉將這位畢恭畢敬的下屬臭罵一頓，令其立即將兵撤回，做好善後事宜，同時要盡可能地消除不良影響等等。陶旅長灰頭土臉地返回廣漢駐地後，迅速下令月亮灣的部隊將所挖洞穴全部原樣回填，人員立即撤回駐防地，算是對挖寶事件做個了結。

就在這時，華西大學美籍教授、著名地質學家戴謙和在牧師董宜篤的陪同下，登門拜訪來了。

當陶旅長率部於月亮灣挖寶的傳言在廣漢、成都鬧得沸沸揚揚之時，戴謙和也得到了消息。這位洋教授聞聽極為震驚，心想這埋藏重要文物的地方理當採取科學的手法進行挖掘，怎能任憑一幫軍閥胡掘亂刨！為了弄清真偽，他決定親自到廣漢月亮灣看個究竟，倘若事情果如傳言那樣，自己將做些勸說工作，或在勸說無效的情況下盡可能地搜集些情報，以便向有關方面反映並予以阻止。於是他特地約華西大學地質系專門負責攝影的老晉一起於一九三一年六月來到廣漢。兩人先找到老朋友董宜篤詢問情況。董稱這兩天也風言風雨地聽到了一些傳聞，因為像這種事不宜公開詢問，自己正琢磨著借個什麼由頭順便探聽一下陶凱的口信，這次算是巧了，索性一道去問個明白。於是他們結伴直奔陶凱的旅部而去。

此前陶旅長聽董宜篤說過戴謙和親自鑑定那五件玉器的事，此次見這位藍眼睛、長鼻子的洋教授專程從成都跑來詢問月亮灣盜掘之情，並將外界的種種傳聞敘說一遍。陶凱聽罷倒吸了口涼氣，暗自慶幸軍座的及時阻止與自己撤兵及時，否則事情將難以收拾。現在既然已經撤兵，就絕不能承認有過此事。想到這裡，陶旅長做出一副真誠加冤屈狀，對此事做了全盤否定，並對製造謠言者做了一番虛情假意的口頭討伐。戴謙和聽罷點點頭，似是對陶旅長遭受的不白之冤表示同情和理解，隨後提出想到月亮灣親自考察一下的想法。因自己對那裡的情況不熟，怕再引起當地人的懷疑，希望陶旅長派幾個士兵作為警衛一道前往。

陶凱聽罷先是有點厭煩，正想藉故推託，但話尚未出口，靈感的火花「刷」地一閃，一條妙計襲上心頭，隨之很是痛快地答道：「戴教授不辭勞苦，親來廣漢為考察保護文物古蹟奔波，令人欽佩。其安全之責，當由卑職全程擔負，派兵保護，理所應當。明天由旅部派專車，卑職親自陪同，以盡對科學考察人員保護之責任。」陶旅長的一番豪言壯語，使戴謙和大為驚訝又大為感動，遂豎起大拇指連呼：「ＯＫ！ＯＫ！」

第二天，戴謙和與攝影師老晉、董宜篤三人在陶旅長及其一大批官兵的陪同護衛下，或乘車或騎馬或步行，浩浩蕩蕩地來到了月亮灣。此時的戴謙和覺得陶旅長是一位有文化、有品味、識大體、顧大局、尊重知識份子的新式軍官，是中華民族走向偉大復興的中堅力量。但就陶凱而言，他這樣做的目的，是希望將自己盜寶的陰謀與在社會形成的負面影響，隨著這些洋大人的考察而沖淡，並將人們的視線漸漸轉移到洋人的行動與考察成果中

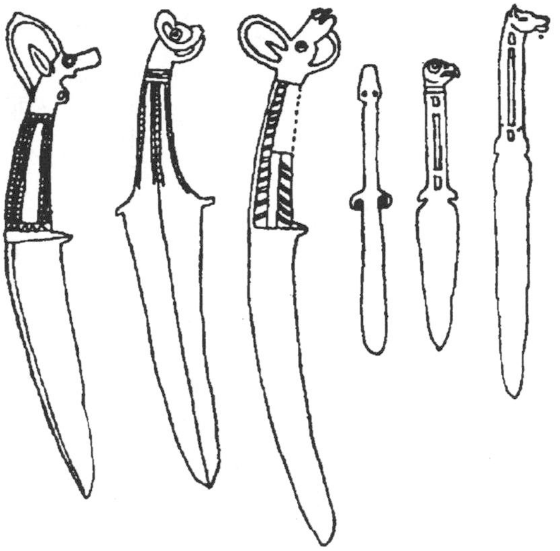

月亮灣出土的刀具摹圖

來，自己從中好來個金蟬脫殼，溜之大吉。儘管陶凱的想法有些勉強，但在沒有更好的辦法的情況下，也只有如此這般去應對了。

到達月亮灣後，戴謙和、董宜篤等人在陶凱所部工兵營翻騰出的土中撿到了若干頗有研究價值的陶片和零零碎碎的小件玉器。待檢索完畢，老晉將該拍照的地方都做了實地拍攝，而後又在陶旅長的陪同下來到燕家進行訪問。當聽說他此前送給陶旅長的五件玉器轉送戴謙和教授鑑定是距今三千多年的商周遺物，而這些遺物對研究古代歷史、地理、人文環境都極其重要時，燕道誠好像突然找到了失散多年的知己，突發神經地從家中一個地窖裡拿出了幾件玉刀、玉璧、石斧、石環等器物，嘴裡嘟囔著非要請戴謙和鑑定，實則是想在洋人與陶旅長面前炫耀一番。

戴謙和接過器物細心察看後，認為和前幾件屬於同一文化類型，並進一步推測為商、周禮器。也就是說，這幾件東西不是普通人家所用的普通器物，而是古人祭祀天地鬼神時專用的一種能溝通天地的特別器物。聽完戴謙和一番旁徵博引的解說，董宜篤似乎受到了感染，興趣大發，當場提出購買幾件上好的玉器送與華西博物館予以收藏研究。陶旅長一聽，立即意識到這正是洗刷自己汙名的又一條管道，遂眼珠一轉，馬上表示上次借走的五件和現在所要的幾件，都以旅部的名義付款了結，並全部轉贈自己的母校華西大學收藏。

陶凱如此慷慨激昂的一番表示，令在場的戴、董兩位洋人和燕道誠老漢都有點不好意思，經過一番客氣的爭論與討價還價，最後達成一個協定：由陶旅長出資清算包括上次五件在內的共八件玉器；董宜篤以廣漢聖公會教會的名義出資購買一件個頭大、玉質精的玉琮；燕道誠則獻出家中珍藏的一枚直徑七十八公分、厚近七公分、重達百斤的特大型石璧和一柄大型琬圭給華西大學保護研究。不過燕道誠在贈送的同時提出一個附加條件——需在石璧上刻「燕師爺」三字，以示對捐獻者的永久紀念。經過一番討論，在其中一枚石璧上刻了燕道誠的名字才算了結。以上所列器物全部造冊登記，由戴謙和與攝影師老晉在冊上簽字畫押後，帶回華西大學博物館收藏。

協議既定，陶旅長提前返回旅部處理一件緊急公務，戴謙和等一行則在數名官兵的保護下，開始在月亮灣周圍再度展開調查。這次調查持續了三天方告結束。返回廣漢後，陶旅長沒讓戴謙和回成都，而是將他與董宜篤等幾人共同派兵護衛，攜帶此次調查中撿來的半口袋陶片、玉器殘片以及從燕家兩次收購的玉器和燕道誠捐贈的大石璧等，在廣漢縣幾個重要的衙門和有影響的士紳之間有聲有色地轉了一圈，最後才派專車由幾名官兵護衛，將戴氏與器物一同送往成都。

當汽車抵達成都後，沿著街面轉了幾個圈，最後停在華西大學博物館大廳門前。按戴謙和的安排，他要將這批珍貴的器物親自交到他的好朋友、華大博物館館長、美籍教授葛維漢（D. C. Graham）的手中。

第二章

漫長的尋覓

月亮灣的隱祕忽明忽暗，難窺真顏。研究成果公布後，聯合考古隊進駐。不久，省博物館與四川大學為誰主導而展開漫長的明爭暗鬥。

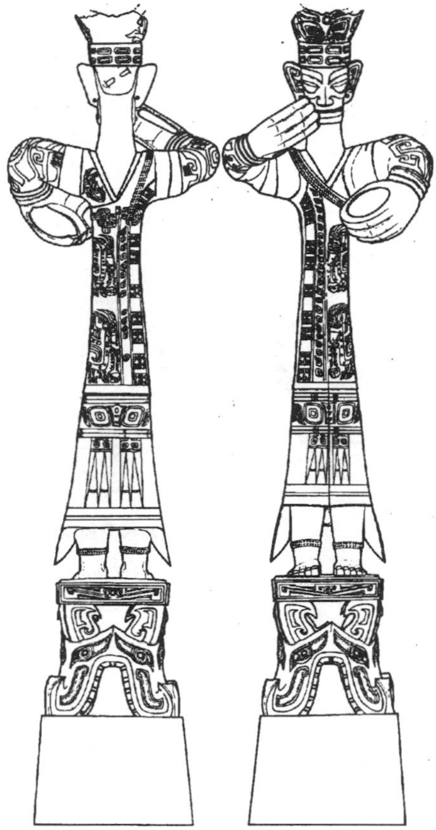

美籍教授葛維漢在川西考查

美國人插手挖掘

戴謙和剛下車，正好遇到外出歸來的美國人葛維漢。葛氏是人類文化學教授，早年畢業於哈佛大學人類學系並留校任教多年，研究古物與古人類遺跡是他的本行，且造詣頗深，二〇年代末來華，在川南一帶傳教，同時做一些田野調查工作。華西大學成立後，受他的好友、時任華大美方校長約瑟夫·畢啟博士的邀請來到該校任教，後來兼任華大博物館館長一職，自此更加注重對邊疆地理的考察與古器物的搜集工作。在這期間還主持創辦了華西邊疆研究學會，定期編輯出版該會會志與博物館館刊，對推動中國西南邊疆歷史地理和古文化的考察研究有一定的貢獻。因戴、葛二人同在華西大學共事，平時經常一起喝茶聊天，還幾次結伴外出到川西做田野調查，遂成為要好的朋友。此次一見，戴謙和便用中國式的幽默說：「尊敬的館長先生，我送您幾塊石頭，不成敬意，萬望笑納。」

望著戴謙和風塵僕僕又精神抖擻的模樣，看到一輛軍車與幾名荷槍實彈的川軍官兵共同前來，葛維漢立即猜出這位神通廣大、愛好古物的地質學教授此次肯定撈到了長江上游少有的「大魚」，便雙手抱拳於胸前，不無幽默地說：「歡迎，歡迎，在下求之不得。」說著將右手朝博物館大廳一揚，做了個請的姿勢。

戴謙和叫隨行的官兵將盛裝玉器的箱子抬下來，和攝影師老晉一道跟著葛維漢到一間辦公室。開箱之前，戴謙和又突發奇想，先要葛維漢閉上眼睛，待箱子打開，裡面的玉器一件件被拿出擺放到辦公桌上後，方才說了聲：「好！」葛維漢才睜開眼睛。

那間，幾十件大小不一、精美異常、光芒四射的玉器如同洶湧奔放的潮水「嘩」地一下撲入眼簾，令人在短暫的驚異之中感到一絲夾雜在詭譎神奇中的壯美與豪闊，其景觀既撼人心魄，又撩人遐思。葛維漢驚愕中張大了嘴巴，似想喊句什麼，但始終沒能喊出。他靜下神來，先是將擺放的所有器物用愛撫喜悅的眼神橫掃一遍，然後伸手捧起一件玉琮，旁若無人地仔細觀賞。直到被晾在一旁的戴謙和大聲「抗議」，指責對方見財眼開，不夠哥們兒，葛維漢才從沉醉中猛醒過來，很不好意思地伸手拍了下戴氏的肩膀，又分別向攝影師老晉和抬箱的官兵點頭致歉，各方人員才開始進行理智的交接與交流。

葛維漢以華大博物館的名義接收了戴謙和交來的玉器之後，對此視若珍寶，愛不釋手，並以極大的熱情和精力投入到研究之中。在此之前，葛維漢見過並親手摩挲過許多玉石器，但從沒見到有如此精美之器物。據稍後來到華西大學博物館任職的鄭德坤教授考證，西蜀石器文化的發現並不遙遠，其肇始於一八八六年英人探險家貝巴（C・F・Baber）。此人在這一年入川遊歷時，於重慶附近當地老鄉手中收購了兩件磨製石器，回國後對此做了研究並發表學術論文，西蜀有史前石器文化遂聞於世。

其後，居住在川康地區的傳教士葉長青（J. H. Edgar）及華西大學的戴謙和、葛維漢等學者，以邊疆學會的名義在各地展開調查，收穫頗豐。所取標本除將少數捐贈上海亞洲文會博物館及南京中央研究院外，其他的幾百件各式石器，全部收藏於成都華西大學博物館。葉、戴、葛三人對當時採集到的石器進行了較為詳細的研究後，先後在《華西邊疆學會會志》、《亞洲文會會報》等刊物發表了關於川康地區石器文章十餘篇。由此，四川史前文化才引起中外學者的關注，前來調查者接踵而至，一時出現了西南石器文化研究的熱潮。據鄭德坤說：

一九二五至一九二六年間，中亞探險隊考古學部主任奈爾遜（N．C．Nelson）前往三峽調查史前遺跡。「其人親履洞穴數百處，考察精詳，成績篤著，所得遺物，除一部分留在北平地質調查所外，全部編號運至美國，存放於紐約自然博物館。」關於這批器物的初步報告刊於美國《自然科學》雜誌，後又刊於《中亞自然科學》第一卷。一九三〇年，廣州中山大學美籍教授哈安姆（Arnold Heim）曾專程自廣州跑到四川邊疆考察地質，亦得石器數十件。一九三一年春，美國哈佛燕京學社派包戈登（Gordon Bowles）到川西調查民俗，在一個稱作道孚的地方發現史前遺址多處，採集石器數十種。這批石器全部存放於華西大學博物館保護、研究……正因為有以上的工作基礎，戴謙和把從廣漢運來的這批玉器交給華大博物館，也算是順理成章的事情。

為弄清廣漢玉器的情況，葛維漢曾多次向戴謙和請教，並會同華大博物館副館長林名均對攝影師老晉所拍的照片做了研究，初步認為「月亮灣一帶很可能是一處重要的古代遺址」。同時推測在出土器物坑的近旁，必有其他遺物埋入地下，如果找到並挖出，可作為這個器物坑和掩埋器物的旁證加以考察研究。為了更詳盡地了解這處遺址與出土器物的內在聯繫與文化性質，葛維漢以「廣漢遺物之富於考古價值」為主題，打報告給華西大學校本部，要求率領幾名教職員工，親赴月亮灣玉器出土地點做一次考察，透過對此一地域的考察研究，從而得出合乎歷史真實的結論。

這個報告在得到校方批准後，葛維漢又決定乾脆來個一不做二不休，索性籌集經費做考古挖掘，以找到更多的器物加以研究，儘快解開埋藏玉器之謎。為促成此事，他致函廣漢的董宜篤，請其出面爭取地方當局和士紳們的同意與積極參與，同時又利用華大博物館的影響力，一邊籌款，一邊積極做四川省教育廳的工作，最終辦妥了針對廣漢縣中興場月亮灣地區的考古挖掘執照。

廣漢縣方面在董宜篤的奔波遊說以及陶旅長的從中斡旋下，縣長羅雨蒼以廣漢縣政府的名義，正式發函對此次挖掘表示同意和支持。萬事俱備，只欠東風，葛維漢得此消息興奮不已，決定於民國二十二年（西元一九三三年）冬季水枯時期，在月亮灣燕家院子周圍進行試掘。但由於其他事務耽擱，此次計畫未能付諸實施。

翌年春，葛維漢決定再度招募人員對月亮灣進行挖掘。經過一段時間緊鑼密鼓的籌備後，終於付諸行動。這年的農曆三月初四、初五兩日，葛維漢、林名均等華大博物館的四位教授，攜帶著測量器、繪圖版、水準器、卷尺、鐵鍬、鏟、鋤、粗製毛刷、竹篾等挖掘器物，連同十幾名訓練有素的挖掘工人，一起乘車來到廣漢。在董宜篤的引見下，很快與縣長羅雨蒼、當地駐軍陶旅長等軍政要人接上了頭。羅雨蒼與陶凱當晚共同設宴款待葛維漢等人的到來，並於席間商討挖掘的具體事項。最後決定以「此項挖掘，非以現代科學方法不能辨明其層位而求得時代之價值。然此事在蜀尚屬創舉，以西人主持其事，恐引起不必要之誤會與糾紛，乃改用縣政府名義，由羅氏出面主辦」（林名均，〈廣漢古代遺物之發現及其挖掘〉，載《說文月刊》一九四二年三卷七期。以下引文同）。

為表示地方政府對此次挖掘的支持和重視，羅縣長指派兩名親信鄧巨鋪、蕭仲源專門負責挖掘人員的調配以及後勤服務等事項，其他諸如挖掘計畫、挖掘地點以及挖掘的方式方法等科學方面事項，皆由葛維漢全權主持。

由於月亮灣地下藏寶的祕密隨著燕道誠的洩露，陶旅長手下官兵的挖掘，董宜篤、戴謙和、葛維漢等洋人三番五次地光顧等等舉動，早已在各地廣泛傳播開來，所以當祕密挖寶的陶凱軍隊撤走後，成都與廣漢的古董商人、土匪、惡霸、地痞等各色人物，紛紛潛入月亮灣，欲發一筆橫財，在平坦的稻田和彎曲的水渠邊大肆挖掘。在不算太長的日子裡，整個月亮灣變得千瘡百孔，窟窿遍地。負有地方治安之責的陶旅長曾多次派軍警進行彈壓，但只收到一點暫時性的效果。月亮灣那雞犬不寧、狼煙不絕的狀況，漸已成為廣漢軍政要人的一塊心病。這次葛維漢一行的考古挖掘，算是一個大的契機和轉捩點。

為保障挖掘人員的安全，也為了當地治安儘快好轉，羅縣長和陶旅長商定，挖掘期間派出一個約一百二十人

葛維漢（右一）與縣政府官員在發掘現場

的官兵連與三十名團丁，日夜駐守挖掘現場，並集中部分精兵圍剿、堵截、消滅在月亮灣活動的不法分子，以從根本上扭轉這種混亂態勢。

第二天上午，葛維漢一行來到月亮灣進行實際勘察，此前派來的官兵與團丁早已按照預定的守護、警衛方案部署完畢。為表示對此次挖掘的重視，也為了徹底根除上次派兵挖寶的不良社會影響，陶旅長與羅縣長等軍政要人在第三天上午，率一干人馬來到月亮灣挖掘現場進行視察。在葛維漢的陪同下，一行人先在燕家院子的四周和月亮灣台地轉了幾圈，葛維漢邊走邊指著眼前的地形，講述自己對此一區域的推測與未來的挖掘計畫。看得出，葛氏的興致很高，而重返月亮灣的陶旅長此時的心情更是出奇地好。

待羅雨蒼、陶凱等軍政要員例行完公事，前呼後擁地返回縣城後，葛維漢與林名均決定找燕道誠了解當年挖出玉器的詳情。此前，董宜篤曾對葛維漢說過燕道誠挖出玉器的具體情形，並言「由小到大，分為三道，一列坑左，一列坑右，一列坑面，形如長方坑之裝飾」。但隨戴謙和赴月亮灣調查的攝影師老晉則對林名均說，坑中的玉器形狀及放置情況是「大小不等，迭置如筍，橫臥泥中」。為此老晉還特地說明，此種說法是從燕道誠之子燕青保口中得知的，當時「燕氏以事關風水，記憶甚確」。不過這個說法顯然與葛維漢聽到的不同，到底孰是孰非，只有再請燕道誠出面回憶並決斷。

當幾人來到燕家找到燕道誠，並請求其回憶那天晚上挖玉器的具體情形，以及玉器在坑內的布置狀況時，燕氏搖了搖頭，抬起袖子擦了把有些昏花的眼睛說：「當晚由於天黑得伸手不見五指，還刮著寒風，下著小雨，馬燈的光亮既小且暗，加上當時怕被人望見，心惶惶的，只顧向外掏東西，沒顧得詳細觀察器物之間有啥聯繫。再說它們聯繫不聯繫與我們挖寶有啥關係？我們只要把寶掏出來就對了。不過隱隱約約地還是有些印象，這個坑肯定是長方形的，坑中的玉石器整體的堆放情況似是圓形的器物如玉璧、石璧等，都是從大到小重疊在一起的，在坑的周邊環放著一圈石璧，其他器物的堆放情形就模糊不清了。再說這事都過去幾年了，我的身體也一天不如一天，人老了，頭昏了，也就懶得特意去記了。」

葛維漢等挖掘人員聽了這個模稜兩可的描述，頗不甘心，又找來燕青保詢問，對方的回憶跟燕道誠不相上下，同樣稀裡糊塗說不清楚。事實上，由於當時的心境和燕氏父子本人缺乏考古學方面的訓練，所以對坑中玉器情形的回憶，只能供考古人員做個參考，但不能看作結論。不過按燕氏父子的說法，此坑連同大批器物的出現，至少給研究者留下三個未解之謎。一是這個坑是誰挖的，在什麼時間挖的，為何不是其他形狀而偏偏挖成長方形？二是坑裡的玉器為何要重疊堆放，橫臥泥中或環坑一周？三是這些大大小小的石璧到底代表著什麼意思，做何種用途？

為解開這一連串的謎團，葛維漢、林名均決定先將燕道誠挖出器物又回填的那個坑重新掘開看個究竟。此時坑邊溪水暴漲，林名均只好指揮工人將欲挖掘的一段用泥石斷塞，並將坑的兩邊掘開，使溪水改道經坑邊流出。後借助燕氏田溪中所設水車將水抽乾，慢慢尋找到當初發現遺物的原址。經淘掘後，發現其為一長約七尺、寬三

廣漢古代遺物之發現及其發掘

林名均

一　緒言

二　遺物之發現與保存

左：1934 年葛維漢主持的發掘現場

右：林名均發表的論文影印

尺、深一尺多的土坑，坑中舊藏古物已全部被燕氏取去。林名均等「僅得玉圭之殘塊兩片及殘缺小石璧數件而已」。因當年器物被取出之後，為尋找金銀珠寶，燕青保又在坑中向四周亂挖一通，所以當考古人員再看到這個坑時，就顯得有些雜亂和不倫不類。儘管如此，原坑的輪廓還是能辨別出來。由於坑中受到嚴重破壞，整個坑壁已難覓到器物擠壓停靠的痕跡，當年那些器物到底如何排列組合，也只有聽燕氏父子的一面之詞了。

對於這段挖掘經歷，林名均在他後來撰寫的《廣漢古代遺物之發現及其挖掘》的報告中說道：「此類石璧殘塊，尚有為前此燕氏棄擲於岸旁者，吾人亦一一拾取攜歸。此外尚有由坑中所散出之長方形綠色小玉塊，及綠松石磨成之有孔石珠，混於溪底泥沙之內，吾人淘洗約近百件。據云，自燕氏淘溪之後，附近居民於其近旁拾得此類石珠甚多，用線穿連以為兒童玩具。然皆散失（吾人曾於一鄉人手中購得數顆），小玉塊則無人拾取，任水漂去。按《周禮．典瑞》，『鄒圭璧琮琥璜之渠會，疏璧琮以斂屍』，則其地或為古代重要人物之墳墓，諸物乃殉之所用也。或為古代祭祀大地山川之所，亦有可能。」

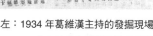

面對這個已遭破壞的神祕器物坑，葛維漢和林名均在此徘徊思考了很久，初步認定這個土坑是一座墓葬或者是一個祭祀坑。既然如此，像這樣高規格的墓葬或祭祀坑就不是孤立的，它一定有相關配套的其他設施與器物。在此一想法的驅使下，葛維漢決定就土坑四周布網挖掘，儘量搜尋與之相關的遺跡遺物。

於是，若干年後被命名為「三星堆遺址」的首次考古挖掘，在一九三四年這個陽光明媚的春天，正式拉開了序幕。

根據考察的情況，葛維漢與燕道誠進行一番交涉後，決定先在燕氏當年挖掘的坑邊開兩道探溝，視挖掘的情形再做下一步的打算，挖掘事宜由林名均具體指揮施行。關於此次挖掘的詳情，林名均在隨後發表的考古報告中做了這樣的敘述：

吾人預掘之工作地段，為小溪之左右兩岸，惟溪南即緊接燕氏私宅，其人迷信風水，不允於其宅外挖掘，乃就溪北葫豆田壩及溪底二處作為目標。於是先沿溪開一長四十尺廣五尺之第一坑，經時四日，深達七尺。其地表面為近代之黑土層，平均深度約有三尺，其中所含陶片及破損陶器最為豐富，且有若干石器及其殘塊混入其間，吾人挖掘所得，皆在此層之內。以其土層辨別為紅色，故葛氏疑其為古代之一陶窯。再次則為未曾翻動之黏土層，帶黃褐色，以探鋤擊洞視之，亦無遺物發現，知再掘無益於事，乃停止第一坑工作改掘溪底。

……溪底工作既畢，便緊接第一坑之南開第二坑，同時依其北開第三坑，長寬均同第一坑。第三坑土層與第一坑相同，在第二層中亦掘得若干陶片與石器殘塊。二坑半屬溪岸，較田壩約高尺餘，上二層泥土係後人堆積，繼有近代陶瓷殘片，無何等價值。下第三層，與第一第二兩坑之瓦礫層同，所得亦相似。再下即為未曾翻動之黃土層矣。

當挖掘工作進行時，吾人即注意附近各地有無其他遺物，後果於小坡之上拾得石器殘塊兩塊，溪岸拾得少數陶足。後又由一農人處購得石斧一柄，柄刃及口部殘缺。又得刀柄一段，尚存一孔，據謂亦得自溪中，距燕氏淘製處約十餘丈。此外尚購得紅色小石鑿一柄，謂於溪南土中所得。據此，則遺物散布之區域，甚為廣大，若能用長時間做大規模之挖掘，成績必更有可觀，惟因種種限制，吾人不得不暫時結束。將所掘之坑用泥土補填復原，並給地主以相當回報以賠償其損失。

由於此時川西平原匪患嚴重，雖有陶旅長與羅縣長派出的軍兵、團丁共一百五十餘人嚴防死守，但仍有為數眾多的亡命之徒不吃這一套。他們白天在不為人知的地方蟄伏，一到晚上，便像狼蟲蛇鼠一樣從不同的地方鑽出來，對挖掘工地及其相關人員進行騷擾。一批古董商眼看自己的財路隨著幾個洋人的到來被封堵，於心不甘又頗不服氣，便與地痞流氓勾結，四處散布流言，稱縣政府與二十八軍第二混成旅軍政要員挾洋人以自重，並與洋人勾搭成奸，出賣祖宗，將近千名駐軍開赴月亮灣祕密挖寶。而月亮灣下埋有古蜀國的開國之王——鱉靈王開金堂峽口的寶劍和他的坐騎等等，陶旅長的挖寶大軍敞了蜀王的墳，得了這把寶劍和一匹鎏金馬，並挖出兩口袋金珠玉器與十幾棵搖錢樹。而這蜀王的墳一旦被挖開，月亮灣甚至整個中興場和廣漢的風水將遭到徹底的破壞，四方鄉鄰百姓即將大禍臨頭云云。

這一番蠱惑煽動，果然讓當地百姓由最初的嫉妒變為眼前的恐懼，由恐懼演變為對縣政府與駐軍的憤怒，再由憤怒的火星迅速燃起仇恨的烈火。他們開始主動與各路地痞、流氓、土匪及大膽的刁民勾結，嘴裡狂喊著「地不分南北，人不分老幼，守土有責，共同對敵」的口號，祕密成立一個「廣漢民團鄉勇愛國護寶總指揮部」，開始與駐守的軍隊、團丁展開遊擊戰。在如此民怨沸騰、險象環生的境況下，廣漢縣縣長羅雨蒼認為再這樣折騰下去，不但挖掘的器物有所閃失，幾個洋大人的頭都可能不保。想到這裡，他遂以「匪風甚熾、安全堪憂」為名，與陶旅長、葛維漢協商暫停挖掘，待「匪患已除，民眾息怨，事理盡曉後，再做挖掘事宜之籌畫」。本來陶旅長還

葛維漢與考古發掘人員撤離工地後在廣漢教堂前留影

想憑藉自己的武力堅持一陣子，聲言再派出一個團進駐月亮灣與悍匪刁民決一雌雄，但葛維漢此時早已吃盡了被騷擾的苦頭，再加上怕事情越鬧越大，與已與當地政府、百姓都沒有好處，便同意了羅縣長的意見。於是，挖掘隊在三月二十六日撤出工地，整個挖掘過程為期十天。

此次挖掘，在溝底和溪岸共開探方一百零八平方公尺，出土、採集了六百多件器物。其中有石璧二十件，琬圭、石珠十餘件，琮三件，玉圈、小玉塊數十件。另外還有三件石斧、一件石錐、二件石刀、二件石杵、五件磨石和石珠等。文化層出土有灰陶缽及大量殘陶片，其中以灰陶居多，紋飾簡單，多為素面。所出器物分置六箱，全部押送至廣漢縣政府。羅縣長在過目之後，便「以此有關文化之古物，分散之後不便研究整理，乃將全部移贈華西大學博物館保存」。按照林名均的說法，與羅縣長的慷慨大度成鮮明對比的是，「惜燕氏私藏數器，幾經交涉，未能購至，僅攝影以作參考而已」。

葛維漢、林名均等人懷揣複雜的心情返回成都後，儘管有時間短促、挖掘計畫未能全部實現的無奈與遺憾，但事已至此，只好將精力投入到挖掘器物的整理與研究之中。二十世紀五〇年代之後，著名的華西大學改為華西醫科大學，華大博物館的器物由四川大學博物館接收保存，在館內長期擺放展出的「廣漢太平場遺物」，即有這次挖掘出土的全部器物。

「廣漢古蜀文化」的命名

就在葛維漢與林名均等學者在華西大學博物館集中精力整理、研究廣漢出土器物之時，一九三四年下半年，成都東方美術專科學校校刊創刊號突然發表了一篇題為〈古玉考〉的學術論文，論文的作者為成都古董商人兼金石學家龔希台。據該文稱，一九三二年秋，龔氏從燕道誠手中購得四件精美玉器。「其玉外作深褐色，或染朱，頗似出土器物。其一折斷，其中略作灰色帶淺紅斑紋，質地不甚堅細，其質料又與其他玉器迥異。然四器之形制及製作仍與廣漢文化遺物大同小異。四器並為圭璋之屬，各長尺餘，柄俱有孔有牙，與土坑出土琰圭之牙孔無殊」。龔希台透過對所購玉器的鑑別研究，認為「燕道誠掘出玉器之坑及其周圍乃傳說中古代蜀國望帝之所，出土的可以串連的綠松石珠則是古代帝王冕旒飾物……」

此文發表之後，立即引起學術界的矚目與爭鳴。一批中外著名學者如顧頡剛、蒙文通、徐中舒、鄭德坤、衛聚賢、葛維漢、戴謙和、林名均等紛紛加入這場爭鳴之中。據後來出任華西大學博物館館長的鄭德坤說，到了「民國二十九年，龔氏已歸道山，其戚某氏以重價（將四件玉器）售歸華西大學博物館」。當時尚在館內的林名均研究這四件玉器後說：「其器質皆精美，各長尺餘，柄俱有孔有牙，與前述琰圭之牙孔無殊。其一上部如戚形者，龔氏以為戊；其一上有三枝者，龔氏以為戟；上作半圓者，謂之為琰圭，與前所述之琰圭相同；上如刀形者，謂之為牙璋，皆治兵之器也。龔氏考證精詳，惟質料與吾人所見略異，故有人疑其不真。」

正如林名均所言，這幾件玉器的真偽問題一直在學術界存有爭議，沒有人能做出一個權威性的令眾人皆成共識的結論。

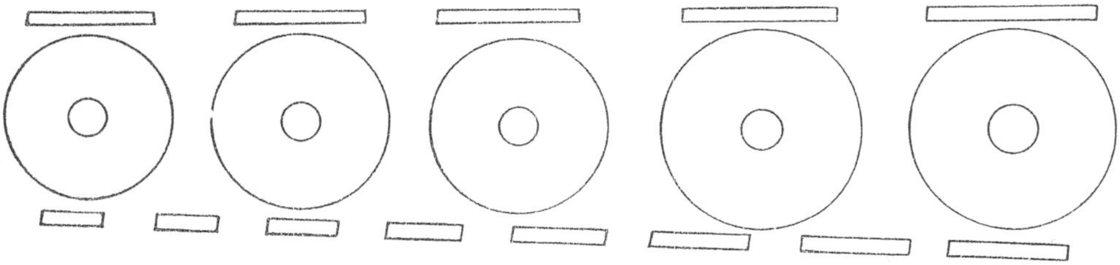

葛維漢在自己撰寫的月亮灣發掘報告中，對燕道誠所挖器物坑玉器原狀推想示意圖。坑的頂部由大到小依次排列的石璧蓋在上面，平放或呈水準狀，墓邊垂直排放的石璧也同樣從大到小排列（葛維漢《漢州發掘簡報》，載《華西邊疆研究學會雜誌》第六卷 1933—1934 年）。葛氏這一推想在後來幾十年的不斷發掘中，尚未得到考古實物證實，因而有專家認為葛氏這一推斷不能成立。

就在學術界圍繞廣漢出土的古玉與古器物所展開的研究與討論方興未艾之時，一九三六年，葛維漢於《華西邊疆研究學會會志》第六卷發表了歷史上第一份有關廣漢古蜀文化遺址的考古挖掘報告——〈漢州挖掘最初報告〉（A Preliminary Report of the Hanchow Excavation）。報告將月亮灣挖掘出土的器物、紋飾與河南安陽殷墟、河南澠池仰韶村、奉天沙鍋屯出土的器物做了比較，大膽而科學地提出了「廣漢文化」此一學說，並斷定此一文化其時代上限為新石器時代晚期，下限則為周代初期，也就是在西元前一一〇〇年左右。

較之龔希台的〈古玉考〉一文，葛維漢的報告發表後，在中外學術界引起了更為廣泛、熱切的矚目，因為這是歷史上首次將廣漢月亮灣作為一處古代文化遺址進行命名和剖析，並較詳細地論述了出土器物與此一遺址內在的文化聯繫，揭示了掩埋者的意圖和祕密，將隱匿於歷史深處虛無縹緲的古蜀文明掀開了沉重的一角。

繼葛維漢那著名的挖掘報告之後，一九四二年，林名均在《說文月刊》第三卷第七期上發表〈廣漢古代遺物的發現及其挖掘〉。文中對出土玉器坑與其他器物的看法，有的與葛維漢的墓葬說基本相同，有的另有自己的見解。而關於廣漢遺物出土的重要性，林名均從四個方面來探討：

一、古代之蜀，向皆目為戎狄之域，必無文化可言（國策記司馬錯伐蜀事，張儀曰：「夫蜀西僻之國，而戎狄之長。」）。今觀廣漢出土之器物，其製作之精工，實無遜於中土，加以玉器之使用，尤足顯示其文化之高尚複雜。由此可改變吾人關於古代四川之基本觀念。

二、由前所述，可知廣漢遺物與中原所得者有若干相同相似之處，則古代蜀中文化受中原文化之影響，當不難窺見其痕跡。蓋四川與中原之交通甚早，世本謂：「顓頊母，蜀山氏之子，名昌僕。」（《史記．五帝本紀》）亦謂：黃帝之子昌意，降居若水，昌意取蜀山氏女，生高陽。其說雖未可盡信，然蜀之名早見於殷代卜辭。武王伐紂，蜀人預焉（見《尚書．牧誓》）。故謂四川與中原同為一系文化，亦無不可。則廣漢遺物對於吾國文化分布情形之研究上，實甚有貢獻也。

三、由廣漢出土之圭，可證明《越絕書》所稱黃帝時以玉為兵之說不謬。古書釋以玉為兵者，乃以玉飾其兵器，不知兵器真可以玉作，後乃改變其用途耳。

四、此次遺物之出土，僅只廣漢之一社區，即有如斯之成績表現。以此推之，蜀中埋藏於地下之古物，較此更古更重要或尚未經發現者，必有無窮之希望。可以斷言，是則對於將來之考古學乃莫大之關係也。

就在華西大學葛維漢、林名均等學人趁著研究的熱潮，卯足了勁準備離開書齋，再行赴廣漢月亮灣挖掘，並做進一步研究之時，震撼全球的抗日戰爭爆發了，挖掘工作被迫中斷。隨著形勢的不斷變化，華西大學的洋教授們一個個退出了歷史舞台，不情願地返回自己的國家，挖掘月亮灣的機會也隨之一去不復返了。

儘管迫於當時的條件，挖掘工作業已停止，但關於這方面的研究，卻延續了下來。早在葛維漢、林名均在月亮灣挖掘之時，正在燕京大學哈佛燕京學社以碩士研究生的身分攻讀古文字與考古學的鄭德坤，曾專程入川赴廣漢挖掘工地參觀、考察，並和葛氏有學術方面的交流。月亮灣的挖掘讓他留下極其深刻的印象。

一九四一年，在美國哈佛大學獲得考古學及博物館管理學博士學位後歸國的鄭德坤，接替葛維漢出任華西大學博物館館長一職。擔任館長期間，他親自擬訂了一個以館藏兩萬七千多件西南出土文物為基礎，將博物館建成教學研究中心的計畫。多年後，鄭德坤在回憶這段生活時曾說：「博物館的工作除了將館內幾萬件古物整理和展覽外，我還提倡利用這些古物作為『鄉土教材』。從前的留學生，多數是把他們在美國所念的理論整套搬回來，用外國的材料來教書。我當時則提倡鄉土教材，主張用當地的材料來講考古學與人類學。館中藏品主要是西南一帶的文物，於是我就用這些材料整理出一個系統，以為教學之用。整個博物館跟大學的課程配合起來，這樣教考古學與民族學就不再是洋學空談，每課都有實物可供研究和實驗。」

鄭德坤的這個作法不僅為國人所敬重，同時也獲得國外學者的讚揚。當時來中國訪問的英國牛津大學篤實教授即對此深感驚奇。他認為當時的西方人士都以為西方文化比任何文化先進高明，中國學術界也瀰漫著崇洋的歪風，而四川竟有位中國人堅持用自己的「鄉土教材」教學，實在令人心悅誠服。

也就在這個時期，鄭德坤寫出了具有劃時代意義的長篇論著《四川古代文化史》，並在《華西大學博物館專刊》發表。其中的「廣漢文化」一章，曾詳細提及葛維漢、林名均等在廣漢挖掘的情形，從「遺址的發現、調查經過，土坑遺物，文化層遺物，購買所得遺物，廣漢文化時代之推測」五個方面做了宏觀而不失細緻的論述，對葛維漢、林名均、龔希台等人的學術觀點，或表示擁護與贊成，或給予反駁與批判，同時在行文中還旗幟鮮明地提出了自己精辟而獨到的觀點：

> 廣漢文化之關鍵在於土坑中之遺物。葛、林、龔三氏並以為係古代墓葬，然上古墓葬之發現記載，未聞有以石壁列為棺槨之牆壁者。假定實有此制，石壁左右及上三方陳列，是該墓前未經挖掘甚明，然則何以燕氏挖掘之時，未聞有人骨之發現？古代墓葬必有明器，而此土坑所藏僅石器玉器之屬。假使林氏據晉君所聞，稱石壁迭置如筍，橫臥泥中之說可靠，則廣漢土坑為墓葬之說，可不攻自破矣。竊疑為廣漢土坑應為晚周祭山埋玉遺址，坑

> 形大小深淺雖與墓穴略同，而其功用則全殊。……廣漢地處岷山之陽，土坑位於廣漢西北，其為遙祠山神故址當可想像。……是廣漢土坑文化之年代，或可定為東周，約為西元前七〇〇至五〇〇年也。
>
> 廣漢土坑文化之年代已確定，其文化層之年代亦可迎刃而解。據挖掘地層之觀察，知葛氏以文化層為古代陶窯舊址，其錯誤可不必細辯。土坑在文化層中為闖入品，其開鑿應在此居住遺址荒廢之後，是文化層之年代應在土坑年代之前。今以文化層出土石器與中國各地新石器晚期之遺物比較，不但石器至相彷彿，即粗陶細陶亦多相同。諸遺物中絕無石鏃及銅器之發現，一方面可以證明其有四川史前文化之特質，一方面亦可證明其年代應在銅器盛行以前。然則假定廣漢文化曾為四川史前文化新石器時代末期之遺址，正在土坑時代之前，當無不可，其年代約在西元前一二〇〇至七〇〇年以前。

鄭德坤長文的發表，使學術界圍繞月亮灣出土器物再度掀起了新一輪更加廣泛、深入的探討熱潮，「廣漢玉器」、「廣漢文化」也隨著這股熱潮傳之四海，名滿天下。

略感遺憾的是，一九四七年，鄭德坤受英國文化協會的邀請，赴英國在劍橋、牛津、倫敦三所大學輪流講學。一九四八年，當他完成講學任務路經香港擬返回華西大學時，由於國內戰亂難行，遂留居香港。一九五一年，鄭德坤再赴英國劍橋大學從事他中國考古和藝術的教學研究工作，此後一直在海外工作、定居，再也未能回到他夢牽魂繞的四川和華西大學。

馮漢驥的預言

二十世紀五〇年代初，隨著中國各地建設高潮的興起，中國西南部先是有成渝鐵路的建設，接著頗受國內外矚目的天成（後改寶成）鐵路也開始動工修建。就四川境內而言，寶成鐵路南段由成都起始，全程需經過新都、廣漢、德陽、羅江、綿陽、彰明、江油、昭化、廣元等十個縣境。從成都到綿陽一帶，自秦、漢以來就是西南文化的中心區域，而從綿陽到廣元一帶，又為南北交通的孔道，特別是昭化和廣元兩地，歷代都為政治、軍事重鎮，其地下文化豐富，出土文物也頗多。鑑於在成渝鐵路修建工程中，曾收集到大量文物，因而寶成鐵路工程開始時，西南區文教部即指示西南博物院籌備處派工作小組前往鐵路沿線，清理和收集發現的文物。

一九五三年年初，由於工作的開展和各種重要文物的發現日益增多，西南區文教部再做決定，令西南博物院籌備處與相關局處單位聯合組成寶成鐵路文物保護委員會，由西南博物院籌備處主任、著名考古學家馮漢驥為總負責，下設宣教和技術兩組人馬，開始到沿線各單位和民眾之間宣傳文物政策，並從事文物的保護、清理、收集等工作。

馮漢驥上任後，對廣漢月亮灣一帶這個在學術界頗為矚目的古代遺址特別關注，為防止地下文物遭到破壞，他親率考古工作隊前往調查挖掘。由於月亮灣的重要性為學界所熟知，一九五五年，受四川省文化局的派遣，省博物館考古學家王家祐再赴廣漢對此一遺址進行調查。王家祐在讀川大歷史系三年級時，馮漢驥正好兼任班主任，並且一直到這期學生畢業後的一九五〇年方才離開，因而從關係上而言，王家祐既是馮漢驥的學生，又是下屬加助手。正是這種特殊的關係，馮漢驥每次做田野調查，王家祐都是不可或缺的一位得力幹將。馮兩次赴廣漢調查挖掘，王家祐都是開路先鋒和挖掘的主要實施者。一九五四年下半年，王家祐離開重慶調至成都四川省博物館工作，半年之後遵照上級的指示再次赴月亮灣調查。但由於此次調查時間不多，收穫甚微，只是「在鴨子河邊漫步察看了土層，無所獲」。於心不甘的王家祐在撤離考察現場時，與他的恩師馮漢驥一樣，心中生出了一絲悵惘和難以割捨的情愫。

一九五六年的春季和秋季，四川省文管會田野組先後在涪江流域和溫江專區從事地下文物的初查工作，其中

20 世紀 50 年代燕青保一家合影

溫江專區的調查由王家祐與本館的考古學家張甸潮主持。借此機會，王、張二人懷揣著一個尚有些朦朧的夢想，再赴廣漢月亮灣，在燕家院子四周做了較為詳細的勘察。勘察的過程中，王、張二人那樸實認真又嚴謹的工作態度，為燕氏一家留下了深刻的印象。

當時王家祐與張甸潮借住在縣城文化館的一間平房裡。到月亮灣工作，來往要步行三十幾里的路程，交通和生活均十分不便，每當遇到風雨天氣，備覺困難與艱苦。面對此情，燕青保主動邀請王家祐與張甸潮住到自己家中。時燕道誠已經作古歸西，燕青保開始主持家政。每晚，王家祐與年過六旬的燕青保對床而眠，長夜傾談，從當年燕氏一家發現玉器坑的情形，到戴謙和、葛維漢等洋人們主持的挖掘，連同活閻王陶旅長率部在月亮灣盜寶的所作所為，一幕幕往事像流水一樣從記憶深處淌出。

當王家祐在交談中得知燕家仍有一些精美玉器深藏不露時，便告訴燕青保，現今政府制定了專門的政策，凡一切出土文物都歸國家所有，任何人不得私藏和倒賣。他對燕青保直言不諱地說：「現在這事還沒有外人曉得，你要仔細掂量一下，這人頭跟你家埋藏的那堆石頭之間哪個

燕道誠當年捐贈的部分器物（現藏於四川大學博物館）

大，哪個小，哪個輕，哪個重，哪個更值錢？哪個更有保留價值？到底是保人頭還是保石頭？」

燕青保聞言大駭，第二天一大早，便從豬圈的壕溝裡挖出一個用豬食槽盛放的、深藏二十多年之久的玉琮、玉瑗、玉璧、玉磬等最為精美的幾十件文物，然後由王家祐牽線搭橋交給了省博物館。這批器物是一九二九年燕氏父子在土坑中挖出的那批著名的玉器中的最後一批，也是最為精美的一批。至此，燕家聲稱再無一件私自存留的玉器了。

為了驗證當年燕氏父子所挖玉石器在中國存留的數量和保存情況，二十世紀九〇年代，四川省文物考古研究所與華西大學博物館、北京故宮博物院等幾家號稱藏有廣漢玉器的單位聯繫，對各自的藏品進行整理、鑑定。令人大感失望的是，所有收藏的玉石器加起來，其真品僅四十餘件，只相當於當年總數四百多件的十分之一。後來四川方面又和台北故宮博物院聯繫，請其對院內收藏的廣漢玉器進行鑑定並告知實情，得到的結果是只有兩件玉璋是真品，其他全部為贗品。也就是說，當年燕氏父子挖出的那批玉石器，百分之九十已透過各種管道流散到國外或佚失了，知情者無不扼腕嘆息。

一九五八年春，王家祐與張甸潮第四次赴廣漢田野調查，在一個多月的時間裡，兩人在月亮灣至中興鄉的三星堆一帶盤桓良久，經仔細踏勘和試掘，發現三星堆文化層內涵與月亮灣竟相一致，都是難得一見的古蜀文明遺址——這是自燕氏父子發現玉器坑近三十年來，首次將月亮灣與三星堆兩個小型區域作為一個大的文化體系聯繫起來加以考察，並以敏銳獨特的學術眼光，發現兩處遺址文化內涵的一致性。根據調查結果，兩人很快寫出了後來被業內廣泛引用，對三星堆遺址的保護與考古挖掘具有先鋒意識和前衛觀念，同時兼具深厚學術根底的著名論文——〈四川新繁、廣漢古遺址調查記〉。此文在《考古通訊》一九五八年第八期刊出後，立即在學術界產生廣泛的影響。文中說道：

……這批陶片與四川各時代墓葬出土的陶器及成都青羊宮遺址的陶片、器形、特徵相比，都有顯著的區別。所以我們初步認為（新繁、月亮灣、三星堆）這三個遺址的文化，相當於殷周時期，與戰國以下的文化當是一個不同的文化系統。至於這一文化的全貌如何，與中國黄河流域古代文化的關係怎樣，尚有待今後將這三處遺址正式挖掘後，才能著手研究。

王家祐、張甸潮這次深入而卓有成效的調查，以及對文化的整體把握與認識，是三星堆遺址近百年歷幾代人的調查、挖掘與研究中，極富學術眼光的一次具體的實踐，為後來三星堆遺址的保護、挖掘、研究等一系列工作，發揮奠基性的作用。調查結束後，兩人專程到廣漢縣政府彙報並請求對包括月亮灣在內的整個三星堆遺址和三星堆遺址早期出土的玉琮和玉瑗加以保護，同時首次向學術界發出進一步調查認識與研究保護以三星堆區域為主體的廣漢文化的呼籲。此一行動與考察成果，對後來三星堆考古工作的全面展開，具有劃時代的重要意義。

繼王家祐、張甸潮此次調查四年之後的一九六二年六月，四川大學歷史系考古研究所三年級即將畢業的學生需要實習，曾在成渝和寶成兩條鐵路沿線的文物調查與搶救中有過卓越貢獻的考古學家馮漢驥，此時已從重慶調回成都並出任四川省博物館館長兼四川大學歷史系考古教研室主任。借這次學生實習的機會，馮漢驥決定親率師

左：四川大學師生在月亮灣發掘現場

右：馮漢驥（中）在月亮灣發掘現場

生赴月亮灣，對這個一直令他夢牽魂繞、具有豐富文化內涵和巨大魅力的古遺址，再度展開一場科學化的調查與挖掘。

在月亮灣的三層台地上，馮漢驥指導年輕的教師與學生在文化層堆積較厚的地方做了詳細的調查，並進行一些小型的挖掘。在此期間，他除了蹲在坑中近距離指導學生外，還拿出一部分時間帶領師生走出月亮灣，擴大調查範圍，對整個三星堆區域進行了一次較大規模的科學勘察。

事實上，從二十世紀五〇年代末期開始，馮漢驥基於對歷史記載和地下挖掘資料的綜合研究，逐步形成了一種不同於學術界習慣看法的新的理論，即中國早期新石器時代的文化可能要到長江流域去尋找，而不一定侷限在黃河流域。為此，他進行了一定的準備工作，希望以此做為自己一生中最後一項主要的科研項目來研究並有所發現和突破。在他的心中有一種預感：廣漢月亮灣遺址可能就是長江流域早期文明的代表之一。正是具有如此前瞻性的學術眼光和研究目標，馮漢驥才在這個夏天親率大隊人馬來到廣漢原野，開始調查和挖掘。

就在這次實習活動即將結束時，根據已有的資料和了解的情況，馮漢驥站在月亮灣那高高的台地上，遙指馬牧河對岸的三星堆，對他的助手馬繼賢教授和正隨他攻讀研究所的得意門生林向，說出了一句令後來的挖掘者以及三星堆遺址的研究者都不可能忘懷、極具科學戰略眼光的預言：「這一帶遺址如此密集，很可能是古代蜀國的一個中心都邑，只要再繼續挖掘考古下去，這個都邑就有可能完整地展現在我們的面前。」後來的挖掘證明，這個預見是正確的，尤其是二十四年後三星堆遺址兩個大型祭祀坑的橫空出世及大批金銀銅器和古城牆的驚現人寰，以無可辯駁的事實，證明了當年馮漢驥的正確預見。

關於這次調查、挖掘的具體情況，四川大學歷史系考古教研組寫了一份調查簡報。由於此次調查時間相對過短，挖掘中所揭露的面積有限，得到的標本亦不豐富，因而教研組本著「有一分材料說一分話」的嚴謹的治學精神以及實事求是的作風，在文章中較為低調地宣稱：

這次我們所採集到的一批有關石壁的標本，大部是在離過去曾大批出土石壁的燕家院子以外約兩百公尺處的鴨子河河岸斷層中找到的。這不僅證明這一部分東西原是就地製造，更讓我們弄清了它與其他文化遺物之間的共存關係，矯正了過去一些錯誤的論斷，對於確定此一遺址的年代有很大的意義。

廣漢中興公社古遺址出土遺物，與新繁水觀音遺址及成都羊子山土台遺址有許多相同的特徵，明顯地表現出它們應屬同一文化系統。這幾個遺址所在的地區，都在記載中的古代蜀民族居住範圍內，所以本遺址當係一古代蜀文化遺跡。

關於本遺址的年代問題，過去有人認為應屬西周，有人認為應屬新石器時代（直到一九五八年發表的調查報告還採用這一意見），但這些論斷大都缺乏足夠的科學根據。首先是他們沒有弄清各類遺物的地層情況，但此種意見的影響卻較大，曾得到不少人的同意。

此地陶器上的雲雷紋，是中原殷周銅器上最常見的紋飾，石器中璧、圭、璋等禮器，亦為中原周代遺物之風，由此我們可以肯定遺址年代不應早於殷周。前面提到的此地許多文化遺物與新繁水觀音遺址及成都羊子山土台遺址具有相同的特徵，這是我們推斷本遺址年代最主要的根據。因為以上兩個遺址都經過挖掘，確切年代弄得比較清楚，前者屬殷末周初，後者上限可至春秋前期到西周晚期。本遺址既然同時具有兩處遺址的特徵，自然其年代應居二者之中，即其上限可至西周初，下限可至西周末，最晚也不當晚於春秋之初。以上兩點意見，僅係根據調查材料所得，是否完全正確，還有待進一步通過挖掘材料來證明。

為了進一步證明這一學術論點，盡可能地剝去籠罩在月亮灣這塊土地上的神祕面紗，馮漢驥和他的學界同行，以及四川大學的師生都在耐心地等待著下一個大規模的探索挖掘機會的到來。

悲情時代

在馮漢驥的引導下，一九六三年九月，四川省博物館和四川大學歷史系考古研究所師生組成聯合挖掘隊，再次來到廣漢月亮灣燕家院子附近進行挖掘。這是燕氏父子發現玉器坑三十四年以來，首次由中國人主持對三星堆遺址的重要組成部分——月亮灣遺址進行正式的考古挖掘。此次挖掘的召集人和指導者，理所當然地屬於既是博物館館長又是川大考古教研室主任的馮漢驥。

按照合作雙方達成的協議，除馮漢驥之外，聯合挖掘隊的副隊長分別由省博物館的張才俊與四川大學教授馬繼賢兩位考古學家擔任，其成員有省博的戴堂才和川大的童恩正、宋治民等考古學家，以及廣漢縣文教科的譚銳和中興公社的文化幹事王文江等人。按照要求，四川大學歷史系考古研究所的十五名學生全部參加了此次挖掘。

九月十八日，四川大學教授馬繼賢與一名學生乘坐一輛車，攜帶部分生活用具到廣漢打前鋒，安排食宿等諸多事宜。由於中興場至月亮灣地段道路狹窄，阡陌縱橫，汽車無法通行，只得將挖掘工具、器材以及其他生活用具在中興公社的大院內卸下，由馬繼賢和他的學生花一天的時間，挑到月亮灣回龍寺小學，在那裡租借三間平房安頓下來。

九月二十日，聯合挖掘隊幾十名師生和考古學家攜帶挖掘工具，坐兩輛敞篷車開赴廣漢月亮灣進駐回龍寺小學。按照規定，凡參加挖掘者每人每天平均只有一斤糧食，缺額部分派一名學生到鄉下收購些紅薯作為補充。當生活稍作安頓後，按照馮漢驥的計畫，在月亮灣分別選擇了三個地點進行挖掘。第一個地點選在燕家院子東南三十公尺左右的稻田裡，北面靠近當年出土玉石器的水渠，共開探方十一個。第二個地點選在水渠的北面不遠的稻田，只開一條探溝。第三個地點選在月亮灣一道高高隆起的土隔梁上，開挖探方一個，其目的是探察此處是否有由人工夯築的一道土牆或更加宏大的城牆。當這三個點的挖掘陸續開工之後，挖掘人員將原劃分的農耕土、文化層與生土層詳細分為上下兩層，並分別定為商代和西周早期。

馮漢驥一邊與師生們在坑中挖掘，一邊結合現場實際情況，真誠地對年輕的教師和學生們說：「我們從事現代考古工作，必須親自參加田野挖掘，鍛鍊自己，切莫再學過去的金石家，整天坐在書齋的沙發上聽任他人彙報古物出土的消息，並不親自到現場調查核實，那是沒有任何價值的。以後無論是誰，再也不要做沙發椅上的考古學家了……」這些看似淺顯的漫談，實則是頗為深刻的做學問之道，令年輕的師生們牢記心懷，並在以後若干年付諸行動且大為受益。對於所挖掘的實際考古資料的應用，馮漢驥還以自己的親身體會和幾十年工作之經驗告訴學生們：「要先從類型學的分析著手，再進而探討其社會意義，觀察務求細緻，思考力致周詳，應使器物爛熟於胸，在研究透澈之後，才能下筆成文。」

就在這樣一種教學與實踐相結合的挖掘中，月亮灣聯合挖掘隊於三個地點，共開掘十二個探方和探溝一條，發現房屋三組，墓葬六座，陶片三萬多片，出土了幾百件玉石器、骨器、青銅器殘片等等極富研究價值的文物。同時，在三個探方的二層中分別發現了一些零星的青銅器殘塊、孔雀石、銅煉渣等遺物，並發現一塊沿邊附有銅煉渣的粗陶片。經考古人員的初步推斷，當是坩鍋殘片，遺憾的是沒有發現煉爐的遺跡。面對已被揭露的遺址和出土的大宗器物，馮漢驥與聯合挖掘隊的每位隊員心情都頗為雀躍。整個挖掘工作在平和的氣氛與收穫的喜悅中，按照原定計畫於同年十二月三日結束，為期四十多天。

由於受實習時間的限制，馮漢驥與聯合挖掘隊在挖掘中採用的是比較簡單的探溝法，因而受揭露面積所限，有些建築遺跡未能探清其面貌。此外，在挖掘月亮灣梁子的土埂時，雖然想弄清此處是否是一道城牆，但在挖掘中地層被一座漢墓打破，清理時沒有發現人工夯土，所以認為不是城牆。後來經四川省考古所多次挖掘，證實此處恰恰就是一道商周時期的城牆，從而令當初的挖掘者深感遺憾……當然，與所有的科學都在不斷地發展進步一樣，關於城牆此一在考古學中至關重要的大問題，是在二十世紀九〇年代以後，隨著考古挖掘的不斷深入，才漸漸認識的。令人扼腕和頗感憤慨的是，當田野工作結束之後，一系列的鬧劇、悲劇開始反覆上演。

聯合挖掘隊在撤出廣漢回到成都後，即當場解散。為了對學生有一個系統性的訓練過程，按馮漢驥的意見，此次挖掘出土的全部器物，應暫存於四川大學歷史系考古教研室，以供學生們在不斷整理中有一個更加深入細緻的了解。然而，省博物館方面對此一作法提出異議，並表示把本次挖掘的器物放於川大，既不符合常規，也不合乎情理，一旦這批器物整理完畢，其隨之產生的科研、學術成果，勢必會被川大方面獨吞。在本次聯合挖掘中，省博物館是出錢、出物最多的一家，沒有省博出錢出物，這些師生恐怕連校門都難以邁出，更遑論什麼田野調查和挖掘了。因此川大方面應立即無條件地交出月亮灣挖掘的全部器物。

面對省博物館人員當面或書面提出的這些明顯帶有偏見的意見，馮漢驥大感驚訝與惱火，於是採取了漠然處之的態度。對方見狀，索性一不做二不休，將意見書直接遞到博物館的上級主管單位——省文化廳那裡，請求立即出面干涉。為息事寧人，省文化廳派出專員負責召集省博與川大雙方代表座談討論，並從中協調。在聽取了雙方的彙報後，省文化廳的特派員認為馮漢驥的決策並沒有什麼錯，遂當即拍板決定，駁回省博人員的上書意見，全部挖掘器物仍留在川大考古教研室進行整理。

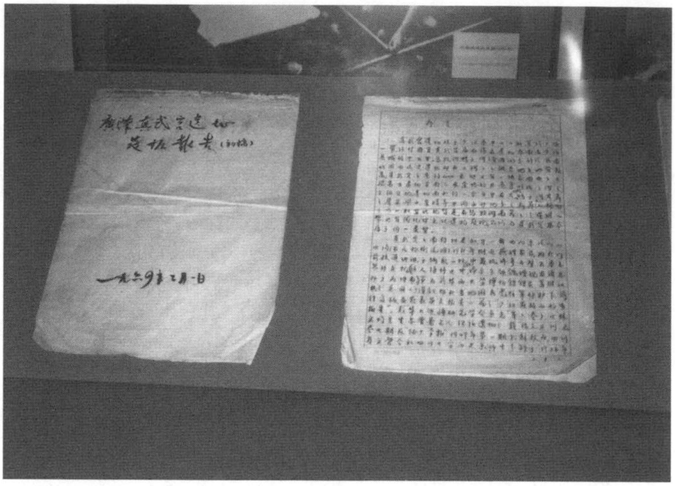

馮漢驥手稿

就在川大師生即將把月亮灣出土器物全部整理完畢時，省博一班人預感到新的時機來臨，便於一九六四年十一月，再次提出要求川大歸還挖掘器物。在省博的強大攻勢下，省文化廳在權衡利弊得失之後，最終撇開了馮漢驥與川大師生，勒令川大馬繼賢等教師立即無條件地將器物交到對方手中。川大師生見大勢已去，於無奈中將全部器物和已整理的至關重要的資料交了出去。

從月亮灣挖掘結束到川大整理挖掘器物，一直到將整理資料交與博物館的一年多時間裡，馮漢驥一面身心疲憊地應付著教學和校、館雙方那扯不斷理還亂的行政事務，一面仍以書生本色夜以繼日地做著《前蜀王建墓挖掘報告》的最後定稿工作。按照他的計畫，一旦這部報告徹底脫稿，便將主要研究方向轉到月亮灣一帶的古遺址中來，並在自己有生之年，盡可能地對這個遺址的年代、規模、文化性質等等一系列問題有一個更加清晰的了解。

遺憾的是，自一九六四年年末，中國上下「四清」運動的風潮驟起，馮漢驥成為這次運動中清理掃除的重點對象，被迫放棄博物館的一切事務，並遭隔離在四川大學校園內接受組織和革命群眾的審查、監督、改造。就在這個時期，省博物館從人民公園的舊舍遷到了人民南路的新館。在遷址過程中，由於內部混亂與人為的毀壞，月亮灣挖掘的器物被弄得七零八落。由四川大學考古教研室馬繼賢等師生費盡心血，歷經一年整理出的極其珍貴的挖掘資料，像抗戰爆發後著名的北京人頭蓋骨化石一樣，從此下落不明。

「四清」運動結束後，文化大革命接著爆發，無論是博物館還是四川大學，都開始在政治狂潮的漩渦裡打滾翻騰，掙扎沉浮。博物館停止了正常的展覽和研究，川大停止了正常的教學和招生。一切正常的事務都被夾雜著血腥與暴力的吵鬧與爭鬥所替代。馮漢驥首當其衝地遭受波及，不但一切研究全部停頓，人身也漸漸地失去自由，前後被關押、改造時間長達六年之久。

一九七五年，外部形勢稍有好轉，馮漢驥被恩准在學術界參加少量的活動，但身心已極度衰弱，幾乎無法行走。這年十一月，在門生童恩正等人的攙扶照應下，馮漢驥強撐著虛弱到極點的病體，為從湖南、貴州等地來四川參觀的文物考古工作者做了一場有關夜郎研究的學術報告，報告尚未結束，身體已不能支，急送醫院救治，自此一病不起。

一九七六年十月，當馮漢驥在病榻上聽到「四人幫」倒台的消息後，興奮異常，立即又燃起了久埋心底的希望之火。由於始終有著廣漢月亮灣情結，他派人將自己的得意門生兼助手、四川大學歷史系考古教研室教師童恩正招到自己的病榻前，要其設法重新收集一九六三年在廣漢月亮灣出土、在省博物館遭到大劫的器物資料，趁自己一息尚存，繼續研究，以便在有生之年寫出一份有關這次考古挖掘的初步報告，好對學術界同仁及大眾有個交待。

令人扼腕的是，儘管童恩正為此費盡心機，全力以赴進行搜尋、查找，但存放於省博物館的器物，在文革中幾乎全部被造反派當作革命的物件搗爛砸碎，連同其他若干種器物被拋入垃圾堆中。而當年由川大師生嘔心瀝血整理出的文字資料，仍然下落不明，無人知道是變成了垃圾還是被燒成了灰燼。萬般無奈下，童恩正只好改為收集部分當年挖掘時的日記體原始紀錄，稍作整理，向馮漢驥彙報。面對此一浩劫，馮漢驥清楚地意識到要完成一

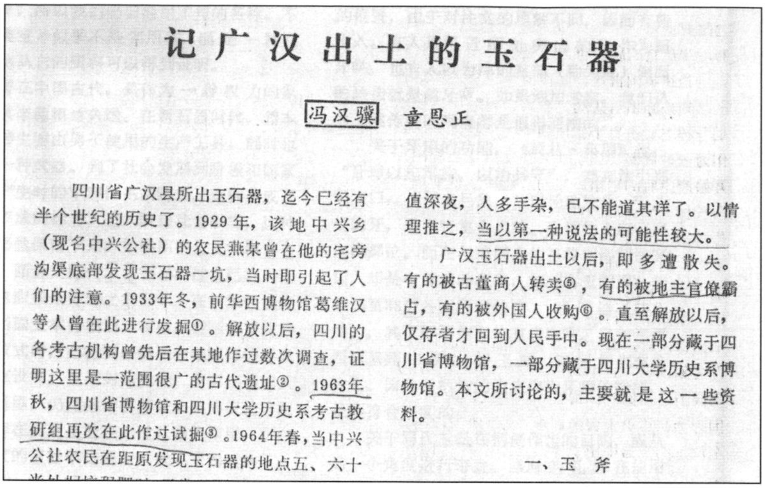

记广汉出土的玉石器

冯汉骥　童恩正

四川省广汉县所出玉石器，迄今已经有半个世纪的历史了。1929年，该地中兴乡（现名中兴公社）的农民燕某曾在他的宅旁沟渠底部发现玉石器一坑，当时即引起了人们的注意。1933年冬，前华西博物馆葛维汉等人曾在此进行发掘①。解放以后，四川的各考古机构曾先后在其地作过数次调查，证明这里是一范围很广的古代遗址②。1963年秋，四川省博物馆和四川大学历史系考古教研组再次在此作过试掘③。1964年春，当中兴公社农民在距原发现玉石器的地点五、六十

值深夜，人多手杂，已不能道其详了。以情理推之，当以第一种说法的可能性较大。

广汉玉石器出土以后，即多遭散失。有的被古董商人转卖⑤，有的被地主官僚霸占，有的被外国人收购⑥。直至解放以后，仅存者才回到人民手中。现在一部分藏于四川省博物馆，一部分藏于四川大学历史系博物馆。本文所讨论的，主要就是这一些资料。

一、玉斧

馮漢驥去世後，由童恩正整理完成的部分學術論文影本

篇能在學術界交待過去的挖掘報告，已成為泡影，遂決定根據劫後殘餘的材料，撰寫一篇專題論文，以示對月亮灣遺址幾十年的仰慕眷戀之情。

但就在初稿剛剛完成之際，一九七七年三月七日，一代考古學巨擘馮漢驥撒手人寰，乘鶴西去。馮漢驥去世後，童恩正按照其臨終前提出的修改意見，對剛剛草成的〈記廣漢出土的玉石器〉一文，進行了部分調整和潤飾，最終得以定稿，了卻了導師生前的一點心願。

此文對歷年來廣漢出土的玉石器做了一次較為全面的整理與研究，並對月亮灣遺址的性質、年代以及與附近三星堆遺址的關係等等敏感問題，一一做了論述。儘管文章篇幅不長，但從條理分明的論述中，仍可看出馮漢驥嚴謹縝密的思想脈絡、淵博的學識以及在字裡行間閃耀著的科學與理性分析。文中特別指出：

> 在秦滅巴蜀以前，四川地區是被稱為「夷狄」之國的，所以《漢書．地理志》說：「巴蜀廣漢本南夷，秦時通為郡縣。」廣漢玉石器的出土，說明蜀國的統治者早在西周時代即已經有了與中原相似的禮器、衡量制度和裝飾品。這對於研究蜀國的歷史有重要價值，而且再一次雄辯地證明了四川地區和中原悠久而緊密

的歷史聯繫。

這篇凝聚著馮漢驥心血與遺願的論文，終於在一九七九年《四川大學學報》第一期與《文物》第二期上相繼發表。其時，馮漢驥已去世兩年餘，而離新一輪的三星堆遺址發現、挖掘的高潮大幕再度拉開，也只有一步之遙了。

第三章

新的起飛

三星堆區域內，隨著一個個荒唐的指示，產生了一件件荒唐的故事。風雨飄搖中，考古挖掘再度開始，三星堆再度成為眾人矚目的焦點。

位卑未敢忘憂國

就在馮漢驥等參加月亮灣挖掘的考古學家因種種因素，不得不返回成都之時，廣漢的月亮灣、三星堆、鴨子河一帶，不斷有地下文物出土，似在提醒、警示著世人，這裡還有一個埋藏在地下的巨大隱祕沒有解開。

一九六五年春，月亮灣一農民在田地裡挖沼氣池時，離當年燕氏父子挖出玉石器的地點約六十公尺的地方，無意中掘出一坑玉石器，其中有成品、半成品和石坯。這批器物大部分被隨意搗毀拋掉，只有少量的成形器後來被廣漢縣文化部門收存。

一九七四年春，真武村四隊村民羅雄保等人，在月亮灣附近的梭子田發現了一坑經人工打磨過的玉石器數十件。由於報告及時，廣漢縣文物專員敖天照趕赴現場進行了收繳。這些玉石器表面呈黃褐色，或呈豆青色，質地堅硬細膩，經四川大學童恩正、林向等考古專家察看，估計可能是商周時期玉石作坊的坯料坑。後來這位叫羅雄保的村民又在鴨子河邊發現了幾塊約有一平方公尺、重達千斤的特大型玉石料。這些玉石料有明顯的人工切割的痕跡，石頭的幾面因切割下料幾乎成了平面，有的地方是整片卸下，有的地方則是部分鋸取。據考古學家林向推斷，切割工具用的是鋸齒狀的青銅金屬。另有當地村民在這一帶還發現了石璧和石餅等一些半成品原料，上面有清楚的管鑽痕跡，但不知何種原因有始無終，半途而廢。

就在羅雄保等人發現玉石器的這年夏天，在三星堆遺址區內，有許多村民在挖沼氣池和地窖時，發現地下埋藏有石器及殘陶片。真武村村民在耕田挖土時，也發現了不少玉石器。當夏天的漲水季節過後，真武村村民、燕道誠的孫子燕開良等在鴨子河邊，又拾得陶盉、陶豆、陶器殘件等器物數十件。這些挖出或撿到的器物，大多數流失或損壞，只有少部分在被廣漢縣文化館文物專員敖天照聞知後才得以收回保存。正是由於有敖天照的出現和努力不懈，才使許多珍貴文物避免了毀壞與遺失的厄運。

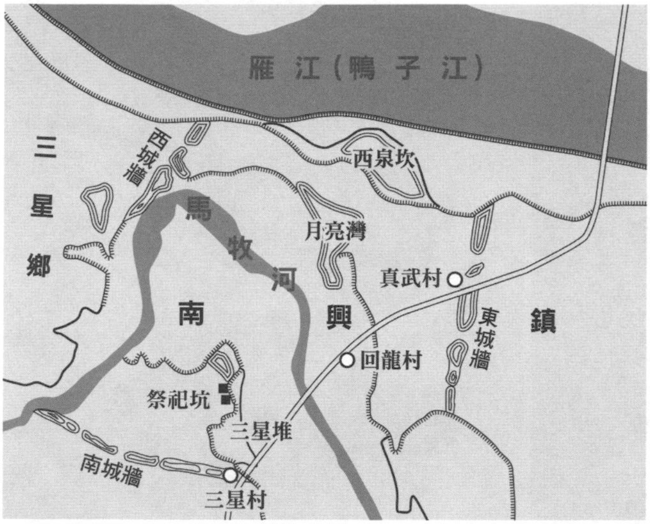

三星堆城址平面圖

一九七四年年底，廣漢縣南興公社（舊時的中興場）在「農業學大寨」的狂潮熱浪中，開始按照上級的指示，動員當地農民大搞「造田改土、擴大耕地」運動。就在這場具有廣漢特色的運動中，三星堆區域的三級高低不同、錯落有致的台地，被螞蟻蠶食一樣強行挖開刨平。每當有陶片、陶器、玉石器被挖出後，當地農民按照世俗眼光，看上去值錢的，就開始哄搶爭奪，據為己有；如果認為不值錢，要麼搗毀砸爛，要麼隨意拋入荒野。那源自岷山峽谷，穿越三星堆區域，經年碧波蕩漾、東流不息，頗為壯闊的馬牧河，也在一片「讓高山低頭，令河水讓路」、「人定勝天」的口號聲中，被填掉了多半而變成了一條渾濁的水溝。

正在積極履行文物專員職責的敖天照，得知此一消息，立即趕到三星堆現場察看。在勸說無效後，他將三星堆遺址遭到破壞的情況向館長做了彙報。館長一臉茫然與無奈，說道：「我現在是人微言輕，泥菩薩過江——自身難保。」

第二天，在館長的默許下，敖天照來到成都省博物館，想找館長等反映一下情況，但他們都支支吾吾，將他打發出門了事。不甘心的敖天照又來到四川大學，找到當年參加月亮灣遺址調查挖掘的馬繼賢、林向等人說明情況，希望對方

左：當地農民撿到的小型玉器

右：月亮灣當地農民發現出土器物

能向省裡有關部門反映，阻止那些粗暴破壞的行徑。但馬繼賢、林向等合計了半天，也不知該向哪些單位反映，因為主管文化的單位都已癱瘓。敖天照在成都碰了一鼻子灰，無計可施，只好怏怏地返回了廣漢。許多年後，馬繼賢在回顧這段往事時，曾不無感慨地說道：「幸好整個三星堆區域屬於大型的三級台地，地面相對比較平整，不需要大挖大築，地層改動相對小些，否則這片遺址早就已經萬劫不復了。」

一波未平一波又起。造田改土運動才剛退燒，廣漢縣又和其他地方一樣，驟然興起一股燒磚蓋房的狂潮。

由於敖天照有先前的經驗，對這次行動在文化遺址方面的破壞備感憂心，便騎自行車四處察看。當他來到三星堆現場時，不禁大吃一驚。只見一堆又一堆破破爛爛的器物隨意丟棄在田野土溝間，器物的陶器製品形狀多樣，工藝精緻，年代久遠。有為數很多的高柄豆殘件，和湖北宜都縣紅花套遺址出土的高柄豆極為相似，推測應在五千年之前。由於這些破盆爛罐根本不能用來燒磚，在運土過程中必須予以摒棄，遂得以少部分保存下來，否則早進入窯內那火紅的爐膛化為烏有了。敖天照目睹此景，心驀地沉了下來，暗想如此豐厚的文化堆積和文化內涵，竟任由無知的民眾胡搞亂搗，成何體統！於是輾轉找到磚瓦廠的廠長與書記理論，明確表示目前民工們挖的這個三星堆是重要的文化遺址，要求磚廠方面不要輕舉妄動，應立即停止這愚蠢荒唐的行為，等待上級文物部門勘察挖掘之後再做決定。

與上一次的勸諫如出一轍，廠長與書記一聽頓時火起，當場予以回絕。敖天照知道是秀才遇上兵——有理也說不清。於是憤然來到公社大院，直接找革委會胡主任理論。胡主任聽罷他陳述的理由，有些氣憤但還是耐住性子回答道：「不能認為地裡出了幾塊陶片，就說是不得了的文化遺址。這遺址不遺址的我不懂，但也不能聽你的。依我說，你該做什麼就做什麼去吧。」說罷叫手下人把敖天照打發出去。

敖天照孤獨地立在大街上，心中發著感慨，想到自己人微言輕，便決定不再繼續跟這幫官僚大爺們囉唆。他徑直到街上的供銷合作社，買了幾條麻袋來到三星堆燒磚工地，把散亂的陶片、陶器、石器等器物有重點地揀起裝入麻袋，再用自行車一趟又一趟地馱到縣城文化館，進行分類登記和保存。此後的一段日子，敖天照越來越感到三星堆之事非同小可，必須想辦法加以搶救和保護。於是便冒雨赴成都向四川省文物管理委員會辦公室主任沈仲常做了彙報，並請求趕緊採取措施，對這片區域進行勘探和搶救性挖掘。

沈聽罷彙報，思索了一會兒答道：「這挖掘的事，並不像你想像的那麼簡單，既需要錢又需要人。更不能你說挖掘就挖掘，我們得派人去現場看看，視情況再定。你先回去等著吧。」

敖天照走後，沈仲常和相關人員進行了研究，認為此一情況頗值得重視，遂決定派考古人員前往進行調查。於是四川省文管會考古隊隊長胡昌鈺與攝影師江聰趕赴廣漢。他們在敖天照的帶領和積極協助下，騎自行車赴三星堆地區展開調查。

此時的三星堆，其地理環境與葛維漢等前來的時代已不可同日而語了。王家祐、張甸潮在〈四川新繁、廣漢古遺址調查記〉一文中這樣記述道：

馬牧河古河道，今已淤塞成一條小河溝

三星堆在馬牧河右岸，與橫樑子隔水相望。馬牧河現在乾涸，兩岸成了台形的農田。河右岸，最高一級台地上的一座土崗，即是「三星伴月堆」，簡稱「三星堆」。這座土崗縱長大約四百公尺，偏近南北方向。土崗上有一道約一公尺寬的小路穿過其間，把土崗截成南北兩段。北段又因人工關係被挖成「凹」形，使全堆變成了三個高點，加之土堆微偏成彎月狀，這可能就是「三星伴月堆」的由來。堆上為漢代磚墓叢葬處，但早經破壞。由土崗東面向河心處構成三級台地（現均為農田），依著土崗的第三級台地，順勢向外弧出一道環形地。在土崗北端的田間，土層中混雜了多量的陶片碎粒，這是歷年農耕犁鋤翻動的結果，已經使我們不易認出這個遺址的面貌了。

此次胡昌鈺等考古人員在調查現場看到的，與王家祐、張甸潮以及川大考古教研室等當年記載有較大變化的是，在「造田改土」運動中馬牧河早已乾涸無水，成為一條塵土飛揚的土壕，有的地方甚至變成橫七豎八的稻田與垃圾場。想不到那昂首挺胸的岷山沒有低頭，河水卻悄然讓路了。

不僅那碧綠的河水已讓了路，三星堆周圍的樹木也已被砍伐殆盡。那一片高大得即使六條壯漢都難以合抱的「風水樹」，已

三星堆遺址區內倒掉的樹木

蹤影全無。據說自一九五八年「大躍進」時砍掉一部分大樹，並投入到煉鋼鐵的火爐之後，其餘的大多數樹木都被村中以開辦集體食堂為名，陸續砍倒投入到鍋灶之中了。當一九七〇年最後一棵五人合抱的「白果大將軍」倒下，則標誌著這一地區的古樹林和由此形成的亮麗風景最後的終結。而自這位在三星堆地區挺立了幾百年的「大將軍」倒下之後的第二天開始，三星堆村與燕道誠一家住居的真武村僅在一個月內，就神祕死掉了十二口人。此後附近幾個村的村民也陸續神祕死亡。村民們開始感到百事不順，開始流傳道：「這是風水被破了的緣故。風水破了，福氣也就跟著跑沒了，百姓的好日子一去不復返了。」

胡昌鈺等考古人員在三星堆燒磚現場做了方方面面的勘察，發現了極其豐富的文化層和破碎的古器物，並拍攝了大量照片之後，由敖天照負責留守收集文物，二人返回成都，向省文管會辦公室主任沈仲常做了較為詳細的彙報。沈仲常對此極為重視，表示要儘快派出考古隊對三星堆遺址進行搶救性挖掘。就在這支考古隊召集完畢，即將奔赴三星堆的頭一天晚上，與廣漢縣毗鄰的彭縣竹瓦街一個施工現場，突然發現一個神祕的地窖，內藏一批精美的青銅器。因這批青銅器全部浸泡在泥水中，亟需進行搶救性挖掘，因而省文管會辦公室聞訊後，不得不暫時改變路線，將考古隊派到最急需的彭縣竹瓦街。想不到，這一變就延續了整整五年的時光。

三星堆的首次挖掘

胡昌鈺等考古人員到了彭縣後，從灌滿泥水的窖藏裡將幾十件青銅器弄出來，本想在周圍做進一步調查，藉機弄清這個窖藏的時代、性質等問題。但剛工作幾天，省文管會又來電，令考古隊迅速撤出彭縣，轉赴三峽地區搶救一批偶然發現的文物。待三峽搶救事宜完畢後，考古人員又根據文管會的指示轉赴川南搶救剛發現的一批懸棺。時間一天天過去，胡昌鈺率領的這支考古隊，像救火一樣為搶救、保護地下出土文物，涉金沙江，越大渡河，轉戰大江南北，高山峻嶺。春去冬來，一晃就是五個年頭。三星堆的挖掘漸漸淡出考古人員的挖掘計畫，並被越來越深地埋入歲月的風塵之中。直到一九八〇年，一個偶然的機會，這個構想才重新浮出水面，開始出現轉機。

這年四月十二日，彭縣竹瓦街再次發現西周時期的青銅器窖藏，所藏青銅器已被當地文化館搶先一步挖出帶走。省博物館聞訊後，立即派出古代史部副主任趙殿增、范櫃杰與考古隊長胡昌鈺、李昭和等四人（此時考古隊已併入博物館），乘坐一輛北京牌吉普車趕赴彭縣文化館。在與館長交涉後，他們接收了全部青銅器。而後，一行人又在當地人員的陪同下到器物出土現場勘察。這批青銅器的具體出土地點位於成都西北約四十公里、東距三星堆遺址約十公里一個叫竹瓦街的旁側，青銅器放於一個陶缸內，埋藏在地下深二點五公尺的窖藏中，其中有四件銅容器和十五件兵器，共計十九件。從現場埋藏情況看，窖藏內填充細黃沙土，並雜有卵石，地層未被擾亂，基本保持原狀，顯然是當初放青銅器的人所為。據現場考察的趙殿增推斷，這批青銅器很可能是在舉行一個重要儀式之後鄭重埋下的具有禮儀性質的物器。

由於有如此大的意外收穫，趙殿增等一行神情振奮，準備乘車返回成都。就在吉普車離開竹瓦街之時，胡昌鈺突然想起幾年前調查三星堆的往事，便大聲提議道：「現在才剛下午一點多，我們回去也做不成什麼事了。月亮灣、三星堆就在那邊，我以前去做過調查，還想過要挖掘，只是被其他事耽誤了。大家要不要到那裡轉一圈，看看這幾年都變成個啥樣子了。」此議一出，立即獲得眾人的同意，於是車子開始拐彎，朝新的目標奔馳而去。

儘管竹瓦街與三星堆相連的地段是一條較窄的土路，且高低不平，極難行走，但畢竟只有十公里的路程，車子顛簸了一會兒就接近三星堆邊緣。「旁邊那一塊就是三星堆了，前方路口右拐，再右拐。」坐在副駕駛座上的胡昌鈺憑著五年前的記憶和司機說著。大家的目光投向玻璃窗外。遠遠地，前方出現幾個零星的破舊農家院子，而這些院子周邊星羅棋布地聳立著大大小小十幾根茶紅色煙囪，每一根頂端都向外噴著滾滾濃煙。由於煙霧瀰漫，大家只覺天空模模糊糊地罩著一層黑氣，已很難看到太陽的光亮了。

「怎麼會有這麼多煙囪？」走南闖北、見多識廣的司機面對前方的景觀，有些不可思議地問身邊的胡昌鈺。胡同樣吃驚地望著前方這片既熟悉又陌生的區域，輕輕答道：「怪了，怪了，上次來沒看到有這麼多煙囪啊，這都成煙囪森林了！我有一種預感，三星堆完蛋了，肯定完蛋了……」

聽到這不祥的讖語，坐在後排座位上的趙殿增有些憤憤地插話道：「你看那煙霧，我上小學的時候就學過一個詞叫遮天蔽日，這麼多年才真正明白，這個煙霧的場面就是遮天蔽日啊！如此下去還怎麼得了？這一帶整個就被他們玩完了。這些地方當官的，土皇帝一個，置歷史文化與人文環境於不顧，整日瞎折騰！」說話間，吉普車已進入三星堆區域。

待幾個人從車上下來時，只見高大的煙囪下，是一排排如同城牆般橫七豎八的磚坯與瓦坯。為防止這些磚坯或瓦坯遭到雨水的浸泡，上部都披著用稻草編成的蓑衣，看起來有些怪模怪樣。在磚坯的近旁不遠處，是一口又一口突起地面十幾米的圓形的磚瓦窯。每口窯的爐膛都燃燒著熊熊炭火，窯的頂蓋部位向外飄散著縷縷青煙，標

三星堆遺址內興建的磚瓦廠

誌著內部蘊涵的巨大火力與熱能。在磚坯與窯頂之間，有三三兩兩的民工來回忙碌著。磚瓦窯已從三星堆周邊延伸到了月亮灣二級台地上，有幾台推土機在遠處一塊平地上隆隆鳴響，伸長了鋼筋鐵臂在挖掘柔軟細膩的泥土。

「這磚瓦廠的規模可是比原來大多了。」胡昌鈺邊走邊向同伴小聲嘟囔著。其他幾人沒說話，都繃著臉往前走，似乎心中想著什麼事。當拐過一個小彎，那高大的土堆突然映入眼簾時，所有人都大吃一驚。只見一台推土機鳴叫著在推挖泥土，旁邊一群衣著破爛不堪，滿身泥水，灰頭土臉，瘦骨嶙峋的工人，正爭先恐後地圍著土堆揮鋤揚钁，挖土運泥。

「這是三星堆嗎，怎麼就一個土堆？」趙殿增望著眼前宏大壯觀的場面，不解地問胡昌鈺。

「是啊，怎麼就只有一個？另外兩個是不是被他們啃完了？」胡昌鈺同樣一臉疑惑地問著，快步來到一個運土的民工前，問：「老鄉，原來那三個大土堆怎麼就剩這一個了呢？」

民工抬起頭，怔怔地望了胡昌鈺一眼，止住步，將身上的背簍用力往上蹭了蹭，抬起右手擦了把額頭上的汗水與泥水，表情木然地說道：「那不是還有一半嗎，正挖著的。」說著將頭一扭示意，逕自一搖一晃地向前走去。

胡昌鈺苦笑了一下，對趙殿增說道：「這就是此前被描繪得神乎其神的三星堆。」

「哎呀，真是太可惜了！」趙殿增望著前方黑壓壓的人群，搖搖頭，輕輕地嘆息著。當他們來到人聲鼎沸，鋤頭紛飛，獨輪車來往穿梭的現場中心時，幾個人被眼前的場面驚呆了。就在這個土堆的旁邊，扔著一大堆足有一公尺多高的陶器、石器殘片，其中不少還幾乎是完整的。再看那已被挖開的兩百多公尺長的東西向的土堆斷崖，一公尺多厚的文化層清晰可見。更令人驚奇的是，斷面延續寬達上百公尺，地層中包含的遺物十分豐富。面對這一罕見的既豐富又奇特的文化景觀，所有考古人員內心都受到強烈的震撼，禁不住連連驚呼：「不得了，不得了啊……」

趙殿增來到一位正在挖土的老漢面前，指著那堆陶器、陶片和石器問道：「多長時間挖出這麼一大堆東西？」

老漢抬起頭，眨巴了下眼睛答道：「沒幾天，也就兩個來月吧。以前挖的好的器物都被縣上的敖天照師傅拿走了，聽說最近他做別的了，管不了這裡的事，就積成這一堆。」

「幾年前我來這裡調查時，挖土的人很少，煙囪也就幾根，如今怎會變成這樣亂騰騰的？」胡昌鈺插話問道。

老漢吐口唾液在手裡，似笑非笑地道：「你說的那都是老皇曆了，這磚瓦廠是社會主義新生事物不是？你看到的那會兒只是一、兩個廠嘛！現在是五、六個磚瓦廠了，下面還有好多個分廠，數不清的。」

「這麼多磚瓦廠?!」幾名考古隊員又是一驚。趙殿增搖搖頭道：「難怪三個大土堆只剩一個多一點了，原來是集團衝鋒啊！」

「把這些器物從土裡撿出來扔到這裡，是敖師傅要你們這樣做的？是不是還要等他來取？」趙殿增將身子轉向老漢繼續問道。

老漢將頭一扭，做出不屑一顧狀，答道：「這要燒磚，必須把土裡的大小石塊、瓦片撿出來，要不那磚燒出來會裂的，就不頂用了。這些瓦片撿出來沒地方扔，就扔這裡了。敖師傅來不來拿，啥時候來拿，拿了去換不換

小路左側就是三星堆古城牆遺址（作者攝）

得錢，我們不去管。我們只管刨土燒磚，老婆孩子有飯吃就對了。」

趙殿增聽罷，望著老漢那張漠然且塗滿了苦難的臉，一股悲涼從心中湧起。他不再和老漢囉唆，轉身招呼同事到周圍的其他地方轉轉，順便做一點簡單的調查。

在調查中，趙殿增等發現整個區域用推土機和人工取土的地方不只是三星堆一處，在月亮灣台地和馬牧河兩岸，到處是機器的轟鳴和人喊馬嘶的喧囂，這片廣袤區域已經成為一個巨無霸的磚瓦廠基地了。然而無論是磚廠的廠長，還是那些民工，都沒意識到他們挖掉的看似平常的「土埂」，正是當年古蜀王國的城牆，挖掘的「高台之地」，則是古蜀國宮廷作坊區和生活居住區。儘管古蜀國的陶器、石器殘片隨處可見，但民工們只是把出土的古蜀人盛裝食物用的一種高柄豆叫做大茶壺，器柄叫做茶壺嘴，並將古蜀人用的石錛、石斧叫做雷公石，認為此乃天上雷公所用的法器而已，再也不見有其他更進一步和更深一個層次的認知了。

趙殿增等考古人員一邊四處察看，一邊不斷地撿拾形體完好且有特色的陶器，以作為標本保存和研究。待一圈下來，所撿拾的上等標本已有數百件之多，眼看天色已晚，幾個人只得戀戀不捨地乘車返回成都。

一九八〇年五月二十日，四川省文管會、省博物館與廣漢縣文

左：三星堆遺址開工儀式上的專家學者與發掘人員
右：趙殿增（中）在三星堆遺址發掘開工儀式

化局達成共識，對三星堆遺址展開了搶救性挖掘。當時省博物館的大部分考古人員都在做田野調查，人手奇缺。館長不得不將正在彭縣做田野調查的考古學家王有鵬調回，要他轉赴廣漢主持三星堆遺址的挖掘工作。如此決定的理由主要有兩點，一是王有鵬早年在四川大學考古研究所讀書時，曾參加過一九六三年由馮漢驥主導的月亮灣實習挖掘，對這一帶的情況比較熟悉；二是王本人在走出校門後，經過十幾年的打拚，如今已是省級考古隊裡經驗豐富的骨幹之一。誠如當年隨馮漢驥赴月亮灣挖掘的主持人之一馬繼賢在許多年後與友人的通信中所言：「月亮灣挖掘至今已整整四十載，從這裡培養出的全班十五位學生，後來全部成為各地文物考古部門的主管或重要成員（如後來出任四川省博物館副館長的王有鵬、湖南省博物館館長的熊傳新等）。這是四川大學考古研究所畢業生中成績最整齊、最優秀的一個班。這也是我們這些當老師的一直感到十分自豪和欣慰的事吧。」

這支新組建的以對三星堆遺址搶救性挖掘為目的的考古隊到達現場後，先在磚瓦廠找了兩間閒置的房子安頓下來，而後來到三星堆區域進行勘察。挖掘初期，考古隊人員的組成與分工為：沈仲常、趙殿增任正副隊長，王有鵬主持日常事務工作，另有隊員莫洪貴、戴福森、羅軍、敖天照等。

三星堆遺址發掘現場

根據民工挖土的進度和已暴露文化層的埋藏情況進行比較推理後，考古人員決定在僅存的尚未被破壞的大土堆西側進行布方挖掘。此處因歷代耕作，已基本被平整為田地，只是比土堆下面原來的田地高出約四至五公尺，耕土層下面疊壓著厚薄不等的文化層。考慮到人手較少，且在此地點屬首次挖掘等情況，考古隊主持人王有鵬決定先開五乘五公尺的探方五個予以挖掘——這是自一九六三年馮漢驥率領川大師生與省博物館的一干人馬在月亮灣挖掘之後，考古人員在時隔十七年，又一次在此一地區進行專業的挖掘。

由於許多年沒看到考古挖掘的景象了，聽說成都來的一支隊伍突然進駐三星堆要挖土尋寶，許多上年紀的人都憶起了燕氏父子挖寶和陶旅長部下盜寶、王腳豬與鬼難拿們搶寶、奪寶以及馮漢驥、王家祐、馬繼賢、童恩正、林向等考古學家查寶、掘寶的往事。一時間，大街小巷、鄉野田疇，到處流傳著「還鄉團與挖寶隊又進村了」的呼叫聲。磚廠的民工和當地農民，紛紛蜂擁到挖掘現場，要親眼目睹這些外地來的到底會挖出什麼樣的寶貝。但幾天下來，看到的結果令他們大失所望——除挖出一堆堆碎石塊、爛瓦片之外，沒看到他們想像中的金、銀、珠寶之類值錢的東西，甚至連當年燕氏父子挖到的大塊玉器也沒有發現。而每當看到考古人員蹲在坑中不慌不忙地一鏟鏟挖著或在紙上一筆筆勾畫著什麼時，他們又不免生出著急與惱怒的情感，忍不住多管閒事說道：「你們不要再這樣慢慢騰騰地幹了，這個買賣肯定要賠本。趕快到磚瓦廠雇幾台大號推土機來推吧。如果地下真有貨真價實的寶貝，用推土機操作既省勁又省時，總比你們這一鍬一鏟地挖來得輕鬆，更來得痛快。」

考古人員聽罷，一時百感交集，心想如果這塊地盤不建磚瓦廠或沒有推土機，腳下這大片古文化遺址就會少一些破壞與荼毒。

經過一段時間的努力，考古隊終於取得初步的，具有一定價值的資料。根據此一成果，省文管會、省博物館與廣漢縣文化館聯合成立了專門的挖掘領導小組，其人員在原有的基礎上，陳德安、陳顯丹兩位年輕學者，又加盟到這支考古隊伍之中。

同班同學的陳德安、陳顯丹，一九八〇年畢業於四川大學歷史系考古研究所，在分別赴中堡島和西藏實習期滿後，進入四川省博物館考古隊工作。不久，三星堆的考古挖掘工作需要增加新的人員，王有鵬從館內眾多的應屆畢業生中看中了他們，經由館長批准，招到自己的麾下。而陳德安、陳顯丹也因此與三星堆結下了不解之緣。

自一九八〇年十一月開始，考古人員在三星堆中部土堆的東側，具體位置在靠馬牧河古河道的二級台地區域進行挖掘，至一九八一年五月結束，為期整整一年。先後開挖五乘五公尺的探方四十四個，加上此前試掘的五個探方，總挖掘面積為一千兩百二十五平方公尺。這次挖掘，不僅獲得大量石器、陶器，而且清理出了四川古遺址中比較罕見的房屋基址。從縱橫交錯的房址、水溝、柱洞遺跡的排列，以及紅燒土、陶器、石器的分布加以觀察，發現有圓形、方形、長方形帶有濃厚西蜀特色的「木骨泥牆」和有穿斗夾壁廳堂的房址十八座。同時還出土灰坑三個，土坑墓四座，各類玉石器一百一十餘件，陶器七十餘件，殘陶片數萬件。

從地層中採集到的木炭標本，經中國社科院考古所實驗室進行碳十四測定並經樹輪校正，其年代為距今四千五百年左右，上下各加減一百五十年。而遺址中的文化堆積從新石器時代晚期一直延續到相當於中原的夏商時期，跨度約為三千年。如此久遠的年代和豐厚的文化堆積，不僅在四川省內前所未見，即使是在中原地區乃至全中國也是罕見的。此一發現立即引起文物考古界的高度重視。

身為本次挖掘的主持人王有鵬，面對如此重大的收穫，憑著自己多年的考古經驗與科學的前瞻性思維，認為將此一遺址命名為一種新的文化的時機已經成熟，並極具理性地分析道：「透過這一次挖掘，使我們進一步了解了三星堆遺址古文化的基本面貌。它是一種在四川地區分布較廣的、具有鮮明特徵的、有別於其他任何考古文化的一種古文化。它已具備了夏鼐曾經提出的命名一種新考古學文化所必須的三個條件。第一，這種文化的特徵不是『孤獨的一種』，而是『一群』，如三星堆遺址出土的陶器中的高柄豆、小平底罐、鳥頭把勺等特殊器型，往往在各遺址中伴出。第二，這種同類型的古文化遺址，在四川地區已不是僅發現一二處，而是在成都青羊宮、羊子山、中醫學院、新繁水觀音、廣漢月亮灣、閬中城郊、漢源背後山等多處先後發現過。

第三，『必須有一處做過比較深入的研究』。在此之前，儘管材料有限，但不少專家學者已對這類遺址做過不少研究和探索。這一次對三星堆的挖掘和整理，正是對這類遺址的進一步研究，並對其時代、分布以及同其他文化的關係等問題做了有意義的探討。總之，我們認為給這種特殊的古文化賦予一個名稱的條件已經具備。故我們建議將這種古文化命名為三星堆文化。」

這是自燕氏家人在月亮灣發現玉器坑五十二年，葛維漢主持的最早的具有科學性質的挖掘四十七年以來，考古學家首次對此一遺址的文化性質給予命名。從此，「三星堆文化」逐漸獲得學術界的肯定並被普遍應用。後來，隨著此一區域兩個大型祭祀坑和無數件輝煌寶藏的橫空出世，三星堆文化在一夜之間名滿天下，為世人所共知。

航空考古

就在王有鵬主持的挖掘接近尾聲的時候，省文管會與省博物館館長謝雁翔、朱秉章等根據挖掘人員所收集的資料和親自到現場的勘察，意識到三星堆遺址已經不是一般的遺址了，它將成為一種文化符號永留於中國考古學的史冊中。於是決定採納王有鵬的建議，將本次挖掘的情況除向省內更高一級的有關部門彙報外，還要向國家文物局與中國社會科學院考古研究所彙報，以爭取獲得中央業務部門的支持，便於以後開展工作更順利。

待這個方案形成後，下一步則面臨更加深入調查和搜集資料的問題。為了將已挖掘的遺址部分盡可能如實、全面地記錄下來，王有鵬與其他考古人員想了許多辦法，採取一切可採取的措施，但在具體實施之後，對攝影師江聰拍的照片總覺得不夠理想，總感到缺乏宏闊、清晰的場景，令人多少有些遺憾。於是大家在無奈又極不甘心的同時，開始琢磨其他的點子。

大約到了離本次挖掘全面結束的前半個月左右的一個上午，萬里晴空中，突然有三架飛機一字形排開從三星堆上方超低空掠過。飛機在遠處打了個旋兒後，又順原路返回，好像正在做一場飛行表演，尾巴後面還放出一條條長長的煙霧帶，煙霧在天空中久久不散。飛機掠過天空時那隆隆的轟鳴聲，讓三星堆旁的考古人員好奇地抬頭觀望，也就在這剎那間，挖掘隊最年輕的隊員陳顯丹眼前驀地一亮，一個念頭「刷」地劃過腦際：何不用飛機來一次航拍？據他所知，廣漢縣城旁邊就有一個空軍飛行訓練學院，剛才天上飛翔的飛機，可能就是他們放出的。既然這飛機能在三星堆頭頂上飛來飛去，為何不能借此機會為下面的遺址拍幾張照片？想到這裡，他極其興奮地對挖掘主持人王有鵬說：「王老師，我們何不到廣漢去借一架飛機來拍遺址照片，那樣好多疑難問題都可以解決了。」

「飛機，你是說用飛機拍攝照片？」王有鵬有些驚異地望著陳顯丹，禁不住又抬頭望了望天空。此時天際晴朗，廣袤浩闊，瓦藍的蒼穹中有幾朵白雲正自由自在地飄蕩，好一幅藍天白雲圖啊！在這樣的天空，這樣的季節，用飛機拍攝這樣的遺址，無疑是一件天作之合，令人嚮往的事情。而用飛機從事考古遺址拍攝，在國外特別是美、英、法等國，是件司空見慣的事情，許多重要遺址的照片都是用航拍完成的。遺憾的是，限於中國的經濟實力和科技水準，這種方式從來沒有在考古遺址上用過。想到此處，王有鵬不待陳顯丹答話，表情複雜地說道：「有飛機當然好，可這飛機畢竟不是小孩子玩耍的風箏，找誰去弄呢？」

「聽說咱博物館的老賈跟他們空軍的人很熟，能不能找他去問問看，說不定還真能成呢。」陳顯丹一臉輕鬆地答著。

陳顯丹此一看似無厘頭的奇思妙想，得到了眾人的一致贊同。身為工地主持人的王有鵬，儘管仍覺此事成功的可能性幾近於零，但鑑於眼前這麼多同事群情激昂，也不便說過多的喪氣話，只好點頭答應說過兩天找一下老賈試試。

第二天，王有鵬在向已成為省文管會辦公室顧問的沈仲常彙報工作時，想起工地上大家談論的航拍之事，順便說了出來。沈仲常聽罷，望著王有鵬那平靜的臉龐沉思了一會兒說：「你們可真能琢磨啊！你說的這事兒還真有些意思，不妨找老賈看看，讓他出個面，說不定還真有點譜呢！」

「那就麻煩你找老賈說說罷。」王有鵬想不到沈仲常對此事還滿有興趣，似乎看到了希望，眼裡放著興奮的光。

「好吧，我過一會兒去找他。」沈仲常答應道。

兩人所提到的這位老賈，姓賈名克，五十多歲的年紀，出生於上海。由於自己愛好舞文弄墨，曾在人民軍隊的宣傳文化部門工作，後調北京軍事博物館工作，主要從事中共革命史的研究。此人為人熱情厚道，善於交際，加上資格老，輩分高，在軍界交了許多朋友。他於二十世紀七〇年代末轉到四川省博物館工作並出任副館長，仍主管中共革命史資料的徵集與研究工作。當沈仲常找上門來，說出了考古隊的想法後，老賈並沒有半點吃驚或為難的表情，只是平靜地點了下頭，表示自己和成都空軍司令部參謀長是老戰友，此事完全可以找他商量一下，估計問題不是很大等等。

第二天上班時，賈克調來博物館唯一的一輛福特轎車，前往成都軍營。一路通報、檢查、過關，總算找到了昔日的老戰友、如今成都軍區的空軍參謀長。老賈說明來意，參謀長思考了一會兒說：「事情不太好辦哪。這種事不但在咱這裡沒有過，即便是全國的空軍裡，恐怕也沒有過。你知道我們這是軍用飛機，要是單獨興師動眾地出動一架，為你們在廣漢挖的那些小小窟窿眼兒拍攝照片，那事情可就要好好琢磨一下了。再說我們有明文的紀律規定，只要動用飛機，除上報成都軍區外，還要得到中央軍委的批准才能行動。所以你說的這件事，是空想一場罷了。」

賈克並不甘心就此失敗，厚著臉皮再問：「不能變通一下嗎？中國的事歷來不是上有政策下有對策？什麼事只要一通融、一變通可就大不相同了。」

參謀長望著老賈頭上的白髮和一臉喪氣又不甘心的樣子，沉思了一會兒，站起身在寬敞明亮的屋子裡一邊踱步一邊說道：「因為是老戰友，我也就直截了當地跟你交個實底吧！剛才我考慮了一下，我們廣漢那個飛行學院總在訓練演習什麼的，如果在訓練的時候，順便從三星堆上空繞一圈，趁此機會拍幾張照片，也是可以的。如果這樣，就不必報成都軍區和中央軍委，我說了算。這樣吧，我打個電話給他們，說省博物館在廣漢三星堆地區挖了幾個墓，他們來人聯繫想拍幾張照片，你們飛的時候就把那個區域掛一翅子，順便帶上他們拍幾張就是了。」

參謀長說著，望了賈克一眼：「你看我這樣通融怎麼樣？」

「真是太好了！我在這裡代表省博物館好好謝謝你啊！」老賈站起身，臉色微紅，有些激動地說著。

第二天，省博物館的趙殿增、陳顯丹在館長的授意下，來到空軍廣漢飛行學院面見相關人員。學院方面對此極為重視，擬派一架安二型飛機擔當此任。但經過一番勘察和探討後，軍地雙方人員決定改用直升機，可飛行學院沒有直升機。為此，考古隊再請老賈找空軍司令部參謀長商談，看能否想辦法弄一架直升機兜上兩圈。參謀長也是個義氣之人，當場決定仍用訓練的名義，從成都新津空軍機場調一架直升機到成都鳳凰山機場待命，在適當時機由鳳凰山飛赴三星堆挖掘現場進行拍攝。不過由於直升機耗油量大，空軍的經費也不寬裕，所以博物館方面須出一千人民幣作為油料費用。

一九八一年四月二十三日上午，省博物館的考古人員趙殿增、陳顯丹與攝影師陳湘華、鄒德四人，一大早就來到鳳凰山機場，在飛行員與導航員的帶領下進入直升機機艙，安排與拍攝相關的具體事宜。當時的條件是，在直升機的內艙下方有一個直徑約一公尺寬的投擲孔，還有一架小梯子。攝影時，人要趴在投擲孔的邊緣，腰上拴著安全帶，以免被甩出機艙外。當直升機飛越三星堆上空時，趙殿增負責與飛行員和陳顯丹聯絡，陳顯丹則負責觀察目標，並指揮攝影師，兩名攝影師則要一前一後趴在投擲孔的邊緣拍攝現場。一切安排妥當後，上午十點三十分，成都空軍司令部按預訂計畫下達命令，要求在成都鳳凰山機場待命的直升機起飛，前往廣漢三星堆挖掘現場執行拍攝任務。

此時，天空晴朗，萬里無雲。可惜的是地面上飄浮著一層淡淡的霧氣，為拍攝帶來些許不便。

直升機飛行二十分鐘後，抵達三星堆區域上空。在趙殿增的提示下，直升機開始在海拔兩千五百公尺的高度，沿著鴨子河下游向上游一邊飛行一邊盤旋。

考古人員像老鼠一樣在地面打洞是內行，但從沒有像雄鷹一樣在空中尋找地面目標的專門訓練和經驗，所以就變成了十足的外行。只見目標在身下晃來晃去，眨眼就沒了蹤影，加之從高空俯瞰地面，矮小的農舍與碧綠的田野、土壩、高埂沒有多大的區別。三星堆周圍七八家大大小小的磚瓦廠幾十根煙筒叢林一樣樹立著，且根根煙囪都向外大口大口地吐著濃霧，更加攪亂了已經無法準確定位的視力。機艙內，機器的引擎聲轟轟隆隆地響個不停，震得裡面的幾個工作人員無法聽到對方說話。在這種情況下，負責與飛行員聯絡的趙殿增見左指右指總指不到點子上，急忙從隨身攜帶的一個皮包裡拿出紙筆開始寫。每寫完一句「向左五百公尺」或「向右前方七百公尺」，便撕成紙條遞給導航員，導航員再轉告駕駛。駕駛按照紙條所寫資料摸索前進。細小的紙條如此遞來遞去，直升機在空中顛來倒去，仍找不到準確目標。情急之中，趙殿增再遞紙條要求下降，但直升機下降後被霧氣所擋，連那些房舍、煙囪之類的建築物都看不清楚了，只好再度升高。

直升機在鴨子河邊轉三圈後，天空開始有雲飄來，地面的霧氣越發濃重。導航員朝趙殿增搖搖頭，擺擺手，表示這次已無能為力了，需要馬上返航。趙殿增把這個意思傳給陳顯丹，陳顯丹只好指揮兩名攝影師匆匆忙忙地朝地面三星堆一帶拍了幾十張照片，算是結束這次航拍。

此次拍攝失敗，主要責任當然應歸考古人員一方，是他們臨陣找不到確切目標，才導致無功而返。館長和趙殿增等痛定思痛，表示絕不能半途而廢，遂又再請老賈出山，硬著頭皮到空軍司令部，爭取再給一次補救的機會，繼續完成未竟的事業。空軍方面很痛快大度地答應下來，並表示拍不成照片絕不收機。

為吸取上次的教訓，解決目標分辨不清的難題，考古隊方面召集大家出主意想辦法，力求直升機一到鴨子河，就能看到三星堆遺址。趙殿增突然想起《東周列國志》上周幽王烽火戲諸侯的故事，提出可不可以用最原始的點火為號的方法引導直升機？也就是說在遺址旁架上柴草，草上潑上汽油，只要飛機一來就開始點火，機上的人看到煙火就知道這是自己人點燃的信號，就自然地飛過來了。眾人聽罷，覺得此法尚可，只是附近幾十根煙囪，每根煙囪都向外噴雲吐霧，機上人員如何分得清哪一道煙火是來自自家兄弟點燃的？趙殿增思考了一會兒說：「儘管此處煙囪林立，但這並不妨礙機上的人能辨別出來。因為我們用直升機拍照的消息已傳了出去，可以想像的是，拍攝那天，三星堆地區一定會有成千上萬的人圍觀，其他的煙囪下肯定沒有這個場面。只要烽煙一起，又有那麼多人在火堆旁，不正好說明這就是三星堆遺址了嗎？」眾人一時也想不出更好的辦法，只好暫按此一方案實施了。

一九八一年四月二十五日十二時五十五分，成都空軍鳳凰山機場接到了起飛的命令。為一戰而捷，機場方面特派飛行大隊大隊長親自駕機，載著上次的考古人員和攝影師，向三星堆遺址目標疾速飛去。

當直升機飛臨鴨子河並在上空開始盤旋時，地面上的考古人員立刻點燃浸了汽油的柴草。為做到萬無一失，地面人員還將柴草分成兩堆，分別位於遺址南和遺址北。當這兩堆柴草被點燃後，機上的人很快發現了目標，當即將機艙下的一塊蓋板揭開，露出投擲孔。兩位攝影師扣好安全帶，一前一後趴在投擲孔的邊緣，調整最佳角度捕捉稍縱即逝的目標。

直升機在空中打了個旋兒，朝三星堆目標隆隆駛來，盤旋三圈後，開始平穩下降，趴在投擲孔的兩位攝影師則把握時間拍攝。當直升機降落到離地面約十五公尺時，便停在空中不再起降，而那巨臂一樣寬大碩長的螺旋槳掀起的氣流，像暴風一樣將遺址裡的碎石與瓦片吹得四處紛飛，旁邊的掃帚、竹筐也被吹得軲轆轆滿地亂跑。四周看好戲的幾萬人見這個龐然大物正朝自己飄然落下，立即嚇得四散奔逃。

趙殿增望著機下的人群，心想自己這輩子玩的這個考古的把戲，也不見得全是默默無聞的事業，像今天這種壯觀的場面，就足以證明考古也是可以弄出大響聲的。正得意地想著時，突然直升機停在遺址上空，不再動彈。他心想這機體離地面未免過近了些吧！如此短的距離，對攝影師拍攝全景極其不利，便用早已準備好的紙條寫了「再高些，拍全景」幾個字，直接遞給駕駛。想不到這位飛行大隊的大隊長看後，輕輕地搖了下頭，未予理睬。幾分鐘後，直升機慢慢升高，但並未像剛才那樣停住。趙殿增著急地伸出右手，一個手指頂著身前平放的左手掌，做了一個停的動作。但駕駛仍沒理他，依然不斷地提機上升，待到達一定高度後，在空中盤旋兩圈，調頭朝鳳凰山機場方向飛去。

待直升機平穩地降落後，趙殿增才聽那位飛行大隊長解釋，當直升機降落時，如果離地面過高，根本無法停住，只有降到非常低的高度，借助在地面上形成的氣流，才能停穩。這就是剛才飛機降到離地面約十五公尺時，

空中拍攝的發掘現場

趙殿增寫紙條要其升高，對方沒有理睬的原因。不過，駕駛當時已明白趙殿增的意圖，便用自己精湛的飛行技術，在升高的過程中儘量讓飛機平穩，且在高空盤旋兩圈，讓攝影師有充足時間盡情拍攝，圓滿完成預訂計畫。

當兩位攝影師回到博物館將拍攝的照片沖洗出來後，大家發現果然達到了預期的效果，不僅遺址內部的情況得以清楚地拍出，整個房址的關係搞清楚了，更重要的是房址與已揭露的遺址的關係，小遺址與三星堆的關係，三星堆與月亮灣以及鴨子河、馬牧河的關係，都從所拍的大幅照片中清晰地分辨出來。這些照片對向中央文物部門彙報，特別是對三星堆以及後來圍繞整個三星堆古城遺址所制定的挖掘、研究、保護方案，都發揮了極其重要的參考作用。而此次三星堆遺址的航拍，開創了中國航空考古的先河，揭開了現代化尖端技術應用於地下古蹟調查、挖掘的序幕，標誌著中國考古界純手工操作時代的結束，以及新的具有現代化科技時代的到來。

古城初露

三星堆遺址考古初戰告捷，省、縣文物、文化部門的各方領導都感到非常滿意。鑑於其所展現出的豐厚的文化遺存與廣闊的考古前景，四川省文管會與省博物館高層共同研究決定，委派參與這次挖掘的考古隊員到北京，向有關方面反映情況，為下一步更大規模的挖掘和有效地保護三星堆遺址，爭取在財力、政策等各方面給予大力支持。

一九八一年六月一日，三星堆考古挖掘隊隊員莫洪貴、陳德安、陳顯丹、敖天照等在主持人王有鵬的帶領下，攜成都軍用直升機航拍的現場資料以及挖掘出土的各類石器、陶器等照片與文字資料，乘火車來到北京，分別向國家文物局、中國社會科學院考古研究所高層做了彙報。在向國家文物局文物處處長黃景略的彙報中，王有鵬提出希望國家能夠對三星堆遺址的挖掘給予立項，並提供經費支持。

為進一步確定此一遺址的價值，黃景略向國家文物局局長彙報後，邀請文物局與中國社會科學院考古研究所專門從事殷商文化考古研究的專家張長壽、殷偉璋、趙芝荃等，召開了一個小型座談會。三星堆遺址特殊的地理位置、深厚的文化內涵以及廣闊的挖掘前景，立即引起與會專家的高度重視，建議由國家文物局出面立項，進行有計畫的考古挖掘。

在得到各方面的認同後，黃景略對王有鵬表示：「立項的事可以考慮，你們打算以後如何挖掘，需要多少預算，回去請省博物館打個報告研究一下吧。」

眼看北京之行的目的已達成，按照原訂計畫，王有鵬又帶領幾名考古隊員先後到北京的周口店、河南洛陽、陝西的西安和寶雞、甘肅的馬家窯以及四川周邊地區的文化遺址做了訪問與考察。在開闊了眼界的同時，也為三星堆遺址下一步挖掘積累新的經驗。

一九八二年春，四川省博物館所屬的考古隊單立門戶，擴編組建與博物館同一級別的四川省文物考古研究所。原三星堆挖掘的主持人王有鵬留在博物館並出任副館長，其他人員如趙殿增、莫洪貴、陳德安、陳顯丹等隨原考古隊被分到了考古研究所下屬的考古隊工作。趙殿增出任考古隊常務副隊長。不久，趙殿增代表四川省考古

莊敏處長（中）在三星堆發掘工地考察

研究所攜三星堆挖掘計畫來到國家文物局，找到文物處處長黃景略，請其立項並給予兩千元經費的支持。

聽完趙殿增一番發自肺腑的真誠話語，黃景略忍不住笑著答道：「你回去重新給我打個三萬元的報告來吧，我們研究一下，看看是否可行。」

「三萬？」趙殿增不敢相信自己的耳朵，情不自禁地從椅子上站起來，滿臉狐疑地反問了一句。

「沒錯，是三萬。這些錢是你們一次挖掘的費用，以後要挖掘，再根據具體情況上報吧。」黃景略平靜地說。

「三萬？是三萬？這可是錢哪！」趙殿增怔怔地站在原地自言自語地說著。

「沒錯，是錢，人民幣，你可不要想成美金啊！」黃景略望著趙殿增那驚愕的臉，有點調侃地說。

趙殿增從對方那真誠的目光中漸漸回過神來，往前急跨兩步，一把拉過黃景略的手道：「黃處長，黃老師，謝謝您，謝謝您的關心與支持！」

一九八二年六月十四日，國家文物局文物處副處長莊敏，根據文物局局長的指示，來到四川廣漢三星堆遺址進行實地考察，發現鴨子河對遺址的沖刷，以及真武村、三星村兩個巨無霸型的磚瓦廠的取土，對三星堆土包本身與整個遺址的文化層破壞極其嚴重，搶救性考古挖掘已迫在眉睫。莊敏返回北京後，將情況做了詳細的彙報。從此，三星堆遺址被列為全國重點考古挖掘工地，由國家文物局撥三萬元專款予以補助。乘著這股東風，四川省、廣漢縣文物考古部門聯合協作，對三星堆遺址進行了全面調查，初步劃定保護範圍。同年八月，由廣漢縣人民政府發文批轉縣文化局〈關於加強月亮灣、三星堆遺址保護工作的報告〉的通知，強調了對遺址保護的重要性。此後，四川省考古研究所與廣漢縣文化局組成聯合考古隊，再度拉開三星堆遺址科學挖掘的序幕。

從一九八二年到一九八四年，考古人員在三星堆遺址先後進行了四次挖掘。在此期間，考古隊面對三星堆遺址一天天被蠶食、破壞的現狀，憂心如焚，但沒有人重視他們的請求和方案，政府官員們時常是打著哈欠，將考古學者們點燈熬油，花費了幾個晚上才整理出來的報告，隨手扔入垃圾桶。

考古隊無奈之餘，開始與磚廠的取土民工賽跑。三星堆西南三百公尺處的台地上，考古人員首先趕在民工們前來取土之前，揭露遺址面積一千多平方公尺，並在上層發現尖底杯、尖底罐等一組具有代表性的重要遺物。此一地層被確定為考古學上的「第四期文化」。經碳十四測定並經樹輪曲線校正，其年代為距今三千零五年前，上下加減一百零五年。此次賽跑式的挖掘成果，補充了第一次挖掘時在文化分期上的不足，基本上確定了三星堆一、二、三、四期文化的演變特徵，為建立三星堆遺址的分期和發展序列奠定了良好的基礎。

就在考古人員挖掘的過程中，三星堆遺址群北部一個被稱作西泉坎的地方又遭到當地磚廠的嚴重破壞，挖掘人員不得不放棄區域內的西南防區而轉戰西泉坎，以趕在尚沒有被磚瓦廠大隊人馬全部毀滅之前進行搶救性挖掘。

所謂的西泉坎，實則是瀕臨鴨子河的一處高級台地。從河岸斷面之上就可清楚地看到豐富的文化層，其堆積中有較多的紅燒土遺存，所出器物不僅與首次挖掘地層中的第一期相似，而且特徵更為明顯。經過一段時間的挖掘，考古人員根據種種跡象開始懷疑土梁埂可能是人工堆積，於是決定由挖掘主持人之一陳德安與挖掘隊員、廣

保存了幾千年的三星堆，卻被一群無知無畏者幾個月內折騰光，只剩一點小土堆，令人寒心

漢縣文物幹部敖天照共同去找磚瓦廠廠長協商，要求磚廠方面立即停止在梁埂上取土的破壞性行為，但廠長不予理會。

萬般無奈下，考古隊只好採用老方法——與挖土燒磚的民工搶奪地盤，儘量減少遺址文化層的破壞。不久之後，在土梁埂北端二支渠旁的「馬屁股」梁子斷面上，考古人員發現了土梁埂底部豐富的文化層，遂引起重視並開始局部挖掘。一九八四年九月，已成為四川省文物考古所副所長的趙殿增到三星堆遺址內真武村土梁埂上考察，以敏銳的眼光感覺到有人工建築的可能，遂與考古隊領隊陳德安商定，在該梁埂的中段挖一個探坑，以驗究竟。陳德安調集幾人開始行動，結果發現梁埂內部的填土包含有陶片、紅燒土塊等物，由此證明這些土梁埂並不是自然堆積，而是人工建造的用於防禦的土城牆。

這一發現，豐富並加深了對三星堆文化一期的認識。趙殿增由此提出「一期文化可能是一個單獨的文化階段」的設想。就在考古人員興致勃勃地準備透過繼續挖掘以驗證這個設想的真偽，同時對三星堆隱含祕密的全面破譯有一個大的突破之時，忽然發現磚廠方面對三星堆主體的取土明顯加快，人員似乎在一夜之間增加了一倍，眨眼間，原來的三個大土堆只剩不到半個。面對此情，趙殿增對省文管會顧問、三星堆考古隊總領隊沈仲常有些激動又有些傷感地說：「我有一種預感，這三星堆的大土堆好像是人工夯築的，如果真是人工夯築，我們眼睜睜地看著它被吃掉而沒有任何表示，將成為千古罪人。」

「那你看怎麼辦？」沈仲常略帶憂傷的語氣問道。

「我建議立即放棄西泉坎的挖掘，將人員轉入這最後半個土包上來，並且要以最快的速度確定這個土堆的性質，弄清楚到底是不是人工建築。如是人工建築，那性質可就大不一樣了，得想盡辦法讓磚廠停止挖土，以保全這最後半個人工建築的證物，否則我們難以向後人交待。」趙殿增眼裡閃著激動的淚光。

「那就將人員儘快轉過來吧！」

得到對方的同意與支持，趙殿增遂令陳德安忍痛暫時放棄西泉坎陣地，所有考古人員再一次被動轉移，集中到最後殘剩的半個土堆上來。此時考古人員在西泉坎共挖掘了七個探方，出土大量的石器、陶器、成片的紅燒土塊、柱洞、水溝等房址遺跡，以及反縛雙手跪坐的石人雕像與不少石璧殘片。從遺跡遺物來推測，這裡可能是一座石器作坊。在轉移前，所挖探方只得匆忙回填，而自回填之後，直到二十世紀結束，再也沒能回來挖掘。

陳德安帶領考古人員按照新的情況做了戰略性轉移之後，在挖掘中很快找出了比較清晰的層位關係，確認了「土埂」伸出的邊角坡疊壓在第一、第二期的文化層之間，從而證實所謂的「三星堆」，乃人工修築的一大工程。基於此一科學認識和土堆的神祕性，以及土堆本身隱含的重大文化內涵與考察價值，考古隊終於獲得中央的協助，輾轉勒令磚廠停止在半個土堆和遺址內進行破壞性挖土。只剩不到半個的土堆，連同內涵極其豐富的文化資訊，在即將全部消失的最後一刻，有幸保存了下來。

一九八五年春，陳德安率考古隊，根據西泉坎與半個土堆旁側等幾個小範圍內的出土情況，對周邊地區做了全面調查。從連年挖掘出土的大量石器、陶器以及當地百姓撿拾的出土文物來看，整個遺址的分布範圍十分廣泛。經過反覆調查確認，在這一大的區域內，除著名的月亮灣、三星堆以外，在周邊相鄰的回龍村、仁勝村、大塹村所屬的田間耕地內，隨處都可發現與以上兩個遺址相同的殘陶片與文化層，從而進一步確定這是一處由數十個小型遺址連接在一起的大型古遺址群，整個範圍可達十二平方公里以上。根據遺址的地形、地貌與文化內涵，考古人員首次提出這裡曾經存在過一個「三星堆古城」的設想。按照這個設想，遺址的東、南、西三面各有城牆護衛，北邊是江水浩蕩的鴨子河（雁江），要麼北城牆已被河水沖掉，要麼原本就是以河代牆。發源於岷山河谷的湍急的河流充當了這座古城的天然屏障，與其他三面的土牆共同形成了對古城內部的拱衛態勢。

從地層關係和出土器物的文化分期綜合推斷，這座古城的建造年代應為商代早期。鑑於此一考古成果的重要意義，同時為了更完善地保護三星堆遺址，在中央與四川省兩級文物考古部門的斡旋呼籲下，廣漢縣委、縣政府在一片批評與譴責聲中，於一九八六年年底提出了一個折衷的方案，希望透過一次大規模的挖掘，正式確定三星堆遺址的範圍和價值，以便當地政府視情況做出最後的抉擇。

於是，在國家文物局給予經費等各方面的大力支持與協助下，一場震驚中外的考古大挖掘開始了。

第四章

地裂天驚

歷史上最大規模的聯合挖掘隊進駐三星堆遺址，震驚中外的一號祭祀坑被發現，令人眼花繚亂的器物橫空出世，出土文物有了暫時的歸宿。

國家文物局來人

經過一段時間的醞釀、協調、溝通與準備，一九八六年春，四川省文物考古研究所、四川大學歷史系考古教研室和廣漢縣政府聯合成立了「三星堆遺址挖掘領導小組」。由廣漢縣分管文教的副縣長陳治山任組長，省考古所陳德安、陳顯丹與四川大學歷史系考古研究所教授林向共同擔任領隊，川大考古教研室霍巍、李永憲等為指導老師。參加挖掘的三方各抽調得力幹部組成一支強大的考古隊伍。除省文物考古研究所的專業人員外，四川大學考古研究所出動師生二十多名，德陽市所屬各縣也派出文物幹部十餘人，加上在當地雇用的民工，總計近兩百人。這支為了一個共同目標，從不同地區、不同單位走到一起的挖掘隊伍，自此開始了三星堆挖掘史上規模最大的一次考古挖掘。

一九八六年三月一日上午，四川大學歷史系考古研究所教授、著名考古學家林向率領二十多名師生分乘兩輛車，於十一點十五分來到三星堆挖掘現場。此時本已是春光明媚、野花初放的季節，這天卻突然驟變，紛紛揚揚地下起了鵝毛大雪。面對這奇特的天象異兆，川大師生及省考古所的趙殿增、陳德安、陳顯丹等挖掘人員心情格外亢奮，認為這是天人感應的一種吉兆，預示本次挖掘將產生輝煌的戰果。

大雪瀰漫中，林向心中突然產生一股難以言狀的情愫。這種莫名的情愫促使他放開腳步，漸漸遠離人氣盛旺的工作現場，逕自走向一塊台地的高處，觀察周圍的景色。只見整個三星堆遺址內，無論遠處近處，皆是茫茫一片。在這種罕見的景致中，一幕幕往事隨著飄盪的雪花悄然湧上心頭。

一九五九年大學畢業的林向，正趕上川大歷史系創建獨立的考古研究所，身兼教研室主任的馮漢驥要招收一名碩士研究生。正值青春年華的林向懷著「從事考古可以到全國甚至世界各地名山大川跑一跑、轉一轉」的想法，報名投考，結果以第一名成績有幸成為馮漢驥的第一位也是最後一位研究生。

一九六二年六月，四川大學考古研究所師生遵循馮漢驥的指示，準備到廣漢月亮灣做實習調查。身為深受馮漢驥器重的唯一一位研究生，林向與另一位教師先行前往調查。這是林向第一次觸摸到三星堆遺址的門檻。行進間，兩人遠遠地看到前方右側有三個大土堆在一條直線上，他們猜測這可能就是與月亮灣緊密相連的三星堆吧？懷著一絲好奇，兩人走上前去，看到馬牧河有一條流出來的水溝呈南北向，切斷了這幾個原本可能相連的土堆，形成一個明顯的斷面。林向和那位教師從斷面上挖取部分土樣觀察，只見泥土為人工堆積的花土，當中夾雜大量陶片，大體斷定為殷末周初之物。

就是這次的挖掘，馮漢驥站在高高的台地上，對身邊的馬繼賢和林向等人說出那句被業內人士流傳日久的先知式預言：「這一帶遺址如此密集，很可能是古蜀國的一個中心都邑。」

一九六三年九月，已畢業留校任教的林向成為馮漢驥的助手，曾幾次奔波於川大與月亮灣之間，除做一些行政事務外，還斷斷續續地參加了考古隊的挖掘。

自從隨馮漢驥最後一次離開月亮灣，到現在再度返回三星堆，一晃二十多年過去了。這個時間在歷史的長河中儘管只是一朵小小的浪花，但在此處卻是一個實實在在的改天換地的巨變。古老的文化遺址猶在，但已不復當年那散發著溫熱與柔情的模樣。原本一望無垠，綠色蕩漾、鮮花飄香的川西壩子，早已被一排排、一堆堆亂七八糟的磚瓦垛和殘破的廠房以及冒著滾滾黑霧的煙囪所阻擋和隔斷。那起伏有致的台地，也已被磚廠的民工們刨挖得溝壑縱橫、窟窿遍地、滿目瘡痍，慘不忍睹。

身為考古研究所的教授，林向當然知道，一個文明的被破壞與被摧毀，基本上來自於戰爭和無知這兩柄雙刃劍，而愚昧無知的殺傷力往往比戰爭更為酷烈與巨大，對文明的破壞與消解也更為徹底。這種殺傷力，會將此一文明或多種文明蕩滌得無蹤無影。

屈指算來，三星堆地區從建國後第一次挖掘，到這次聯合挖掘隊即將展開的大規模行動，前後不過二十多年的時間。作為中國的西南地區甚至整個中華大地屈指可數的一塊文化聖地，竟被幾個無知癡兒以國家政府和人民的名義折騰成這番模樣，實在令人為之悲懷愴然。當年的挖掘者如馮漢驥等大師已先後離開了人世，而作為他的學生，今天尚站在這塊土地上的自己，也將老去。

遙想當年，自己第一次來月亮灣時，才是個二十歲出頭的毛頭小子，而今已年過半百，從事教職二十餘年，華髮早生，手中的接力棒也即將交到朝氣蓬勃的第三代學者手中。看來這學術的薪火不但不滅，而且越來越旺。或許三星堆遺址的考古挖掘會在他們這一代人手中創造出大氣象、大輝煌來……這樣想著，林向於不知不覺中，已回到了那半個土堆前。茫茫大雪中，在趙殿增、陳德安、陳顯丹的具體指揮下，一個個即將挖掘的探方基本布置妥當了。

為了發揮兵多將廣、人多勢眾的優勢，本次挖掘在三星堆周圍共劃分東、西、南三個挖掘區，每個挖掘區以五乘五公尺開方。由於挖掘中嚴格按照國家文物局不久前正式頒布的〈田野考古工作規程〉和〈領隊培訓班考核標準〉實施，工作品質和效率大大超越以往任何一次挖掘。

一九八六年四月十七日，沈竹、黃景略與李季三人來到四川省考古研究所視察工作。期間，已成為考古所負責人的趙殿增彙報了三星堆的挖掘情況，言稱已經發現土坯城牆等等，希望他們到現場視察，順便協調一下考古隊與當地的關係，處理磚廠破壞遺址的難題。

這次視察，令黃景略等人意想不到的是，一圈轉下來，只見整個挖掘現場井井有條，無論是開挖的探方還是操作程式，都非常符合國家文物局制定的規範。此前陳德安、陳顯丹還將自己在領隊培訓班上所學的〈田野工作規程〉影印後，分發給每一個參與挖掘的人員，並嚴格規定必須照此規程操作，不得有半點差錯。所以當黃景略等人一圈轉下來之後，原先的不良印象一掃而光，臉上顯出喜色。

「工地的挖掘情況我是很滿意，但這個遺址的情況就難說了，你們看看。」黃景略說著用手指指腳邊的探方，

陳顯丹在學術討論會上發言

又指指遠處幾個探方，繼續道：「這個遺址的文化層這麼豐厚，規模這麼大，出土器物這麼多，這就說明絕不是個普通的遺址。如果那幾個高坎真是城牆，即便不是古蜀國的都城，也與都城不相上下了。像這樣大規模的古城，除了中原地區，別的地方從來沒見過，整個西南地區和長江流域更是沒有發現過。這個遺址是國家級的大遺址，這個挖掘是一流的挖掘，各方面在國內都是屬於一流的。」

說到這裡，他抬頭望了望一根根傲然挺立的煙囪和蘑菇雲一樣遮天蔽日的濃煙，將頭轉向陪同的四川省文化廳副廳長王幼麟和廣漢縣縣委書記葉文志說道：「我跟沈局長的看法是，無論如何不能再在這裡挖下去了。三星堆挖完，就等於把遺址挖完。挖三星堆等於是在挖自己的祖墳啊！你們想想，燒一塊磚才換兩毛錢，這下面埋的可都是金子！要把眼光放長一點，不要為了眼前的一點蠅頭小利就不顧國家利益，一定要想辦法停下來，等文物考古部門勘探完後再說。」

葉文志聽罷，有些無奈地說：「我的決心再大，意志再堅，沒有錢還是一個難字啊！要停可以，必須給他們一些補助，否則又是機器，又是房產，又是車輛，那損失可就大了。別忘了這些東西都是鎮裡和村裡集資買來的。目前廣漢縣沒有這筆錢來補助，省裡和中央是否拿點錢出來？如果上邊出一部分，比如出百分之六十，我們可以咬咬牙，勒緊褲帶拿出百分之四十，問題就解決了。」

聽了葉文志的話，幾個人一時語塞，沒有了剛才的興致。為打破僵局，黃景略對葉文志說：「那樣吧，通知磚廠先在最後這個土堆四周停下來，等勘察鑽探之後再決定是否動土。要中央撥款恐怕很困難，也不合理。本來你們擅自在古遺址內亂打亂蓋，胡刨亂挖就不對了，還要中央給你們錢才肯搬家，這不是故意耍賴敲詐嗎？中央怎麼會當這個冤大頭，給你們投這筆資金？不過問題還是要解決。我們回到成都之後儘量爭取讓省財政出一部分資金，把這幾個磚瓦廠徹底搬出去。」

至此，中央、省、縣三方代表之間，總算勉強達成一個三星堆遺址內磚廠停工的口頭協議。沈竹、黃景略等人走後，廣漢縣委與南興鎮及磚廠等方面，焦躁不安地等待上級撥款的消息，三星堆周圍的破壞與毀滅性取土暫時得以停止，為聯合挖掘隊挖掘與保護遺址贏得了短暫的空間和時間。

一九八六年四月二十五日，廣漢縣委、縣政府、政協、人大四大班子，邀請三星堆挖掘的主持者之一林向，在縣影劇院做了「三星堆遺址考古挖掘情況」專題論文發表會，對遺址的宣傳與保護發揮了一定的成效。

一九八六年六月，滿目蔥鬱的油菜已收割完畢，月亮灣的田野裡又開始了新一輪的插秧播種。眼看預定的挖掘期限已滿，前來參加挖掘的德陽市所屬各縣的文物幹部、四川大學師生，滿載沉甸甸的收穫與喜悅之情，陸續撤出工地。根據林向的安排，特意留下張文彥、朱章義、劉章澤三名學生，幫「二陳」做一些收尾工作。此時，沒人想到，就在這個大撤離的節骨眼上，震驚寰宇的考古大發現就此現形。

發現一號坑

一九八六年七月十七日下午，南興鎮第二磚瓦廠的一位副廠長來到考古人員租住的房子，對正在整理出土文物的陳德安說：「陳老師，我們那邊有口窯已裝了一半磚坯，還缺一些，能不能劃個地方取點土，把窯裝滿？」

陳德安望了對方一眼，心想為了這遺址保護的事，幾年來都是自己和敖天照等人給這位副廠長和他的那幫牛氣哄哄的地頭蛇們遞菸。想不到今天風水輪流轉，不可一世的副廠長竟跑來求自己了！於是他道：「不是已經說好，磚廠不再在這裡燒了嗎，怎麼又要挖土？」

「這是最後一窯了，只要這窯磚一出，我們就洗手不幹了，等著上邊撥錢搬家。」

陳德安本想拒絕，但想到這位副廠長今天屈尊大駕，專門前來和自己商量，已經是相當不容易了。現在局勢仍未完全明朗，倘若一口回絕，對方絕不會善罷甘休，一定派人在遺址內明火執杖地亂挖亂掘，直到把這口窯填滿為止。既然如此，還不如給對方一個面子，劃出一塊地方，讓他們有秩序地挖取，對遺址的保護也有好處。

這樣想著，陳德安道：「就在三星村東邊那個斜坡上取點吧，你們可要說話算話，窯滿為止。」

「那是自然，窯滿為止。」副廠長點頭答應著，圍著出土的器物轉了一圈，說上幾句閒話，便告辭而去。

第二天，也就是三星堆考古挖掘史上最著名的七月十八日上午，根據磚廠副廠長的指示，廠內民工劉光才和人送外號銅罐的楊運洪，一同來到離三星堆東約八十公尺、聯合挖掘隊已挖掘的探方西南約十五公尺的一個斜坡邊取土。兩人圍著目標轉了一圈，見坡上坡下都是稻田，只有中間一溜生長著野草的荒地可以下手，但總覺過於狹小。二人東瞅瞅，西看看，又轉悠了幾個來回，仍沒找到理想的地方，已有些不耐煩的劉光才把手中的鋤頭「咚」地往腳下一戳，高聲對楊運洪道：「我說銅罐啊，就這裡罷！」

銅罐望了對方一眼，略一思量道：「好，就依你。」說著走過去，搓搓手，揮動鋤頭用力刨將下去。

按照陳德安的想法，此處因是一塊台地的過渡帶，土質較厚，從地表上取少量的泥土，不會對遺址文化層造成損害，故選擇此點給予應付。但令陳德安和所有遺址現場的考古人員都意想不到的是，當銅罐手中的鋤頭高高揚起又發狠落下時，一場震驚寰宇的考古大發現的序幕悄然拉開了。

兩人你一钁我一鋤地來回折騰了約一個多時辰，額頭上沁出了點點汗珠。當挖到約一點五公尺深的時候，突然，銅罐腳下傳出「唠嚓」一聲脆響，緊接著幾塊細碎的石渣穿越鬆軟的泥土飛濺而出，擊中了兩人的小腿和臉部。「媽的，這啥東西，差點崩壞我的眼睛！」銅罐抹了把臉上的汙泥，嘴裡詛咒著，蹲下身子欲看個究竟。只見薄薄的泥土覆蓋著一塊硬硬的器物，順手分開泥土一看，竟是一塊寬約二十公分、長約四十公分，呈大刀狀的玉石。因剛才那一鋤頭下去時用力過猛，玉器已被擊碎斷為數截。

「是玉，是玉，這裡怎麼會有玉？」銅罐一見面前的東西，頓時兩眼發光，臉龐發緊，心怦怦跳著，情不自禁地怪叫起來。

劉光才忽聞銅罐那跑了腔調的尖厲怪叫，先是驚嚇得打了個激靈，繼而看到那件斷為數截的玉器。對於類似的器物，作為中興場的土著已不感到陌生了。自從燕道誠一家發現了著名的玉器坑之後，三星堆與月亮灣一帶又經歷了數次挖掘，不知有多少器物隨著一個又一個美麗的故事或謊言顯現出來，當地人曾無數次親眼目睹過。只是當這些可遇不可求的東西偶然被自己碰上時，總有些意想不到的震驚、陌生與神奇感。兩人不約而同地想到：這地下到底埋了多少同樣或異樣的器物，是一件還是兩件，或者無數件？要是無數件，那就活該自己發一筆橫財了。常言道，馬無夜草不肥，人無橫財不富。只要將東西掏出來，這肥與富自然不在話下了。

想到此，劉光才不再顧及銅罐如同夢囈般怪聲怪氣的叫喊和念叨，轉過身揚起鋤頭，攢足了力氣朝發現玉器的地方刨挖起來，地下頓時傳出一連串「唠唠、嘭嘭」的聲音。隨著這種聲音，不時有火花伴著碎石迸出，只片刻工夫，十幾件大小不同的精美玉器被刨出來。到了這時，銅罐才從迷迷瞪瞪的夢中醒來，心想這可是千年一現的寶貝啊，既然是寶貝就要儘快弄到手！於是他顧不得劉光才那飛舞的钁頭忽上忽下，冒著被瞬間剁成肉泥的血光之災，借著鋤頭飛起的短暫空隙，彎腰竄入刨開的土堆中，抓起兩件刀狀的玉器，迅速衝出圈外。

當銅罐心神未定，不知如何處理手中的器物時，一輛拖拉機拉著六名磚廠民工開到眼前。這六人本是前來拉土的後續部隊。當看到銅罐從土堆裡摸出兩件玉器，與劉光才那慌慌張張瘋了一樣的行為時，他們立刻意識到這很可能就是民國初年燕氏家族挖寶情形的再現。既然是寶，就應該有自己的一份。於是，幾個人爭先恐後地跳下拖拉機，向已刨開的土坑撲來。

頓時，稻田斜坡那狹窄的場地和不大的泥巴窟窿裡，七八個人弓腰搭背，或趴或伏，或臥或立，糾纏在一起，撕扯成一團，在陽光燦爛的天空下，展開一場轟轟烈烈的尋寶、搶寶大戰。塵土四散、人群躍跳中，無數的碎片「嗖嗖」地飛入兩邊的稻田，一件又一件造型優美、光芒四射的玉石器被從地下摳出，緊接著又在爭搶劫掠中斷為數截……

就在現場明顯失控的短暫混亂中，一個叫陳歷釗的人出現了。

陳歷釗是三星村人，約五十歲左右，早年上學讀書頗為用功，成績極其優秀，想不到讀到高中時，家道中落，不得不中途輟學，遵循老一輩的生活方式種地耕田，在泥巴裡找食吃。這一突變和打擊，讓原本就有些內向的性格的他，更加內向，且變得沉默寡言，性格孤僻，很難和外人接觸、交往。直到年過半百，仍是光棍一條。

某日，陳歷釗在進廣漢縣城辦事時，偶爾在公車站外面的一個書攤上看到幾本《神奇的麻衣相術》、《男女自我稱命法》、《風水與八卦》、《中國古代相人術》等奇書。在傾盡囊中所有將這些奇書盡數收入身上那個油脂麻花的帆布包之後，他回到三星村，關起門來躺在那架吱吱作響的木頭床上，不吃不喝，精神亢奮地讀了三天三夜。當第四天雞叫三遍，黎明到來之時，他像當年的佛祖——釋迦牟尼一樣，突然天目初開，對整個人生的來龍去脈有了大徹大悟的穿透式了解。從此，他專門替人視風相水、算卦抽籤、祈求福祉、保佑平安。鄰居親友先是驚

挖出的玉刀

訝，接著是半信半疑，最後竟全然相信並佩服得五體投地。

按照陳歷釗的兄弟、後來在三星堆博物館做臨時工的陳歷治的說法，以前在三星堆一帶經常發現一些零星的玉石器和其他器物，只要把這個消息報告給文化考古部門，就可得到幾元人民幣的獎勵。這天，當楊運洪、劉光才等人挖出玉器之後，正好被出門準備看熱鬧的陳歷釗碰上。陳突然想起通風報信即可得到獎金的老規矩，便騎上自行車，一溜煙向考古隊駐地飛馳而去。

眨眼的工夫，陳歷釗就來到了考古隊駐地。他跳下車，朝負責人陳德安焦急地嚷道：「陳老師，大事不好了，挖土的那裡挖出一些玉刀，都被搶走了。」

「玉刀，什麼玉刀？」陳德安望著陳歷釗一臉嚴肅認真的樣子，頗感驚訝地問道。

「有這麼寬，這麼長，玉石做的，好多都被砸碎扔入稻田。」陳歷釗用手比劃著，一臉天降大任於斯人，憂國憂民的樣子。

「這裡可不是瞞天過海偷樑換柱算卦看相的地方，你不是在胡言亂語說夢話吧？」陳德安對眼前這位算卦先生有些懷疑地說。

「既不是胡說，也沒有八道，千真萬確！你們快去看看，去晚了可就來不及了。」陳歷釗一邊發誓，一邊露出焦灼之色。他見對方顯然已被說動，又不失時機地補充一句道：「不過咱可有言在先，要是真的，你陳老師可別忘了發給我獎金喔！」

直到這時，陳德安始相信對方說的應是實情，遂對身旁其他幾個考古隊員大聲說道：「快，快去看看，快去！」隨著這一聲喊，考古隊的留守人員戴福森、敖金蓉，四川大學考古研究所的兩位老師李永憲、霍巍以及三名學生，外加四名技工，各自放下手中的工作，在陳德安的帶領下，緊跟著陳歷釗飛馳的自行車，「呼呼隆隆」地向出土地點奔去。只幾分鐘的時間，便陸續抵達現場。

正在哄搶、爭奪、扭打在一起的民工們，見考古人員如同神兵天降，突然而至，威風凜凜地將自己團團圍住，旁邊還站一位算卦先生，立即意識到什麼，紛紛扔掉手中的器物，用布滿血絲的眼睛，惡狠狠地瞅了瞅正得意洋洋的陳歷釗，再相互望望，頗為尷尬地抽起菸來。

「銅罐，挖到什麼了？」為打破僵局，陳德安走上前來向楊運洪故意問道。

「哎，陳老師，我們挖出一些玉東西，好多都破了，覺得無用，就扔到稻田裡去，還有幾件稍好點。」銅罐用手指著地上一件件零亂不堪的玉器回答。

由於雙方都未撕破臉，隨著陳德安與楊運洪的一問一答，緊張的氣氛漸漸緩和下來。陳德安在現場轉了一圈，對哄搶的民工們柔中帶剛地宣布道：「這樣吧，按照老規矩，在出土的東西沒有弄清楚之前，大家誰也不能離開這裡。誰要是擅自離開，我可是醜話說在前頭，萬一這器物有個閃失，到時候進了局子蹲大牢，可與我無關。」

眾民工聽罷，心中「咯噔」一下緊張起來。為了落個清白，大家紛紛表示願意服從此一決定。隨後，陳德安才開始和四川大學的考古學教授李永憲等一起認真勘察現場。

只見在斜坡下面的取土處，銅罐等人已挖開了一個鍋蓋大小、深約一點五公尺的不規則土坑，從這個土坑內已掏出玉戈、玉璋等完整的玉器十幾件。這些玉器在太陽的照耀下散發著沁人心脾的潤澤與耀眼奪目的光輝，其精美程度令人怦然心跳。陳德安將器物拿在手中，反覆端詳著，心想幾十年前燕氏一家挖出的轟動一時的玉器，其精美程度也不過如此吧！

大家發現，除完整的玉戈等器物外，另有十幾件玉器在挖掘與爭搶中，已被折斷、搗碎後扔入坑邊和四周的稻田中，一時難辨是何種器物。另有一些明顯經火燒過泛白的碎骨渣散落於四周和土坑之中。從土坑所揭露的痕跡初步觀察判斷，地表下面一定還有大量的器物和人骨。而如此精美的器物與骨渣同時出土，說明此處很可能是一處與遺址有關的大型貴族墓葬。如果真的是古代貴族的大墓，並且與三星堆遺址有關，其文化內涵與學術價值就不可估量了。

面對此情，陳德安與眾考古人員商量後，決定由李永憲、霍巍兩位在現場做簡單的保護性處理。老考古隊員戴福森與年輕的女考古隊員敖金蓉，率領技工在四周和稻田中搜尋被折斷砸碎後拋棄的玉石器。銅罐等民工則協助考古隊員們將挖出運走的泥土重新翻揀，以免有任何遺漏。川大三名學生張文彥等負責現場臨時保衛。陳德安則回考古隊駐地騎上自行車，以最快的速度趕奔南興鎮郵電所，接通了省考古研究所的電話，將剛才發生的情況向所內負責人趙殿增彙報。

遠在成都的趙殿增聞聽此一消息，立即意識到這可能是一次重大發現，便迅速動員胡昌鈺、莫洪貴、江聰以及因公回成都辦事的陳顯丹等人，乘坐一輛廂型車直奔三星堆工地而來。一行人到達工地察看之後，都認為此事非同小可，地下一定有大量珍貴文物埋藏，必須採取相應措施進行保護和挖掘。當攝影師江聰按照考古程序在現場拍完照片後，趙殿增和陳德安一同乘車來到廣漢縣城，向縣政府分管文教的副縣長、三星堆挖掘領導小組組長

一號祭祀坑上部覆蓋的大石板，這一情形與當年燕青保發現器物坑時大致相同

陳治山彙報。之後，又打電話向國家文物局黃景略、李季做了緊急彙報與請示。黃景略與局長商量後，很快給予「可以進行搶救性挖掘」的答覆。

當天下午，在陳副縣長的批示下，南興鎮動員當地各村的民兵，與考古人員共同組成一支監護隊伍，在現場進行晝夜看守和保護。同時將挖出的土坑暫時回填，並在回填的土層表面打上印記，使圖謀不軌者無空隙可乘。此後，陳德安派人到縣城買來竹竿和曬席，在土坑上方搭起棚子，以防日曬雨淋對地下文物造成損失。

由於這個土坑有如此精美的玉器和為數眾多的骨渣出土，和陳德安的初步判斷一樣，趙殿增、胡昌鈺等考古學家也認為這是一座與遺址有密切關聯的古代大墓。遙想一九二九年，燕氏一家偶然發現的玉石器物坑被學術界以「窖藏」做結。由於原來的埋藏情況和地層依據已被破壞，對後來考古專家準確判斷那批玉石器的出土情況造成了極大困難，因而在年代的確定上，出現了眾說紛紜莫衷一是的混亂局面。有的主張屬新石器時代晚期至商代，有的主張屬周代，有的主張屬春秋時代，看上去各種主張都有立足的理由，各種說法都有各自的道理，因而最終也沒有形成一個大家都感到合理和能夠接受的結論。這次磚廠民工挖開的僅是一個不大的土坑，弄毀的也僅是器物坑或大墓的一角，絕大部分遺跡遺物還被厚厚的泥土疊壓著，沒有遭到破壞，這就為弄清坑內的文化層及器物的擺放情形和相關年代，創造了一個絕好的機會。

於是，考古隊員們經過研究，決定採用穩紮穩打的戰略戰術，以顯露出的土坑為中心布方，在周邊開四個五乘五公尺的探方，由上往下，由晚期至早期，一步步進行挖掘。

「金腰帶」橫空出世

關於此次挖掘的具體情形，許多年後，已近知天命之年的陳德安與陳顯丹兩位主持人回憶道：

首先在已暴露的部位布探方兩個進行挖掘，考古人員不顧夏日的酷暑，冒著蚊蟲的叮咬，夜以繼日地工作。大家用鋤頭、小手鏟、竹簽等，一點一點地挑，一遍一遍地刮，可謂名副其實的「刮地皮」。

七月二十三日，探方內的文化層清理完畢，兩探方已露出坑的邊緣，坑內暴露出夯土。考古人員在距地表深六十至七十五公分的黃色泥土中，刮出了一個長方形的，具有三條道溝痕跡的五花土。

黃色的生土和棕紅、棕褐、淺黃、灰白相雜的五花夯土以及文化層以下的原生土區分界線十分明顯，考古人員的欣喜之情溢於言表。攝影師江聰趕快由高梯上攝下了這個重要現場，繪圖員也立即繪製平面圖，以期完整記錄挖掘過程，以便為日後的研究提供最早的挖掘資料。根據以上情況，考古人員初步推斷這是一座規模頗大的「蜀王陵」。

川西平原的七月，溽暑蒸人。挖掘坑內的考古隊員們個個汗流浹背，猶如進行一場無休止的蒸氣浴，然而這些絲毫不影響大家追逐那即將出現的偉大奇蹟的信心與幹勁。天邊偶爾飄來幾塊黑雲或傳來幾聲悶雷，反而是考古人員們最擔心的問題：如果這個時候下暴雨，將淋壞已挖掘的的遺跡，沖毀探方甚至損壞文物，那將是多麼巨大的損失啊！於是我們把握這一難得的時機，在探方上搭起的席棚上再加上防雨設施，從磚瓦廠拉線安裝電燈，由省考古所的陳德安、陳顯丹、戴福森與川大的三個學生張文彥、朱章義、劉章澤一對一結合，全天二十四小時輪流值班，動員技工與當地民工夜以繼日地進行清理。

七月二十五日，下午，還未等夯土清理完畢，坑東南部經火燒得泛白的骨渣堆頂部暴露出來，骨渣的表面還放有陶尖底器、陶器座、銅戈、銅瑗，以及玉石器殘塊。這些器物看上去均被火明顯地燒過，玉石器呈雞骨白色，銅戈多數已灼燒變形呈捲曲狀，有的已熔毀。泛白的骨渣很細碎，無一整塊。新發現的種種跡象表明，這些骨渣是蜀人在祭祀過程中採用了「柳」（即將犧牲用棍棒槌死砸爛）、「肆」（即肢解犧牲）、「燎祭」（即將犧牲殺死肢解後放在火上燔燒）等一系列儀式而形成的。這些發現無疑透露出一個新的資訊：這個坑應屬於祭祀坑一類的性質，而不是大家期盼的所謂「蜀王大墓」，看來以前的推斷是不準確的。

七月二十六日，坑內的夯土已大致清理完畢，挖掘工地的氣氛開始變得既緊張又熱鬧起來。當考古人員對夯土下方一層被焚燒的骨渣陸續清理之時，一件件全身長滿綠鏽的大型青銅龍虎尊、青銅盤、青銅器蓋等等具有商代前期風格的青銅器皿相繼出土。面對這些新鮮、奇特、龐大的器物，所有在場的人情緒立刻高漲起來。

陳德安見狀，忙上前阻攔道：「不要胡來，大家都要按程序一點點地挖，誰也不能犯神經，把事情搞砸了。」陳的話音剛落，只見在坑內西部躬身伏首一直默默收集骨渣的銅罐楊運洪，冷不丁地尖叫起來：「人頭，人頭，陳老師，我挖出了人頭！」說著兩手向外一揚，一屁股坐到了地上。

這一聲喊叫，幾乎讓所有在場的人都打了個哆嗦。陳德安驚魂未定，火已在胸中「騰」地燃燒起來。他快步來到近前，驀然發現一個碩大的青銅人頭倒放在一邊。與此同時，眾人「嘩」地圍上來，看到了此一奇觀。

一號祭祀坑青銅器出土，陳德安按捺不住心中的激動，當場托起一個青銅人頭向圍觀者展示起來

「都不要動！」陳德安顧不得再用腳去教訓銅罐，高喊一聲，把右手向後一揮，先是做了個阻止的動作，然後和陳顯丹等考古專業人員蹲下身詳細觀察起來。

只見這個青銅人頭跟真人的頭大小相等，頭部為子母口形，蒜頭鼻，高鼻梁，表情溫和，慈祥端莊，眼睛中透著朝氣蓬勃的神采，具有很強的寫實藝術風格。可惜自頸部以下殘損，由頸中看進去，整個頭像內部中空，筒壁發現有殘留的泥芯，也就是通常所說的內範或內模。陳德安與陳顯丹、江聰等圍著這具青銅人頭，經過畫圖、測量、拍照等等一連串程序後，懷揣驚喜與迷惑之情，小心地將其取出坑外。遵循著這一啟示，考古人員集中精力，開始了有針對性的挖掘。

接下來，一件又一件青銅人頭像神話中的英雄豪傑一樣，以不同的姿態和風度，相繼破土而出。這些頭像有的頭戴平頂帽、腦後拖著一根梳理整齊的獨髮辮；有的頭戴雙三角尖頭盔，蒙著一個神祕的面罩，其形象看上去嚴肅威武，虎虎而有生氣。號稱見多識廣的考古人員，面對這一張張陌生而神祕的面孔，既驚喜又困惑，恍惚覺得自己不是在麗日中天的人間從事挖掘，而是進入了志怪小說中神祕莫測的天宮或地獄。

七月二十七日零點，由陳顯丹、張文彥率領的一組挖掘人員

「銅皮」初露情形

開始接班挖掘。此時，蒸籠一樣的酷暑漸已退去，薄薄的霧靄裹挾著淡淡的微涼，在天地間飄散開來。凌晨兩點多，挖掘人員正各就各位用竹籤一點一點地挑土，參加本組挖掘的民工楊運洪突然發現有個竹皮狀的黃色物體在燈光照射下閃閃發光。他頓時來了精神，握緊手鏟，順著這根「竹皮」的延長方向用力剜動起來。過一會兒，楊運洪發現眼前的黃色物體並不是剛才所想像的「竹皮」，而是一根金屬物。這根金屬物看上去有些像銅皮，但上面沒有綠鏽，也比以前所見到的青銅明亮光滑很多。因一時無法弄清這件物體的底細，楊運洪沒有及時向帶班的陳顯丹匯報，仍舊默不作聲地鏟挖。

隨著泥土不斷剷除，黃色的物體越來越長，上面開始顯露出雕刻的花紋，花紋的前方又顯露出一尾栩栩如生的鯉魚，緊接著一隻鳥又露了出來，看樣子這件物體還在不斷地延伸。看到這一連串的景致，楊運洪有些納悶，心中暗自問著：「這是什麼東西，怎麼會有這樣的花花圖？」說罷揮動鐵鏟，又向前推進了一大截。正埋頭操作的陳顯丹感覺有異狀，轉過身輕輕問：「銅罐，看到啥了？」

經這一問，楊運洪如夢初醒，趕緊回答道：「陳老師，我掘出了一根東西，不知是啥，上頭還畫著魚和鳥。」

陳顯丹聽罷，大驚，急忙起身前來察看。只見一件如腰帶寬的黃色物體發著明晃晃的亮光，蛇一樣伏在地上，彎彎曲曲有一公尺多長。物體的另一端仍插在泥土裡，不知其形狀與長度。從已顯露出的部分看，這件物品是用純金製成，不僅上面有花紋、魚和鳥的圖形，更重要的是在延長部位還有人的頭像。

就考古學家而言，無論發現挖掘出什麼器物，對上面的文字和類似文字的符號以及各種圖像都極為看重，因為透過這些密碼，更容易觸摸到遠古歷史的脈搏，接近歷史的真實，從而揭開在歷史煙塵中湮沒日久的史事。可以想像，將這些神祕的圖案刻在一根純金的物體之上，這就意味著物體本身並非等閒之物，一定大有來頭，內中所蘊涵的重大學術價值不可估量。這樣想著，陳顯丹顧不得教訓對方，裝作滿不在乎的樣子說：「沒得啥，一塊銅皮，不重要的，你先把它用土埋住，到這邊來挑吧。」

按陳顯丹的想法，為安全計，先把這件器物埋起來，待挨到天亮再想法提取。但令他想不到的是，此時所有的人都已圍過來觀看了這件黃色物體。見陳顯丹下令掩埋，有一民工不解地問道：「陳老師，這個東西這麼黃，這麼亮，是不是金子做的？」

陳顯丹心裡一驚，暗自說聲「壞了，被他們識破了！」但還是強行穩住有些慌亂的心，忙搖了搖頭辯解道：「哪裡是什麼金子，一塊普通的銅皮，這亮光都是燈光照出來的。」

「你說的不對，要是銅的為什麼身上不長綠鏽，是黃色的，其他的銅器都有鏽，是綠色的？你是在騙人吧？」說著就要將這件器物強行拉出來以驗明正身。一看這陣勢，陳顯丹冷不丁打了個寒戰，一道涼氣「嗖」地沿著脊背竄到頭頂。為了掩飾剛才的慌亂，他抬腕看了看錶，只見時針正指向凌晨三點十二分。考慮到此時整個工地既無軍警保護，又無先進的通信設備與外界聯繫溝通，為了出土文物和考古人員的人身安全，陳顯丹不得不採取相應的措施，以防萬一。只見他微笑著對幾位民工說：「這銅器長鏽與不長鏽的，是兩種不同的金屬物，你們要不信，叫陳德安老師來看看。」說罷對身旁的助手張文彥使了個眼色，大聲道：「你去把陳德安老師叫來看一看，快去快回。」年輕靈活的張文彥正為剛才的陣勢暗暗捏一把汗，聽陳顯丹如此一說，立即心領神會，說了個「好」字，然後跳到坑外，撒開雙腿向考古人員駐地飛奔而去。

約三分鐘後，張文彥已從駐地返回工地。又過了大約五分鐘，陳德安率領幾位考古人員和技工氣喘吁吁地跑來了。陳顯丹見援軍已到，危機得以緩解，遂精神抖擻地帶領陳德安等人觀看了坑中的黃色物體。根據顯露的遺跡，二陳和其他考古人員當即認為，這件非同尋常的器物是用純金製成的已無可置疑。從器物的長度和上面分布的圖案推斷，可能是古蜀王國某一位國王或高級貴族使用的一條金腰帶。

鑑於這件器物的特殊性、神祕性與重要的學術價值，二陳立即召開緊急會議，在簡單說明了剛才發現的情況後，做出三條決定：

一、暫停挖掘，嚴密封鎖消息。

二、所有民工都到席棚外集合，就地坐下休息。任何人不得以任何理由接近器物坑，更不得擅自離開現場，必須等警衛到來一一檢查之後才可離去。休息期間內，由銅罐楊運洪負責監督看守。

三、即刻派人分頭行動。一路直奔廣漢縣政府，請求派軍警到現場守護；一路連夜趕回成都向考古所彙報。其他人員堅守崗位，並動員當地民兵共同守護坑內文物。

決議既定，民工們在坑外就地休息，眾考古人員立即行動起來。按照分工，考古人員郭漢忠與張文彥騎兩輛自行車，先將陳德安帶到廣漢市的公車站，坐早班車轉赴成都，然後郭、張二人再奔文化館，找文物專員敖天照一起幫忙找館長彙報。此時已是凌晨四點多鐘，東方的天際稍微露出了一點亮色，但整個天空還沉浸在一片灰暗之中。郭漢忠、張文彥敲開敖天照的家門並說明情況，敖天照聞言不敢怠慢，立即起身率領二人在茫茫夜色中向縣政府家屬院奔去。待進得大院，一路磕磕碰碰地摸索到分管文教的副縣長、前三星堆挖掘領導小組組長陳治山的家門。敖天照一邊急促地敲門，一邊放聲喊道：「陳縣長，開門呀，我是敖天照，不得了了，三星堆有重大發現。」

屋裡的鼾聲頓息，開始傳出窸窸窣窣的聲音，接著一個不太清晰的渾厚聲音傳出：「發現什麼東西了？」

「金子，發現金子了。是金腰帶，價值連城啊，或者說是無價之寶。現在亟需公安人員前去保護，去晚了，弄不好要出亂子啊！」敖天照嘴對門縫焦急地解釋。

「好，好，我這就起來。」陳治山說著穿衣出門。待問清大致情況後，一邊揉著朦朧的眼睛，一邊領敖天照等人來到只有一牆之隔的公安局大院，將睡眼惺忪的公安局局長黎登江叫起。不久，在黎局長的親自安排下，全副武裝的公安、武警攜帶槍支彈藥，火速向三星堆挖掘現場駛去。

就在敖天照帶領張文彥等二人向縣政府大院摸去之時，陳德安也在朦朧的夜色中坐上由廣漢開往成都的早班汽車。待一路顛簸來到省考古研究所院內時，天色微明。陳德安直奔考古所負責人趙殿增家中。待將事情真相說明之後，趙殿增又驚又喜，忙對陳德安道：「你先回家洗把臉休息一會兒，我馬上安排車，找幾個人一道去看看。」

很快地，趙殿增、陳德安以及省文化廳和省文管會、省考古所的朱秉璋、沈仲常等幾名相關人士，乘坐一輛廂型車，一路急行趕到現場。此時整個挖掘現場已被公安武警控制，那些夜裡被集中起來的民工，全部放回了家中。

三星村和周圍幾個村莊的農民在拂曉前的睡夢中，被警笛聲吵醒，不知發生了什麼大事。他們立刻跳下床，穿著短褲、光著膀子走出家門觀看。當看到一路狂奔的警車在三星堆旁停下，荷槍實彈的公安與武警官兵從車內跳出，迅速包圍挖掘現場時，知道在那個看上去並不大的土坑裡，肯定又挖出了值錢的寶貝。於是，村民們懷著好奇、新鮮、刺激的心情，浩浩蕩蕩地向挖掘現場趕來。那些在挖掘現場被困了半夜，總算被釋放回家的民工，儘管焦渴飢餓到極點，但回家後並沒有燒火做飯，而是神采飛揚、唾沫飛濺地向村民們講述自己如何發現金腰帶等等一連串偉大而驚險的曠世傳奇。

隨著各色人等透過不同管道的傳播，三星堆發現寶物的消息像冬季乾燥的荒原突發的烈火，借著強勁的風勢，迅速向四周蔓延開來。先是有人大呼小叫地宣布三星堆挖出了一條古蜀王的金腰帶，接著有人演義成一套金盔、金甲，再接著煞有介事地變成金盔、金甲、金人。後來又理所當然地演化成一個高大勇猛的金人身穿金盔、金甲，騎著一匹鎏金高頭大馬，手拿金鑄的丈把蛇矛從坑裡跳出來，躍馬挺槍，圍繞三星堆兜了幾圈，耍了一番武藝，現在武警和公安人員正合力圍追堵截，力爭將這個神奇的怪物拿下……

人們像滾滾潮水般，從四面八方朝三星堆湧來。到中午時分，器物坑周圍的人數已達五千，到下午兩點時，約有一萬人湧來，三星堆遺址已成水漫金山之勢。為避免發生不測和保證文物的絕對安全，趙殿增與陳德安、陳顯丹以及廣漢縣公安、文化單位的派出人員敖天照等協商，迅速做出如下決定：

一、立即動員當地村民，以最快的速度在三星堆器物坑二十公尺外的圓圈內，每隔半公尺打一木樁，然後用木條與鐵絲編成籬笆圍牆，將源源不斷的人潮堵在籬笆築成的圍牆之外，以防不法分子趁火打劫，對國家珍貴文物造成無法挽回的損失。

二、以趙殿增為首的各方代表，迅速驅車到南興鎮政府，除將現場危急情況透過電話向廣漢縣副縣長陳治山和公安局局長黎登江彙報並請求支援外，還要請求南興鎮黨委和政府召集民兵進入現場協助看護。

三、請南興鎮派出所對周邊地區的社會不安定分子進行控制管理。

經過幾方面的共同努力，以上三條決議很快付諸實施。如此種種保護措施落實後，三星堆器物坑在萬人矚目中，再度吹響挖掘的號角。

在考古人員的操作下，曾引起巨大轟動和廣泛矚目的那條金腰帶，終於被清理出土。經測量，器身全長一點四二公尺，直徑二點三公分，淨重約五百克。器物取出後，發現原來推斷的金腰帶並不正確，從殘留的痕跡看，此物是用金條捶打成金皮後，再包捲在一根木杖之上而成為一個整體。出土時內層木芯已朽，但尚存炭化木渣，可知內有木杖。因發現時金皮已被壓扁變形，其長度、寬度都與現代人的腰帶不相上下，故二陳等考古人員認為是蜀王的金腰帶。在器物被取出後，透過趙殿增、陳德安、陳顯丹等考古人員的詳細觀察，才知它實際上是一根金杖。

關於這根金杖的性質和用途，有學者認為具有巫術性質，是一種法器。還有學者認為是圖騰式的族徽標誌。而趙殿增、二陳等挖掘者認為是古代蜀國象徵王權的權杖。因為中國夏、商、周三代王朝都用「九鼎」象徵國家權力，古代蜀國則以金杖標誌王權，金杖成為古蜀王國政權的最高象徵物。同時也從另一方面說明，古代蜀國具有與中原同時期文化不同的來源與內涵。三星堆出土的金杖，是中國境內發現的商代金器最大、分量最重，表坑內出土的金杖示王權神授的絕無僅有的稀世珍寶，其工藝之精湛，內涵之精深，令人嘆為觀止。

在發現這根權杖之前，世界考古學界、史學界、文藝界等許多頗具權威的人士曾有過定論，認為權杖這樣的器物，從其產生的文化背景和文化用途來判斷，中國甚至整個遠東地區都不可能存在。只有中東、近東和西方才有可能出現，或者說這種權杖只是古埃及法老和希臘神話中的萬神之祖宙斯的專利品。然而，在中國西南地區的三星堆遺址，還是出土了象徵王權與神權的金杖，徹底推翻了那些原有的定論。

繼著名的金杖出土之後，三星堆器物坑的挖掘仍在有條不紊地進行，一件件珍貴器物在考古人員手中相繼出土。八月一日，待挖掘進行到最底層，歷時十四天的連續工作行將畫上一個句號時，考古人員發現這是一個不規則的夯築土坑建築。經測量，整個坑的長度為四百五十至四百六十公分，寬三百三十至三百四十八公分，深一百四十公分。共挖掘清理器物幾百件，大體可劃分為六大類：

一、青銅類。計有青銅人頭像十三件，青銅人面像、跪坐人像、銅戈、銅瑗、銅尊、銅瓿、銅盤、銅器蓋等青銅器一百七十八件。

二、玉器類。計有玉璋、玉瑗、玉環、戚形佩、玉戈、玉劍、玉斧、玉錛、玉鑿、玉料塊、琥珀墜飾等一百

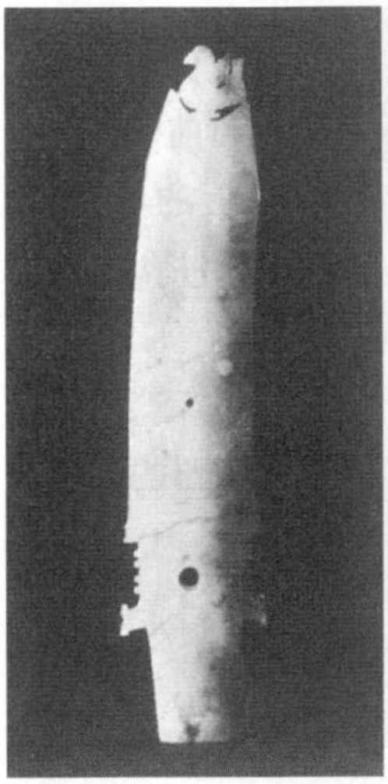

左：坑內出土的透雕鳥璋

中：坑內出土的青銅龍虎尊

右：坑內出土的頭頂戴有辮索狀帽箍的青銅人頭

二十九件。

三、石器類。計有石戈、石矛、石鏟、石斧、石斤、石鑿等七十件。

四、陶器類。計有陶罐、陶盤、尖底盤、器座等三十九件。

五、海貝類。裝在銅人頭和龍虎尊內的海貝一百二十四枚。

六、金器類。除著名的金杖外，另有金面罩、虎形箔飾、金塊等四件。

根據出土遺物大都被火燒過，或埋藏前被打碎過，以及器物坑的中間和兩邊都有坑道等特點，陳德安、陳顯丹等考古人員初步斷定，這是古蜀人專為諸神崇拜舉行儀式所留下的祭祀坑，並在後來撰寫的挖掘簡報中，將此坑正式命名為一號祭祀坑。

爭奪文物大交鋒

就在一號祭祀坑的挖掘接近尾聲時，廣漢縣文化局的一位副局長在工地找到正指揮挖掘的陳德安說：「我們縣

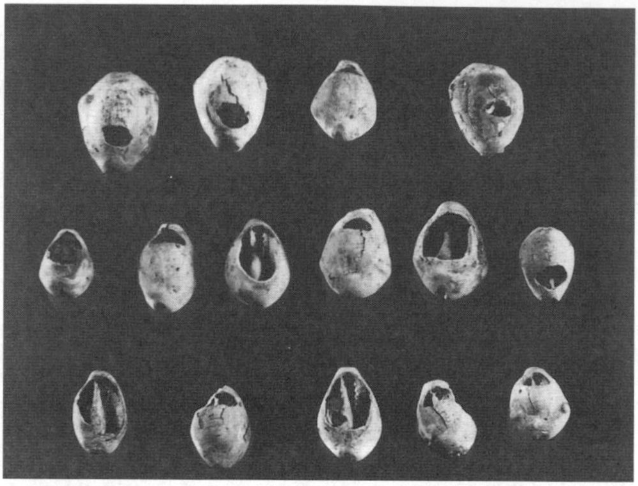

坑內出土的海貝

長有指示，三星堆遺址屬於廣漢縣民，地下出土文物應歸縣政府所有，整個坑中出土的器物一件都不能拉走，全部送縣政府統一清點保存。」

陳德安聽罷，先是愕然，繼而心中升起一股看不見青煙的火苗。他轉回身，一邊搓著手上的泥土，一邊望著對方冷冷地說：「是你們縣長大，還是中國的國家主席大？我記得國家文物法公布實施的命令，好像不是你們廣漢縣縣長簽發的。這部文物法有明文規定，一切地下文物屬於國家，怎麼能說就屬於你們廣漢縣了？」

「這文物法我懂，但縣官不如現管，既然縣長做了指示，我就必須按照這個指示來辦，這可不是隨便鬧著玩的。」副局長同樣冷冷地答。

「我現在只管把這個坑中的破銅爛鐵拿出來，帶回成都去整理，其他管不了。」陳德安極其惱怒地進入坑中，不再理睬對方。

副局長望著陳德安的背影，鼻子輕輕「哼」了一聲，憤憤地離開了坑邊。這次對話算是不歡而散，對話雙方各自心中都生出一個用怒火燒就的疙瘩。

當挖掘結束後，所有器物都存放於考古人員借住的磚瓦廠的幾間房中。此前擔負保衛任務的公安、武警全部撤回，只有十幾個民兵晝夜值班，守護著這批文物。此時，擺在陳德安與陳顯丹兩位挖掘主持人面前的三個問題必須慎重考慮和處理：一是磚瓦廠的幾間房子屬於臨時工棚，非常單薄脆弱，極易被外來的力量破壞甚至摧毀。在這樣的簡易房裡長期存放如此珍貴的文物，安全問題令人堪憂。雖有十幾名民兵晝夜輪流守護，但民兵畢竟是民兵，無法和受過專業訓練的公安特別是武警相提並論。

再者，就文物本身而言，深埋地下三千年，突然被弄出坑外，在與空氣接觸之後，極易氧化變質，導致腐爛損壞。儘管一號坑出土的大都是青銅、玉石之類的器物，但仍亟需有個相對好一點的環境，並需考古技術人員做保護性處理，否則會使文物受損。

最後，十幾名護衛的民兵的吃喝拉撒睡，外加工錢與看管費，全部由二陳指揮的這支小型考古隊承擔，長期耗下去，小小的考古隊將無能力繼續支付這筆並不算小的費用。所以，無論從哪方面考慮，都必須儘快將文物拉到省考古研究所存放保護。只要文物一到成都，一切的擔憂都將不復存在。

鑑於廣漢方面欲扣留文物的打算，二陳決定祕密與成都方面取得聯繫，並做好準備工作，以迅雷不及掩耳之勢將文物運走。當廣漢方面得知後，已既成事實，無力回天矣！

主意已定，陳德安派隨隊的四川大學學生劉章澤祕赴成都，將面臨的不利局勢和廣漢方面的企圖向趙殿增彙報，要求省考古研究所儘快派車將出土器物運往成都。趙殿增聽罷對方的言論，沉思了一會兒，和劉章澤就有關細節又做了一番探討。一切安排妥當後，趙殿增要劉章澤回去轉告陳德安，做好準備，依計畫行事。

八月六日凌晨四點四十五分，一輛豐田廂型車借著朦朧夜色，衝出廣漢縣城，朝三星堆考古人員的駐地悄然駛來。待接近目標時，廂型車突然關閉車燈，借著暗淡的星光慢慢向前行。埋伏在駐地之外的劉章澤、張文彥，聽見車子聲響，立即從稻田裡跳出來，用打火機打火為號，引導廂型車緩緩向目標靠近。此時，所有的考古人員都披掛整齊，如同整裝待發的戰士迎接一場決定命運的生死大戰，表情莊嚴，神色冷峻地立在已透出些許微光的夜幕中，等待車的到來。

廂型車在存放器物的瓦房前停下。

已在夜幕中等了很久的陳德安和從車上下來的司機張師傅握了握手，相互並不說話。此時，在門前負責看守的共有兩名荷槍實彈的民兵。他們初時看到陳德安等考古人員天不亮就陸續起來，穿戴整齊，一聲不吭地在房前蹓躂，頗感納悶，但又不好上前詢問。直到廂型車悄然駛來，才驀地感到有些反常。只見陳德安走上前來，對兩位民兵說：「屋裡的東西全部裝車拉到省考古研究所去，你們兩個照看一下，等車走後就回屋睡覺吧。」說著迅速從腰間掏出鑰匙，打開鐵鎖，「嘩」地一下推開房門，開始指揮考古人員搬運提前幾天就早已裝好箱的器物。

兩位武裝民兵感到在這樣的時間以這樣的方式悄悄地搬運如此珍貴的文物，既讓人覺得突兀，又不能不讓人在心中犯嘀咕。但看到陳德安與其他考古人員都在現場，且面部表情深沉中透著從容，並沒有看出什麼破綻。由此推想可能是因為文物太過貴重，故不在大白天搬運而改在這個人少街靜的黎明拉走。反正這些東西是考古隊的不是自己的，他們愛怎樣弄就怎樣弄去吧！於是兩個民兵站在一邊像什麼事情也沒有發生一樣，捲了一支紙菸抽著，在車邊悠閒自在地蹓躂起來。

在一旁指揮的陳德安望著面前的情形，內心怦怦地跳著，既緊張又焦急。眼看一箱又一箱的文物被抬上廂型車，他抬起手腕看了一下手錶，時針指向五點十分。他心想只要再有五分鐘，一切就萬事大吉了。就在他望著遠處那越來越明亮的田野輕舒了一口氣的同時，另外一幅畫面出現了。

在專門為看守文物的民兵租借的房間裡，人送外號「鑽地鼠」的民兵張耕地，在睡夢中隱約聽到外面有什麼動靜。他起身來到屋外，發現考古人員正在搬運文物。他當即明白所發生的事情，趕緊轉身回到屋內，一把將人送外號「爬山虎」的民兵王萬山從睡夢中拽起，急促地說：「不好了，那幫傢伙果然下手了。你趕緊去盯著，我向鎮裡報告！」說罷撇開爬山虎，撒腿向門外飛奔而去。

爬山虎王萬山看到鑽地鼠急如星火般奪門而出，急忙一個滾翻爬起來，慌亂地穿上衣服，衝出房門朝盛放器物的倉庫趕來。此時，陳德安等人已將大半的文物裝入車中。當所有的出土文物都裝入車中，張師傅鑽進駕駛座發動引擎，準備一溜煙衝出這片危險之地時，爬山虎突然走上前來，對正在抬手擦汗的陳德安道：「陳老師，這些東西要拉走？」

「呵，拉走。」陳德安依舊擦著臉上的汗水，很不在意地回答。

「要拉到哪裡去？」爬山虎王萬山又問。

「呵，省考古所。」陳德安依然心不在焉地敷衍著準備上車。

「你拉東西和鎮上說過沒有？要是沒說，這東西就拉不得。」爬山虎走上前來，一把抓住陳德安的衣袖，口氣強硬地說。

此時的陳德安手把著車門，一腳踏在車門的底板，一腳站在地上，聽到爬山虎這句強硬的明顯帶有警告性的話語，怔愣了一下，緩緩轉過頭，像見到陌生人一樣盯著對方的臉，嘲諷道：「我說爬山虎啊，聽你剛才的說法，不是你喊我叫老師，看來我得叫你老師了。這拉不拉東西，是不是還要請示一下你，由你批准了才能拉？別忘了，我這個考古隊長官雖不大，可是朝廷命官，你一介村夫，既無頂戴花翎，又無蟒袍玉帶，跑到這裡管得哪門子閒事？給我放手！」

「我一介村夫不假，但我是在這裡看東西的，丟了東西要找我賠償，我當然要負這個責。你不跟鎮上說，今天就別想跑掉。」爬山虎擺出一副死豬不怕開水燙的姿態，繼續抓住陳德安的衣袖不放。

陳德安用力甩開王萬山的手，鑽入車中，一邊關閉車門，一邊下令：「開車！」說完，汽車「轟」地一聲加大油門向前衝。剛走不遠，就聽到前方有警笛鳴響，接著三輛車呼嘯而至。陳德安一看大驚，立即意識到是廣漢方面派人來進行圍追堵截了，遂當機立斷，指揮廂型車突圍。

在捲起的片片塵霧中，四輛汽車像警匪片一樣，在公路和田野裡來來回回、彎彎曲曲地你追我跑。廂型車在躲開兩輛車的前後夾擊後，突圍成功，沿著坑坑窪窪的泥土路向廣漢方向開去。但由於開車的張師傅對當地路況不熟，剛進入南興鎮街區，就被熟悉地形的對方追上，最後無力前行，停了下來。

只見十幾人從圍堵的車上飛竄而下，嘴裡喊著「就是這輛，別讓他們跑了，快追！」然後呈扇面狀包抄過來，眨眼便到了廂型車跟前。

此時天已大亮，坐在車中的陳德安透過擋風玻璃，看到圍剿的人群中，站在最前邊的是南興鎮副鎮長劉世昌，後面是南興鎮與廣興鎮兩個派出所的所長和公安民警。因此前這些人員都斷斷續續地為三星堆的考古挖掘幫過忙、出過力，雙方算是熟人。望著這個場面，陳德安心中暗想：「果不其然，看來潛伏在自己身邊的耳目發揮作用了。鑽地鼠、爬山虎這兩人偽裝得不錯，這些天真就沒看出來！」眼看一場唇槍舌戰不可避免，陳德安只好打開車門出來，準備曉以國家民族大義，迫使對方放行。

「陳老師，你們好忙啊！」見陳德安下車，南興鎮副鎮長劉世昌不失時機地搶先來了一句諷刺式的幽默。

「不忙，不忙，你們一大早興師動眾地來了這麼多人迎接我，這才是真忙啊！」陳德安反諷道。

「呵，呵，我們早，你們比我們還要早，看來大家都沒閒著。不過我不太明白，你們這黑燈瞎火地把東西搬上車，準備向哪個黑市出售啊？」劉副鎮長說。

陳德安微笑了一下，直言道：「出售不敢，是想拉到省考古研究所清理修復研究。」

「縣上同意了？是縣長還是書記批示的？把文件拿來我看看。」劉副鎮長有些挑釁意味地說。

「這是國家的文物，按照文物法規定，由國家來保管就對了，用得著你們縣長批示嗎？你們扣留這批文物是違法的。」陳德安有些焦急，也有幾分惱火。

「我說陳老師，這些東西不管最後是放在省裡還是縣裡，今天你從這裡逃掉就是我們的罪過。我看是不是這樣，先把車開到鎮政府大院去，你們與省裡和縣裡聯繫，雙方搞個清楚，我們一點兒也不攔著，還好好地送你們走，你看這麼辦如何？」劉副鎮長一改剛才的態勢，口氣緩和地勸說道。

陳德安站在車前思考了一會兒，突然朝劉副鎮長一擺手，極其痛快地說道：「好吧，就先依你，把車開到鎮政府去。」

雙方各自發動引擎，陳德安的豐田廂型車在三輛車的夾挾下，駛入鎮政府大院。電話分別打到廣漢縣城和成都，雙方都表示車和文物暫放鎮政府，人員各回原處，等待協商，待有結果後再做下一步行動。陳德安知道自己將面臨一場大麻煩，無奈地嘆口氣，率司機張師傅與幾名押運人員怏怏地步行回到駐地。

省考古研究所的趙殿增接到車與器物被扣留的消息後，大吃一驚，急忙向省文化廳彙報。省文化廳一位副廳長接到報告，既吃驚又惱火，對趙殿增道：「難道他們要謀反不成！」於是派出一名處長和兩名分管文物的幹部，到考古研究所與趙殿增等人會合，當天上午趕赴廣漢縣文化局，由文化局牽頭到縣政府找副縣長、原三星堆聯合挖掘小組組長陳治山等有關高層協商。

在稍事寒暄之後，文化廳的那位處長直截了當地對陳副縣長道：「按照文物法規定，凡考古挖掘的地下地上文物，都必須由考古單位進行整理、修復、保護、研究並撰寫出挖掘報告，才能考慮文物的分配問題。也就是說這批文物必須首先拉到省考古研究所完成上述一切任務之後，才可考慮是不是運回廣漢的問題。」

陳副縣長道：「我們縣政府已經做出決定，準備建個博物館，所以這批東西必須留在廣漢以充實館藏。」

「建館當然是件好事，我們支持，但這批東西必須運回成都，其理由我不再重複。」處長態度強硬地回擊。

陳副縣長沉下臉來，毫不示弱地說道：「要拉走可以，但你們要打借條，寫明是借廣漢縣的文物整理研究，並在借條上簽字畫押。」

「你這種說法毫無先例。按照文物法規定，一切地下出土文物都歸國家政府所有，不屬於哪一個縣或地區，像你們這樣採取扣留要脅的作法是違法的。」處長更不示弱地指責道。

「你們是政府，我們也是政府，我現在代表廣漢縣政府正式告訴你，這批東西要拉走可以，但必須按我們的意見辦，否則休想越過廣漢縣界半步。」言畢收起公事包，頭也不回地走了出去。

三天之後，四川省文化廳派出分管文物的副廳長王幼麟帶領文化廳和省考古研究所的趙殿增等一干人馬，再度趕赴廣漢與當地官員協商，但由於始終無法見到能做決策的高層，只好撤回成都。

接下來，理所當然進入第三個回合。廣漢方面為達到開局即壓倒對方的目的，不惜代價派出縣委宣傳部部長，率領一幫隨員風塵僕僕地來到國家文物局，直接找到有一面之交的副局長沈竹說明情況，同時提出將文物留在廣漢的要求。沈竹聞聽覺得事關重大，不好當場拍板做主，隨即找文物處處長黃景略徵求意見。黃景略聽罷對方的陳述，當場沉下臉來，態度十分明確地指出：「像這樣的要求全國沒有先例，也不符合國家文物法的規定。出土文物必須拉到省考古研究所，進行清理、修復、研究之後，才能考慮是否回廣漢的問題。」

沈竹覺得黃景略的意見合情合理，遂以同一種口徑對廣漢方面做了答覆。

當國家文物局的意見明顯傾向省考古研究所的消息傳到四川後，趙殿增、陳德安等人十分興奮，認為既然是國家文物局已明確表態，難道廣漢方面還要執迷不悟，一意孤行，頑抗到底不成？出乎意料的是，廣漢方面採取了人在陣地在，拒不交出文物的戰略方針。

雙方僵持許久，最後高層放棄繼續支持，於是這第三回合的較量，省文化廳與省考古研究所組成的聯軍再次敗北，廣漢方面不戰而勝。

眼看交戰雙方偃旗息鼓，罷兵收攤，躲在三星堆磚瓦廠考古隊的陳德安再次露出頭來，向省考古研究所的負責人趙殿增詢問情況，並關注被扣珍寶的命運。趙殿增知道自己在這方面已是大勢去矣，遂以悲壯傷感的腔調對陳德安道：「在這件事情上，我們是該說的說了，該做的做了，可謂仁至義盡。像我們這樣的文化、考古單位，既無權，又無錢，所以弄成今天這樣的結局。從現在起，你的身分是我們省考古研究所派出的談判總代表與代言人，至於後續的談判情況如何，這批文物何去何從，全看你了。」

陳德安聞言心情極為沮喪，心想連你們省文化廳與考古研究所的高層，都已灰頭土臉，我還當的哪門子代言人和形象大使？當即表示絕不當這個代言人。

陳德安自趙殿增處掛冠而去，重新回到了三星堆磚瓦廠駐地，一頭貓下來堅守不出，只是率領手下幾名考古人員做一些守護與修復陶器標本等方面的工作。

如此既不媾和又不決戰的情形一天天過去，趙殿增與陳德安等人擺出一副穩坐釣魚舟的姿態，靜觀其變。廣漢縣的官員沉浸在勝利的喜悅之中洋洋自得。唯獨廣漢縣南興鎮的各色官員卻如芒在背，如火燒身，越來越坐不住了。按南興鎮官員的最初的想法，當南興鎮出面將這批文物強行扣押之後，應該很快就會有一個處理結果。或被陳德安運走，或拉到縣城由某個部門的倉庫存封，再也不關南興鎮什麼事了。但出乎意料的是，交戰雙方到最後，再也沒人前來觸及這個敏感的雷區了。

南興鎮在等不到結論的情況下，又向縣提出詢問，得到的答覆大意是：鑑於各方面錯綜複雜的矛盾，縣裡暫時不好立即做出何去何從的決定，南興鎮要麼維持原狀，要麼就自己看著辦吧。至於這些文物是保存還是不保存，就由南興鎮全權做主了。

南興鎮書記李發宜聽罷這個踢皮球與和稀泥的混帳指示，差點氣昏，想到自己一個多星期付出的辛苦和在精神上承受的巨大壓力，真是感到既辛酸又委屈。在一番長吁短嘆之後，李發宜找來鎮長等商量對策，最後得出兩條結論：第一，既然縣裡都不管了，我們也沒有必要擔這個責任，應儘快把這些文物搬出南興鎮大院。第二，具體操作方法可仿照三國時蜀中大將關雲長敗走麥城，被東吳孫權部將擒獲殺害之後的策略。於是由副鎮長劉世昌帶隊，一行人專程到三星堆考古隊駐地找陳德安負荊請罪，請他出面把這批文物拉走。只要陳德安肯把這批文物運走，一切的一切都與南興鎮無關了。

在磚瓦廠考古隊駐地，陳德安與劉世昌二人再度見面，尷尬之情難以言表。在經過一番交談之後，陳德安表示自己已被對方傷透了心，不願再去摻和這件事情。但談到最後，還是被對方說動。他深知，如果這批器物就這樣一直在南興鎮耗下去，後果不堪設想。出於以大局為重的考慮，陳德安答應將東西拉走。但鑑於這批器物被南興鎮與廣漢縣扣留，搞得滿城風雨婦孺皆知，省考古研究所與三星堆考古隊已被弄得斯文掃地，這次行動就不能偷偷摸摸，必須光明正大，很有臉面地離開南興鎮。

為此，陳德安與劉副鎮長當天即到廣漢縣找到了分管文教的副縣長陳治山。此時廣漢方面對這堆扣押的文物也感到極其棘手，正不知如何處理是好，見陳德安找上門來，立即抓住契機，召開會議研究。眾官員在經過一番出謀畫策之後，一致同意將器物運走，但必須承諾廣漢縣政府對這批器物擁有主權，省考古研究所拿走只是借調的性質。等這批器物修復、整理、研究之後，還要及時地、無條件地、一件都不能少地歸還廣漢縣政府作永久性保存與陳列展出。

陳德安聽罷這個條件，心中又湧起不快，本想拂袖而去，但劉副鎮長出於對南興鎮方面急欲擺脫苦海的考慮，力主陳德安再向省考古研究所做一次彙報和通融，並按省所的指示與廣漢方面繼續展開會談，盡可能地爭取器物的主權。陳德安抱著一絲希望，將情況向趙殿增做了電話彙報。趙與其他所內高層研究後，明確告訴陳德安：「假如對方提出的條件無力改變，就暫時答應下來。只要把這批東西拉回成都攥在我們手中，主權當然就屬於省考古研究所，同時也就由不得廣漢方面任意折騰添亂了。」

陳德安在繼續與對方談判無果的情況下，勉強答應了對方的要求，並在文物清單上簽字畫押，同時提出這批器物必須由廣漢方面派警車和員警押送至成都。當天下午三點，滿載著三星堆出土珍貴文物的警車，在公安幹警的護衛下，駛出南興鎮，一路警燈閃耀，警笛大作，朝成都方向疾馳而去。

這一天是一九八六年八月十三日。

疲憊不堪的陳德安坐在車中，透過玻璃窗，眼望匆匆掠過的鄉野田疇和海洋般起伏蕩漾的綠色波濤，長長地嘆了一口氣。但他沒想到，一場更加驚心動魄的考古大發現與珍寶爭奪戰馬上又要爆發了。

第五章

五洲震盪

民工再次發現器物坑，陳顯丹夜赴成都報告。
古蜀國王「寶座」出土，輝煌的挖掘成果，舉世無雙的奇蹟，讓三星堆硝煙再度升騰。

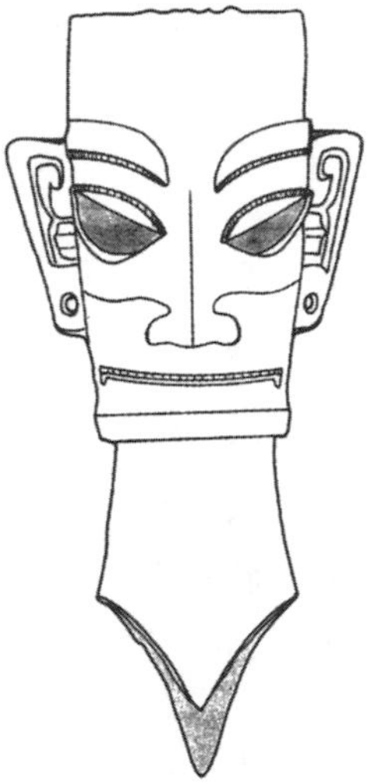

二號坑再現人寰

就在陳德安押運一號祭祀坑的出土文物回成都之時，磚廠的副廠長又來到考古隊駐地，對留守負責的陳顯丹道：「陳老師，聽說你們把縣裡戰敗了，又把東西弄走了，這會兒該給我們找個地方挖點土了吧。」

事實上，就在一號坑的挖掘剛剛結束時，這位副廠長就前來找過二陳，一邊抱怨地裡挖出了好東西，害得他們每天派人參加挖掘，土沒得地方挖，磚也燒不成。同時要求再給找個地方繼續挖土，以把最後一窯磚坯裝滿。這位副廠長想著當初二陳說過的話，聽說文物已被拉到成都，便迫不及待地找上門來提出這個要求。想不到陳顯丹竟做出一副為難狀，讓這位正處於焦慮之中的副廠長大感惱火，遂提出自己要親自動手的說法。

陳顯丹見狀，心想說什麼也不能讓這幫帶槍的乞丐隨意在遺址內橫刨豎挖，那樣破壞性會更大，還是再給他找個地方吧。便打著哈哈對副廠長說道：「先別忙著挖土，你幫我找幾個參加挖掘的民工，先把挖過的那個坑上面的棚子、籬笆牆拆了，再把坑填平，然後我去選地方。」

副廠長答應著，回到駐地找來十幾個民工，僅用一個上午的時間，就把陳顯丹要求的一切做完了。陳顯丹按照事先的承諾，在一號坑周邊選了幾塊荒地，讓磚廠分別在這幾個點的小範圍內取土製坯。

八月十四日下午，磚廠民工楊永成、溫立元兩人負責在陳顯丹劃出的位於一號坑東南約三十公尺處取土。當挖到距地表約一點四公尺深時，楊永成一鋤頭劈下去，隨著「砰」的一聲悶響，手掌與雙臂立刻震得發麻。

「搞啥！什麼東西這麼硬？」楊永成不解地自問著。

身邊的溫立元將頭伸過來看了看楊永成刨的位置道：「不會又碰到銅寶貝了？」

楊永成哂笑道：「哪有這麼巧！要是真的挖出銅人，報告考古隊的陳老師，可以得到兩百元獎金耶！上次挖的那個坑，銅罐和陳歷釗他們就拿到錢。」

「這我知道，他們三個人分了兩百元，現在就咱倆，要是真挖出來，每人可得一百元，比他們得的還要多呢！」楊永成半開玩笑半認真地說。

「那就快挖下去看，說不定老天爺真的開眼，好事就讓我們給碰上了呢！」溫立元說著，揚起鋤頭，卯足了力「嗨」地一聲向下劈去。隨著「啰砰」一聲脆響，一個如真人頭般大小的青銅人面像被刨了出來。見此情景，溫、楊兩人先是「啊」了一聲，接著瞪大了眼睛俯視腳下的土坑。只見刨出的那個青銅人面像，眼睛、鼻孔清晰可見，整個面部花花綠綠的似乎塗了顏色。在青銅人面像之下，有一個碩大的筒狀的青銅器也露出了邊沿。在其旁邊，另有幾件青銅器也隱約可辨，只是被泥土埋得太深，一時無法弄清它們的大小形制。

「哎呀，真的是個寶貝窩子，快向陳老師報告吧！晚了這獎金可就沒咱們的份了！」溫立元滿臉激動地提醒著。

楊永成望望四周，見不遠處有幾幫磚廠民工正在取土，遂滿臉嚴肅，神祕地悄悄對溫立元說：「別吭聲，你在這裡看著，我去報告陳老師。」說罷轉身欲走。

「慢著！」溫立元用狐疑的眼光在楊永成的臉上來回打量了一下，冷冷地道：「憑什麼我在這裡看著，你去報告？你為何不在這裡看著，讓我去報告？這堆東西是咱倆一起弄出來的，就該有福同享，有難同當，想吃獨食可是沒門喔！」

楊永成沉默了一會兒，心想，既然你不願意留下，那也不可能讓你一人去報告。我留在這裡，誰知道你在報告時怎麼說，如果將我撇開了怎麼辦，那我不就成了被屈死的無名之鬼了？想到這裡，他故做輕鬆和滿不在乎地說道：「誰去都無所謂，有福同享，有難同當嘛。其實你去也可以，不過呢，我留在這裡也沒大用，還是先把這些東西埋起來，咱倆一塊去報告吧！」

此時已是下午六點多鐘，考古隊員們因這幾天沒有在田野挖掘，便按照城市的慣例，已經吃罷晚飯。陳顯丹在自己的宿舍剛拿起一本書沒翻兩頁，就見楊永成與溫立元如同兩個被踢起的足球，「咣、咣」兩聲射進門來。他驚得猛地站起來，手中的書差點落地。未等陳顯丹回神，楊永成首先開口道：「陳、陳老師，告、告訴你，我們又挖出寶貝了，是銅人頭，鼻子和眼還化了妝，粉紅色的，快去看看吧！」

「真的，什麼樣的人頭像？」陳顯丹又驚又喜又有些不敢相信地瞪大了眼睛。

楊永成與溫立元此前都參加過一號祭祀坑的挖掘，對埋藏的器物比較熟悉，於是簡明、扼要又形象地向陳顯丹做了說明與解釋。

「快去看看，快去！」陳顯丹聽罷，難以抑制內心的激動，轉身就向外跑。待來到門口，又轉身朝其他幾間宿舍大聲喊道：「大家快走，又發現東西了，快去看看！」

其他人聽到喊聲，迅速竄出宿舍，見陳顯丹已隨楊永成跑遠，也跟著向外跑去。

現場很快勘察完畢，毫無疑問，這是一個與一號祭祀坑類似的器物埋藏坑。從顯露出的資訊和跡象看，裡面埋藏的東西不會比一號祭祀坑少。面對此一突發事件，陳顯丹極其冷靜、理智地當場做出決定，下令將已暴露出的坑口立即回填。當填到預定程度後，在最上層做出幾個不同的標記，以防有人暗中搗鬼，偷偷挖掘盜寶。老考古隊員戴福森率領川大學生朱章義、劉永澤與幾名技工在坑邊看守，嚴防不法分子的破壞活動。陳顯丹則與川大學生張文彥，以及在修復組工作的敖天照之女敖金蓉共同騎自行車赴廣漢。到達廣漢後，陳顯丹轉乘公車赴成都向省考古研究所趙殿增彙報，留在廣漢的張文彥與敖金蓉，首先找到敖天照，然後又會同廣漢縣文化局的袁局長，一起找縣長報告。

敖天照帶領張文彥等一行人先到縣政府找副縣長陳治山未果，縣長亦不在院內，只好轉身往縣委那邊疾走，希望能找到個有身分的主管報告。遺憾的是所有高層都不知去向，幾個人立在大院內頓感茫然。最後三人決定直接去找公安局局長黎登江，請他出面派警力保護。此時天已完全黑了下來，幾個人借著路邊昏暗的燈光，摸到了黎局長的家中並向對方做了彙報，但仍無結果。最後，心情沮喪的袁局長回家休息去了。敖天照把張文彥領到自己家中繼續商量對策，但一時又想不出一個能夠操作的錦囊妙計。眼看已到了晚上十點，張文彥對敖天照說：「今晚上的討論就到這裡吧，我要回三星堆去。現在工地上人員不多，又沒有警力保護，萬一出什麼事，那就不得了。」

「天這麼晚了，這黑燈瞎火的，你怎麼回得去？還是留在我家住一晚上，明天再回去吧。」敖天照勸說著。

「再晚也要回去，不回去我心中總感到不安。」張文彥態度堅定地說。

此時，一陣雷聲從遙遠的天際傳來，轟轟隆隆的餘音似在提醒著屋內的每一個人，天氣已經驟變了。

敖天照見自己的勸說已無能為力，靈機一動，提出要自己的兒子敖興全與女兒敖金蓉陪同張文彥一道回工地，這樣相互有個照應，自己也放心。張文彥推辭不過，只好答應。

三人走出敖家大門，騎上自行車朝三星堆方向前進。一出廣漢縣城，只見天空烏雲密布，黑鍋一樣向大地扣壓下來。夜色蒼茫，伸手不見五指。在一條狹窄的土路上，三人依靠敖興全手中一個並不太明亮的手電筒照明，一路顛簸向前。大約接近南興鎮的時候，走在前面的張文彥剛拐過一個小彎，只聽陰沉沉的夜幕中發出「砰，嘩——」一陣響動，張文彥連車帶人被一輛對面開來的三輪摩托車撞入道邊的土溝。敖家兄妹見狀，急蹬自行車趕上前來，那摩托車已加足馬力，「轟」的一聲逃竄而去。敖家兄妹急忙扔下車子攥著手電筒跑入溝中，只見張文彥躺在溝裡，滿臉鮮血，已昏厥過去。

「張文彥，張文彥！」敖興全一邊急促而焦躁地叫喊著，一邊伸手抓住對方的衣領搖晃著，但此時的張文彥除了嘴和鼻孔不斷向外流淌鮮血外，已沒了知覺。

「前面有個店鋪，快把他弄過去，看看怎麼搶救。」細心的敖金蓉發現前面不遠處有一家店鋪還亮著微弱的燈光，果斷地做出了這一決定。敖家兄妹先把張文彥從溝裡抬出來，由敖金蓉連搬加到敖興全的背上，敖興全一路小跑來到那家亮燈的店鋪前，將張文彥放下，敲開了對方的門，發現是一家修車廠。他們向店主說明了情況，請求救援。

店老闆是個六十歲左右的老頭，滿臉黝黑，面相還算和善。他略顯吃驚地看了看張文彥的傷勢，又找來一條破舊的毛巾擦去張文彥臉上的血跡，用手指在張的鼻子、額頭等部位詳細試了試，然後平靜地對敖家兄妹說：「沒什麼大事，現在是被撞休克了，過一會兒就緩過來了。」說罷，起身進店倒一杯溫水，要敖家兄妹給張慢慢灌進去。

大約一刻鐘後，張文彥從昏迷中醒了過來。他聽罷敖家兄妹對剛才情況的描述，摸摸自己的臉，額頭被劃出了幾道血口子，鼻子被撞破了，嘴有點痛，沒有缺胳膊少腿，總體上說還算萬幸，忙向店鋪老闆道了謝，把被摩托車撞壞的自行車從溝裡弄出來，請老闆幫忙修好，付了一點費用，然後三人又重新上路。這時，天空中的烏雲更加低沉，遠處的雷聲越來越近，一道道刺目的閃電在眼前閃爍，震耳欲聾的連環雷在頭頂不斷地滾動、跳躍、炸響，並發出經久不息的「哢哢嚓嚓」撼人心魄的轟鳴。沒走多遠，銅錢大的雨點開始撲撲棱棱地從天空砸下來。接著，路兩邊的田野於黑暗中「嘩」地暴出一聲特別的聲響，大雨傾盆而下，只眨眼的工夫，路面上的積水已開始四處流淌。張文彥等趁著泥沙混合的路面尚未被雨水全部浸透泡軟，加速向前行進，待到南興鎮時，路況變得既軟且黏，已無法騎車行走，幾人只好推車步行，慢慢向前移動。

「車輪轉不動了，我看是不是先到鎮政府避避雨，待雨停了再說。」暗夜裡，敖金蓉的聲音透過濃重的雨幕傳了過來。

「也好，那就直奔鎮政府吧。」張文彥在黑暗中發出了呼應。於是，三個人在雷電交加、大雨滂沱的夜色中，伴著如豆的手電筒光，深一腳淺一腳地推車前行。

當他們敲開早已關閉的鎮政府的大門走進去時，鎮裡的幾位官員正圍在一張桌上打麻將，看到三個人落湯雞一樣的形象，大吃一驚，立即派人拿來替換的乾衣服，並安排住處讓他們休息。

這天夜裡，不知是天公發怒還是發邪，潑下了很大一場雨，整個廣漢平原已是溝滿壕平，江河咆哮，峽谷之水呈倒流之勢。第二天早晨，張文彥等三人離開南興鎮政府大院，伴著淅淅瀝瀝的小雨回到了三星堆駐地。

許多年後，張文彥在回憶這段往事時，對後來的情形這樣補充道：「我們回到工地的當天上午，二陳及趙殿增老師就到了工地，他們聽說我的情況後，馬上到我的住室探望，並商定立即派車把我送到縣醫院檢查治療。檢查的結果是，牙齒丟了一枚；上齶內側破裂，縫了三針；鼻內血管碰破，直到三、四年後，我的鼻子只要輕微一揉就出血。這就是那天晚上要回三星堆所付出的代價。」

一件珍寶神祕失蹤

自從在廣漢縣城與張文彥、敖金蓉分手後，陳顯丹乘長途公車於當天晚上九點鐘左右趕到省考古研究所，向趙殿增做了彙報。趙一聽三星堆遺址又冒出一個器物坑，自然是驚喜交加，神情振奮。但一想到挖掘與出土文物的歸屬問題，腦袋又大了起來，精神也委靡了許多，一時不知如何是好。在派人把正在所內休整的陳德安叫到自己家中後，趙殿增與二陳對面臨的形勢與以後可能發生的情況做了大概的分析，認為此次省考古研究所萬萬不能輕舉妄動，單獨出面與廣漢方面交涉，必須聯合幾家相關單位，且找一個在權勢上能壓住廣漢那堆官員的大人物從中協調，以後的事務方能較順利地進行下去。否則，麻煩事將層出不窮，難以應對。

根據此一新的戰略指導方針，趙殿增當晚即致電省文化廳、省文管會等單位的高層，並透過他們出面邀請更高級別的官員共赴三星堆協調工作。最後，省委常委、宣傳部長許川表示願意到廣漢一趟。第二天吃過早飯，趙殿增、陳德安、陳顯丹三人，會同省文管會辦公室副主任朱秉璋、省文化廳文物處處長高文，與省委宣傳部部長許川及其隨員，一路浩浩蕩蕩、群情激昂地來到了廣漢。在新發現的器物坑邊，許川等聽取陳顯丹對此坑埋藏情況的分析推斷。陳顯丹也提出挖掘中所需要的人力物力等事宜，並特別提到應由廣漢縣派出警力保衛守護的問題。許川當場下令廣漢縣官員照辦。

過了片刻，廣漢縣書記葉文志對許川小聲道：「許部長，我們縣準備蓋個博物館，專門存放展覽三星堆遺址出土的東西，如果這個坑挖掘了，您看東西是不是留在廣漢？」

「這個嘛……」許川話到嘴邊停頓了一下，思索了一會兒，對葉文志道：「蓋博物館是件好事，但也不是說蓋就能蓋的，這要牽涉好多問題。你提的這個建議有些意思，看看怎麼和文化廳、考古所協調一下。這批文物挖出來之後，到底何去何從，你們幾家商量著辦吧。」

待許川等一行考察了考古隊駐地特別是庫房，做了一連串虛中有實實中有虛的指示之後，率領隨員驅車離開。剩下的一切工作就需要以二陳為首的考古人員，具體展開挖掘工作了。

當天下午，由陳顯丹出面，除了對最早報告情況的楊永成、溫立元每人頒發一百元（人民幣）的獎金，並進行口頭表揚和鼓勵外，又從磚廠和當地找來十幾名有挖掘經驗的民工，以每人每小時二點五角（人民幣）薪水的價格簽定了口頭合同。為吸取一號坑的教訓，這次在挖掘之前就開始編織籬笆，搭建防雨棚，以保證出土文物的安全與挖掘工作的有序進行。

八月二十一日，舉世震撼的考古大挖掘正式開始了。

這天，考古隊員們特地比平時提前一小時吃早飯，在絢麗的朝暉照耀下，沿著田野的小路，向將要挖掘的三星堆遺址器物坑走來。就在挖掘開始不久，廣漢縣文化局的兩名職員找到敖天照道：「據內線報告說，三星堆考古隊那一竿子人已開始在那裡挖開了，局長要我們去看看他們是不是胡來，順便跟二陳打個招呼。」敖天照並不理解兩人的用意，稀裡糊塗地跟上一道來到了三星堆挖掘工地。待與考古人員一見面，其中一位職員對陳德安道：

「我說陳老師，你們先不要在這裡胡刨亂挖，我們縣裡局長說了，先把下面這堆東西的歸屬問題搞清楚再挖。」

陳德安愣了一下，心中如同猛地塞進一團爛棉絮，感到憋氣與不快，當即回答道：「一切出土文物歸國家所有，國務院公布的文物法不是已經說得很清楚了嗎，怎麼還要再搞清楚？」

「這個法大家當然都不糊塗，只是由誰出面代表國家的而已。你們省考古所只是個小小的業務單位，顯然不能代表國家。而我們廣漢縣政府卻是國家的一級政府，完全有資格代替國家保管這批東西，也責無旁貸地應當進行保存和管理，你們說是不是這個道理？」縣文化職員辯解道。

敖天照這時才恍然大悟，自己是跟著兩人為要文物以壯聲勢來了，心中頓生被矇騙玩弄的感覺，一氣之下，脫口插言道：「按國家法律規定，東西出來後應該拉到省考古所去，廣漢怎有這個資格來處理？」

「哎，老敖，你還是不是廣漢人，怎麼胳膊肘向外拐，太不像話了嘛！」同來的職員一看敖天照現場倒戈，頓時大怒，朝他高聲呵斥道。

「我說的可是有規有矩的事，並不是要偏向省考古所。如果廣漢要留下，就得趕快想辦法建博物館，等博物館建好，這些東西自然就會回來的。現在這樣爭來爭去，對誰都沒有好處，對出土的文物更不是件好事。」敖天照並不理會對方暴跳如雷的態度，不卑不亢地解釋著。

陳德安在坑中抬起頭，指著身邊露出邊沿的一件青銅器道：「我們馬上就要向外提取器物了，縣裡再不派警力來保衛，這堆東西取出來之後，只有立即運成都，否則安全無法保證，我們也負不起這個責任。到底何去何從，你們就看著辦吧。這挖掘的事，可是省委宣傳部許部長親自批示的，要我們停下來可以，你們就找許部長再另外做個批示吧。」言畢又低頭挖掘起來。

縣裡派來的職員走後，二陳知道此事的麻煩不但沒有結束，反而是開始的徵兆。挖掘中，他們仍採取一號坑挖掘時三班輪轉的方法，每班十餘人輪番取土。經過十餘天的緊張挖掘，四個探方內的文化層堆積全部清理完

左：二號坑中青銅器物中裝載的玉器

右：二號坑玉刀、玉璋分布情形

畢，下面暴露出與一號坑極其相似的板結的五花土。經測量，這是一個長五點三公尺、寬二點三公尺的長方形土坑。從挖掘出的遺物可以看出，坑口的上方有被宋代人兩次挖掘的痕跡，當時挖掘的目的，是與種植有關還是另有打算，已難以判斷分明。所幸當時挖得不深，否則坑內的寶物早已不知去向了。當夯土清理完畢後，陸續有小件玉器出土。考古隊內部的攝影人員、繪圖人員、器物登記人員，開始前前後後地忙碌起來。

九月五日晚十一點三十分，考古人員和民工正在明亮的燈光下挖掘，連日來不斷的勞作已使眾人感到疲憊不堪，而當換班時間即將到來的時候，更覺又飢又睏。此時正是陳德安帶班。他強打精神一件件地清點著出土文物。突然，怔愣了一下，在短暫的沉寂之後，他將隨班協助工作的張文彥悄悄叫到坑外小聲說：「壞了，有一件東西找不到。」

張文彥大驚，立即意識到出事了，一臉惶恐地問：「什麼東西？」

「一件玉器，在我的工作日記上有紀錄，還標明出土位置。」陳德安極其嚴肅地回答。

「那怎麼辦？」張文彥一聽，更加不安地問著陳德安，也是問自己。

陳德安靜了靜神，複雜的目光在坑內民工們的身上一一掠過，習慣地咬了下嘴唇，對張文彥說道：「只有一個辦法，那就是立即停工，下一班人員不要前來上班，本班人員不能離開，這樣可避免更大的混亂，待天亮以後再跟公安局聯繫。」

張文彥點點頭，目光中透著理解與支持，悄悄說了聲：「這也是個辦法。」

陳德安道：「事到如今，只能出此下策了。」說罷來到坑口對正在挖掘、已是無精打采的眾人大聲道：「唉，大家不要做了，停工，停工，都出來，都出來。」

民工們一聽「停工」兩個字，當即喜上眉梢，一個個捶腰搓背，嘴裡咕嚕著什麼，從坑邊摸起自己的煙包煙袋，裝了煙點上火，「吧嗒吧嗒」地抽起來。等眾人稍微有了點精神，陳德安突然神態莊重地說道：「各位都往我這裡靠，有個重要事情需要跟大夥通報一下。」眾人聽了，一個個瞪著驚奇的眼睛靠攏過來。

陳德安目光在每個人的臉上掃了一遍，接著剛才的話道：「我們這一班在前些時候出土的一件小玉器找不到了，我的本子上有紀錄，有這麼長，就在這個角上。」說著，陳德安比劃著，又指了一下坑中的方位。眾人愕然，驚呼道：「怎麼會有這事？不可能啊！」

陳德安把手一揮，打斷眾人的議論與吵嚷繼續說道：「就目前的情形而言，什麼意想不到的事情都有可能發生。玉器失蹤了，這就是一個擺在我們面前的千真萬確的事實。這個事實是無須再懷疑的了。現在我宣布，咱這一班的每一個人，不管是誰，不管有什麼理由和藉口，都不能離開這個棚子。要是誰擅自離開這個棚子，就視為盜竊文物的嫌犯，一旦公安局的人來了，首先將你抓起來審問。現在我能管的就是，各位在這裡先好好地想一想，回憶一下在哪個環節上出了差錯，這件玉器最有可能是被弄到哪裡去了。等天亮以後我再向公安局報案，並請他們前來偵察。說到最後還是剛才那句話，如果在公安局的人到來之前能找到這件玉器，什麼都好說。如果找不到，那就是公安人員和我們其中的一個人或幾個人的事了。請大家深思，在關鍵時候千萬不要糊塗，不要一失足成千古恨啊！」

陳德安頗動感情地講著，眾人由最早的愕然、驚恐，變成了沮喪、無奈與猜忌。人送外號「浪八仙」的民工楊通天將手中的鐵鏟往坑邊一摔，大聲嚷道：「嗨，這是他娘的啥事，搞得老子有家難回。」說畢，躺在坑口睡起覺來。

眾人一見浪八仙躺了下去，嘴裡咕噥著，也隨之一個個在坑邊倒了下去，或坐或躺地打起盹來。

不多時，前來換班的人員到了。陳德安站在帳篷外，將情況與帶班而來的陳顯丹說明。陳顯丹立即要所帶人員返回駐地，自己與助手劉章澤留下協助陳德安處理面前的難題。

大約凌晨一時左右，天空開始烏雲密布，並有雷聲從遠處傳來。又過了約半個時辰，整個天空已是電閃雷鳴、風雨大作了。暗夜中，暴雨打著旋，排成陣，在風的呼嘯中向三星堆二號坑搭起的帳篷衝壓過來，發出「呼呼隆隆」的聲音，大有拔帳毀篷之勢。面對這突發的事件和驟變的天氣，二陳與張文彥、劉章澤等考古人員一個個瞪大眼睛，繃緊神經，密切注視著面前的一切，惟恐發生意想不到的變故。燈光下，陳德安望著暴雨中漆黑的夜幕和不時閃耀的電光，對陳顯丹悄悄地說道：「無論有多大的困難，我們都必須儘快把公安和武警請來，否則要出大事。一旦出了事，你我都負不起這個責任。」

「是呵，現在有幾件青銅器已經露頭了，明天集中挖掘一兩件，然後派人到廣漢縣報告，順便把今晚上的事也說一下。他們再不派人來保衛，我們就要把東西運往成都，並請單位出面想辦法解決安全問題。」陳顯丹回答著。

黎明時分，雨漸漸停歇。待天色大亮時，天空的烏雲盡數退去，東方披掛起道道彩虹。陳德安打著哈欠來到帳篷外轉了一圈，抬頭看看天，又低頭看看近處被狂風暴雨摧殘得彎了腰的稻苗。就在他心事重重來回踱步的時候，驀地發現在帳篷門口的一側，有一個東西在曙光的映照下發著燦爛的光。他的心「咯噔」一下，立即意識到什麼，急忙趕奔過去一看，不禁「呵」了一聲——這個閃光的物體，正是他苦苦等了大半個夜晚的小玉器。

此時，張文彥、劉章澤等幾人正陸續地走出帳篷，見陳德安急急地趕了過來，伸手從泥土中撿起了一個顯然

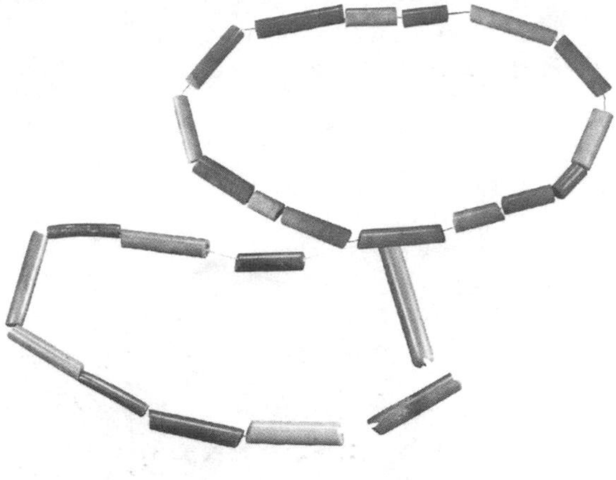

二號坑出土的玉管飾

是被雨水淋過的小玉管，一邊問著：「陳老師撿到什麼？」一邊湊上前來觀看。陳德安極其興奮地答道：「這就是我們找了一夜的那件玉器，現在總算找到了，真是不容易啊！」

張文彥一看陳德安手中拿著的，原是一件直徑不到零點六公分，長不到零點五公分的翡翠管，當場以不屑的口氣說道：「哎呀陳老師，我以為你折騰了一晚上折騰啥，原來就是這麼個小東西啊！這興師動眾的，值得嗎？」

陳德安滿臉嚴肅地對張文彥道：「以後可別這麼說，再說就讓人笑話了。幹考古這一行有這一行的規矩，在挖掘中，只要是上了你的日記本或圖紙的，任何一件東西，哪怕是一件陶片都不能丟失。你的工作日記和已繪出的圖紙是不能塗改的，原來什麼樣就是什麼樣。這件器物已上了我的日記本，形體雖小，你想一想，不找到行嗎？」

陳德安的一席話說得張文彥啞口無言。多少年後，張文彥在回憶這段往事時，曾飽含真情地說道：「從此之後，在我的考古生涯中，這件事一直在我心中揮之不去，並成為我工作中自省自律，嚴謹求實的一個座標。」

失蹤的翡翠管失而復得，眾人皆大歡喜。至於這件器物失蹤的緣由，當時有兩種不同的推測：一是民工們在運土中不小心把

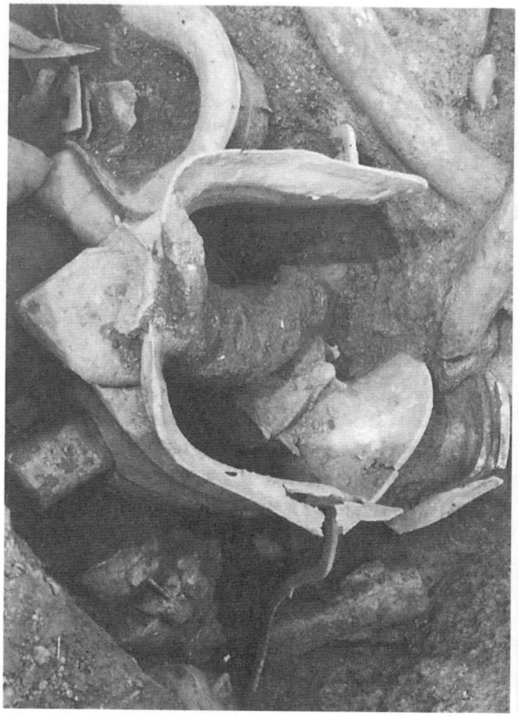

左：被當作「椅子」的青銅縱目面具
右：青銅縱目面具初見天日

這件器物混於泥土一道運出，經過一場暴雨沖刷之後，自然冒出。另一種是有人故意匿藏，企圖帶出圈外，但尚未來得及行動就被察覺。在所有人員不准離開的情況下，匿藏者見大勢已去，為避免引火焚身和可能面臨的牢獄之災，就瞅個機會在其他人不注意的情況下，將這件器物迅速扔出帳篷之外。由於當時風勢較大，較小的器物就被風吹到門口旁側，直到天色大亮被發現。

既然丟失的器物被重新找回，陳德安帶領的一班人員全部撤出工地，由陳顯丹所帶領的人員接替。根據昨晚制訂的最新挖掘計畫，陳顯丹指揮考古人員對三件已明顯露頭的青銅器做重點清理。就在清理的過程中，發現坑的東南角暴露出一個大型青銅物體的一部分。因這件器物倒置於坑角，高過埋入坑內的所有器物而首先露出地面。順著露出的部分挖下去，是一塊兩邊向裡捲曲的光面銅皮。這件銅器寬近一公尺，當下挖至半公尺時仍不見底部。現場的挖掘人員見狀無不驚奇莫名。陳顯丹一看發現了如此大規模的青銅器，這在之前聞所未聞，狂喜之中立即讓人把陳德安從駐地找來一睹為快。陳德安從睡夢中被人叫醒，立即穿上鞋子向挖掘工地跑來。來到現場一看，大為震驚。只見一塊大銅板像一扇門一樣立在坑中，幾乎占了坑的一半，銅板的兩邊還伸出了兩個豬耳朵一樣的角，看上去怪模怪樣，但不知到底是什麼器物。

「我的天啊，這麼大一個東西，是什麼？」陳德安蹲在坑中，兩眼放光地對著大銅板自言自語地說著。

「這還看不出來嗎？一把大號銅椅，露出的這部分是椅子的後背，兩個豬耳朵是椅子的扶手，那椅子座和腿還在地下埋著呢！」陳德安剛一說完，從三星村雇來的民工、一號坑發現的報告者——陳歷釗的弟弟陳歷治，橫空插了一句。這一句提醒了眾人，大家立即活躍起來，紛紛圍著銅門一樣的東西議論起來。「唉，別說，還真像椅子的後背啊，說不定我們挖到了古代皇帝的宮殿，這就是他的寶座啊！」民工張洪江附和著，撥開圍觀的人群，「噗」地一聲坐在銅皮上面，兩手搭在豬耳朵狀的扶手上，嘴裡得意地喊著：「我先嘗嘗這古代皇帝椅子的滋味吧！」隨後整個身子仰躺在銅皮上，兩手抓住「豬耳朵」使勁搖晃起來。

「放肆！大膽！你怎麼敢在這裡撒野。快給我滾起來。」張洪江見陳德安火起，自感闖了大禍，脹紅著臉站起來。

「我去找張文彥說著，轉身向駐地走去。張文彥速到縣裡報告，請他們派警力來，否則秩序很難維持，弄不好真的要出大亂子。」陳顯丹有些焦急地對陳德安說著，轉身向駐地走去。

張文彥騎自行車一路急趕來到廣漢縣城，再會同敖天照一道來到縣委大院，直接找到了分管公檢法的縣委常委、縣政法委員會楊書記，把發現青銅椅的情況做了彙報，同時提出需要廣漢縣派警力保衛的要求。楊書記一聽三星堆發現了古蜀國國王的寶座，頓時來了精神，當即答應找公安局長安排人員前去保護看守。公安局局長黎登江

左：二號坑象牙等器物堆積情形
右：青銅縱目面具破土而出

接到楊書記的指示不敢怠慢，立即調集八名公安幹警與一個排的武警荷槍實彈，由兩名公安局副局長帶隊，乘車火速趕赴現場進行警衛。

考古隊發現古代皇帝的坐椅消息，一傳十，十傳百，迅速在社會流傳開來。當地百姓潮水般向三星堆湧來。由於有了一號坑的警衛經驗，公安、武警迅速對現場進行封鎖，武警官兵手握衝鋒槍，成鐵桶合圍狀，分兩層將挖掘現場保護起來。

有了如此一種挖掘氛圍，考古人員精神格外振奮，很快就動員人員將那件碩大無比的青銅器全部清理出土。也就在出土之後，這件神祕器物才算露出廬山真面目。原來這件青銅器並不是什麼青銅靠背椅，更不是什麼古蜀國王的寶座，而是一個巨大的青銅面具。出土時，大面具的下頜朝天，看起來像一把椅子的後背，才使人誤認為是古蜀王的寶座。出土後，發現這尊面具的下頜中部已被打破，其中一塊吊在嘴邊。經考察，其下頜已殘缺破裂，可能是古代人在掩埋時由於某種尚不明的外部原因所造成的。

這尊面具後來經過文物修復專家楊曉鄔等人的精心修復得以復原。根據二陳撰寫的挖掘簡報記述：此面具通高六十

左：青銅神樹出土情形

五公分，寬（以兩耳尖為準）一百三十八公分，厚零點五至零點八公分。具體形狀是：「闊眉大眼，眉尖上挑，雙眼斜長，眼球極度誇張。前端略呈菱形，中部還有一圈鐲似的箍，眼球中空。鷹鉤鼻，兩側勾成雲氣紋，鼻孔呈m形。大嘴，兩嘴角上翹接近耳根。雙耳極大，耳尖向斜上方伸出，似桃尖，耳廓內飾粗獷卷雲紋。雙耳和兩眼球鉚接在面像上。額中部有一個方孔，面像的左、右兩側上下各有一小方孔。」據一陳推測，這個面具可能是附在某個建築物或圖騰柱上的器物。

繼大面具出土之後，緊接著，是一根又一根直至數十根的象牙出土。這些象牙在坑中縱橫交錯，密密實實，無從下手挖掘，考古人員只好在坑上搭起木板，彎著身子趴在木板上小心翼翼地用竹簽清理象牙縫隙中的泥土，繪圖員則俯臥在另一側的木板上測繪象牙分布圖。在象牙層下方，滿坑的珍寶令人目不暇接。高大、繁縟、精美的青銅尊、罍，妝扮各異的青銅人頭像，大小不等的人面像，眼睛外突的縱目獸面像，身軀斷開的青銅立人像，以及閃閃發光的金面罩、金面銅人頭像與神奇的銅樹等等，令人驚詫萬分，如墜夢境。那溫潤的玉環、玉璧、玉璋、玉戈等玉石器，一件件，一樣樣，猶如打開蜀國寶庫的大門，光彩奪目，令人整個身心如同置於神祕莫測的天宮天殿與陰陽兩界魔窟仙洞之中。

考古人員清理坑內的象牙與堆積物

從二陳後來撰寫的挖掘簡報中可以看到：這個器物坑的「坑內堆積迭壓布局可大體分為上、中、下三層，器物的投放有一定的先後次序。首先在最下層投放的是海貝、玉石禮器、青銅獸面、鳳鳥、小型青銅雜件和青銅樹枝、樹幹等。這些遺物在清理時，大部分都雜在灰燼的炭屑裡，並留下了明顯的煙熏火燒痕跡。中間層則投入大型的青銅容器和青銅立人像、頭像、人面、樹座等。最上層主要為六十枚（節）大象門齒縱橫交錯地迭壓在一起。坑中主要器物出土時的具體情形是，青銅立人像由腰部折斷成兩段，上半身位於坑的中部，下半身位於坑的西北部，被一青銅樹座所壓。尊、罍、彝等青銅容器主要位於坑的東南和東北兩角，大部分容器外表都塗有朱色，器內部裝有海貝、玉石器等。青銅獸面位於坑的西北角，與大量的海貝放在一起。青銅人頭像、青銅人面像主要分布於坑的四周，中部也有少量的頭像。在有的頭像內還裝有不少的海貝。頭像和面像部分損毀並經過火燒，尤其是人面像，大部分被打壞或燒壞。象牙及骨器之類也明顯有被燒焦的痕跡，有的玉石器被燒裂。大部分遺物遭到了損壞或已殘缺，有的同一件遺物碎成數塊而分布於坑內的不同位置。推測大多數遺物是在入坑前人們舉行某種儀式時有意損壞的，小部分是夯土時打碎的。有的器物破碎成若干塊（節、片），尤其是青銅神樹的破損枝節占了出土遺物總數的相當一部分，還有一些遺物被打得很碎，其原來整體面貌、形狀及用途需做深入細緻的探索。」

整個挖掘於九月十七日結束，歷時二十七天。根據器物坑的性質，二陳等考古人員將其定名為二號祭祀坑。據當時的紀錄顯示，整個二號祭祀坑出土各類青銅器七百三十五件，金器六十一件，玉器一百餘件，象牙六十七枚。加上其他諸如石璧、玉珠、象牙珠等器物，共出土文物一千四百餘件，海貝約四千六百枚。如此數量眾多、價值重大的器物出土，不但在三星堆挖掘史上前所未見，在整個西南地區挖掘史上，也創造了聞所未聞的奇蹟。

硝煙再起

當二號坑的文物剛剛清理完之後，二陳意料之中的事情如期而至了。

廣漢縣警方前來守衛的時候，廣漢縣副縣長陳治山就曾專程到三星堆告知二陳：「這堆東西挖出後，要登記造冊，原原本本地放在磚廠駐地。未經廣漢縣政府批准，不准拿走一件東西。」儘管當時二陳對此一指示採取了不理睬的態度，將全部的精力放到挖掘之中。但當挖掘結束，這個無法繞開的問題就已到了非解決不可的時候了。

廣漢方面吸取了上次的教訓，在警力開赴三星堆時，除了挖掘現場的警衛外，還調集一部分警力和十幾名持槍的民兵，對考古隊駐地的臨時文物庫房加強了警戒。同時向警戒的公安、武警人員下達命令，凡二號坑挖掘出土的文物，只能進不能出。沒有縣裡的指示，包括考古隊陳德安、陳顯丹在內的任何人，不能以任何理由和藉口將文物運出倉庫。如有擅自搬運又不聽勸阻者，以盜竊搶劫分子論處，立即緝拿歸案。

正是有了這樣一條嚴厲的規定，使得考古隊的二陳對這批文物既不能輕舉忘動，更不能像上次一樣借著月黑風高的茫茫夜色偷偷運走了。擺在陳德安、陳顯丹面前的只有一架搖搖晃晃的獨木橋可過，那就是需拿出時間，不知疲倦地和廣漢方面做無休止的外交性談判。

在經過一番無效的交涉後，二陳就面臨的局勢做了一番分析研究，認為短期內很難把文物輕易運走，不如以靜制動，先晾對方一段時間看看，然後再見機行事，做下一步打算。根據此一方案，陳德安等開始輪班休息，再也不提出土文物走與留的事了。

這樣乾耗一個星期之後，首先是看守的武警官兵按捺不住，決定回去向縣政府高層反映這件事。五天之後，縣公安局來了一位副局長，令負責看守的公安與武警官兵全部撤離，只留下十幾個民兵堅守崗位。見此情景，陳德安與陳顯丹預感到新的契機到來了，便奔赴成都將此一情況向省考古研究所的負責人趙殿增做了彙報。趙殿增與他的幾位副手經過協商，決定由考古隊李副隊長出面，與陳德安一起，打著省委宣傳部許川部長的旗號，赴廣漢縣委宣傳部討要文物，力爭將文物順利運回成都。

第二天，李副隊長與陳德安按原定計畫來到廣漢縣委宣傳部，明確提出要將三星堆二號坑出土文物全部運往成都清理、修復與研究。由於頭頂上飄揚著許川部長的大旗，縣宣傳部部長表示立即與縣委主要幹部溝通。待溝通結束後，縣宣傳部部長代表縣委旗幟鮮明地提出，文物可以拉走，但省文化廳或考古所必須與廣漢縣辦理一個交接手續，並出具一個正式的借據，明確這批文物的主權歸廣漢縣所有，省考古研究所屬於租借方，在規定的時間內必須歸還廣漢縣，否則付諸法律等等。

李副隊長與陳德安一聽對方的口氣和態度，跟爭奪一號坑文物的情形如出一轍，只是比上次更加精明一些罷了。便按照預定戰略先口頭答應下來，明言這個條件可以接受，待回去彙報後再談具體的操作事項。於是，二人當天返回成都向趙殿增做了彙報。趙殿增一聽對方並不是鐵板一塊，仍有機可乘，便對李、陳二人說道：「還是上次那個思路，只要把東西弄到手，就由不得他們了。這個事我還是跟省廳的主管彙報一下再定吧。」於是，趙殿增驅車到省文化廳向杜廳長與分管文物考古的王幼麟副廳長做了彙報，同時表明態度：不管採取什麼手段，一定要先把文物運出來。這個想法獲得兩位廳長的充分肯定。

只見杜廳長望了一眼王幼麟，說：「我們早就商量過了，廣漢方面要的那個手續，省廳不能出，考古所也不能出，讓陳德安以個人的名義給他們出一個就行了。這樣為我們以後跟他們周旋留有餘地。」

趙殿增有些為難地道：「讓陳德安一個人出面好是好，只不知廣漢那邊肯不肯答應？」

「那就要看你的部下陳德安的本事了。現在我們派陳德安駐守三星堆，一旦廣漢有變，就需要他出面擺平。如果你這位大將軍再率軍聲援一下，我們看也是一樣大功告成矣！」杜廳長信心十足地說著。

「那好，就讓陳德安千里走單騎，一人出面把這件事擺平吧。」趙殿增說罷起身告辭而出。待回到考古研究所後，他與陳德安本人傳達了兩位廳長的指示。陳德安聽罷一皺眉，說道：「我一個人頂著，能行嗎？」

趙殿增道：「這可是兩位廳長親自做出的戰略決策，不行也得行！」

第二天，陳德安返回廣漢，首先找到縣委宣傳部部長，說明省文化廳和考古研究所不便於出面，而由自己以個人的名義寫個借條看是否可行。縣宣傳部長想了想道：「我看可以，只要有那麼個東西就可以嘛，到時還怕你跑了不成？不過這件事我還要跟政府那邊商量一下，畢竟是政府在具體操辦嘛，你看怎麼樣？」

陳德安見對方如此痛快，不敢再多囉唆，急忙一邊點頭答應一邊退了出去。

既然非要政府方面的有關單位主管點頭，看來還得找陳治山副縣長。儘管此人在這件事情上態度強硬，但畢竟他是分管文化教育的副縣長，這一關還是要過的。想到這裡，陳德安硬著頭皮來到了陳副縣長的辦公室。

當說明來意後，陳治山似早有防範，他仰靠在高大氣派的老闆椅上，依舊態度強硬地道：「誰跟你說的你找誰交涉去，不要再到我的面前囉唆了。你該做什麼就做什麼去吧。我這裡還有一大堆事要辦。」說罷伏首寫起了什麼，不再理會。

「好，就按你說的辦。」陳德安強按住心中的怒火，恨恨地說著，轉身走出門來。根據剛才一番遭遇，他對眼前的形勢做了冷靜的分析，認為在這個問題的看法與處理上，像中國乃至世界上的一切事務一樣，廣漢縣領導層也有分歧和不同的聲音，並不是鐵板一塊。他突然覺得應該找一下縣政法委的楊書記。只要楊書記答應，派車與派警力的事就可解決，文物也就順理成章地運走了。想到這裡，他打起精神來，向楊書記的辦公室走去。

「三星堆二號坑出土的文物，長期放在磚廠，安全得不到保證，誰來看守也不好辦，弄不好要出大事。我剛才與縣宣傳部長說過，他也同意我以個人的名義借回去，運回省考古所清理、修復，希望您能做個批示放行。」陳德安懷揣忐忑不安的心情，說出了自己的打算。

楊書記略一沉吟，極其乾脆地答道：「可以嘛，運回去吧。還需要什麼說明嗎？」

聞聽此言，陳德安為之一振，心怦怦地跳動起來，惟恐半路上再殺來一個程咬金，讓對方改變主意，遂立即答道：「需要派一部警車和幾名武警持槍押送。」

「這個好辦，我打個電話給公安局的黎局長，叫他安排就是了，具體的事情你再跟文化局協商一下。現在我就打電話，你到黎局長那裡跟他先訂一下吧。」楊書記說著拿起電話。陳德安喜出望外，一邊說著感謝之類的話語，一邊向外走去。

第二天下午，按照陳德安與縣公安局、文化局局長協商的結果，由公安局出動一輛警車和六名武警官兵，荷槍實彈來到三星堆考古隊駐地，準備護送押運二號坑出土的全部文物。此時，由省考古研究所趙殿增派來的兩輛廂型車和陳德安在當地雇傭的十幾名民工，早已等候在倉庫門口。見警車與武警到來，陳德安立即開倉讓民工向外搬運早已裝箱的文物。負責守護的民兵隊長見考古隊要搬東西，當場給予阻止，聲言沒有陳治山副縣長和南興鎮劉世昌副鎮長親自到場，這批東西別想搬出倉庫半步。同時火速趕赴南興鎮報告。

雙方火爆交鋒多時後，一同來到楊書記面前理論。因有先前的打通關，楊書記站在陳德安這邊。副縣長陳治山見大勢已去，只得退而要求寫借條。於是陳德安在一張白紙上寫下「因工作需要，三星堆二號坑出土文物全部借往成都省考古研究所清理、修復、研究」等字樣，後面則是一連串的清單，最後有陳德安本人的署名。陳治山拿著這張借條，同意由武警押送已裝車的文物運往成都，但必須在借條中加蓋省考古研究所的公章方能算數。

為儘快將文物運走，陳德安答應下來。於是陳治山特派文化局一位副局長隨車趕往成都，在將文物卸下之後，先行加蓋了被陳副縣長視若生命之本的省考古研究所的公章。至此，雙方爭奪二號坑出土文物的交鋒算是告一段落。

第六章

史影裡的蜀國

史影裡的古蜀國，有傳說中的神祕君王。杜宇歸隱化鵑之謎，開明王朝由盛轉衰。最後，強秦的大軍殺向蜀地，蜀亡，歷史因此改寫。

專家雲集三星堆

一九八六年十月四日，在廣漢舉行了「巴蜀歷史與文化學術討論會」。來自全中國各地的一百三十多位文物考古和歷史學界的專家學者出席了會議。會議名為巴蜀歷史與文化，其實討論的焦點都在三星堆遺址與兩個器物坑出土的文物，這是主辦者與被邀請者心知肚明的事情。

此時二號坑出土的全部器物仍在三星堆考古隊的倉庫中，省考古研究所與廣漢方面正在暗中較勁。就廣漢方面而言，自己以東道主身分主辦這次會議，有一大部分想法是與文物考古部門的主管及國內知名學者聯絡感情，在出土文物的去與留問題上，希望這些政府官員與學者能傾向廣漢這邊。但不幸的是，與會的官員和學者們大都站在省考古研究所那邊，力主文物應搬到成都去。當廣漢方面的高層找到代表國家文物局出席這次會議的黃景略，並提出將二號坑的文物留在當地時，黃景略堅決反對，還當著廣漢縣幾位重要官員的面，旗幟鮮明地指出：「這批東西必須搬到省考古研究所清理、修復、研究後，才能考慮最後由哪一方來保存。」

根據會議主辦者的安排，專家學者們首先到三星堆遺址考古隊租借的庫房中，對挖掘出土的器物做了實際考察。由於親眼看到遺址的規模和出土的器物，專家學者們很快達成共識，一致認為三星堆兩座器物坑是四川省乃至整個中國最重要的考古發現。此項發現，為中國的西南地區和整個長江流域的考古工作開拓了廣闊的前景。

考察之後，學者們來到廣漢西苑賓館會議廳，搭著驚喜與興奮的餘韻，就此一古蜀文化遺址的性質展開了熱烈的討論。

最令各路專家學者大感興趣，且無法迴避的問題是，二陳挖掘的兩個器物坑是做什麼用的？它與三星堆有沒有關係？如有關係，應是一種什麼樣的關係？

於是祭祀坑說、窖藏說、被毀宗廟說、陪葬坑說等四種不同的說法通通出爐。各種說法看起來都有自己合理

專家們參觀三星堆發掘現場

的解釋，又都有講不通、道不明的缺憾，一時爭執不下。在談到三星堆與兩個器物坑有無關係，是什麼關係時，有學者認為三座土堆是古蜀人祭社的「塚土」，它們與兩個祭祀坑屬於一個整體，是古蜀人在此舉行各種祭祀的場所。這一說法當場遭到不少學者的反對，認為土堆的時代與兩個坑的關係目前尚不能確立，僅憑著自己的猜測就認為土堆是「塚土」，其立論有明顯先入為主的嫌疑，不足為信。至於三星堆遺址中的三個大土堆究竟是什麼建築物，作何用處等等一系列問題，大多數與會學者的意見是，需要進一步考古挖掘和研究才有可能弄清楚。

在論及三星堆遺址的總體性質、年代、文化內涵時，與會的北京大學教授、夏商周三代考古學巨擘鄒衡，滿懷激情地講道：「關於早期蜀國的歷史，文獻記載極其簡略，或者僅是神話傳說而已。早期蜀國歷史的重建，當然離不開考古學。不用說，這兩座器物坑的發現與挖掘，將揭開早期蜀國歷史研究的序幕。根據三星堆所出土的陶器、陶片來看，它們的最早期肯定已經到了相當於中原地區的龍山文化時期，至少可以到龍山文化的晚期，因為有些陶片同中原龍山文化陶器口沿上的風格完全一樣。而從現場觀察和從圖上看，三星堆遺址很有可能是一個古城遺址。它的規模比之於其他商城毫不遜色，文化內涵十分豐富。透過此一遺

三星堆古城牆遺址

址的發現，可以追溯到巴文化、蜀文化的起源，並探索出它形成和發展的概貌。」

對鄒衡的說法，與會的中國歷史博物館館長、著名考古學家俞偉超持相同觀點，並進一步補充道：「兩個器物坑是在南垣外的不遠處，據東垣殘垣斷面所示，城牆的中間是由若干層平鋪夯土築成的主垣，內外兩側又各有斜行夯土支撐中間的主垣。這與鄭州商城及黃坡盤龍城的築城方法非常相似。而在中原地區，這種築城法最遲至東周時期已經消失。整個遺址區文化層的分布範圍，又恰恰在城圈之內。把這種現象結合兩個器物坑出土遺物的年代以及高貴性質來分析，這裡當是一座古蜀國的王都遺址。」

「當然，」俞偉超接著說，「我們對早期蜀文化的系統挖掘才剛剛開始，早期蜀人的文獻記載又很不足，要推斷這是什麼蜀都是極其困難的。在殘存的揚雄《蜀王本紀》中，多少提出了一些可供推測的線索，大家可以按這個線索探討。」

整個會議期間的大討論，儘管專家學者們的觀點不同，爭論不斷，有的正說，有的戲說，但關於三星堆遺址是先秦文化的子遺這一結論，已沒有爭議了。

為了對三星堆遺址的歷史、宗教、民族、文化、冶金、古建、美術、鑄造等等學科有一個較為全面的評估，四川省文物管

三星堆遺址保護標誌

理委員會與四川省文物考古研究所聯合，特邀考古學巨擘、中國考古學會理事長蘇秉琦，以及著名考古學家鄒衡、嚴文明、俞偉超、張忠培，古建築學家楊鴻勳，歷史學家李學勤等各方面的專家學者，召開了「三星堆遺址保護、研究、評估」座談會。會上，中國第一代考古學家中最後一位大師蘇秉琦，根據自己親自考察到的三星堆遺址出土情況，在綜合專家學者們意見的基礎上，以其淵博的學識、成熟的理念，豐富的經驗，將其定性為「古文化、古城、古國遺址」。

既然有了這一權威認定，就要盡可能地弄清楚是什麼人、在什麼時候創造了這讓後世人類為之驚嘆的「古文化、古城、古國」。但遺憾的是，在巴蜀這片土地上，關於先秦的歷史，除了殘存的《蜀王本紀》等一類傳說與神話雜糅的文字外，幾乎再也找不到其他更加翔實的資料了。要想從撲朔迷離、真假難辨的文獻中，去梳理、考證古蜀國的真實歷史，就變得十分困難，令人望之興嘆。

但是，不管蜀道如何之難，這兩位名叫蠶叢和魚鳧的古蜀國君，還是建立了古蜀王國。既然歷史老人如此慷慨地賜予了現代人類一座宏大的古城和一批蓋世絕倫的出土文物，作為現代意義上的考古學家，就應該責無旁貸地拿起科學的武器，循著科學的道路，前去這個神祕的世界探尋個究竟。

儘管古蜀國各個王朝無一例外地都充滿了神祕與神話色彩，致使許多史事難窺真顏，渺茫難證，但包括三星堆遺址挖掘者在內的許多有志之士，依然殫精竭慮，在歷史的嵐煙霧靄中尋根溯源，以希冀當代和後世子孫由此獲得關於三星堆夢尋的感性知識和科學真知。

開國何茫然

據歷代史家不斷對古蜀人留下的蛛絲馬跡考證，古蜀國濫觴於夏、商之際，滅於戰國晚期，前後相繼達一千六百年之久，共經歷蠶叢、柏灌、魚鳧、杜宇、開明等數代王朝。從流傳的文獻資料看，古蜀立國的國名與傳說中最早馴化野蠶有關。

據現代考古學家、甲骨文研究的巨擘董作賓研究發現，在殷商時代的甲骨文中，「蜀」字寫作「」，看上去像一隻大頭蟲正在吐絲的形狀，也就是人們常見到的蠶的形象。而對於「蜀」這個文字的解釋，東漢許慎曾在《說文解字》中說：「蜀，葵中蠶也，從蟲，上目像蜀頭形，中像其身蜎蜎」《詩經．豳風．東山》中亦有「蜎蜎者蠋，蒸在桑野」的記述。此處提到的蠋，有學者考證是一種野蠶。這種野蠶經居住在四川西部的蠶叢氏若干年的馴養而漸漸變為家蠶。這個變化被譽為古代蜀人一項了不起的發明創造。

另外，有的學者根據殷商甲骨文考察，認為「蜀」字的造型不僅與蠶有關，也與龍和蛇之類的動物有關。甲骨文中的「蜀」（），其面部長著像螃蟹一樣的眼睛，長長的眼球突出於眼眶之外，與三星堆兩個器物坑出土的縱目面具極其相似。而下面彎曲的「蟲」身則與甲骨文中的「龍」、「蟲」、「蛇」的寫法相近。因此，三星堆兩個器物坑的挖掘者陳顯丹等學者提出，從三星堆縱目人面像上鑄造的蜷曲身體來看，「蜀」字下面的蟲身亦可理解為龍身或蛇身。

那麼，以蠶命名的蜀族的歷史是如何開始的呢？這個久遠的創世紀的起源問題，與其他民族一樣，只有借助於傳說和神話並結合考古資料，才能進行一個大概性的詮釋。

在傳說中，自很久以前的盤古王開天闢地之後，中國大地上出現了三位分別掌管天、地、人事的天皇、地皇和人皇。當時的天下被分為青州、雍州、冀州、梁州、兗州、徐州、揚州、荊州、豫州九大州。現在的四川，在當時屬梁州和冀州管轄之內。其三皇中的人皇氏有兄弟九人，分別執掌天下九州。人皇的後裔中有個叫黃帝的人，此人「生而神靈，弱而能言，幼而徇齊，長而敦敏，成而聰明」，號稱智勇雙全，威力無比，屬於古代神話傳說中的重量級人物。黃帝自小腦後就生有反骨，並有發動政變爭做天下共主的野心。成年後為實現這個野心，真的發動政變並率部與其他部落開始四處爭奪地盤。就在相互征伐廝殺的混戰中，黃帝率領手下的兵將，打敗了不可一世的蚩尤，統一了黃河流域廣大地區，成為華夏民族的始祖。

按文獻通常的說法，黃帝在四川疊溪這個並不太出名的地方，娶了蠶陵氏之女嫘祖為妻。這個稱為嫘祖的女娃，小名叫邛，又名皇娥，既美麗又聰明。她十五歲時就發明了養蠶織錦的方法，是整個人類社會在這方面有資格獲取專利證書的第一人。按照華夏人民幾千年來一貫信奉的「龍生龍，鳳生鳳，老鼠生兒會打洞」的理念，無論在哪方面都很出色的黃帝和靚妹嫘祖結合後，很快生下了兩個稱得上是人傑的英雄兒子，分別取名青陽、昌意。這兩個兒子後來都被派往今四川之地。老大青陽降居在今四川西北地方的湔江一帶，後與當地女子婚配，並在今茂縣的石紐鄉刳兒坪生下了中國歷史上著名的水利專家大禹。按照流傳的文獻和圖表可以看出，大禹治水的路線是先從岷江上游治起，後治長江巫峽、瞿塘峽等，並相繼取得了卓越的成效。

老二昌意降居在今四川西部的雅礱江一帶，後與居住在今茂縣與汶川之間的蜀山氏之女產生了愛情並正式登記結婚。婚後生有一子，取名顓頊。後來，顓頊與另一個草莽英雄共工爭奪天下共主的位子，並將共工擊敗於不周之山，總算如願以償地坐上了第一把交椅。顓頊死後變成北極星，他的子孫後代仍就封於蜀，並世世代代相傳為王。

以上這些遠古傳說，司馬遷在《史記》中曾做過這樣的記述：「黃帝居軒轅之丘，而取於西陵氏女，是為嫘祖。嫘祖為黃帝正妃，生二子，其後皆有天下。其一曰玄囂，是為青陽。青陽降居江水；其二曰昌意，降居若水。昌意取蜀山氏女，曰昌僕，生高陽，高陽有聖德焉。黃帝崩，葬橋山。其孫昌意之子高陽立，是為帝顓頊也。」按《史記．五帝本紀》索引的說法，司馬遷所提到的江水、若水，據考證皆在蜀地，可見玄囂與昌意都與蜀這個地區關係密切。

若干年後，帝顓頊崩。雖然他的肉身已如草木一樣枯萎衰敗了，但他還是非常想念四川盆地，便在於心不甘和極不情願的追思中，又來了個靈魂附體，搖身一變成為一條蛇悄悄地爬回蜀地。後來又將幹部檔案中的顓頊帝篡改為一個年輕的魚鳧的名字，從而蒙混過關，重新當起蜀國的國王。這個故事見於《山海經．大荒西經》。在這短短的記述中，作者反覆揭露了兩次，說是魚婦（鳧）的降生就是顓頊死後復活變化而來的。在這個變化過程中，當然還有一些奇特的天象異兆相伴而出，以顯示其神祕和不可知性。除《山海經》外，這個故事還被收入《呂氏春秋》、《大戴禮記》、《史記》等典籍中，可見顓頊變魚鳧之事流傳之久遠。

在系統記載蜀地傳說的作品中，西漢時蜀人揚雄所著的《蜀王本紀》時代最早，也更接近事實本身。其書有云：「蜀之先稱王者，有蠶叢、柏灌、魚鳧、開明，是時人萌（民）椎髻左言，不曉文字，未有禮樂。從開明以上，至蠶叢，積三萬四千歲……」

《蜀王本紀》的作者揚雄生於西漢末年（西元前五十三年），死於新莽天鳳五年，即西元十八年。他曾因王莽捕殺甄豐黨羽受驚自殺未遂，從此淡泊處世，刻苦學習並勤於著述，除了在文學與哲學等方面創造的別人難以企及的成就外，還編寫了歷史上最早、最為著名的一部四川地方史——《蜀王本紀》。

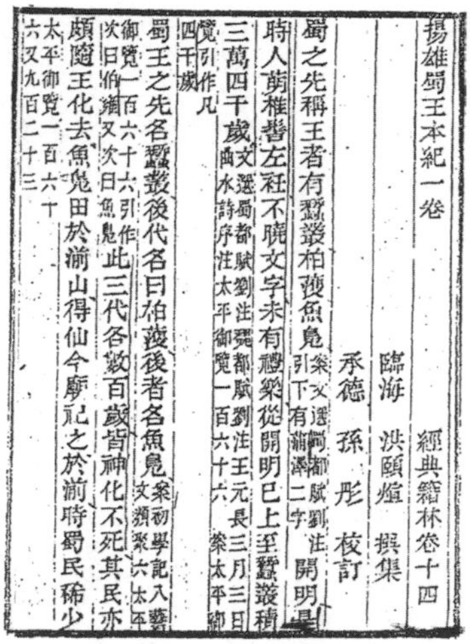

揚雄蜀王本紀一卷　　經典集林卷十四

臨海　洪頤煊　撰集

承德　孫　彤　校訂

蜀之先稱王者有蠶叢柏濩魚鳧（案文選蜀都賦劉注引下有蒲澤二字）開明是時人萌椎髻左衽不曉文字未有禮樂從開明已上至蠶叢積三萬四千歲（文選蜀都賦劉注魏都賦劉注王元長三月三日曲水詩序注太平御覽一百六十六案太平御覽引作凡四千歲）

蜀王之先名蠶叢後代名曰柏濩後者名魚鳧（案初學記八藝文類聚六太平御覽一百六十六引作次曰伯雍又次曰魚鳧）此三代各數百歲皆神化不死其民亦頗隨王化去魚鳧田於湔山得仙今廟祀之於湔時蜀民稀少（太平御覽一百六十六又九百二十三）

《蜀王本紀》關於古蜀國的記載

據後世學者考證，此書雖不一定是揚雄親自操刀，但其寫作時代當不晚於西漢末年，且必作於蜀中。以蜀人記蜀事，所述應有立據，相對其他史料，當具有更高的可信度。遺憾的是自東漢以後，此書即已散佚。儘管歷代不少學者如東漢末葉的應劭、三國時的來敏、晉人常璩、後魏人酈道元等窮盡心力搜集、注釋，仍未能成其全。尤其在不斷的傳抄、流傳過程中，又被有意無意地刪減或增加，直至弄得面目全非，真假難辨，學術價值大打折扣。

這個令人扼腕的結果，其錯當然不在揚雄而在後人。如後世看到的所謂「積三萬四千歲」，則是《文選．蜀都賦．注》上的記述，已不可能是揚雄的原文了，其數字顯然是作注者妄據他書誇妄之言，從而竄改了揚雄之文。當這個破綻被學者們發現後，在引用或複述時就慎重得多了。如後來的《太平御覽》在引用此段時就做了一番煞費苦心的考證，並根據考證成果改為「從開明以上至蠶叢凡四千歲」，比原來的記述一下子縮短了三萬年。

與揚雄同一時代或晚些時候的學者如司馬相如之流，也都做過有關蜀王世系和蜀族歷史的考證文章，但這些文章流傳下來的依然不多。三國時，那位總跟諸葛亮的施政方針，特別是屢次出師北伐的軍事戰略決策較勁的著名學者譙周，曾著有一部《三巴記》（亦稱《巴記》），也算是記述巴蜀歷史較早的著作。可惜此書也已亡佚，雖在其他書中殘留了隻言片語，但畢竟不成系統，難成氣候。因而，要論起至今還基本完整地記載四川古代歷史的文獻著作，當首推東晉常璩的《華陽國志》。據常璩本人在此書的序言中說，此書寫成之前，所看到的論述巴、蜀史事的作品多達二三十種，他按照「司馬相如、嚴君平、揚雄、陽成衡、鄭伯邑、尹珍、譙周、任熙」八家所作的《蜀王本紀》等著作，本著「抑絀虛妄，糾正謬言」、「齊之國志，貫之一揆」的學術原則，總結了前人的成果，補充了當時的見聞，並對已有成果和見聞做一番考證、刪改、折衷取捨等等，最終編成了號稱豐實詳瞻、囊括了整個西南地區歷史風雲的煌煌巨著《華陽國志》。

在這部著作的〈蜀志〉部分，常璩論述道：「蜀之為國，肇於人皇，與巴同囿。至黃帝，為其子昌意娶蜀山氏之女，生子高陽，是為帝嚳。封其支庶於蜀，世為侯伯。歷夏商周……周失紀綱，蜀先稱王。有蜀侯蠶叢，其目縱，始稱王。死，作石棺、石槨，國人從之。故俗以石棺、槨為縱目人塚也。次王曰柏灌。次王曰魚鳧……」

常璩書中的內容和觀點多從古說，但對於古說之涉及神話的部分，都一概指斥為「虛妄」和「謬言」加以鞭笞和刪除。大概常璩覺得自己的許多說法與揚雄的《蜀王本紀》有較大差異，為向世人解釋這個問題，便在其書的〈序志〉中說：「世俗間橫有為蜀傳者，《華陽國志・蜀志》言蜀王蠶叢之間周回三千歲……此則蠶叢自王，杜宇自帝，皆周之叔世，安得三千歲？」意思就是揚雄此說是胡說八道，根本不能置信，只有他提出的這個說法才合情合理。

但據歷代學者的考證，常璩的這段文字，留下的問題同樣很多。如蠶叢稱王的時間問題，其所謂「周失紀綱」，應指導演了那場烽火戲諸侯鬧劇的周幽王以後，即東周時期（西元前七七〇年之後）。如前所述，在殷墟甲骨文中，考古學家就已發現家蠶的象形文字了。而《詩・豳風・七月》則有「蠶月條桑」和「春日載陽，有鳴倉庚。女執懿筐，遵彼微行，愛求柔桑」等句。足見世傳嫘祖教民養蠶之說雖不可靠，但殷代的中原，此時已盛行飼養家蠶，似是不爭的事實了。那麼，飼養家蠶的最早成功者蠶叢氏怎麼會是東周時代的人？若說蠶叢氏的後裔在「周失紀綱」之後稱王，還說得過去，但說蠶叢氏的姓氏始祖是東周時人，顯然是違背事實真相的荒謬之言。常璩雖然在編書之時，曾標榜自己是「抑絀虛妄，糾正謬言」，但《華陽國志》也是虛妄、謬言多多，如「禹生石紐，啟生塗山」之類謬言，就為後世帶來了深遠的影響。此外，《華陽國志》還認為，秦占領巴蜀以前的西周之初，四川地區早就並存著一個巴國和一個蜀國。而且，最晚在西周之初，巴國已是「其地東至魚腹（治今奉節），西至僰道（治今宜賓），北接漢中，南及黔、涪（今烏江流域）」；蜀國已是「其地東接於巴，南接於越（今貴州中部），北與秦分，西奄峨（今峨眉山）、嶓（嶓塚山）」這一廣闊區域。按照社會發展的一般規律，人類社會總是由氏族而部落，而國家，由小國而大國，或者說是古國、方國、帝國一路發展下來的。以華夏歷史而論，當時的情況是，夏有萬國，殷有三千，周有八百，到戰國時期才出現方千里、方三千里的超級大國。落後於華夏的古代四川，怎麼可能早華夏七百年的西周之初，就已形成幅員千里的巴國和蜀國了呢？因而可看出這是常璩的一種謬說。

按四川史家任乃強的說法，在流傳下來的文字資料中，巴和蜀作為兩個區域的名稱，很可能起源於川東的巴山（或巴水）和川西的蜀山（岷山一帶）。於是川東泛稱巴，川西泛稱蜀。其民族形成的時間上限應在考古學分期的舊石器時代；民族學分期的蒙昧時代；傳說中的伏羲時代。因古代四川地區是少數民族所居之地，其「巴」與「蜀」很可能是民族語言的音譯。按此音譯，古代民族部落住在巴地的，中原都稱之為巴；住在蜀地的，則稱之為蜀。

至於這些民族是從何處來到四川盆地的問題，歷代史家眾說紛紜，難有一個統一的結論。如住在岷山一帶的蜀人，一說是彝人從滇池一帶出發，來到昭通，沿岷江而上，最後到達岷山一帶停留並開始聚居，而後慢慢形成了一個大的部落群，即蜀山氏。另一種說法則認為蜀人是古羌人的一支，是從青海的西北方向南下而到達岷山的。但不論這些人是從南還是從西北進入四川地界，其中一定經歷了一個漫長的過程，氏族部落的人數也一定是由少到多像溪流匯入江河一樣慢慢集中起來的。所以，古代巴、蜀地區以巴、蜀為名的方國當不止一個。

有關蜀國的開國領袖——蠶叢氏活動的具體年代與地域，《蜀王本紀》和《華陽國志》都沒有明確記載，僅《古文苑．蜀都賦》章樵注引《先蜀記》說：「蠶叢始居岷山石室中。」唐代盧求《成都記》也曾說過「蠶陵，即古蠶叢氏之國也」。兩書所記蠶叢氏活動的地區大體相符，可見蠶叢氏主要活動在今茂汶一帶。自二十世紀三〇年代以來，茂汶一帶發現了大量的古代民族墓葬。這是一種被考古學家稱為「石棺葬」的特殊墓葬。當地流傳有羌人住居的傳說，而同樣流傳著的還有在羌人未到來之前，該地曾有一群被稱為「戈基」的居民生活其間。據稱他們的生理特徵是「縱目」、「有尾」。這些戈基人後來被從北面來的羌人打敗而遷走，留下了大量的「石棺葬」。

這段史實反映在羌族最早的史詩〈羌戈大戰〉和〈嘎爾都〉中。按照這兩部史詩的說法，作為原生長在青海高原上的遊牧民族的羌人來到岷江河谷後，遭受先在此處定居的戈基人的驅趕與頑強抗擊。為爭奪這塊肥沃的地盤，並在此長久立穩腳跟，羌人與戈基人展開了爭奪大戰。

四川大學考古教研室教授、三星堆遺址挖掘主持人之一林向，多次對羌族住居區茂汶一帶的傳說進行調查、收集、整理，記錄了兩個民族之間相互交往和戰鬥的故事。其中有一段這樣記述道：

羌人來此前，這裡住著戈基人，又叫呷爾布族人。這種人很矮很憨又很懶，只會收不會種。這種人有一根小小的尾巴，一旦尾巴乾了，耳朵蔫了，就知道自己快要死了，便用石板砌個洞，「梭」進去睡下，就死了。

羌人來到後，呷爾布人就常偷他們的東西，甚至盜食羌人的小孩。卻說在某寨住著一戶羌族人家，父母早亡，只剩兄弟兩人艱難度日。哥哥每天上山砍柴，臨走時留一個「打尖」饃饃給弟弟當午飯。後來哥哥發現弟弟餓瘦了，相問之下，才知有一個呷爾布族老婆子每天來要饃饃吃。哥哥很生氣，有一天用牛屎做成饃饃，自己躲在樓上靜等老婆子上門。老婆子果真來了，看見牛屎饃饃，就問：「這饃為啥這樣黑？」咬了一口，又問：「為啥這麼難吃？」弟弟不答，老婆子丟了饃饃要吃弟弟。這時，哥哥在樓上出聲了，老婆子問：「你是誰？」哥哥說：「我是天神。」老婆子不信，說：「天神會颳風。」哥哥聽罷，就用撮箕一扇，風響了。老婆子又說：「天神會打雷。」哥哥用力推空磨，隆隆作響。老婆子聽到響聲有點害怕，又說：「天神會下雨。」哥哥沒法，就屙了一泡尿，淋在老婆子頭上，淋得她睜不開眼睛。哥哥趁機扔下一條皮口袋，代表天神命令老婆子鑽進去。呷爾布人平時很害怕天神，老婆子只好鑽進皮口袋。哥哥一看對方中了圈套，急忙下樓來把皮口袋捆吊起來，並囑咐弟弟不准放開，然後出門去喊人。

弟弟人小好奇，用刺笆將口袋扎了一個小孔，往裡瞧。老婆子說：「你快放我，否則我就從小孔鑽出來把你吃掉。」弟弟很害怕，忘了哥哥的囑咐，打開皮口袋。老婆子鑽出來，三下五除二就把弟弟吃了，並把剩下的一副骨架立在門背後。哥哥回家發現弟弟已被老婆子吃掉，非常難過，便向寨子裡的羌人哭訴。大家聽後都很悲痛和氣憤，表示要找對方報仇。但呷爾布人又戇又壯，勢力很大，羌人戰他們不過，只好爭取天神的幫助。

此前，羌人嘗新鮮的糧食和水果等物必先敬奉天神，然後自己才吃。呷爾布人則正好相反，自己先吃，然後再享天神。對此，天神對呷爾布人懷恨在心，並琢磨著給予一番教訓。

且說天神在神山上放牧牛群，羌人按照事先的預謀，頭天偷了一隻偏花兒（瞎了一隻眼）牛，第二天又偷了一隻獨角牛，第三天偷了一隻斷尾巴牛。當把這三頭牛宰殺吃掉後，拿著剩下的筋筋骨頭，邀請呷爾布人打平夥，以共同分享這份大餐。同時約定呷爾布人不必拿出太多太好的東西，只要出一些酸菜就可入夥。

呷爾布人又笨又饞，高興地答應了。大餐做好後，在吃的時候，呷爾布人爭先恐後地拿著牛筋骨頭一頓猛啃，羌人只吃酸菜。待吃完之後，呷爾布人把骨頭扔在自家的門檻下，羌人則把柴灰放在門檻下。天神發現丟了牛，大怒，下到人間來查找。看見羌人門檻下是未燒盡的樹疙瘩，呷爾布人門檻下是啃過的牛骨頭，就把雙方叫到一起來追查。天神叫他們都張開嘴巴來檢驗，發現羌人牙縫裡是酸菜渣，呷爾布人牙縫是牛筋渣。天神當即認定呷爾布人偷食了神牛，從此更加憎恨呷爾布人，開始明顯地袒護羌人了。

羌人見時機成熟，就找個理由故意與呷爾布人發生爭執，並請天神出面調解。天神並不推讓迴避，當起了雙方的裁判。天神叫雙方比武論是非，並特別規定羌人拿黑木棒，呷爾布人只准拿麻桿。第一個回合，羌人贏了。天神又叫羌人拿白石頭，呷爾布人用雪坨坨來進行第二回合的交鋒，結果羌人又大獲全勝。呷爾布人頗不服氣，表示要進行最後一次決戰。天神要雙方比賽溜索過河，並讓羌人手抱溜筒，呷爾布人用嘴咬溜索。當雙方滑至半路，天神開始問話。羌人手抱溜筒，嘴裡答應一聲就一個個過去了，呷爾布人鬆口答應，就一個個跌入萬丈深淵摔死了。此後，天神發起了滔天洪水，把呷爾布人發臭的屍體沖得乾乾淨淨。羌人以勝利者的姿態出現在岷江河谷，開始了安居樂業的新生活。

林向記述的這段故事，與〈羌戈大戰〉史詩的唱段基本相同，只是更具生活情趣和民間傳說的意味。透過這首史詩與這段故事，從所說的雙方交戰的工具除了石頭便是木棍，未見有銅器應用的情況推斷，這場戰爭似應發生在石器時代。

據〈嘎爾都〉這部史詩所說，當羌人戰勝戈基人後，雙方首領歃血為盟，保證今後互不侵犯，共同開發利用岷山河谷。從此兩個民族不斷融合，逐漸形成日後龐大的蜀山氏部落群和後來雄霸一方的古蜀王國。在今茂汶一帶有關石棺葬的傳說，與上述史詩的內容基本相合，也與前引蠶叢氏「石棺石槨為縱目人塚也」的記載相合，看來蜀人來自羌人的演變並在岷山一帶繁衍生息，確有一些事實的影像可供觀瞻，只是其年代難以考證。

當然，蠶叢氏並沒有永久地在茂汶一帶生活。張守節《史記．正義》引《譜記》有「蠶叢國破，子孫居姚、嶲等處」一語，已明確透露出後來的境況。只是作者未加以說明這個蠶叢國何以被破和被誰所破，從而留下了一個懸而未決的謎團。後世有的學者認為是被殷商王朝所破，有的說是為周武王所破，有的說是由於內亂被自己人所破，也就是說堡壘是從內部攻克的。但不管原因為何，以蠶叢為領袖的方國曾遭遇殘酷的戰爭這個可能性是很大的。正是由於這場血腥味頗濃的戰爭，迫使蜀人開始大規模的流亡與遷徙。據歷史殘留的隻字片語推斷，蠶叢部族在腥風血雨中先是沿岷江南下，接著一支從樂山往西，沿大渡河至今漢源金口，再到達嶲地（今越西縣一帶）。一支則順赤水（雅礱江）而下，一直到達姚地（今楚雄之姚安一帶），這便是「蠶叢國破，子孫居姚、嶲等處」的注釋。

至於「等處」，又做何解釋呢？根據廣漢學者劉少匆的研究，認為當年沿岷江而下的那一支，有一部分沒有西去，而是徑直往南，直抵岷江盡頭之長江，即當今的宜賓一帶，然後渡江至朱提，即今之雲南昭通。此處屬海底平原，比較適宜人類住居，而且農業、冶煉都很發達，古彝人很早就在此繁衍生息。一支蜀人留了下來，並與古彝人不斷融合，漸漸發展成後來以杜宇為首領的方國。

按照《華陽國志》等史籍的說法，蜀族的首領自開國鼻祖——蠶叢之後，接下來是柏灌，再接下來是魚鳧。但在蠶叢氏與魚鳧氏之間，是否還有一個柏灌氏稱過王，由於古籍中從無一句說到柏灌事蹟的話，也就無從考訂了。有學者從蠶叢氏的地理條件與社會發展的自然法則兩方面結合推測，認為這個柏灌是蠶叢氏一個支族的領袖，他自己成立一個獨立的氏族，相當於當今社會一個集團公司下屬的分公司，他本人就是這個分公司的老總。

另有一種說法認為，柏灌可能就是進入北川盆地的一個氏族首領，當蠶叢國破後，以柏灌為首的一支，也許是整個蜀山氏部族中的最強者，他們沒有遠遁，而是伺機發動反攻，實現復國的大夢。於是翻過與岷山相接的玉壘山脈，進入四川盆地的邊沿，建立了柏灌與魚鳧兩代王朝。或者，這一部分從雁門關東岸的安山鄉，沿著小溪，翻越了高達四千多公尺的九頂山，進入彭縣北部定居下來。

此處正與汶川接壤，其間的白水河從北向南流入湔江。白水河兩岸層巒疊嶂，河谷間有許多宜於種植和放牧的小台地，台地的密林中有許多雀鳥在此繁衍生息，並有羽毛鮮豔、身形奇特的大鳥生活其間。據《山海經・南山經》云，青之山「有鳥焉，其狀如鳩，其音若呵，名曰灌灌，佩之不惑」。據劉少匆說，二十世紀八〇年代，他被安排到彭縣北部的白水河一帶深入生活，曾親眼看過羽毛鮮豔、身形奇特的大鳥。由此聯想到，當年在白水河河谷間的台地上，或許就有《山海經》所說的那種大鳥。於是，劉少匆認為前來居住生活的蜀族一支便以百（白）灌作為族名了——儘管這個觀點尚有不少值得商榷之處，但在沒有更加充分的證據之前，也應算是對柏灌王在古史中神龍見首不見尾的一種詮釋吧。

繼柏灌之後，蜀國的第三代領袖就是魚鳧王了，但這個魚鳧王好景不長，後來也與他的祖宗蠶叢一樣，演出一場國破族亡的悲劇。關於這場悲劇的原因亦有多種說法，可做如下排列：

《蜀王本紀》：「魚鳧田於湔山，得仙，今廟祀之於前。」

《華陽國志》：「魚鳧王田於湔山，忽得仙道，蜀人思之，為立祠。」

《太平御覽》卷八八八引《蜀王本紀》：「（魚鳧）王獵至湔山，便仙去，今廟祀之於湔。」

由於這幾條史料過於簡單，也過於空靈，為後世史家留下了較大的想像空間，但想像畢竟不能代替考證，而真要考證起來又困難重重，所得結果的分歧自然很大。

單從字義上看，魚鳧，別名鸕鷀，是一種水鳥，形狀像野鴨卻長著鋒利的喙，又叫魚鷹。此種水鳥因雙眼閃著金光，眈視可畏，故又被稱為「烏鬼」。據史家任乃強說，蜀族可能早在茂汶盆地居住時已有人馴化此鳥捕魚，故其子孫用為圖騰，稱為魚鳧。也可能逾九頂山進入湔水盆地後才開始進入成都平原內捕魚，而被稱為魚鳧氏。總之，此一得名與蜀族開始捕魚有關。

就地理位置和歷史條件分析，當蜀族的其中一支進入湔水時，雖然成都平原上還是一片水域，不可住人，但進入平原水域捕魚，應是可能的。既然要下山來捕魚，就會發覺這塊湖沼仍有局部的隴原丘陵是可以住人的。專業漁戶可能為了捕魚之便，遷居到山下台地或丘隴住居，同時在丘隴上試行耕種，逐步拓展，漸漸地開闢了成都平原，以至於建成國家。

關於魚鳧國破之悲劇發生的原因，有史家說魚鳧王是被從南邊來的杜宇王率部所滅。也有人說是在岷山河谷為了爭取更大的生存空間，魚鳧王率領部族在湔江與當地濮人不斷發生戰爭，因「時蜀民稀少」，終於戰濮人不過，被對方強行驅逐出境，便有了後世史家「得仙」、「忽得仙道」、「仙去」的記述。還有一種觀點認為，魚鳧國破的根本原因，是與由於發傾國之兵參與周武王伐紂而遭到周的暗算有關。以上種種說法似乎都有其理由，但細細推敲又感到理由並不充分，有許多破綻和不能自圓其說之處，因而對此一問題，歷代學者爭論了幾千年仍沒有一個圓滿的結論。儘管沒有結論，對「魚鳧國破」此一事件還是公認的，既然魚鳧國破並已不再為王，那下一步就輪到杜宇王粉墨登場了。

杜宇化鵑之謎

有關杜宇王的事蹟，《太平御覽》卷百六十六引《蜀王本紀》在敘述完魚鳧得道成仙之後，接著說道，「後有一男子名曰杜宇，從天墮，止朱提。有一女子名利，從江源井中出，為杜宇妻。乃自立為蜀王，號為望帝，移居郫邑」。

《華陽國志》云：「後有王曰杜宇，教民務農，一號杜主。時朱提有梁氏女利，游江源。宇悅之，納以為妃。移治郫邑，或居瞿上。七國稱王，杜宇稱帝。號曰望帝，更名蒲卑。自以功德高諸王，乃以褒斜為前門，熊耳靈關為後戶，玉壘、峨眉為城郭，江、潛、綿、洛為池澤，以汶山為畜牧，南中為園苑。會有水災，其相開明決玉壘山以除水害。帝遂委以政事，法堯舜禪授之義，遂禪位於開明，帝升西山隱焉。時適二月，子鵑鳥鳴，故蜀人悲子鵑鳥鳴也。」

以上是常璩號稱兼採八家《本紀》，加以自己的推斷，折衷之後的一種說法，是歷代史家中對杜宇事蹟最為詳盡的記述。但這個說法後人沒有盡信，並提出了不少異議，如在杜宇稱王並納利為妃的問題上，後世學者就有不同的解釋和看法。

按當代史家任乃強的推論：蜀族自蜀山氏至魚鳧氏，皆母系氏族，也就是說當王的都是女人。所謂「梁氏女利」者，實魚鳧氏最後之女王。所謂杜宇「納以為妃」者，應是女王納杜宇氏以為魚鳧氏女利之婿，因其才能得眾擁戴，遂為蜀國元首。此事猶如舜娶堯二女而得代堯，非先得位，而後納以為妃。這樣判斷的理由是，其他的典籍關於女利之說都與常《志》不同，如《水經注．江水》引來敏《本蜀論》曰：「望帝者，杜宇也，從天下。女子利，自江源出，為宇妻，遂王於蜀，號曰望帝。」來敏是三國時代的人，其說亦當與常氏同出於揚雄《本紀》而體會有所不同。來敏所說的「從天下」，顯然說他並非是從江源而來的蜀族，女子利則是從江源來的蜀族貴女，或許就是女王。杜宇得以為妻，遂能得到王位。而杜宇其人不可能像傳說中的神仙那樣，真的從天上飄然落下。從他能教當地人農耕來看，可能是從華夏那邊過來的人。因當地人對他的身分和本領都覺得極其神祕，便像崇拜其他諸神一樣將其看作是從天上或從高山上而來的神人。

綜合其他典籍，細緻分析，可知揚雄原文的本來面貌。揚雄的原文很有可能是說女利「從江源井中出，為杜宇妻」。但《華陽國志》的作者常璩本著「抑絀虛妄，糾正謬言」的觀點，在「不信井中出人，又疑杜宇本為蜀王」的推斷中，遂竄改為「(女利)游江源，宇悅之，納以為妃」之說。由此，任乃強認為：「這是常璩不知原始社會情俗與原始傳說語言所致。原始傳說『從井中出』者，謂蜀族自岷山來，在天文為『東井』，故說來自江源為『井中出』，以配杜宇『從天墮』之男子為相當。蓋當時媒合者語也。『為杜宇妻』者自願以杜宇為夫，非杜宇『納以為妃』。引史文，最忌以自己體會之意擅改原語。此常璩之失，不可不辨。」

另在《索引》所引《蜀王本紀》中，曾明確地提出杜宇是「朱提男子」。「朱提」在今雲南昭通，是萬山叢中一幅海底平原，擁有面積較大的海拔二千公尺以上的可耕地，其附近有大量的上等銀礦，大約在殷周之時，已有中原礦工逃到其地進行開採。周、秦之間，中原來此教導土著採銀與銅者日漸增多（朱提之南的東川市，至今仍以礦產著名），緣於礦業的興盛，相繼來開墾耕種者亦多。故此地雖遠在萬山群夷之中，卻很早就已成為華人聚居之邑。秦滅蜀後即在此置縣，漢世相因。其後西南夷屢亂，朱提縣仍內屬，蓋因銀銅礦業由華工所開，華人聚居者多，歷世積久，所以能一貫地支持華夏政權。

朱提地區的銀與銅，名聲之大，譽望之重，自周秦、兩漢，下迄魏晉，皆為中華所豔稱，並著於歷代《食貨志》之中。由此可知杜宇實華夏人亡命至朱提，以農藝技術教朱提人，從而開發了一方農業文化，奠定了秦漢置縣的基礎。可以想像的是，杜宇與蜀族女子（王）利結婚前，可能是一名朱提酋長或德高望重之人，指揮部族運銀銅至蜀市交易，為蜀王利所愛並發展到後來的締結百年之好。婚後的杜宇因教當地農人耕種之術，為蜀人敬重，女利則一切信任之，國務大權遂慢慢落入杜宇之手。後杜宇稱王，並別立「蒲澤氏」，建立營邑於郫，號曰望帝。故《華陽國志》云「移治郫邑，或治瞿上」。瞿上，魚鳧王舊邑。郫邑，別立蒲澤氏時之新邑。新邑初為便於漁業而設，嗣為杜宇教耕黃土丘陵之處，後遂建成為國家的都邑。

可以想像的是，既然杜宇成為蜀的首領，朱提故地亦即為蜀國的一縣。故如常璩所云，杜宇時蜀國領域已北至「褒斜」，南迄「南中」。但這個疆域顯然不能視為統一的國家，只可看作是杜宇之時，在大西南的廣闊地面上，已形成的很多的氏族部落。他們在農業、礦業、工商業方面都比蜀國落後，都樂於親附蜀族，以結成經濟和文化的氏族集團。而杜宇領導的蜀族，已經召集許多氏族成為一個中央領導的部落聯盟，正如堯舜時河東解池地區組成一個陶唐、有虞等氏族的中央部落聯盟一樣，有九族、百姓、萬邦和黎民的區別。到後來的開明氏，才算得上真正建成一個地域廣闊的國家。不過杜宇末年，開明氏已經當政。常璩在《華陽國志》中敘述的疆域，實際上是開明氏階段的蜀國的形勢。

再看常璩弄出的那個所謂魚鳧王「忽得仙道」，與杜宇帝「升西山隱焉」的故事，實際都是被迫移交政權，與「堯幽囚，舜野死」之說相似。現代研究發現，氏族時期的首領是由群眾推選交替的，不一定是由本人主動擇人授權，更沒有父死子承的事。不過群眾歸心的人，必然是本氏族內的人，只有發展到幾個氏族聯合建成一個公社時，才會有氏族交替的情形出現。所謂「堯舜禪讓」，只是儒家矯偽的妄言。可以想像的是，杜宇能教農，就會受大眾擁戴，前酋長不得不退位。後來的開明能治水，又會受大眾擁戴，杜宇亦不得不退位。退位是他們必然的歸宿。所以杜宇到晚年便大權旁落了，只是在旁落之後，較前幾位國王更加悲壯和令人憐憫罷了。

那麼，杜宇的位子是如何被擠掉的呢？擠掉之後又是怎樣的一種命運？

據《蜀王本紀》載：「望帝（杜宇）積百餘歲。荊有一人名鱉靈，其屍亡去，荊人求之不得。鱉靈屍隨江水上至郫，遂活。與望帝相見，望帝以鱉靈為相。時玉山出水，若堯之洪水，望帝不能治。使鱉靈決玉山，民得安處。鱉靈治水去後，望帝與其妻通。慚愧，自以德薄不如鱉靈，乃委國授之而去，如堯之禪舜。鱉靈即位，號曰開明帝。」

此段記載與應劭的《風俗通義》、來敏的《本蜀論》所述略同。如《水經注》卷三十三引來敏《本蜀論》說：「荊人鱉令死，其屍隨水上。荊人求之不得。令至汶山下，復生，起見望帝（杜宇）。望帝立以為相。時巫山峽（塞）而水不流，帝使令鑿巫峽通水。蜀得陸處。望帝自以為德不若，遂以國禪，號曰開明。」

從字意的表面看，以上記述無疑是個頗具神話色彩的故事。為此，常璩在他的《華陽國志・序志》中公然否定道：「荊人鱉靈死，屍化西上，後為蜀帝。……有生必死。死，終物也。自古以來，未聞死者能甦。當世或遇有之，則為怪異，子所不言，況能為帝王乎？」於是，在常璩的著作中，對以上記述做了較大的外科手術，經刪改之後，成了看上去既簡略又無鬼神之論的論述：「會有水災，其（望帝）相開明決玉壘山以除水害，帝遂委以政事，法堯舜禪授之義，遂禪位於開明，帝升西山隱焉。」常氏不僅削去了「其不雅馴」者，甚且連「荊人鱉靈」一語也一併刪除，而這四個字恰恰關涉到鱉靈開明的來歷和族屬問題。常氏對古代典籍如此膽大妄為地刪改篡亂，顯然是有悖歷史的。

後世有學者解釋，謂《蜀王本紀》文中之「屍」字，與殷墟甲骨卜辭中「屍方」之「屍」相同，與「夷」、「人」音同字通，從而把故事中「死而復活」的神話色彩沖刷殆盡。很顯然，這個叫鱉靈的人是懷揣著一種不可告人的目的由楚國來到蜀地，並演繹出一連串精彩故事的。

關於鱉靈來自何處的問題，有些學者釋荊為楚，但現在看來此「楚」不應當是楚族而是楚國，也就是說鱉靈是從楚國入蜀的。而他為何要由楚國入蜀，是否隻身亡命入蜀等等，又是後世學者試圖解開的一個謎團。有學者根據鱉靈在當了蜀王之後，便自號為開明氏這一點推斷，認為其不會是隻身入蜀，必有家族若干人同來。來蜀的原因，最大的可能是鱉靈隨著政治野心的膨脹，策畫指揮了一場政變，在這場政變中舉邑叛楚。由於不可避免地要受到具有強大軍事力量的楚國皇家軍隊的討伐，鱉靈的叛亂同樣不可避免地要以失敗告終。在敗局已定，或者在敗局未定之前鱉靈就做好了潛逃的準備。

大敵當前，鱉靈在做了種種偽裝後，率族人躲過楚國皇家軍隊的圍追堵截，一路輾轉到達蜀國。當時的蜀國之王，實際只掌管川西大平原的黃土丘陵地區。平原以外的山區部落，都只是蜀國的附庸，只有經濟聯繫，並非政治隸屬。在這種情況下，鱉靈率族人到達蜀國後，先在今樂山市地面立穩腳跟，當漸漸解除了後顧之憂，才到郫邑去晉見杜宇。這樣說的證據是，《水經注》南安縣云：「縣治青衣水會，襟帶二水矣。即蜀王開明故治也。」足見鱉靈當年不但率族奔蜀，而且還在今樂山市一帶建成過蜀國的附屬部落。當鱉靈來到郫邑時，便抓住蜀國君臣面臨的最緊迫也最頭痛的水患問題，用楚人治理雲夢澤之法遊說杜宇。

就地理位置而言，當年杜宇所管轄的成都平原是個沖積、洪積形平原，西北高，東南低，地面平坦，坡降約百分之三到五的幅度。岷江上游每當春夏山洪暴發之際，洪水自灌口洶湧沖出，瀰漫整個平原地區，故地表堆積物不斷增厚。東部一般厚三十公尺，西部則厚達一百公尺，最厚處三百多公尺。現代考古學家在平原地區所發現的古文化遺存多在地表以下，正是這種原因所致。當年這種洪水四溢，到處奔洩的狀況嚴重妨礙了居民們的生產與生活。

鱉靈來自水災頻仍的江漢平原長江沿岸地區，此地的文化與較偏僻的蜀地來相比，當更加發達和進步。這裡的人群透過不斷地對長江水系與雲夢澤的治理，早已積累了相當的防洪排澇經驗。當鱉靈到達成都平原時，親眼目睹了洪水之災，而杜宇王朝又苦於無法治理。在這種情況下，鱉靈就很容易地被對方接納並授權於他，使其率族並調動部分蜀民治水。心懷陰謀和夢想的鱉靈巧借此一歷史性契機，大顯身手，在深山密林中「決玉山」以開溝通渠，使高地的洪水得以暢通並分流到大江大河之中。按《水經注．江水》所載：「江水又東別為沱，開明氏所鑿也。」也就是說當年是鱉靈率人開渠引岷江水入沱江以達到分洪的目的。為了使沱江暢流，鱉靈再率部族與蜀人鑿金堂峽，讓更大規模的洪水得以宣洩，從而達到「民得陸處」的可喜成果。

治水成功，水患消除後，國人的生產和生活都安定下來。鱉靈自然得到人民的愛戴，成為功德昭著、威望興隆、如日中天的大英雄。相較之下，老蜀王杜宇則有些裡外不是人了。在這種強大落差和鮮明對比下，鱉靈取代杜宇已是大勢所趨，只差選擇什麼時機和採取什麼形式而已。於是，鱉靈在一幫幕僚和他老婆的緊密配合下，製造出一個天下皆知的桃色事件。

此一事件就是上述記載的杜宇趁鱉靈外出治水時，與其老婆偷偷上床有了一腿。而所謂杜宇的「風流韻事」，在當時的華夏君臣父子之間，實在是屢見不鮮，甚至如同吃飯喝酒一樣平常。如把這種事情放到「西僻戎狄之國」的小邦之中，更是平常得如同喝一碗涼開水。但由於此時國人在心理上已拋棄了老邁無用、腐敗無能，且面目醜陋的老男人杜宇，像牆頭草一樣，隨著疾風的吹來，全部倒向意氣風發、豪情滿懷的大眾情人鱉靈。國人的這種集體有意或無意識地倒戈，正好落入對方事先設好的圈套，從而引發倒杜的熱潮。在公眾的心目中，鱉靈的老婆儘管長得不是很美，但她已是蜀國的新「準國母」，既然是準國母，就不是外人可以碰的，即便是老蜀王杜宇，也同樣不能原諒。

於是，當此一桃色新聞傳出後，杜宇就成了千夫所指的昏君，十惡不赦的混世魔王。在這場難辨是非真偽的事件中，杜宇有口難辯，成了一個有巨大人格缺陷的人物。既然一個高高在上的神靈，在一夜之間突然變成了一堆臭狗屎，那就不太適合再做百姓精神上的神靈、現實中的領袖了。於是在鱉靈的脅迫、群臣的勸誘以及天下百姓的叫罵、責難聲中，杜宇交出了蜀國最高權力。從此，杜宇氏從豪華的王宮中突然蒸發，倉皇出逃到野外的深山密林，躲在一個密室裡，當起了亡國之君。而鱉靈以勝利者的姿態登上蜀國的政治舞台，成為新一代領導，開始了新一輪治國安邦的偉大事業。至於二人的交接像常璩等人記載的師法堯舜禪讓等等頗為仁義的說法，當是這些文人墨客根據華夏族的傳說而杜撰出來的。

老杜宇流亡之後，本來應該老老實實地在那座不為世人所知的密所中，好好地活下去，但他沒有這樣做。他沉浸在痛苦中不能自拔，越來越覺得自己受了冤枉和委屈，不久便在極度的悲憤憂鬱中死去。臨死前杜宇覺得沒有把自己的冤情向他的臣民解釋清楚是個極大的遺憾，便在死後化為一隻杜鵑鳥住居在岷山之中，每逢陽春三月，就張開翅膀飛到蜀人中間，字字血、聲聲淚地不住悲鳴。

在他如泣如訴的呼喚聲中，蜀國的黎民百姓漸漸從迷惘中覺醒，驀然頓悟這老杜宇與鱉靈的老婆壓根兒就什麼事都沒有。在一點點像剝蔥頭一樣得知歷史真相的同時，蜀國百姓也對自己過去的言行表示悔悟，不禁思念起這位當年曾帶領大家兢兢業業地從事農耕，勤勞致富奔小康的老國王。為此，《華陽國志》曰：「望帝去時，子規鳴，故蜀人悲子規而思望帝。」《太平寰宇記》引《蜀王本紀》說：「望帝自逃之後，欲復位，不得，死化為鵑，每春月間，晝夜悲鳴，蜀人聞之曰：『我望帝魂也。』」由於這段意外插曲，後世留下了「子規（杜鵑）夜半猶啼血，不信東風喚不回」、「杜宇冤枉積有時，年年啼血動人悲」等詩句。幾千年來，人們借著這些詩句，以此表達對杜宇這個流亡國王的傷懷之情。

古蜀國覆亡真相

鱉靈取代杜宇成為新的蜀王後，仍定都郫邑，號開明，又號叢帝，建立了開明王朝，其「後世子孫八代都郫」。今郫縣境內仍有蜀人為紀念杜宇和鱉靈修建的祠堂，名曰「望叢祠」。望叢即望帝與叢帝之意，可見杜宇、鱉靈在蜀人心目中已有明確的先後排序的君王地位。《華陽國志》載，開明王朝「凡王蜀十二世」，亡於周慎王五年，即西元前三一六年。而羅泌的《路史．餘論》則說：「鱉令（靈）王蜀十一代，三百五十年。」這個記載比常璩之說少了一世，不知錯謬在誰。因鱉靈之後王世皆號開明，文獻上往往不記其名，只書其號，後人統計容易致誤。有人認為錯在羅泌，他沒有將第一代開國之君鱉靈王的世號計算在內，遂比常璩所記少了一世。但以三十年為一世計算，尚能與以上所說的總數三百五十年大體吻合。由此推知，鱉靈上台建立開明王朝約在西元前六六六年左右，相當於春秋中期。此後的三百多年間，是古蜀王國發展的重要階段，也是最為輝煌的時期。在這種輝煌榮光的照耀下，開明王朝最終完成了由古國─方國─帝國的轉變。

從歷史的角度看，與杜宇相比，鱉靈顯然是一位更富遠見和更有作為的政治家。剛一上台，就從血腥的宮廷鬥爭旋渦中拔出，將主要精力迅速轉移到開疆拓土、建功立業方面來。他親自統率他的兒子和部族將士南征北戰，東伐西討，很快打拚出一塊比杜宇時代遼闊幾倍的疆域，並將周邊各部族更緊密地聯合到以自己為中心的蜀國陣營來。到了春秋戰國交會的時代，蜀國已是雄踞西南的一個幅員遼闊的泱泱大國了。也只有到這個時候，其疆域才形成真正意義上的「東接於巴，南接於越，北與秦分，西奄峨嶓」的遼闊局面。

就地理位置而言，巴、越、秦的邊界，歷史上記載的比較清楚，也多為人們所了解，只是峨嶓之地比較模糊。據後來的史家考證，當指今四川雅安蘆山一帶。上述各地至今尚有鱉靈率軍作戰和登臨的遺跡。如四川東北部閬中市的靈山，山上峰多樹雜，在世俗的眼中風景算不上很美，但因當年鱉靈帝有過在征戰之餘登上此山觀賞的傳說，後人便將此山命名為靈山，由此成為蜀地的名山之一。西邊的雅安蘆山一帶，還保存有鱉靈的孫子「保子帝」在此率軍打仗、安營紮寨的舊址。這些遺跡的存在與相關故事的流傳，說明鱉靈當年的確是親率將士四處征戰，並在前線指揮過不少決定性的戰役。在他的栽培和感召下，鱉靈的兒子、孫子直至後來的幾世子孫，都繼承了「老子英雄兒好漢」的優良傳統，使蜀國的事業如奔騰的江河，不斷向前推進，直至創造了可與北方崛起的強大秦國相匹敵的世紀性輝煌。

據《華陽國志》載：鱉靈漸老之後，不能再親自統兵征戰，便把軍權授予自己的兒子盧帝，令其繼續展開對周邊國家的攻伐。為了從強秦手中奪取更多的地盤，盧帝按照父親的願望，率領蜀國大軍出師北伐。當蜀軍在漢中褒城一帶與秦軍展開激戰時，眼看城池已被蜀軍攻陷，後方突有快馬來報：「大王，王后就要生了，請趕緊回去吧！」盧帝一聽，當即面露慍色說道：「有什麼大驚小怪的！現如今我蜀軍幾萬將士在與敵軍浴血奮戰，生死不明，勝敗難決，哪還顧得了生孩子！等我把漢中全境拿下再說吧！」

來人一看此景，遂急忙改口道：「如果大王不能回去，請幫孩子取個名字吧，我好帶回去稟報。」盧帝想到自己不久就要攻下褒城，於是告訴來使道：「不管是男是女，就取名叫褒吧。」來使答應著回轉蜀地。後來王后生了個兒子，取名「保（褒）子」。

從這個故事可以看出，鱉靈的前幾代兒孫們依然保持著祖上的那番雄心壯志。或許，正是因為有這種不斷進取的豪邁氣概，開明二世盧帝才在後來創造了司馬遷所記載的「攻秦至雍」的輝煌戰果。雍在今陝西鳳翔，是當時秦國的首都。蜀國在杜宇時代雖然取得了「以褒斜為前門」的勢力，但畢竟還沒有跨過秦嶺。而此時的秦國正是春秋五霸之一秦穆公在位，綜合國力處在急劇上升階段，出現了「並國三千，開地千里，遂霸西戎」的大好局面。就是這樣一個處於強勢進攻姿態下的秦國，竟被開明氏率領的蜀軍一氣攻到了都城，蜀勢之強勁也就不難窺知了。

正是憑著這樣的氣勢與實力，開明王朝最終奠定了「據有巴蜀之地」的大國地位，並在戰國初年相當長的一個歷史時期內，與在西北部崛起的強秦保持了國與國之間的平等又相互制衡的關係。儘管《史記・秦本紀》曾有秦厲共公二年「蜀人來賂」一語，且有的學者認為這「賂」就是賄賂，是小國對大國的進貢討好之意。但亦有學者認為「賂」在古代是贈送的意思，猶如今天國與國的交往中，領袖之間互送一點禮物表示友好，並非像後來的大宋國向大遼國，大清國向西方列強或賠償或贈送大量金銀財寶和數不清的美女一樣，是弱者向強者討好與乞和的表現。此時秦國雖然強大，但如前所言蜀國亦不軟弱，禮尚往來是可能的，要說蜀國向秦國進貢討好，還看不出有更多的理由。

不管是相互交換還是進貢討好，友情是暫時的，利益才是長久的。為了爭奪各自眼中的利益，蜀與秦於西元前四五一年發生了大規模武裝衝突，其主要原因是為了爭奪漢中盆地一塊叫作「南鄭」的地盤。此時交戰雙方的實力仍不分伯仲。漢中南鄭一帶原是兩國的分界線，此處位於漢中盆地西南部、米倉山北部，扼漢江和嘉陵江上游，是一塊北出褒斜道可以進入中原，南下金牛道可以入蜀川，進可攻，退可守的戰略要地。正因為其重要，才成為蜀、秦兩國迭相爭奪的焦點。

從開明二世率部「攻秦至雍」的文獻記載看，南鄭曾一度在蜀國掌握之中。雍的位置在今天的寶雞以北。按照從南而北的進軍路線，蜀軍應大大地跨越了南鄭。即便後來進行計畫性退卻，蜀軍仍保持戰略進攻的態勢。而作為具有重要戰略地位的南鄭，諳熟軍事的盧帝是不會輕易讓其江山易主的。但到了秦厲共公二十六年（西元前四五一年），秦國軍隊在做了充分準備之後，突然發動反攻，一舉攻克南鄭。蜀軍不得不退卻，自此南鄭落入秦國之手。為防止蜀國反撲，秦國還在南鄭修築城池和圍牆，以為戰略防禦之計，此所謂史書中「左庶長城南鄭」的記載。

失去了如此重要的戰略要地，蜀國自然於心不甘，於是調兵遣將，伺機反撲，並於秦躁公二年收復南鄭。對於這段史實，司馬遷謂之曰「南鄭反」，意思是由秦的這邊又反轉到蜀那邊去了。秦國經過一個階段的養精蓄銳之後，於秦惠公十三年（西元前三八七年），再度出兵伐蜀，並一舉奪取了南鄭。但好景不長，蜀軍又進行了一次反撲，南鄭復落入蜀軍手中。對這段頗有戲劇意味的拉鋸式的爭奪戰，司馬遷在《史記．秦本紀》中記為秦「伐蜀，取南鄭」。但很快又在同書的《六國年表》中記載：「蜀取我南鄭。」意思是秦取南鄭在先，蜀取南鄭在後，兩者都發生在西元前三八七年之內。從文獻上看，此後再沒有「南鄭反」的記載了。事實上，自這次南鄭落入蜀人手中，直到七十年後蜀國滅亡之時，才跟著又反轉過來，成為秦的光復性地盤。故《華陽國志》曰：「周顯王之世（西元前三八六年至前三二一年），蜀王有褒、漢之地。」此正說明了開明二世時蜀國的鼎盛氣象。

這種英勇豪邁氣吞山河的氣象延續到開明十二世時，整個蜀國已看不到長江後浪推前浪的盛景，而是一派江河日下風雨飄搖的頹敗之象了。相反的是，北部的秦國自商鞅變法後國富兵強，實力迅速增長，已成為地方數千里、帶甲百萬眾的頭等強國。在這種欣欣向榮的局面下，秦國君臣滋生了蕩平天下統一宇內的野心，從而不斷向外擴張。

就當時的情形論，經濟文化已經高度發展的中原固然是諸國爭奪的焦點，但具有重要戰略地位的巴蜀同樣也是秦國要鏟平的物件。於是秦國君臣制定了一方面東擊三晉，另一方面圖謀漢中、兼併巴蜀的戰略決策。在如此嚴峻的形勢面前，蜀王非但不痛改前非、亡羊補牢，採取應對補救措施，反而弄得朝廷上下內訌不迭。四方百姓怨聲載道，甚至揭竿而起，公然與朝廷分庭抗禮。蜀國的滅亡已成不可逆轉的潮流了。

隨著蜀王越來越貪戀酒色、倒行逆施以及朝廷內外亂象紛紜、政局動盪的加劇，許多「災異」之說也跟著在朝野內外蔓延開來。據《華陽國志》載：開明十二世時，「武都有一丈夫化為女子，美而豔，蓋山精也。蜀王納為妃，不習水土，欲去。蜀王必留之，乃為〈東平之歌〉以樂之。無幾物故，蜀王哀念之，乃遣五丁之武都，擔土為妃作塚，蓋地數畝，高七丈，上有石鏡，今成都北角武擔是也。」

從這段記載看，這位末代蜀王已完全進入昏庸、癲狂、迷離的境地。當他聽說武都有一個男人突然變成女子，而且既美麗又妖豔之後，便以妃子的名義將其娶來，以滿足自己的淫欲。雖然常璩說這女子是由山精變來，但以現代人的眼光看，此女子無非就是泰國境內公開表演的「人妖」而已。或許因為這「人妖」有著男人和女人都缺少的萬種風情，才使末代蜀王集三千寵愛於一身，對其百般迷戀，以至死後還要為其大張旗鼓地做個紀念碑式的形象工程以作永久懷念。

除了以上這個故事外，另據揚雄《蜀王本紀》載：「（秦）惠王知蜀王好色，許嫁五女於蜀，蜀遣五丁迎之，還到梓潼，見一大蛇入穴中，一人攬其尾掣之，不禁，至五人相助，大呼拽蛇，山崩，時壓殺五丁及秦五女……蜀王痛傷……作思妻台。」又說，蜀王與秦惠王會於褒谷，雙方互贈禮物以示友好。秦王送蜀王一筐金子，蜀王亦回贈對方一口袋珍玩。想不到蜀王所贈秦王的珍玩剛帶回宮內就化為一堆泥土。秦王大為惱火，說這個蜀王也太不是個東西了，竟用一堆泥巴扮成金子來糊弄矇騙我。但某位臣僚聞知後，卻認為是難得的吉兆，前來恭賀道：「土者地也，秦當得蜀矣。」這下說得秦王大樂，馬上下詔給這位馬屁精加官進爵。

如此這般所謂的天災異兆，其實都是從不同側面揭露出開明王朝社會秩序的不安定與政治動盪的危機。可惜此時的蜀王並不把這些天災異兆放在心上，仍一如既往地尋歡作樂，耗損著蜀國的最後一點血脈。周顯王二十二年（西元前三四七年），蜀王派使者朝秦，秦惠王為達到徹底滅亡蜀國的目的，利用蜀王貪圖美色和金錢的弱點，用計引蜀王落入自己預設的圈套，讓其為秦國入侵軍隊開道，終使蜀國覆亡。關於這個圈套的具體情形，《水經・沔水注》引來敏《本蜀論》記載道：「秦惠王欲伐蜀而不知道，做五石牛，以金置尾下，言能屎金。蜀王負力，

古牛道遺址

令五丁引之成道。秦使張儀、司馬錯尋路滅蜀，因曰石牛道。」

這個神裡鬼氣的故事當然不可能是事實的真相，但後人會從這春秋筆法的記載中看到歷史真相的輪廓。這個輪廓顯示的是秦人用計從蜀人那裡得到伐蜀的必經之路此一至關重要的軍事情報。既然石牛道的情報已被虎視眈眈的秦人所掌控，處於優勢地位並呈戰略進攻姿態的秦軍伐蜀已成為水到渠成的事情，剩下的問題就是尋找師出有名的藉口和最佳的進攻時日了。

就在強秦四面擴張，連奪魏河西地及河東之安邑、曲沃，攻取韓之宜陽、鄢城，一路勢如破竹，所向披靡之際，關東諸國面對危局，也開始聯合起來共同對秦進行抗擊。而秦國則傾全力於西元前三一八年及次年兩次擊敗攻秦聯軍，使局面處於相持不下的膠著狀態。在這種局面下，秦國要迅速東向擴張鏟平六國，已變得複雜和困難起來。而就在秦國君臣處於短暫的迷惘之時，一件意外的事情引發了秦國興兵南伐巴蜀的戰略意圖。

西元前三一六年，開明十二朝蜀王之弟被封在葭萌之地，稱苴侯。葭萌在今廣元市西南和劍閣縣東北及昭化一帶，具有極其重要的戰略地位。由於蜀王之弟對這位當王的哥哥的所作所為越來越感到不滿，遂滋生了反叛之心。在深知自己尚無力跟蜀國中央王朝抗衡的情形下，苴侯開始與巴國首領聯合，準備共同奪取蜀王政權，但機密洩露，很快被蜀王得知。周慎王五年，蜀王於憤怒中派出大兵討伐苴侯，苴侯抵擋不過，率部奔巴，欲與巴國共同擊蜀。

就當時的形勢來看，巴、蜀的北方有秦國，東方有楚國，楚、秦兩國都呈虎狼之勢緊盯著巴蜀，恨不得立即滅之而後快。楚在戰國初年，北滅漢水中游之巴建立漢中郡，南滅廩君之巴建立巫郡。《史記．秦本紀》載，秦孝西元年（西元前三六一年）「楚自漢中南有巴黔中」，以此形成了對巴地的包圍態勢。迫於「巴、楚數相攻伐」的局面，川東諸巴「故置江關、陽關及沔關」以防楚。江關在今奉節，陽關在今長壽，由此可見楚國侵入巴地之深。

面對危局，巴、蜀兩國應該團結一致，共同對外，但這個局面卻遲遲沒有形成。由於巴對蜀的成都平原這塊肥肉一直垂涎三尺，因而總是聯合之日少，戰爭之日多。巴國每當戰蜀不過或內部發生大亂時，便求助於秦、楚兩國相助。卻說這次苴侯與巴王聯合之後，開始與蜀軍交戰，但幾個回合下來，苴、巴聯軍屢戰屢敗，總是處於劣勢。

為扭轉被動局面，巴方軍隊的最高決策者又準備故伎重演，按過去的慣例求楚或秦出兵助陣。接到求援告急文書後，秦惠王親自主持會議商討對策。廟堂之上，秦國的文臣武將展開了一場激烈的爭論，秦國重臣司馬錯、田真黃主張趁此機會征伐富饒廣闊的蜀國。二人指出伐蜀不僅可以得到巴蜀地區富饒的物資、充足的人力，還可以取得一塊東向伐楚的重要基地。此一高瞻遠矚避實就虛的策略，為秦惠王所賞識，並終於做出南下伐蜀的具有重大戰略意義的決定。周慎王五年（西元前三一六年）秋，秦大夫張儀、司馬錯、都尉墨等統領大軍沿石牛道一路往南，殺氣騰騰地向蜀地撲來。

石牛道又名金牛道，是歷代由漢中入蜀的主要交通大道。面對秦國大兵突至，蜀王得知消息後倉卒下令應戰，並親自率兵在葭萌迎擊。想不到兩軍初一交手，蜀軍大敗，丟盔棄甲退至武陽，蜀王在潰敗中被秦軍所殺（《蜀王本紀》作獲之）。丞相、太傅和太子都敗死於白鹿山。

按照司馬遷的記載，「冬十月，蜀平。貶蜀王更號為侯」。在滅蜀之後，「（張）儀貪巴、苴之富，因取巴，執王以歸」。不知何故，司馬遷沒有明確記載滅巴的時日，但從當時的戰局分析，離滅蜀時間當不會太遠。當然，這次秦滅之巴是江州之巴，並非占有全部巴地。滅江州之巴以後，秦的主要軍事行動暫告結束。而把全部巴蜀地區盡行納入秦國統治之下並得以鞏固，則是三十年以後的事了。

後來的史實證明司馬錯的戰略決策是完全正確的，蜀國被滅掉之後，出現了「蜀既屬，秦益強，富厚而輕諸侯」，「秦並六國，自蜀始」的政治戰略格局。

秦滅巴蜀之後蜀地的狀況，據《華陽國志．蜀志》載：西元前三一四年，秦惠王封蜀王子通為蜀侯，以陳壯為相。設立巴、蜀二郡，以張若為蜀守。出於多個方面的考慮，秦滅蜀後，對蜀的統治方法與滅六國後對六國的統治方法做了不同的處理。儘管秦建立了蜀郡，但同時保留蜀國原統治者的地位，只不過貶號為「侯」而已。當然這並不是秦的仁慈所致，究其原因，應是蜀的殘餘勢力還相當頑固和強大（史稱「戎伯尚強」），不得不暫時採取安撫、懷柔和羈縻性措施。另一方面，因蜀是一個非華夏民族國家，秦對非華夏民族的政策與對華夏地區的政策也因地制宜地做了區分。如對義渠的政策，秦統治初期也是「縣義渠，義渠君為臣」。對閩越同樣如此，「秦並天下，廢為君長，以其地為閩中郡」。

然而不幸的是，秦在封蜀侯三年後，出現了「丹犁臣蜀，相壯殺蜀侯來降」的亂子，接著相壯也因叛亂被甘茂所殺。西元前三〇八年，秦王朝又封公子惲為蜀侯，但也只過了七年，便出現「蜀侯惲反，司馬錯定蜀」的情形。次年，秦又封子綰為蜀侯，及至西元前二八五年，又「疑蜀侯綰反，王復誅之，但置蜀守。張若因取笮及其江南地也」。

秦王朝在滅蜀之後，三封蜀侯，又三次殺掉，都是因為謀叛，而派遣前往平叛的官員又都是著名的軍事家甘茂、司馬錯、張若之流，史籍雖未見到這些戰爭詳情的記載，但僅此已足以說明蜀人和秦王朝進行了頑強的鬥爭，前後持續了三十年之久。在這三十年中，開明王朝的殘餘勢力在秦軍一次次進攻打擊下逐漸削弱瓦解，並逐步向西南退卻。據後世史家研究表明，這股殘餘勢力第一步是自成都平原退到青衣江河谷，故有「丹犁臣蜀」之事。丹犁就是漢代的沈黎，今雅安地區一帶，至今在蘆山縣附近還留有一座開明王城。然後就是跨過大渡河，通過今涼山州，退到今西昌、姚安一帶。再後，於戰國末年經雲南、廣西進入今越南北部建立安陽王國，其國為漢初的趙佗所滅。

秦在統一巴蜀之後，初立巴、蜀二郡，後分巴、蜀二郡再置漢中郡，共三郡三十一縣。從此，北至秦嶺，東至奉節，南至黔涪，西至青衣，包括今阿壩、甘南、涼山等州部分和鄂西北在內的廣闊地區，都置於秦的郡縣制度統治之下。郡設郡守，掌郡治；又設郡尉，輔佐郡守並典武職甲卒。縣萬戶以上設令，滅萬戶設長，下設丞、尉，輔佐令、長。縣有少數民族便改稱「道」。此後，秦國的制度政令逐步推行到巴蜀地區，並促使青銅時代的古蜀文明逐步融入到鐵器時代的中國文明之中。舊的古蜀王國消失，一個新的大一統的時代到來。

第七章

坑中珍寶之謎

出土文物的修復，北京故宮首次展示，受到全世界矚目與讚嘆。
三星堆文化研究熱潮興起，各路專家學者爭相投入。
在古蜀國閃耀的朦朧星光中，探尋的腳步仍在艱難地向歷史的縱深穿插邁進。

是人是獸難分曉

按照中國考古學家與歷史學家一貫的思維方式和學術研究套路，既然古蜀的歷史已有了一個霧中樓閣般隱隱約約的轉承組合系統，下一步就要看三星堆遺址兩個祭祀坑出土的文物，是否與這段歷史和這個系統相匹配。也就是說，這些文物與古蜀歷史上的蠶叢、魚鳧、柏灌、杜宇、開明等為王的時代有無內在的關聯。如果沒有，當作別論；如果有，屬於哪個時代，相互間是一種怎樣的關係，如何對號入座，並找到自己的最佳搭檔等等。只有找到這種內在的關係，最好是能對上號，研究工作才能取得重大成果甚至是重大突破。

對於這種具有中國特色的思維模式和研究方法，美國哈佛大學人類學系教授、著名考古人類學家、美籍華人張光直，在追究其形成的歷史淵源時曾精闢地論述道：「中國歷史上第一次重大的挖掘——由國家集中人力採用新輸入的現代考古學的方法所進行的挖掘，是在河南安陽的殷墟。這件事情對中國考古學後來的發展，是有很大影響的。殷墟是歷史時期的遺址，對它的研究一定要使用文獻的材料、出土甲骨和金文的材料，所以把考古學主要放在了歷史學的範疇內。考古學的目的、方法和所利用的文獻，使它主要在中國歷史學的傳統內延續下去。這種考古學的成見，影響到史前學的研究。假設中國集中人力連續數年挖掘的第一個遺址，不是殷墟而是新石器時代的遺址，比如半坡、姜寨或者廟底溝，培養出來的一代專家，不在歷史學而是在史前學的領域內，很可能中國考古學會走到另一條路上去。中國的考古學會更加注重生態環境、植物、動物、土壤的研究，注重陶片分析、遺址分析和石器分析等等，就如西方的那樣。但是，歷史是沒有假設的……中國學者的一個習慣，是研究中國不研究外國。中國過去所有的考古學家，都是研究中國歷史出名的，歷史學家也基本上是這樣。」

既然歷史不能假設，以安陽殷墟挖掘為標誌培養出的中國學者的學術思維和路數，也就不可能在短時期內有一個大的改變。它所形成的強大慣性，還要在考古學與歷史學探索的學術道路上延長若干個時日。殷墟的挖掘和

青銅面具摹圖

研究如此，三星堆遺址以及器物坑的挖掘與研究同樣如此。那麼，擺在眾學者面前的三星堆遺址之謎，是否由於有了文獻或多或少的記載與出土器物的參照，就能在歷史的這個大框架中對號入座，在排列組合之中得以全面解開？這是一個有志於包括三星堆在內的古蜀文化探索的專家學者，所面臨的一道既充滿誘惑又荊棘叢生的探尋目標。

一九八七年五月二十六日，經四川省文化廳文物處與省考古研究所的請求，中國歷史博物館派員四人，重慶市博物館派員一人赴成都，與四川省考古研究所的修復專家楊曉鄔等人會合，共同進行三星堆遺址一、二號祭祀坑出土器物的清理和修復工作，以便推進相關的挖掘資料的整理、挖掘簡報的撰寫和各項研究工作的進程。按照四川方面的規定，此次修復的器物主要是受社會各界特別關注的青銅大立人像、大面具、縱目人面像、青銅人頭像以及尊、金杖等器物。藉由各方修復專家的密切配合與通力合作，修復進展順利，在四個多月的時間內，就將兩個祭祀坑出土的保存較好的主要文物，幾乎都恢復了原貌。

一九八七年十月，三星堆祭祀坑出土的青銅大立人像、銅頭像、縱目人面像等精品文物，隨「全國重要考古新發現展覽」首次赴北京，在北京故宮展出，引起世界各地人士的極大關注，紛紛前來一睹為快。張光直聞聽此一消息後，專程從美國飛往北京參觀這次展覽，並在青銅立人像前，久久佇立，讚嘆不已。

從清理和修復的器物看，三星堆遺址兩個祭祀坑共出土五十四件青銅縱目人像及面具。這些面具看上去奇特古怪，整個造型似人非人，似獸非獸。因而兩坑的挖掘主持人二陳在共同撰寫的《挖掘簡報》中，將這批器物稱之為「青銅獸面」、「縱目獸面像」、「青銅縱目獸面像」等等，但很快遭受張明華、杜金鵬、高大倫等學者的質疑。這幾名學者認為這些面具的形象壓根就不是獸，而是活靈活現的人，應該稱作「人面像」才合乎事實。這種面像的形式是從河姆渡文化的太陽神徽、良渚文化的祖神徽演化而來並更加圖案化和人形化。著名考古學家杜金鵬還指出，良渚文化裡的一件所謂「獸面紋」的上半部，原本就不是什麼鬼獸，而是一個戴皇冠的人的形象。學者高大倫認為杜氏的說法更合乎真實的歷史，並進一步補充說這種人面是從河姆渡「雙鳥負陽圖」演化而來。這個觀點得到許多學者的認同。

在這些人面群像中，有的兩個眼角向上翹起，如同豎眼一般；有的眼球向外突出，如同戰場上的指揮官架上了現代化的俄羅斯高倍望遠鏡。如在二號坑發現的十五件人面像中，均為半圓形，根據形態可分為三個型號，其中造型最神奇怪誕的就是那件被當作古蜀王「背椅」或「寶座」，並轟動一時的眼球向前凸出十六公分的巨大青銅面具。

關於這件通高六十五公分，面部至兩耳尖寬一百三十八公分的縱目面具的性質，有的學者開始把這件器物往已大體劃定的歷史框架中亂裝猛塞，並根據《華陽國志．蜀志》中「有蜀侯蠶叢，其目縱，始稱王」的記載，認為這就是蜀人的始祖神——蠶叢的影像。其推斷的理由是，遠古時代，人類賴以生存的資源主要是動物，於是便產生了動物崇拜，同時也崇拜祖先。圖騰崇拜則是以上兩者崇拜的結合。此一造型奇特的青銅大面具，可能就是遠古蜀人的自然崇拜向祖先崇拜過渡的產物。而文獻記載中所謂的「縱目」，應是古代蜀人對自己祖先形象的追記，即採取極度誇張的藝術手法塑造的蠶叢縱目的圖騰神像。而此一形象，是人類對自然界和自身的認識尚處於原始水準時期，對其祖先神化加工的生動寫照，就猶如女媧造人，以及伏羲女媧人首蛇身的傳說形象一樣。

除了《華陽國志》記載蜀人始祖蠶叢「其目縱」及「縱目人塚」等語外，《楚辭》亦有「豖首縱目」的記載。因而有學者認為「縱目」應該是「豎眼」的意思，也就是和著名的神話人物二郎神額中的第三隻眼睛差不多。但這個看法遭到許多學者的反對。「縱」應該是「向前」的意思，或解釋為「前伸」，也就是人們常說的縱身、縱箭、縱深發展、縱目遠眺等等。如果將「縱」理解為「豎」，顯然是只知皮毛而未解其本質。實際上，「縱目」一詞的含義應當和青銅人面像的眼睛一樣，眼球長長向外凸出，如同縱身躍出一般。這件面具的出土，正是文獻中有關「縱目」的記載的寫照，是幾千年來為人們費解的難得的實物例證。

在進一步考察時，有學者根據《山海經》所謂天神燭龍「直目正乘」的記載，認為這件青銅縱目面像並不是什麼古蜀始祖──蠶叢，而很可能就是《山海經．大荒北經》中記載的「燭龍」。這部古代地理名著，除記載民間傳說的地理知識外，還保存了許多遠古的神話。如在一段故事中這樣說道：大約在距今六千年前，西北方的鐘山上有一條巨龍。祂的身軀很長很長，一伸直就能達千里之外。祂的樣子很怪，渾身通紅，雖是蛇身，卻長著人的面孔，但眼睛不是橫著長，而是豎立起來。這個人面蛇身的怪物經年蜷伏在鐘山腳下一動不動，不吃、不喝、不睡覺，也不怎麼呼吸。但只要祂什麼時候想起來開始呼吸，就會立即刮起颶風，弄得飛沙走石，日月無光。不僅如此，這傢伙的眼睛又大又亮，一睜眼就能把天外的陰極之地全都照個通亮。待祂一閉上眼，天外立刻又成了伸手不見五指的黑夜。只要祂吹口氣，天外就立刻變成狂風呼嘯、冰雪漫天的寒冬。祂只要輕輕地吸口氣，天外又變成炎炎似火、酷熱難忍的夏天。真可謂到達了通天入地、偷天換日的神奇境界。由於祂能像蠟燭一樣發出光亮，人們便稱祂「燭龍」。又因祂能照亮天外陰極之地，所以又稱祂「燭陰」。

燭龍的眼睛何以如此厲害？《山海經》說祂「直目正乘」。「正乘」之意，語焉不詳，歷來頗多分歧，但對「直目」，多數注家都贊成晉代學者郭璞的說法，即「目縱」之意。從「燭龍」的眼睛聯想到三星堆二號坑出土的這件特大號青銅人面像，有的學者便開始頗為自信地認為，這就是燭龍「直目」的真實寫照，也是三星堆遺址為什麼在出土的器物中有不少龍的形象的原因。如出土的大型青銅立人像左衽上的龍，青銅爬龍柱形器上的龍，以及青銅神樹復原後上面那條長達三公尺多長的巨型盤龍等等，都應與燭龍這個神物有關。

另據當代學者王兆乾等人的研究，認為神話傳說中的火神、光明之神和南方之神祝融讀音與燭龍相近，因而燭龍又可視為祝融。

《山海經．海內經》說：「炎帝之妻，赤水之子生炎居，炎居生節並，節並生戲器，戲器生祝融，祝融降處於江水（岷江）。」《蜀王本紀》則說：「蠶叢始居岷山石室中。」以此來看，傳說中的祝融和蠶叢一樣，最早都活動於四川西北的岷山和岷江一帶。由此，古蜀人很可能將他們合為一個神，並引為自己的先祖來崇拜。三星堆出土的龍形器物，便是蜀人將自己的先祖與神靈融為一體的具體表現。

但也有學者認為三星堆二號坑出土的十幾件眼球突出的青銅人面像，既不是燭龍，也不可能是祝融，而是傳說中的蠶叢及其部族的高級官員。

當然，考古人員還注意到一個不可忽略的事實：和這個被稱為蠶叢影像的蜀人老祖宗同時出土的，還有一件鼻梁上裝配有「龍」或「蛇」的青銅縱目人面具。此件器物堪稱整個出土青銅器群中的絕品。這件面具寬七十八公分，通高八十二點五公分，在額正中的方孔中，補鑄有高達六十八公分的夔龍形額飾，耳和眼採用嵌鑄法鑄造，角尺形的一雙大耳向兩側充分展開。最奇特的是一雙眼睛，呈柱狀外凸的眼球向前長伸約十餘公分。鷹勾鼻，大口微張，舌尖外露，下巴前伸。出土時尚見眼、眉描有黛色，口唇塗有朱砂的痕跡，估計也應是這個青銅家族的一位高級神靈。

從這件面具的形象特點可以看出，古代蜀國的匠師們用大膽誇張的手法，將人和獸的形貌巧妙地結合起來，巧奪天工地創造出了面目威武，神情嚴峻，極富抽象的人獸雜糅的神靈偶像。由於這件文物在構思和製造過程中都賦予了極其偉大的天才想像力，使它在各類面具形象中異軍突起，光芒四射。尤其是額上那道長長的直立冠飾，其完美的造型設計以及精湛的製作工藝，使這件器物更顯威震四座，氣盛八方，凜凜然有天神突降人間的神祕懾撼感。如此具有穿越時空的豐富想像力的造型藝術，不只在蜀地前所未見，即便和中原同期的商周青銅藝術

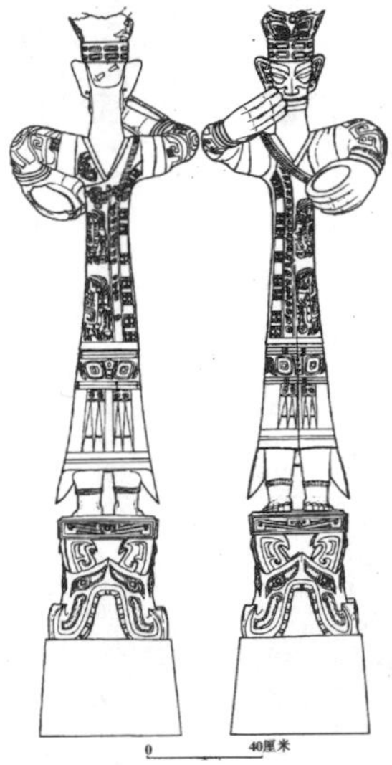

左：青銅大立人像摹圖（背面與正面）
右：青銅大立人出土情形

相比，也是聞所未聞。

舉世無雙的青銅巨人

在北京故宮展覽時，布展人員特地將一件形體高大的青銅立人像安排在整個展廳的正中位置。

這件青銅立人像出土於二號祭祀坑的中層，身高一百二十二公分、冠高十公分，連座通高達兩百六十二公分，重一百八十多公斤。出土時已從立人腰的下部斷為兩截，下層方座底部殘損。經四川省考古研究所修復專家楊曉鄔妙手回春的修復，基本保持了原貌。據陳德安等考古學家推斷，此像的鑄成時間，距今已有三千多年。如此巨大的青銅人像，在中國出土的商、周器物中可謂前無古人，其精湛的鑄造工藝，也為中國美術史和青銅冶鑄史所罕見。

這尊青銅立人像不僅填補了中國青銅文化在這方面的空白，而且就時間論，比古希臘的德爾菲御者銅像、宙斯或波塞頓銅像還要早四五百年以上。即使在古埃及等世界文明古國中，也從未發現時間如此久遠、體量如此重大的青銅人像。一九七二年，義大利亞契市海灣發現了兩尊希臘青銅武士像，整個歐洲為之狂歡。十四年後，三星堆大型青銅立人像橫空出世，整個世界為之矚目，並再度引起震撼。這是迄今為止中國發現最大的遠古青銅人像，也是世界上同時期古文化遺存體積最大、藝術水準最高的罕見絕品之一。

從外觀上看去，這件罕見的青銅大立人像，身軀修長挺拔，頭戴回紋筒形高冠，身穿窄袖與半臂式套裝三件，前裾過膝，後裾及地，長袍上陰刻兩組龍紋。有專家推測，這套打扮可能就是商代祭祀時穿的「袞冕服」。大立人的左肩向右斜挎一條「法帶」，目光炯炯，直視天下；小腿和手腕上戴有鐲子，赤腳，一雙大手作「掐指一算」狀，透視出神祕威嚴、變幻莫測、法力無邊的魔力，大有視天下蒼生如草芥，攬天下沉浮於股掌之中的氣勢。

從華貴的衣飾、富麗的穿戴和古樸的台基裝飾可以看出，這尊青銅大立人像所代表的，絕非一般身分和地位的人物，當是君主王侯之類貴族首領。在三千多年以前，中國古代的君王都具有多重身分，既是號令天下的一國之君，又是統率全國大小巫師的群巫之長。有學者認為這尊立人像代表的是政教合一的領袖人物，也就是蜀王兼群巫之長的形象。

也有的學者認為此一青銅大立人像，應是宗廟內祭祀先王及上帝特設的偶像，其作用是溝通天地、傳達天神的旨意。考古學家俞偉超在大立人像赴北京展出之前，於四川省考古研究所修復現場，對這件剛剛修復完成的器物親自做了考察後，對陪同的三星堆挖掘者與研究者們這樣說道：「大銅人站在祭壇上，大家都會推測他是一個神祇。但究竟是什麼神祇，似乎難以琢磨。我看，如果把大銅人雙手所持之物的原來面貌弄清楚，則神祇的屬性就容易弄明白了。這個銅立人雙手皆把握成圈狀，把握的方向又顯示所持為一長形物品。如仔細觀察，其雙手把握之物的斷面大體呈方形。在當時存在的物品中，只有琮的形態與這種情況最為符合。由此可推測，銅人雙手原持一大琮，如為玉琮，則埋藏時可能取下而置於他處，如為仿玉木琮，就會因腐朽而不存了。三代之時，禮天用璧，祭地用琮。銅立人既然手持大琮，當為祭地之神，可知大銅人本身也就具有地神的性質。」

在這個推論的導引下，俞偉超建議挖掘者和修復者仔細查找玉琮的蹤跡，以便確認此一推論的可能。遺憾的是直到所有的器物都修復完畢，也沒發現和這尊青銅大立人可能有關聯的玉琮出現。

對於俞偉超的推斷，三星堆最早的關注和挖掘者沈仲常在表示贊成的同時，又根據自己的觀察和思考做了進一步論述。他認為：這尊青銅立人像的雙手大得出奇，與身體顯然不成比例。當時匠師們為什麼過分誇大銅人的雙手？而雙手所執的原是什麼東西？這是一個頗耐人尋味的問題。

這尊青銅立人像手中所執之物確應為琮。琮內圓外方，外壁以減壓法突出四塊長方形凸面。從這尊青銅立人像雙手的握式中，正可看到一個長方形凸面的一半。在二號祭祀坑出土的神樹殘件中，曾發現一尊僅存上半身的小青銅人像，這尊小人像雙手分開平置於胸前，手中各執一琮，恰為大青銅立人像手中所執之器物提供了佐證。在此之前，考古人員所見到的琮最多的是玉製品。玉琮起源於新石器時代，最早見於良渚文化的墓葬中。經考古學家多年研究發現，一般隨葬玉琮的良渚文化墓葬有以下四種特徵：（1）規模較大，隨葬品豐富；（2）墓主人多為男性；（3）玉琮往往與玉璧同出；（4）有些墓還有人殉現象。

據此，有的學者認為，良渚文化的玉琮是一種與原始宗教巫術活動有關的器物。它用於隨葬，很可能具有避凶袪邪、保護死者平安吉祥之意，帶有神祕的宗教色彩。當人類進入階級社會後，玉琮就成為祭祀天地的禮器了。與三星堆祭祀坑時代相近的殷墟婦好墓曾出土玉琮十四件，《周禮．春官．大宗伯》載：「蒼璧禮天，黃琮禮地。」張光直在《考古學專題六講》中對玉琮有如下論述：「琮的方圓表示地和天，中間的穿孔表示天地之間的溝通，從孔中穿過的棍子就是天地柱。在許多琮上有動物圖像，表示巫師透過天地柱，在動物的協助下溝通天地。」

如上所述，玉琮是祭祀天地的禮器，那麼手持琮的青銅立人像所代表的又是什麼人的身分呢？這尊青銅立人像正身直立，神情莊嚴肅穆，雙手執琮，琮的孔中或可能還插有通天地的木柱。在二號坑出土的大量遺物中，高大的立體銅人像只此一尊，它象徵的應是在這裡主持祭祀的巫師。根據祭祀坑的地理位置來看，人像身著左衽衣，結合同時出土的具有蜀文化共同特徵的遺物分析，這尊青銅立人像象徵的無疑是蜀人。而衣服上的雲雷紋和青銅尊等容器的特徵，又顯示出與中原商文化有一定聯繫。因而不妨做這樣的推論，這尊青銅大立人像，象徵當時蜀人中的群巫之長，也可能就是某代蜀王的形象。

對於沈仲常的這個推論，同是四川學者的屈小強頗不以為然，他認為青銅大立人像應是太陽神的形象。其理由是：原始社會的先民們在與太陽長期共處中觀察到，太陽能促進樹木、花草和農作物生長、成熟，能帶給人光明、溫暖，還能明辨善惡，洞察人間。所以，大約在進入新石器時代後，他們便開始奉太陽為豐產之神、保護之神，以及光明正大、明察秋毫之神。三星堆二號坑出土的那尊大型青銅立人像，就糅合進了傳說中的太陽神形象。而頭頂太陽的形象，在中原古史傳說中是天帝少昊，即黃帝與嫘祖在江水所生的兒子青陽。

甲骨學專家們考證說，少昊部落集團各氏族「全是鳥的名字，明顯地是圖騰的殘跡」。又說少昊是商人的先祖，商人又曾以太陽為名，奉太陽為神。從字意上看，少昊的昊字則是從日從天，是頭頂太陽的人。因而古人尊稱少昊是集鳥崇拜（屬圖騰崇拜）與太陽崇拜（屬自然崇拜）於一體的人間首領。

關於沈仲常與屈小強各自的推斷到底孰是孰非，學術界並未做出評判，但不管做何結論，有一個明顯的事實不應忽視，那就是這具青銅大立人像在出土時，被攔腰折為兩截。這個顯然並非正常現象，二號坑挖掘的主持者陳顯丹，對此做了兩種可能的解釋：一是蜀國的政權發生巨大變更，取得政權者將古蜀王所崇拜敬奉的神靈作為戰利品獻祭給天帝，或作為封禪所舉行的「碎祭」。二是當時蜀國面臨滅頂之災，蜀王在走投無路的情況下做出「自我犧牲」的決定，但又不能真死，於是鑄造一個替身，即我們現在所看到的青銅大立人像。

陳顯丹還列舉《三國演義》中曹操割髮以代首的故事作為佐證，並認為曹操的靈感與作法就是仿效先祖先王的風俗與作法而來。按陳顯丹的說法，三千多年前的古代君王，當他們在洪澇、乾旱、地震、雷擊等天災人禍面前束手無策的時候，經常會以「死」的方式向天帝「謝罪」，如同後來的皇帝們「罪己詔」模式。他們的死法是在舉行祭祀禮儀後，架起木柴將自己焚燒。

當然，主持祭祀大典的君王們不會把自己真的投入火中，而是採取焚燒自己的替身人像的方式，來完成此一莊嚴、肅穆的儀式。這種古老的儀式除古蜀國外，在中原的商王朝也屢見不鮮。據有關文獻記載，商朝的湯王在打敗夏朝的桀之後不久，天下出現嚴重的乾旱，整個國家陷於絕境之中。為除災祈福，商王親自登壇跪拜祈禱，但仍無雨。在無可奈何的情況下，商王開始對天禱告說：「上天啊，如果有什麼過錯，祢懲罰我一個人就行了，為什麼要降罪於成千上萬的百姓呢？」說完，便剪下自己的頭髮，又在地上磨自己的手，最後將自己的整個「身體」作為祭品奉獻給上天以謝其罪。這裡記載的商王將自己貢獻給上天，實際上就是類似三星堆青銅大立人像的替代品，最多只是割下幾綹頭髮作為貢獻而已。對陳顯丹的解釋，有學者認為有理，有的則一笑了之。

通天神樹

在三星堆遺址二號坑中，共出土了八棵被稱為神樹的青銅器物。這些樹有大有小，但均被砸爛並經火燒，大多殘缺不全。最大型的被稱為一號神樹，修復專家楊曉鄔與他的助手們經過三年多嘔心瀝血的修復，總算讓這件器物比較完整地呈現在世人的面前。此樹通高三點九六公尺，整株樹分為底座、樹身、龍三部分。圓圈形的底座上有三個拱形的足，如同樹根狀。主幹之上有三層樹枝，均彎曲下垂。樹枝尖端有花朵果實，每一枝的枝頭上都站立有一鳥，全樹共九隻鳥。樹的頂端因為殘缺，不知頂部的具體情況，但從殘缺的頂部仍能看見有一個巨大的果實，推測樹的頂部也應該站立一隻鳥，因為它的結構與其他枝頭的結構在整體上相同。

神樹的主幹外側有一條身似繩索的殘缺的青銅龍，由樹冠沿樹幹蜿蜒而下，彎曲的身子總長達五公尺。龍身是用銅管扭成繩索狀而成，直徑約十八公分，呈由天而降之勢。整個形象看上去大氣磅礴，雄壯威武。那高昂的

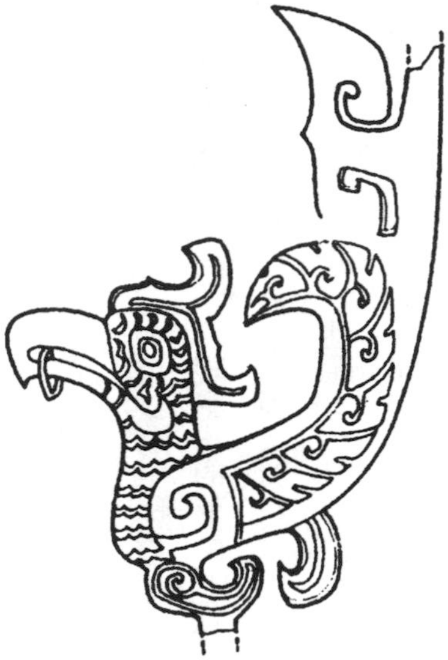

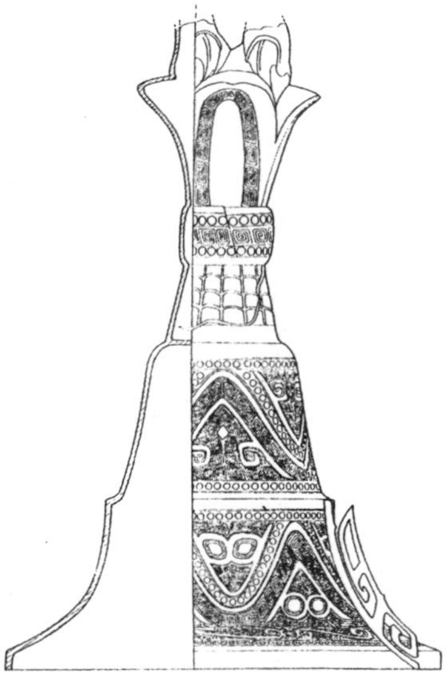

上左：神樹上的銅鳥摹圖
上中：神樹上的銅鳥摹圖
上右：神樹上的銅鳥摹圖
下左：青銅神樹底座摹圖
下右：青銅神樹局部摹圖

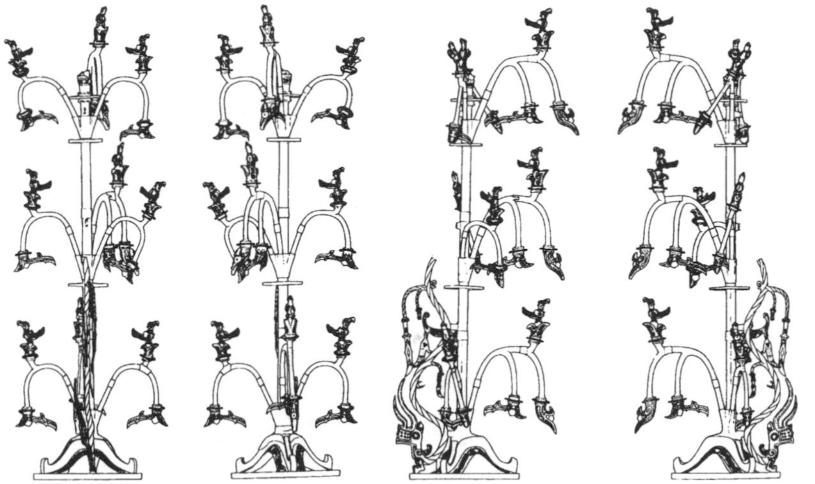

修復後的青銅神樹摹圖

龍頭與扭曲的龍身，給人騰雲駕霧，自由流動於天地間之感。

這棵神樹是中國國內出土青銅器中體積最大的一件，同時也是全球體積最大的青銅文物之一。據修復專家楊曉鄔說，在一號神樹的修復過程中，開始並不知道樹幹與那條殘缺的青銅龍有何種關係，待各自修好後，神樹怎麼也不能單獨立起來，非要有個支撐架才能立穩。經過一番觀察，發現神樹的底座和樹幹有幾塊多出的小銅片，望著這幾塊小銅片，楊曉鄔突然意識到可能與剛修復的那條巨型龍有關，於是趕緊和助手把那條青銅龍搬過來核對，結果發現樹與龍正是相互配套的一件器物。待把龍配上之後，神樹站立後便不再倒下。這時楊曉鄔才明白，這條攀在樹上的巨龍，除了牠的文化內涵和寓意外，在技術工藝上明顯地發揮了保持樹的重心穩定而不倒的作用，單是這方面的鑄造技術，就是一項了不起的發明創造和技術成就。

後來經過多個實驗室配合研究發現，神樹的樹身採用分段鑄造法製成，運用了套鑄、鉚鑄、嵌鑄、鑄接等手法，可謂青銅鑄造工藝的集大成者。從現代美學的角度看，神樹造型結構合理，布局嚴謹，比例適宜，對稱中有變化，對比中求統一，整棵樹雖由多段多節組合而成，但觀之仍有渾然一體、天衣無縫之感，完全稱得上是神工鬼斧，巧奪天工，達到了登峰造極的藝術境界。

除排序為一號的大型神樹外，另一棵中型神樹的下半部分保存得比較完整，只是上部已殘斷無存，僅有一根枝頭上有鳥造型的樹枝大致可以復原。樹的底座呈山形狀，應表示神樹長在神山上，上面刻有太陽和雲氣紋。座圈的三面各鑄有一方台，上面有跪坐人像，人像雙手不知握有什麼東西。估計此樹原高度也應在兩公尺以上。小神樹共有四棵，但均因殘缺太嚴重，無法修復。不過從殘件上可以看出這些樹的樹幹呈辮繩狀，樹座盤根錯節，渾然一體，樹枝端頭造型應為人首鳥身像，有學者把它譽為人們常說的「連理枝」予以解釋。

關於這大大小小的青銅樹所呈現的主題和用途，考古學家俞偉超在修復銅樹之時，曾受四川方面的邀請到成都親身觀察，並對當地學者發表了自己的看法。他認為：三星堆祭祀坑的大量出土物中，最引人注目的就是這兩棵大銅樹和一個大型銅立人像。這不僅是因為它們形體高大，形象奇特，更在於其含義難明，引起很多遐想。據初步推斷，二者都應是當時土地崇拜的產物。大銅樹尚未全部修復，全形還不太完整，但大致可知是在一根大樹幹上，分出多層的三枝樹杈，每枝樹杈上，又再生出許多枝葉。上面懸掛著大量小件物品和神怪形象，看上去真是五花八門，眼花繚亂。儘管其細部還有許多復原不了的地方，但整棵銅樹的形態，一眼望去，就可知它和東漢時期在四川和雲南、貴州以及甘肅和青海東部墓中隨葬的銅製搖錢樹有一脈相承的關係。

東漢的搖錢樹，是社樹的模擬物。而關於古代的社樹崇拜，《論語・八佾》曾曰：「夏后氏以松，殷人以柏，周人以栗。」可知商代是流行的。三星堆的早期蜀文化既然存在許多商文化的因子，當時的蜀人與商人一樣崇拜社樹，就成為很可能的事情。

「社祀」是一種祭祀土地神的活動，古代的農業部落因為見到糧食是從土地中生長出來的，為了祈求農業豐收，所以普遍崇拜土地神，並把這種土地之神叫做「地母」。社樹就是一種地母崇拜的體現物。當時的蜀人，既然已經以農業為生，當然會出現這種地母崇拜。況且以後的東漢時期，四川又是銅製搖錢樹最流行的地區，自然潛藏著一種歷史文化的傳統。如果把這幾方面的情況結合在一起考慮，將三星堆大銅樹推定為社樹的模擬物，看來是問題不大的。

對於俞偉超的看法，考古學界沒有太多的爭論，只是有不少補充或另外一個系統的全新論述。如參加三星堆挖掘的敖天照認為，這幾棵神樹應是「早蜀先民宇宙觀的實體模式，也是太陽崇拜的實物寫照，與古代民族普遍存在的自然崇拜有關。《山海經》和《淮南子》曾有扶桑和若木的記載，三星堆祭祀坑出土的一、二號銅樹，就是棲息神鳥的扶桑和若木。扶桑在東方太陽升起的湯谷上，若木在西方太陽落下的地方。天上的十個太陽，由十個神鳥運載。一個在空中，九個在枝頭……這就是遠古時代人們認為宇宙有『十日』的神話傳說，即太陽崇拜在三星堆遺址出土的青銅大神樹上的具體體現。用這種方式以祈求太陽適時出沒，風調雨順，五穀豐登，人畜興旺」。

關於敖天照所說的扶桑與若木的看法，早在二十世紀七〇年代，史家郭沫若曾有過一番論述。郭沫若在《出土文物二三事》（《文物》一九七二年第三期）的第三個故事中這樣說道：

一九六九年十一月，在河南濟源縣軹成公社泗澗溝村西南，發現了一座西漢晚期的磚室墓。墓中出土了不少的陶器和陶俑，也有部分鐵器如刀劍帶鉤之類。

在陶器中有一株陶樹，通體施釉，上半部呈暗綠色，下半部呈黃色。樹頂站一大鳥，頭上有淺冠，頸與身直豎，頸頎長。樹枝九出，約略以三枝為一輪，由上而下的第一、第三、第四枝上各有一小鳥；第二、第六、第九枝上各坐一猴；第五、第七、第八枝上無物，或係脫落，但無痕跡。三隻小鳥和三個猴子都沒有施釉。枝端有葉上翹，葉的外面，第一、二、三、四、六枝均著一展翅的知了（蟬），第五、七、八、九枝無蟬而有花。樹腳呈三角錐體，三面穹窿，以三棱銳點突出為腳。錐棱上有飛蟬、奔馬、踞坐的狒狒，兩手各執一長物而食；錐面上有三個裸體的人，左腿上屈，左肘內屈，放在膝上；右腿下屈著地而坐，右肘撐在地上者一人，撐在右膝上者二人。此外有些花紋，似雜草。

這株陶樹，同志們採納了我的意見，定為「古代傳說中的扶桑」。新華社曾據以報導，但未加以說明。我現在把我的意見敘述出來，以供參考。

在古時候，中國有一個神話式的傳說，說天上本來有十個太陽，每一個都載在烏鴉的背上。這十個太陽和十隻烏鴉都棲息在湯谷上一株名叫「扶桑」的大木上。祂們輪流值日，一個太陽和烏鴉值日時，其他九個太陽和烏鴉便在扶桑樹的下枝休息。太陽背負在烏鴉上，大概是一半白晝、一半黑夜的象徵。

有一次，太陽們沒有遵守這個規約，十個太陽同時出來。於是灼熱不可當，草木和農作物都被燒焦了。老百姓們不僅熱，更找不到東西吃。那時有一個會射箭的人名叫「羿」，他是堯皇帝的臣下。堯皇帝便命令羿去射太陽和烏鴉。羿果然射落了九個太陽和九隻烏鴉，只剩下一個太陽和一隻烏鴉在天上，於是老百姓就起死回生，天下太平了。

陶製扶桑木所表現的就是這個故事的後一階段。樹頂僅有一個烏鴉站著，象徵著剩下的一個太陽，下邊的九個樹枝只附著鳴蟬、小鳥、猿猴；樹下的人和物，在草茵上，都好像悠然自得或奔逸欲狂。但人身上是一絲不掛的，正表明其原始，是所謂「葛天氏之民與？無懷氏之民與」了。上述故事，我是從好幾種古書上的記載綜合起來的。為了表明不是杜撰，也或許可以滿足讀者的好奇，我想把那些資料綜述在一道。

《山海經．海外東經》：「湯谷上有扶桑，十日所浴，……居水中，有大木，九日居下枝，一日居上枝。」

《山海經．大荒東經》：「湯谷上有扶木，一日方至，一日方出，皆載於烏。」

《山海經．海內經》：「帝俊賜羿彤弓素矢曾，以扶下國；羿是始去，恤下地之百艱。」

《莊子．齊物論》：「昔者十日並出，萬物皆照（照疑當作『焦』）。」

《淮南子．本經訓》：「堯之時十日並出，焦禾稼，殺草木，而民無所食。……堯乃使羿……上射十日……萬民皆喜，置堯以為天子。」（《北堂書鈔》卷百四十九引作「命羿射十日，中九烏，皆死，墮羽翼。」《藝文類聚》

卷一所引略同。）

由上引資料看來，《淮南子》雖然把這故事定在唐堯時代，其實並不甚古。原始民族，數目字的觀念是很有限的，所謂「以三為眾」，正是實證。數目發展到十，並且以十進位，這是表明：有相當高度的文化了。

由傳說的積極一面的精神來看，它標示著「人定勝天」——人能夠和自然界鬥爭，並矯正自然界的不守秩序。但關於射日的故事，詩人屈原早就懷疑其真實性。他在《天問篇》裡曾經發出疑問：「羿焉彈日？烏焉解羽？」（羿在什麼地方射落了九個太陽？烏鴉在什麼地方折掉了翅膀？）實際上這個傳說可能產生於殷代。《山海經．大荒東經》裡又說：「有女子名曰羲和，方浴日於甘淵。羲和，帝俊之妻，生十日。」帝俊即帝嚳，亦即帝舜，屢見於殷代卜辭，被尊為「高祖夒」，故帝俊是天神，亦是人王。所謂「羲和」其實即是娥皇，在《堯典》變成為管天象歷數的官。《堯典》成書甚晚，可能在戰國時代的初期。

殷代以十日為一旬，甲乙丙丁戊己庚辛壬癸，是十日的名號，可能也就是十個太陽的名號。不僅太陽是帝俊的兒子，月亮也是帝俊的女兒。《山海經．大荒西經》：「有女子（名曰常義），方浴月；帝俊妻常義，生月十有二。」十日為一旬，天上有十個太陽輪流值日，可知十二月為一歲，天上有十二個月亮在輪流值月。這很明顯，是有了歲月旬日的曆術之後，才有這些神話式的傳說產生。這就是這個傳說產生於殷代的證據。

生月的常義，後來成為奔月的嫦娥，實際上是與娥皇為姊妹的女英。嫦娥又成為有窮后羿的妃子。后羿也善射，相傳是夏代中葉的一位好田獵的諸侯。其實后羿和羿，是一非二。神話傳說的變異性往往如此。

一九七二年二月二十九日

除郭沫若所說的扶桑之外，在古代還有建木與若木兩種樹的說法，並且與四川之地有著不可分割的關聯。據傳在「都廣之野」這個地方，有一棵樹名叫建木。此樹有枝葉、花卉和果實，還有龍蛇等動物。它的位置恰好處在天地的正中央，即所謂「天地之中」。一些名叫「眾帝」的神人藉由這棵樹上天下地，此樹由此成了登天之梯。關於這個「都廣」的具體位置，學術界大多認為就是現在的成都平原，或更大膽地說是廣漢的三星堆一帶。而傳說中的若木，生長在建木的西邊，和扶桑一樣，也是樹枝上有十個太陽。那太陽的光華普照大地，大地萬物在這光明的照耀下得以生長。

扶桑、若木、建木，這三棵古代神話傳說中的神樹到底代表著什麼？它們與三星堆出土的青銅神樹又有怎樣的一種關聯？按四川學者樊一的解釋，中國的古典神話傳說，太陽大都是由鳥來代表，「金烏西墜，玉兔東升」這句成語可謂人人皆知。這就是說，凡是神樹上的鳥，代表或象徵的都是太陽。古史傳說中的三棵神樹，則代表著古人的世界觀和宇宙觀。古人認為天圓地方，大地是一塊平面，上有弧形的如同蓋子一樣的天，這就是古代最為盛行的「蓋天說」。從東邊到兩極，也就是整個天際。古代的中國人以東方扶桑、中央建木、西方若木為三個主要的座標，構造了一個以神話形式出現的宇宙觀。

不僅中國如此，在古代西亞、印度、埃及和古代歐洲的神話傳說與出土文物中，也有神樹的故事和神樹的造型，那些神樹之上也有一個或多個太陽。西方學者把這種神樹通稱為「宇宙樹」（Cosmic Tree）。由此可以見，中外所謂的神樹，實際上都具有相同性質，都反映了人類早期原始的、樸素的世界觀及宇宙觀。不論是中國的扶桑、建木、若木等神樹記載及傳說，還是外國「宇宙樹」的出現，它們都代表著不同地域、不同民族的一種共同的思維方式和思想觀念，代表著人類早期對天際宇宙的共同認識。

三星堆神樹與中國神話傳說中扶桑等神樹具有高度的相似性，它與外國的宇宙樹在意義是基本相同的。或者說，宇宙樹這種稱呼，似乎比一般稱謂中的「神樹」，在定義上更加準確、科學，也更能揭示其本身的性質和內涵，因而可以說，三星堆神樹就是中國宇宙樹最具典型意義和代表性的偉大的實物標本。

按照樊一的說法，神樹或者說宇宙樹反映了古人對太陽及太陽神的崇拜，這一點似乎沒有多少學者再行懷疑。可以想像的是，在缺乏科技知識的古代，還有什麼比東邊的晨曦、中天的豔陽和西山的落霞給人留下的印象更加深刻呢？萬物生長靠太陽，這是亙古不變的真理。從這個意義上講，宇宙樹又是象徵生命成長的生命之樹，而生命則源於大地、天空和太陽。三星堆神樹，正是太陽崇拜的產物。

那麼，三星堆青銅神樹究竟是扶桑、建木、若木等神樹中的哪一種呢？學者們在這個問題上爭論頗多，分歧甚大。但多數學者如樊一、趙殿增、陳德安等認為三星堆神樹應是綜合了多種神樹的特徵和功能的一種複合型產物，其理由是：

首先，三星堆青銅神樹完全符合扶桑和若木「上有十日」此一最為顯著的特徵。三層九枝及其枝頭的九隻神鳥，正是金烏即太陽的寫照。儘管三星堆神樹因為頂部殘缺，樹頂是否還有一隻鳥尚不能肯定，但表現的是「十日」神話卻是毋庸置疑的。即使原來只有九隻鳥，如同馬王堆帛畫中只有九個太陽一樣，仍然無須去懷疑它是「十日」神話的一種真實形象的反映。

「十日」是古人舉其成數而言，本質上在反映古人的一種天體宇宙觀念。其中很重要的一點就是以太陽為座標而建立起來的時辰觀念。而時辰、季節對早期農業社會的人們來講，可謂性命攸關的大事。正因如此，世人在某種畫面或某種造型上就見到了同時出現的許多太陽。湖南長沙馬王堆漢墓出土帛畫上的扶桑圖，可以說是典型的代表。在這幅帛畫的畫面上，一條龍纏繞在扶桑樹上，九個太陽一大八小。樹頂的那個最大的太陽，如日照中天，普照大地。而那太陽圖案中的鳥——金烏，更明白無誤地向世人昭示了枝頭的鳥究竟代表著什麼。將這幅圖畫與三星堆出土神樹對照，上面的鳥所代表的是不是太陽，也就一清二楚了。三星堆神樹這件稀世之寶的出土，讓古史傳說中的扶桑和若木得到了實物例證，而天上有「十日」的神話也因三星堆神樹這一實物的存在，讓當今人類進一步了解了先民們的世界觀與神話之間的關係。

另一方面，三星堆神樹也具有建木的特徵和功能，它所在的位置恰好是古史神話傳說中所謂「天地之中」的成都平原。天地之中，意即「世界中心」，無論中外，古人往往認為自己處於大地的中央，故而「中心」甚多。建木和出土的三星堆神樹一樣，都有樹葉、花卉和果實，還有「黃蛇」，即張牙舞爪的龍。這個記載與實物有了相互的印證。據挖掘主持者陳德安說，三星堆神樹出土時是與一大堆巫師雕像在一起的，這表明神樹與群巫二者不是相互排斥，而是相互依存、互不可分，其用途是相同的。以「群巫之長」為首的巫師團體，正相當於那些通靈顯聖，能借助建木此一登天之梯自由上下的「眾帝」。而那條碩長無比的大黃龍，或許正是巫師與眾帝們上天入地的得力駕乘。

正是基於以上的理由，才認為三星堆神樹是一棵代表古蜀先民宇宙觀念的神樹——宇宙樹，它反映了古蜀先民對太陽及太陽神的崇拜，並具有「登天之梯」的功能。巫師們借此神樹，用以連接天地，溝通人神，並最終達到巫文化中特別突出強調的天人合一的神奇境界。

是神壇還是帽子

除了青銅大立人和青銅神樹之外，還有一件堪稱神品的器物，即同樣出自二號坑的神壇。這個被考古人員稱為「神壇」的器物共有三件，可惜均殘損過重，一直處在斷斷續續的修復之中。所幸的是，其中一個殘件雖然有一半已被毀無存，另一半被燒變形，但經楊曉鄔用盡平生所學，四面查尋，八方拼對，窮幾十年文物修復之功力，總算弄出了原形的基本結構。整件器物殘高五十三點三公分，由獸形座、立人座、山形座和屋頂建築四部分組成。其文化內涵和在藝術上的成就，可謂博大精深，魅力無窮，罕有其匹，具有極高的學術研究價值，為古蜀國的宗教祭祀活動提供了至關重要的實物資料。

從研究的角度對這件神祕器物進行解剖劃分，整個神壇從底部到上部可看作由三個層面組成：

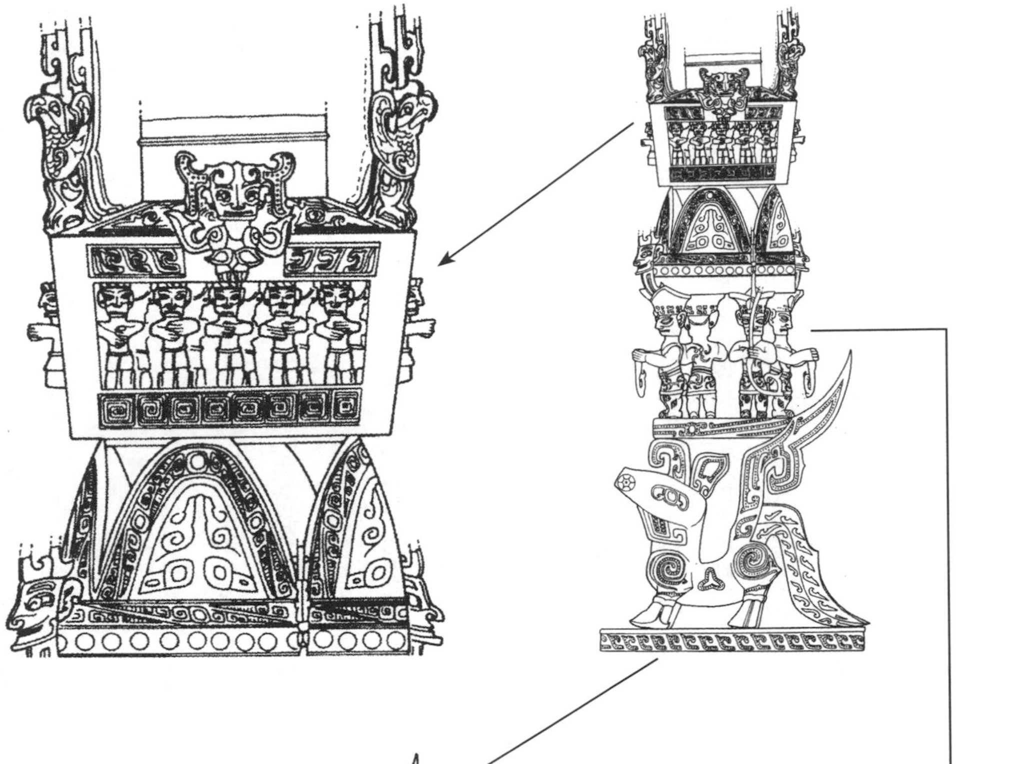

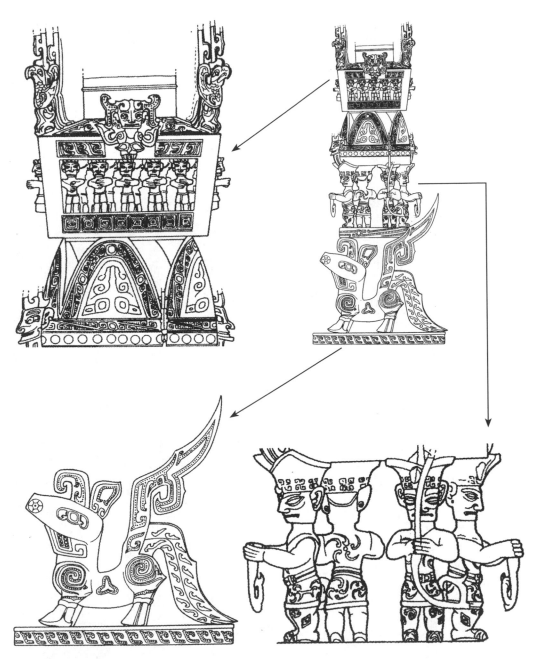

上左：神壇上層摹圖
上右：出土的神壇摹圖
下左：神壇底層摹圖
下右：神壇中層摹圖

第一層，是圓座及兩頭怪獸。怪獸的造型有些奇異詭譎，匪夷所思，考古學家們竟一時無法替它取一個適當的名字。這件器物比較顯著的特點是蹄足、象鼻、獸耳，就像後世傳說中的「麒麟」一樣，是混合多種動物特徵複合而成的一種神物。

第二層，即中間一層，是圓座及立人。圓座放在兩頭怪獸的頭角和尾尖上，圓座之上圍站四人，面向外，頭戴冠，冠沿有一周圖符，這些符號引起許多考古學家的重視。在距今四千多年前的馬家窯文化馬廠類型的彩陶上，就有與此相似或相近的「雷紋」形符號。據一些學者表示，這種符號是由「十」字符號演變而來的。但也有學者認為不是「雷紋」而是「太陽紋」，這種符號最早出現於何時、何地尚不明確。所見的四個立人身穿短袖對襟衣裳，上下左右各有兩組火紋，腿部又有眼睛圖像，當紋身標誌，頭頂又有戴冠的側面人像。若仔細觀察，可發現立人手中抱握的杖狀物上端已殘斷，下端有分叉，究竟屬於什麼器物，很難分辨。既像樹枝，更像龍蛇。據學者樊一說，龍蛇的可能性更大一些。下端的分叉處或許是龍蛇的羽翅，但上端已殘毀，沒法進一步證實，空留下一個無法彌補的遺憾。

第三層，即最上一層，先是山形座，呈四山相連狀。再上面呈方斗形，頂部殘缺，似為一座建築物而缺了屋頂，有學者將其稱作「盝頂式建築」。頂部四角飾有立鳥，方斗上額正中鑄有造型極其怪異的人首鳥身像。這個形象和青銅神樹上的人首鳥身像相同，當是主神的形象。古蜀先民的宇宙觀及主神崇拜觀，充分體現在這座神壇上。方斗中間部分鏤空，鑄有一排大小、造型均相同的跪坐人像，每面五位，共二十位。這當又是一組神靈的形象。相對中心位置的主神而言，應該算是次神，或者如同閻王爺與小鬼，局長與各部門的科長、班長與戰士之間的關係。跪坐人兩手呈抱握姿勢，跪於下檻上，手呈執握狀，似拿有什麼物體，可能是璋之類的禮器，也可能什麼也沒拿，故意擺出這副姿勢，以完成某種祭祀儀式。這件橫空出世的絕代神品，構思奇特、神異詭祕，令人產生無盡的遐想。

據三星堆早期的挖掘者與主持人趙殿增說，這件器物之所以被定名為「神壇」，主要是它將人、山、鳥、獸等組合在一起，表現出一個相對完整的意圖觀念，反映了當時人們對天地人神關係的認識，因而在宗教祭祀活動中具有某種祭壇的性質。具體說來，可用以下五個方面來加以概括：

第一，它表現出三星堆古人對天、地、人三者關係的認識。神壇中層的一組立人像，所表現的是人間地界。人頭頂大山之上的盝頂建築，所代表的應該是天上的神界。最下層的怪獸，則是用來表示地下鬼怪的境界。這說明古蜀人已經有了關於「三界」的觀念。在馬王堆漢墓出土的帛畫「非衣」上，有對「三界」情景的生動描繪。如果將神壇與長沙馬王堆漢墓中的那幅著名的帛畫進行比較，就不難看出，帛畫明顯分為三層，表現的是天國、人間、地界，即天、地、人三界之中的情形。據此，神壇下層的怪獸代表的應是地界，牠們用頭尾頂起大地，就像帛畫下層的神怪托舉大地一樣。神壇中層持杖狀物的人物代表的應是人間，四人環圍站立，表情莊嚴肅穆，作拜祭狀。帛畫中層的人物同樣是打躬作揖，一副恭敬虔誠的樣子，還有人跪拜在地，也是一派虔誠姿態。神壇上層人物頭頂的山連同山頂的建築及人物、動物等代表的應是神域天界。神山頂上天宮最中心的位置是人首鳥身像，其顯赫的地位，無疑是一位主神，周圍是鳳鳥群翔，眾神膜拜。帛畫上層亦是一派天國模樣，最中心的位置則是人首蛇身（龍身）像，無疑也是一位主神，周圍盡是日、月和飛騰的奇禽怪獸。

詳細比較後可看出，三星堆青銅神壇與馬王堆漢代帛畫所表現的內容頗為相似。如果說帛畫的三界說能夠確立，則青銅神壇的三界說自然也能確立。特別是二者的中心位置分別表現的是人首鳥身神祇和人首蛇身神祇這點，極具參照意義。三星堆神壇的時代比馬王堆漢代帛畫的時代至少要早一千年左右，可見古代中國人的三界觀形成之早，而且還是以青銅鑄造的立體實物形態來呈現，兩者之間可能有某種內在的文化聯繫。這件罕見的國寶對探索古代中國人的神話宇宙觀具有極高的研究價值，其深刻的內涵讓觀者無不為之驚嘆叫絕。

第二，在代表天上神界的盝頂建築的正中上方，是一隻人首鳥身的神鳥。從祂的位置、造型、特徵可以看出，祂是神壇上的主神，處於被祭祀的地位。三星堆古國先民正是以鳥為主要圖騰。從金杖上魚、鳥、國王頭像共存等情況分析，這種鳥可能就是古蜀歷史傳說中的「魚鳧」。牠既是氏族的圖騰標誌，又是民族的稱謂，也是一代蜀王和王朝的稱號。由此可以推斷，三星堆古城繁榮時期的主人可能就是魚鳧氏蜀人。

第三，神壇中層的四個立人像，連接在上層的神山和下層的怪獸之間，身穿華衣，手捧祭器，既說明他們是人而不是被祭祀的神，又反映出他們是聯繫著天和地、溝通人與神之間的特殊的人群，是一種半人半神的巫祝或祭師。跪坐在拜台上的一排小人像，復原後總數為二十個，他們也是祭祀者。這種情景進一步證明，祭祀坑中出土的與這些人像形象姿態相仿的大大小小的立人像、跪人像、人頭像，都是巫祝或祭師，是三星堆文化興盛時期祭祀活動的動員者和實踐者，進而成為以神權為主要特徵的古國統治者。

第四，在神壇中四個立人像的頭頂正中，生出彎鉤狀的飾物，很像一縷雲煙。上面的側面人面像，則像祭祀坑所出的「人面具」，即三星堆古人信仰崇拜的最重要的神靈之一、祖先神靈叢的象徵。這是否說明參加祭祀活動的巫師正在產生理念上的「昇華」，逐漸由人變成神，或是正在與神靈相互溝通，用這種「靈魂出殼」式的藝術手法以表現人與神的關係？此一形式除了體現三星堆先民們那超凡脫俗的藝術創造力之外，同時對考古學家們普遍認為的立人像、跪人像、人頭像都屬於巫祝或祭師，而人面具為神像的推論提供了有力的佐證。

第五，三星堆遺址特別是祭祀坑中出土的文物與宗教祭祀活動有關，這已經成為大多數研究者的共識，並成為不爭的事實。但就這座神壇而言，當是不可多得的形象資料。它可能呈現了一個完整的祭祀場面或觀念，而世人的認知程度還只是它博大精深的神祕內涵的一個很小的部分。即使是這一小部分，也不見得完全正確，應該還有更多更奇妙的含義未能認識。因此，這座神壇和同坑出土的「祭祀圖玉邊璋」等器物一樣，仍然期待高水準的學者們繼續深入研究。

對於趙殿增提出的這幾個推論，有為數不少的學者表示認可，或者認為至少有些道理。但也有學者不以為然，並提出大相徑庭的觀點，如廣漢學者劉少匆認為，這件神祕的青銅器壓根就不是趙殿增、沈仲常、陳德安、陳顯丹、樊一諸人所說的什麼玄之又玄的神壇，只不過是一頂帽子而已。

按照劉少匆的說法：壇者，土築之台也。凡用於祭祀的曰祭壇，用於教學的曰杏壇，引申之，文人活動的場所叫文壇，政治家馳騁之地叫政壇，壇的意思隨著社會的不斷進化而變得抽象起來。就祭壇而言，早在遠古的新石器時代就已經出現，如浙江余杭瑤山良渚文化時代的祭壇遺跡，已被考古發現所證實。夏代的祭壇是什麼樣子，到現在仍不知其所以然。但《國語．魯語上》卻有哪一部分人可列入祀典的記載。商代的祭祀繁多，是人牲祭的鼎盛期，甲骨文中有詳細記述。江蘇銅山丘灣挖掘的一處商代祭祀遺址，中間是以大石作為祭壇，周圍置奴隸和狗，即《淮南子．齊俗訓》中「殷人之禮，箕社以石」之謂，是專為社祭所用的。殷之後，對祭法已有專門的規矩。如祭天、祭地、祭日月、祭祖先，對壇從內容到形式，都有明確的敘述，古代文獻《禮記．祭法》中講得已很清楚。

由此，劉少匆認為，所謂神壇是一種泛指，即祭神之壇。但具體是哪一種神壇，因物件不一樣，就需有其更為具體的稱謂。如我們稱各種廟宇都謂之廟，但世上卻沒有一座沒有名稱的廟宇，不管是東嶽廟、靈官廟，還是土地廟……都有自己的名稱。如果那件神奇的青銅器物是神壇，我們不禁要問，它是什麼神祇的形象？又是什麼神？以現在拼對的殘片看，似乎沒有主要的形象。說它是祭神獸？又有人；是祭人（祖先），形象又雷同；是祭山川，又有人和神；是祭天神，又有人和獸……如果祭壇上只呈放這樣一件神器，恐怕這神壇的具體稱謂誰也叫不出來。因此，這根本不是什麼神壇。如不是神壇，又是什麼？按劉少匆的推斷，它應是某個青銅頭像上的帽子。

所謂帽子之說的理由是，三星堆出土的青銅頭像，特別是比較大型的神像，其中有些應該有冠而沒有冠，此一奇特與不合禮儀的現象，總讓人難以解釋。因為，以當時的鑄造技術，是應該而且能夠為這些無冠神像造出堂皇的冠冕的。古人是很注意帽子的，《儀禮》首篇就是《士冠禮》。西周以前，真正的冕冠到底是什麼樣子，目前

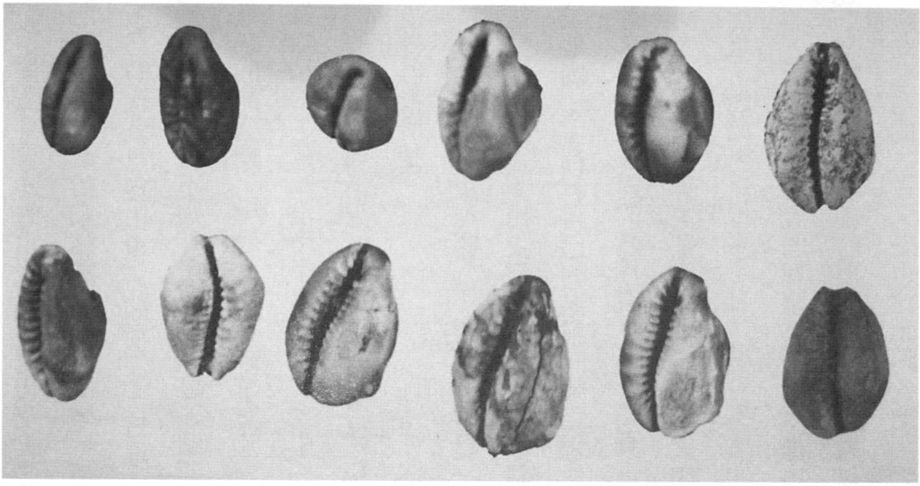

三星堆遺址出土的海貝與石貝

尚無形象資料可以援引。但在商代，人們多頭戴高帽或圓箍形的帽子，則是可以肯定的。西周以前，頭冠尚無旒冕之形。因此它的圖飾，均應在帽檐的上端。古代的王冠上圖飾本來就很複雜和精緻，神冠當然更應豐富而奇特。因此在這又圓又高的神冠上，上古的藝術家們，進行了縱橫馳騁之想像，終於製作出這一絕世珍奇之寶。

如果此一說法成立，那冠上的各種圖飾，又代表什麼呢？劉少匆認為，它用各種形象表明，神是天地間所有一切的主宰者。這三層是地、人、天三界的縮影，也就是古人天、地、人觀念的反映。那無以名狀的動物，是地上走獸的綜合形象。人在獸之上，所以為第二層。銅冠最上一層的山和人面鳥身像，是指天。因為在古人眼裡，山和天是一致的。在天上生活的是這些天使，而此層的跪坐人像則表明人是天神的奴隸。

海貝何處覓故鄉

在三星堆遺址兩個祭祀坑中，除發現大量的青銅、玉石器及金器外，還發現大量的海貝。這些海貝一部分堆放於坑底，一部分裝在青銅尊等禮器中。根據成都地質學院古生物系教授何信祿

鄭州商城新發現的商墓出土的由貝殼、綠松石串成的項飾

率領的科技人員鑑定，出土海貝大體分為三種類別：

一、虎斑寶貝（Cypraes tigris），長約三公分，背部有大小不同的棕色斑點，這種貝出土較少。

二、貨貝（Monetaria moneta）出土較多，長一點五公分左右，略呈卵圓形，背部上方略高。大都被磨成一大孔，正面和背面的四周有黃褐、灰綠及紅色紋點。

三、環紋貨貝（Monetaria annulus），是出土最多的一種，它只及虎斑貝的三分之一大，環紋內有的呈淡褐色或淺灰色，環紋外有的呈灰褐色或灰白色。這種環紋貝數量較多，大部分背部被磨成大孔，以致有的背面成扁平狀。經比較鑑別，這種環紋貨貝與雲南省博物館保存的二十萬枚海貝基本相似。

考古人員發現，三星堆出土的海貝大部分都有穿孔，有學者認為穿孔的貝是裝飾品。這種當裝飾品用的貝有個明顯的特徵，就是齒向外，背部向內，線從齒部穿過，再通過磨出的穿孔釘牢在衣帽上。但據兩坑的挖掘主持者之一陳顯丹說，不能把凡是有穿孔的貝都看作是裝飾品。因為隨著商品經濟的發展，交換愈加頻繁，所需貝的數目也隨之增大。為了便於攜帶，借用裝飾貝穿孔的方法，把作為貨幣的貝也一同用繩子穿成串使用，就成為很自然的事情。古代使用貝幣的單位是「朋」，而朋字在甲骨文中作「拜」，單從字形上看就一目了然。所以穿孔與否，不一定就是區別貝幣和裝飾品的唯一標準。從出土情況看，穿孔與不穿孔的貝似乎也沒有太大的區別，兩者常常都是混合在一起存放的。那麼，三星堆兩個祭祀坑出土的貝作何用途呢？按照陳顯丹的看法，認為在當時是作為一種重要的商品媒介，其主要依據和理由是：

從文獻和考古資料中可知，貝作為貨幣，至少在商代就已存在了。如河南鄭州和輝縣的早商墓葬中，考古人員在其中發現了用貝隨葬的現象，尤其是鄭州白家莊一個奴隸主的墓葬中就出土了隨葬穿孔貝四百六十多枚。而在殷墟的晚商墓葬如婦好等貴族的墓葬中，殉貝現象更為普遍。古代社會由於手工業內部的分工和專業生產某種產品作坊的興起，隨之而來的便是交換的擴大。三星堆遺址一、二號祭祀坑出土的貝，除了作為祭祀之珍寶和財富獻與諸神外，同時也具備了貨幣的形態而流通於世。

從考古資料看，至西周早期，通用的貨幣仍然是貝，且貨幣性能更加明顯，殉貝的情況也比商代更為普遍，數量亦成倍增長。例如灃西張家坡和客省莊挖掘的一百八十二座西周墓中，共有殉貝一千枚以上。幾乎半數的墓都有殉貝。而三星堆一、二號坑出土的貝，其形制均與灃西張家坡和客省莊、殷墟、後崗等地出土的同時期的貨幣——貝的形制一樣，多為背面磨平。因此完全有理由認為這種貝除了用於占卜祭祀外，更主要是作為財富的最高象徵物——貨幣顯現於世。尤其是這些貝出於祭祀天地、日月、宗廟先祖等神祇的祭祀坑中，就更加說明了這一點。

透過考察發現，坑內出土貝所顯現出的這種價值和用途，與遺址內發現的各種專門的手工業作坊遺跡所呈現的社會經濟也相互吻合。再從整個文化面貌來看，三星堆遺址出土的許多酒器及其他青銅器物，與中原的二里頭、殷墟、後崗等出土的器物基本相同。這充分反映出蜀和殷商民族在政治、經濟、文化等諸方面有著密切的聯繫。因而在殷墟、後崗等商城遺址中能出土貨幣，隸屬商代晚期的三星堆祭祀坑同樣出土商品的媒介物——貨幣也就不足為奇了。

對於陳顯丹的此一觀點，三星堆遺址的挖掘者之一敖天照除表示贊同外，對海貝的來源這一爭論頗大的敏感問題，又做了較為詳細的推理和論述。按敖天照的說法，一九二九年在月亮灣台地出土的玉琮，與後來在殷墟婦好墓出土玉器的形制非常相似，而三星堆出土的陶器和射部呈叉形的玉璋與河南偃師二里頭遺址出土的同類文物，在器形上亦非常相似。若從與海貝同坑出土的兩件銅牌飾觀察，無論大小和形制也都與偃師二里頭遺址出土的「嵌綠松石饕餮紋牌飾」相似。

舉世聞名的二里頭遺址是商代早期探索夏文化的重要古文化遺存，因而可看出三星堆文化很可能從夏代就與中原文化有所交往，直到殷商時期，交往更加密切並受到了中原的影響。據北京故宮博物院鑑定專家楊伯達考察，三星堆遺址一九二九年出土的玉琮和一九八三年出土的瑁圭，都是採用新疆和田的玉石製作的。從以上情況來看，這些玉石和文化傳播的途徑，很有可能是西北部地區的人民由新疆塔里木河南面的通道，經甘肅河西走廊到陝西地區，沿石牛道、褒斜道等棧道，經漢中、廣元再到成都平原而完成的。《史記．貨殖列傳》說：「棧道千里，無所不通，惟褒斜綰轂其口，以所多易所鮮。」這說明此處的棧道確實是古時貿易往來的交通要道。

湖南博物館學者高至喜在〈論我國春秋戰國的玻璃器及有關問題〉中說，戰國時代，中國自製的琉璃製品屬於鉛鋇玻璃。不含鋇的鈉鈣玻璃，均是從中亞或西亞輸入的。茂汶地區早期能與三星堆遺址時代銜接的石棺葬中，曾發現過琉璃珠，經測定未含鋇。如果高至喜所言正確，說明這些琉璃珠是鈉鈣玻璃製品，應是從中、西亞傳播而來的。其路線很可能是從新疆塔里木河南、北面通道至木鹿城（今馬里）匯合，再經和賣城（今裡海東南）、斯賓（今巴格達東南）等地抵達地中海東岸，轉羅馬各地，最終到達東方中國的。這是一條位於四川西北的「絲綢之路」，也是其他商品及東西方進行各種經濟、文化交流的古老的路線。由此推理，三星堆的海貝可能源於中原地區的貝幣，也有可能是透過「北絲路」傳播而來的。

三星堆遺址地處原廣漢郡轄區。從該遺址考古得知，早在殷商時期古代蜀國就已有繁榮的手工業作坊，並製作出精美的器物。可能當時的蜀人用這些產品，與雲貴一帶的少數民族進行商貿往來，並逐步形成艱險曲折的步行商道。後來秦朝為了加強對西南地區的聯絡，在原商道的基礎上再拓寬為五尺，始成四川通往雲貴地區的重要道路「五尺道」。有的海貝可能是來自東南沿海的越南、老撾等地，其商貿交往的古棧道也是經川南的宜賓，過高縣、筠連，從大關、昭通到雲南曲靖的「五尺道」。在抵達昆明後，從元江沿紅河下航到越南；或是經雲南彌勒、文山出國，沿明江到達河內。

《史記．大宛列傳》載，漢武帝派張騫出使西域時，在大夏（今阿富汗北部）發現了蜀布和邛竹杖。由此可知蜀布在漢代已遠銷到印度和西亞等地。從印度史書《國事論》中得知，蜀地所產絲織品及毛織品，早在司馬遷時代之前（即西元前四世紀以前）就已銷往印度了。就海貝的主要產地而言，應在西南亞及印度洋沿岸。因而三星堆海貝的來源，也可能是透過「身毒道」從印度輸入的。其路線可能就是由早年經商的蜀人所開通，後來被秦漢修築成從成都經漢源至邛都（即今西昌東南）的犛牛道，或是經大渡河南到靈關過孫河（今西昌安寧河）至邛都的靈關道。它們在雲南大理與博南道會合後，再經緬甸到印度。此後再經巴基斯坦，到達中亞進行商貿往來。

這一路過關奪隘開闢出的古代通道，就是後來學者們所稱的「南方絲綢之路」。也就是說，三星堆出土的海貝原產於東南亞地區，隨南絲路從印度等地輸入，應是可能的。只是從國外收集而來的海貝，在當時不一定就是等同貨幣交換，也可能是因為蜀國需要海貝作貨幣，就在對外貿易中，把這些產地的海貝作為商品交換而來。總而言之，從三星堆海貝的來源分析，古代蜀國已經在四周的崇山峻嶺中，開闢出通往西亞和南亞諸國的曲折通道，促進了經濟、文化的繁榮，帶來了蜀國的興旺發達，並促使蜀國最終成為在相當長的一段歷史時期內可與強秦相匹敵的西南大國。

對於敖天照的這個說法，雲南大理學者劉光曙頗不以為然。按他的研究，三星堆的海貝既不能充當貨幣，也不是從所謂的南北絲路進口，而是另有一番尚沒有引起學界重視的情形，經劉光曙深入調查研究後發現了。劉光曙認為：

古代中原海貝的來源不清楚，但從歷史上看，夏朝末期，在夏的東方的商部落有很大的發展，勢力擴展到渤海。西太平洋沿岸是產貝之地，商部落要獲取貝就是件很容易的事情。夏要獲取海貝可能透過商部落。當貝運到了夏控制的中原地區時，就顯得極其珍貴，被視為珍寶。由此可推論中原早期的海貝，就來自黃河下游的渤海與黃海之中。

從三星堆挖掘情況看，兩個祭祀坑時代大致相當於殷墟晚期，器形雖與中原殷文化地區所出接近，但也存在一定差異，而更接近陝南城固、川東巫山、湖南岳陽以及湖北棗陽、沙市等地出土的同類器物，這就表明此地區商代晚期文化有其共通性。如果從這些地區所處的地理位置來看，都屬長江水系。陝南城固、湖北棗陽在漢水流域一帶；四川廣漢在岷水、沱江之間；川東巫山、湖南岳陽、湖北沙市都在長江兩岸。這些具有共性文化特徵的地區，顯然是由長江連接而成。長江就是此一文化的傳播線，廣漢三星堆海貝應是由這一條線從東海輸入而來。

如果按敖天照等人的說法，三星堆海貝是透過南方絲綢之路從越南或印度一帶輸入的話，涉及的問題就複雜了。如此遙遠的路途，加之崇山峻嶺的阻隔，其運輸之困難可想而知。要想直接貿易往來，幾乎是不可能的。如從文化的承接關係來看，三星堆海貝文化早於雲南海貝文化，而不是相反。南方絲綢之路的開通是東漢永平十二年才出現的事情，而三星堆海貝早在殷商時期就有了，比絲路的開通早了兩千多年！所以，三星堆海貝來源與這條所謂的南方絲綢之路沒有任何關係。然而若從長江這條線路尋找三星堆海貝源的話，以上的疑團豁然解開。從長江運輸可利用舟楫之便，由東海溯江而上，當屬於正常和較輕鬆的流通。而在這一條線上恰恰又可找到同一時期的共性文化特徵。所以，三星堆海貝從東海由長江輸入的可能性是最大的。

除此之外，還有一個不可忽視的問題，就是從文獻記載來看，古蜀族不但與夏族有密切的來往，與殷商同樣保持密切的關係。作為臣屬之國，蜀國經常向殷商朝貢，殷商也可能對前來朝貢的首領回賜一些禮物以示友好。

海貝對於地處西南邊遠地區的民族來說，因不易得到而視為珍寶，而殷商因控制著渤海與黃河中下游地區，要獲取海貝，不過是舉手之勞。在這種地理差異的情形中，商王可能就以海貝回賜朝貢者。蜀人得到海貝後，鑄禮器盛裝，並只有在重大的祭祀活動中，才把這些珍寶拿來敬獻祖先或崇拜之神。由於海貝來源有限，且十分珍貴，只能珍藏於少數首領手中，而不可能充當一般等價物的貨幣。出於某種禮儀的需要，也可能將一定數量的海貝作為祭品放在祭祀坑或部落首領一類的人物墓葬之中，以示對祖先的敬奉，這也就是三星堆兩個祭祀坑出土海貝的真正原因。

劉光曙的這番高論一出，立即得到了曾參與三星堆挖掘的四川學者莫洪貴的遙相呼應。在劉氏研究的基礎上，他又從八個方面進一步闡明三星堆所出海貝既不是貨幣，更不是由南方絲綢之路傳來的論點：

一、廣漢三星堆海貝的時代是殷墟文化第一、二、三期，屬商代晚期祭祀坑內出土的。目前南絲路上，雖各地有一些海貝出土，但基本上都是秦、漢以後的，特別是雲南晉寧石寨山出土的二十六萬枚貝，雖與廣漢三星堆海貝相似，但時代相差太遠。三星堆的海貝比它們早一千多年。

二、南絲路上，沒有發現以海貝作貨幣使用的證據。

三、既要以貝作為幣，首先要解決貝的來源。海貝本產自熱帶沿海淺水中，需人工打撈運輸。要以此作為貨幣，其需要量是很大的。試想，在當時條件下，要將海貝從產地運往整個南絲路確非易事。而且貝是骨質，易碎，不易保存，即使有貝，也只能是以物易物作交換使用。

四、作為貨幣產生和使用，都是和一定的社會經濟的發展相聯繫的，它必須具備兩個基本條件：一是需要一個具有一定權威性和代表性的政權機構（國家）來主持發行，保證流通並維持其幣值的穩定與有效，要有面值；二是只有當生產得到發展，獨立的商品生產業已形成，貨幣交換才能成為一種可能。

五、海貝作為貨幣，雖從新石器時代，夏、商、周直到近代，各地墓都有貝出土的情況，但缺少有說服力的文獻記載，只能視為飾品而非貨幣出現。在那以物易物的時代，用海貝來交換其他物品，可能性極高。西周以後出現的金屬貨幣，才應是中國真正的貨幣開始。

六、南絲路上至今未發現商代墓葬或祭祀坑殉葬海貝，所以廣漢三星堆的海貝無法與南絲路有所連結。

七、廣漢三星堆海貝與中原各地商代墓出土的貝，以及三星堆出土的青銅禮品、玉石器物與中原的殷文化相似，三星堆的器物，包括貝，應是中原傳過來的。

八、海貝出現在大型祭祀坑裡殉葬，是裝飾品、祭品。既然是一種祭品，自然就不可能作為貨幣出現。

莫洪貴的八點宣言一出，學界為之矚目，自然又引出正反兩個方面的聲音。廣漢學者劉少匆撰文表示部分同意，部分否定。按他的觀點，三星堆出土的海貝當是貨幣無疑，並且產於中國南部海域及印度洋。但對是否從所謂的南方絲綢之路上直接販運而來，極度懷疑。

劉氏在解釋自己的懷疑觀點時說道：「不知誰的腦子出了毛病。我們總以能開闢一條古代的南方絲綢之路為榮，但在遙遠的杜宇時代，是否就已經到達了西亞和北非，實在值得討論。絲綢之路，首先是一條商道。三千多年前，住在三星堆地區的蜀人到那裡去買什麼，賣什麼？這條路即使在正常的情況下，一個商人要走多久才能到達目的地？他們為什麼要付出如此重大的代價？古蜀時人要到印度或西亞，一路諸侯林立，到處要收養路費、過橋費，有些地方還要面臨要麼留下買路錢，要麼留下人頭的兩難抉擇。其中的高山、斷澗、急流、野獸、瘴氣等等，難一盡說，絕不比唐僧師徒到西天取經容易。如果沿古犛牛道南下，過了雙流，就有『神仙難過』的新津渡。以後還有飛仙關、泥巴山、大渡河、金沙江，這還是在四川境內。岷江水面廣闊，羌江水流湍急，雅安多雨，清溪風大，泥巴山山高雪厚，大渡河險惡異常。越往南走，山嶺縱橫，地勢崎嶇。到了安寧河谷，道路稍稍平坦，但土著十分剽悍。

以我親身體驗，古時的三星堆人，要走到金沙江邊，恐需半月，更不說地形更加複雜，野獸更加兇猛，民族更加陌生的雲南了。以上僅只是在中國境內。從緬甸到印度，再從印度進抵西亞，我沒有計算共有多少里路程。就從最簡略的地圖上看，其間要經過許多大河、高山、沙漠，才能到達古時之西亞文明地區，即今伊拉克一帶。很難想像，這些不是聖徒或使節的商人，在盜賊出沒、艱險萬分、陷阱無數的小路上跋涉數月或數年，就為了販售自己背著的幾捆蜀布和蜀錦？而他們風餐露宿，九死一生，從閻王爺的腳下好不容易掙扎著回到三星堆，除了弄到的幾個海貝之外，什麼特產也沒帶回來，這可能嗎？同時，中國和印度、西亞、北非等諸國，都沒有雙邊直接貿易往來（秦之前）的記載，更沒有實物作證，這就不能不令人更加為之懷疑了。」

劉少匆解釋說，絮叨這些，不是說南方絲綢之路不存在，而是說在三千多年前的杜宇時代，這條直接的商路不可能存在。這樣說，並不是忽視南方絲綢之路開通的重要與光榮。這條商路首先應是間接的，然後才有可能發展成「直達」，這在上古時期，非經成百上千年的歲月不可。可以說，三星堆古城鼎盛時代，古蜀國以海貝作為貨幣，與當時的國際貿易有關，但是否就與海貝的出產地有直接交往，不可等同看待。當時的蜀國不大可能把自己的貨物直接運到印度、中亞或非洲，大多應是透過「轉口貿易」來進行。經過多次「轉口」後，沿海諸國原本本不很看重的海貝，一躍而成中國各邦國珍貴的貨幣，可能更符合當時的實際情況。

車輪、盾牌頗思量

除以上器物外，三星堆遺址二號坑還出土了六件直徑八十公分的圓型青銅器。器形的中心是一個突起的大圓泡，似古代馬車的轂，四周有五根放射狀的橫樑，似車輪的條輻，並與酷似輪牙的外圈相連，銅泡中央與邊圈的各部位有穿孔可供釘鉚。就器形而言，與商周遺址出土的車輪頗為相像。因此，在挖掘之初，陳德安、陳顯丹等考古學家將其定名為車形器、輪形器或乾脆就叫「車輪」。並初步推斷，這些輪子應是嵌在木輪外的外殼，出土的

左：修復後的太陽形器

右：二號坑發現太陽形器

六個輪子正好可以組裝三輛車子，這是殷商時代的車輛首次在四川乃至整個西南地區發現云云。

但是，隨著這幾件青銅器的去鏽、拼接等工作的完成，有的學者發現這幾件被稱做車輪的器物壓根就不是車輪，應當有另外的解釋。曾主持三星堆遺址挖掘的四川大學教授林向，曾別開生面地認為此一器物應是古代的一種盾牌。

按林向的考證，商周時期的車子過去發現的不少，但限於當時的挖掘水準，很難剝剔出車輪和車輿來。現在挖掘技術提高了，已成功地挖掘出一批車子。如殷墟幾個地點的發現，浚縣辛村、長安張家坡、北京琉璃河、寶雞茹家莊等地點的發現，都是商周車輿比較有代表性的典型。如把這些車子的車輪與三星堆出土的所謂車輪比較，卻發現二者大相徑庭。主要的差異是：

其一，大小懸殊。商周車輪外徑一般為一百四十公分左右，至少在一百二十公分以上，最大可達一百四十六公分，這比三星堆出土的「車輪」幾乎要大一倍。即使是到了戰國時期的小徑車輪，如輝縣琉璃閣五號車，輪徑也有九十五公分。按照車子行駛的規律，如輪徑太小，意味著對道路平坦、舒展的條件更高。而就蜀地的條件，這樣輪徑的車子顯然是無法行走的。

其二，輪輻不對。商周車輪的輻條數一般都在十八至二十六根之間，山西曲沃曲村—天馬晉商代以十八根為多，後世逐漸增加。西週末、春秋初的上村岑虢國墓地一大墓中出土的車子輻條已增至二十八根。只有在如此密集的情況下，輪牙在受壓過程中才能均勻地受力而不易損壞。三星堆出土的輪形器只有五根橫樑，作為輪輻就顯得過少，導致輪牙受力不均，滾動不了多長時間恐怕就會被壓扁完蛋。

其三，結構不合。商周的車輪其牙、輻、轂各部件都用木製，尚未見有以銅皮整個包裹的輪子。商代車轡長度在十四公分以上，即使是西周的短型轡也長達十公分左右，這是為了保證輪與軸套合牢固而又能旋轉靈活而設。可三星堆出土的輪形器中間的銅泡雖鼓出，但要裝下車軸長長的出頭，是絕對不夠的，因無法套合，就更談不上牢固不牢固的問題了。

其四，孤證難立。商周的車輪一般出土於兩種情況，一是車馬坑內出土帶有輪子的車輛，或伴有車輛的零件同時出土。二是卸下的車輪，或放於槨頂，或放於墓道內。除車輪外，必有其他車、馬飾同出，如考古挖掘的茹家莊一號魚伯墓就是如此。而三星堆出土之輪形器卻無其他任何車、馬器相伴而出，自然要令人生疑。

除以上四點外，林向認為，對於這件器物是否是車輪的問題，還需與整個古代巴蜀地區的文化面貌結合起來考慮。古蜀為四塞之地，高山環列，江川縱橫，丘壑阻隔，交通艱險，故唐代李白稱之為「蜀道難，難於上青天」。如此特殊的環境，在商周時期幾乎無法用車。這也就是此前為什麼在巴蜀文化的遺物中一直未見有車或車器出土的原因。成都周圍大型的遺址如三星堆、十二橋已挖掘了幾千平方公尺，均不見有車輪痕跡。彭縣竹瓦街兩個商周窖藏出土銅器四十多件，也不見有車、馬器出土。而分布於四川各地的近萬座各式各樣的巴蜀墓葬，或出獨木舟，但卻仍無一件車器出土。因而可以說像中原那樣重要的車馬文明，在古代的巴蜀文化中是不具備的，這也是蜀地在地理環境制約下所形成的地域文化中的一個宿命。

既然三星堆出土的這件輪形器不是車輪，那又會是什麼呢？林向認為：「此器的形制與其他地區商、周遺址的銅盾飾相通，很可能就是青銅盾飾。只是目前尚不好解釋的是，這種圓盾太重，手執作戰有困難。考慮到它是作為宗教儀式舞蹈中的陳設，這是可能的……總而言之，三星堆二號祭祀坑出土的輪形器是圓盾飾。它與獸面盾飾、銅舞戈與玉舞戈，都是古蜀國祭儀之一——干盾舞的器械。而那圓而隆的蜀盾，當是早期蜀文化的特徵之一。」

對於林向的考證結果，劉少匆表示不敢苟同，並列舉如下理由予以批駁：

一、兩個祭器坑青銅兵器甚少，除了銅戈，並無他類，何以突然冒出一個用於戰爭護衛的盾牌？

二、輪形器雖未公布重量，但按實際目測，大的分量較重，小的又難以掩護身體，內圓背後，似無把手。若真的作盾牌使用，一定很不方便。

三、我在寶雞青銅器博物館，參觀過一面魚國之盾，那盾牌背後的支架已無蹤影，只有正面大約七十公分的圓狀物。它中鑲有青銅泡，上有飾紋，下敷漆皮。可以想像，那支架應為木結構，這樣盾牌才不會很重而十分實用，只是出土時支架在土中掩埋過久而腐爛。如果三星堆出土的青銅輪狀物，是用來跳干盾舞的道具，一是太重而難以揮動；二是無把手難以把握，因之頗令人生疑。

除劉少匆外，對所謂車輪或盾飾兩種推斷的懷疑者大有人在，並認為作為車輪與盾飾都是不可能的。有考古學家透過對江蘇連雲港將軍岩畫的研究，發現三星堆出土的這件輪形器和岩畫中的「天文形器」極其相似。器物本身可能代表了某種巫術的符號。它的外輪表示「天圓」，裡面的條輻則是「規矩」的組合紋，也可視為立竿見影的「立竿」的最簡化符號，寓意為藉由立竿測影，確定規矩方圓，引申為天地宇宙四方。也有學者認為此器物是對太陽崇拜的象徵，並對照古代埃及、羅馬以及中國古代儲存器畫上的異型太陽紋加以考證對比，認為此物是「太陽」形器，而非他物。

對於這一推論，四川學者胡昌鈺、蔡革二人表示贊同，並認為輪形器的中間部分，也就是隆起的如同燒餅樣的小圓圈可以釋為太陽，所謂「車輻」可釋為古籍中所說的「其華照下地」的光芒。古代的魚鳧部族向來有崇拜神鳥、鳳凰和太陽的習俗。如果說以鳥或人首鳥身來象徵太陽，尚有一層抽象或間接的意義的話，那麼，這件器物則是最具象、最直接地呈現了太陽，因而這件輪形器應是魚鳧部族崇拜祖神的標誌。此前學者們認為三星堆的文物大量反映了古蜀先民的太陽神崇拜情結，這也是最為有力的證據之一。

擁護「太陽輪」一說的學者如樊一、劉少匆，對此器產生的具體功用又進行了大膽的探索研究。按樊氏的考證，這個「太陽輪」應是常設在神廟中的神器，或原本釘掛在某種物體之上，專門用於某種祭祀儀式，並作為一種象徵接受人們頂禮膜拜的太陽神祇。劉少匆則認為，象徵太陽的輪形器很容易讓人聯想到古蜀人的天文曆法。根據前些年學術界流行的蜀夏同源的理論，古蜀人使用的曆法當是夏曆，而著名的《山海經》中已有十月、十二月和歲的記載，可以作為一個旁證，證明當時確實是以干支紀年的。如果三星堆出土的輪形器象徵太陽，以此推論，其輪輻應為六根，隔檔也應該是六個空間，以此來象徵單月和雙月的歷數。但這件器物卻只有五根輪輻，與想像中的六根不合。對於此點，是否可認為古蜀人使用過十月曆？據少數民族天文曆法學家陳久金的研究，古彝人確曾使用過一種特殊的曆法——十月太陽曆，並在彝文古籍《祖神源流》中多次提到「一年十個月，一月三十六，一年三百六」和「一年分兩截，兩截共四季」等語。也就是說這種曆法的一個月為三十六天，一旬是十二天，一年為三百六十天，餘下五至六天作為年節，合起來一年正好相當於夏曆的三百六十五天。三星堆出土的輪形器與古彝人的此一曆法紀數頗有相通之處，以輪輻代表雄月，空白隔檔代表雌月，也就是古曆法術語中所說的既生霸，既死霸，或許有其一定的道理。

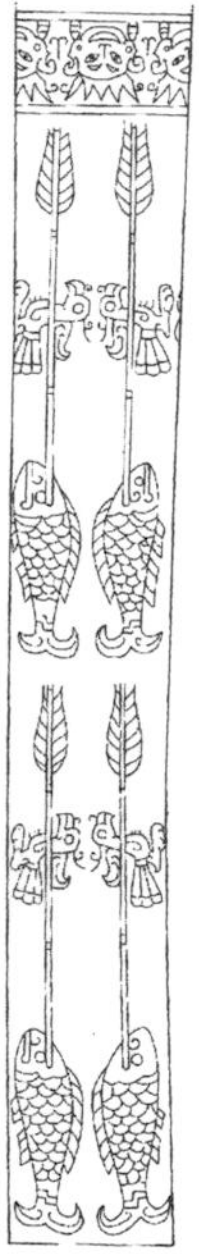

左：四川劍門竹杖

右：金杖上的圖案

權力的魔杖

曾被誤認為是「金腰帶」而風靡一時的金杖自一號坑出土後，經清理、修復後，全長一點四二公尺，直徑二點三公分，淨重約五百克。從製作工藝看，是先用金條錘打成金皮後，再包捲一根木杖而成。出土時金皮已被壓扁變形，木杖因年代久遠，早已蕩然無存，只是金皮內尚存炭化的木渣，依此推測原來內裡應有木杖。

這根金杖之所以引起學者們的高度重視，除了本身是用黃金做成的器物外，最為珍貴和富有研究價值的是在杖的一端，有長四十六公分的一段圖案。這段圖案經修復專家楊曉鄔用特殊的化學藥品清洗除汙後，發現三組圖案清晰可見：靠近端頭的一組，為兩個前後對稱，頭戴五齒高冠，耳垂三角形耳墜的人頭像，一副笑容可掬的樣子。另外兩組圖案相同，兩隻兩頭相向鉤喙似魚鷹的鳥，在展翅飛翔，背上各有一支射進魚頭的箭——對於這個圖案，學者們有兩種不同的解

殷墟出土的著名祭祀器司母戊青銅方鼎

釋：一是認為表示箭貫穿了鳥身又射中了魚頭。再是認為那不是箭，應叫「穗形物」，並進而推測當時的農業已有了水稻種植。

由於金杖圖案的魚和鳥緊密地結合在一起，有學者認為，呈現的應是分別以魚和鳥為祖神崇拜的兩個部族，兩個部族聯盟組合而成傳說中的魚鳧王朝。另有學者認為，圖案中的魚和鳥本身就是魚鳧的圖畫闡釋，也就是魚鳧氏及魚鳧王朝圖案與圖畫性質的徽號和標誌。據《蜀王本紀》記載：「蜀之先稱王者，有蠶叢、柏灌、魚鳧、蒲澤（即杜宇）、開明。」其中柏灌、魚鳧、杜宇都崇拜鳥，並以鳥為圖騰。魚鷹即魚鳧，紋飾圖案的意義可能是透過巫術，祈求捕捉到更多的魚。魚鳧時代的經濟來源以捕魚為主，出土的金杖應是與魚鳧時代有關的具有巫術性質、兼具象徵古代蜀國王權的權杖。

四川學者屈小強在將這根金杖與中、西亞文明做了對比後認為，以杖作為王權或神權的象徵，雖然在古埃及文明、愛琴海諸文明以及西亞文明中是司空見慣的文化現象，卻畢竟不合中華古文明的傳統。中國夏、商、周三代王朝都用「九鼎」象徵國家權力。夏代開國，「禹鑄九鼎」。從此，易鼎成為權力轉移的同義語，並有「楚子問鼎」、「問鼎中原」一類的成語典故傳世。而古代蜀國為什麼不用鼎而是以金杖標誌王權，並當作古蜀王國政權的最高象徵物，這可能是古蜀王族畢竟與中原華夏族關係較遠（雖可能同屬北蒙古利亞小種族），不是中原王朝的支裔或封侯的關係。因而，在政權象徵問題上，便沒有按中原方式去做。這個現象說明古蜀國具有與中原同時期的文化不同的來源與內涵。而權杖所反映出的異域文化因素，則有可能再次證明古蜀社會的對外開放程度，證明古蜀王族可能引進了古埃及文明、古西亞文明的某些政治制度，只是這些引進形式多於內容罷了。

屈小強的這個論斷，學者劉少匆明確表示不敢苟同。劉氏認為屈小強是只知其一不知其二。真正的歷史事實是，古代中國並非無權杖之說。中國人用杖，由來已久。杖，既是一種生活用具，也是一種裝飾品。《山海經・海外北經》，就有「夸父追日，棄其杖，化為鄧林」之說。《山海經・海內經》說都廣之野「靈壽實華」，這靈壽木就是做杖的好材料。《漢書・孔光傳》中有「賜太師靈壽杖」的說法。古蜀人來自山區，用杖助力，更是一種必要的器具。而中國歷代王朝，都有賜杖與老臣的慣例。如《禮記・曲禮》曰：「大夫七十而致仕。若不得謝，則必賜之幾杖」、「謀於長者，必操幾杖以從之」。而不同身分的人，手杖的裝飾和長度各不相同。戲曲中，皇家使用的「龍頭拐杖」雖是道具，長度就和三星堆所出金杖差不多。至於包金拐杖，包銀拐杖、木杖、藤杖、竹杖……品種甚為複雜。而杖首、杖身裝飾各種花紋，各種造型，更是珍貴手杖所必有。否則，怎麼表示自己的身分？既然可以表示身分，當然可以代表權力。因此，用金杖象徵至高無上的權力，當是一個不爭的事實。

為此，劉少匆還舉例說，據古玉研究專家古方考證，在江浙一帶的史前良渚文化的大墓中，就有包括玉戚、玉瑁、玉鐓等儀仗玉質附件出土。這些出土的附件連起來，就是一件完整的玉杖。如江蘇武進縣寺墩遺址三號墓的平面圖上，明確地顯示玉戚上部約六公分處的玉格飾和下部四十四公分處的帶槽玉器，應屬同一玉戚的上下兩個附件。考古工作者對各部件進行了裝接復原，就形成了一件長六十八公分，有柄首飾（即玉首）和柄尾飾（即玉鐵）的完整器物。這件特殊的玉器就是墓主人生前用以顯示自己地位的權杖。這一考古證據至少可以說明，中國之權杖古來有之，且是土生土產的，不一定是受西亞文化的影響。

當然，寺墩遺址墓葬中出土的玉杖，與三星堆出土的金杖，在形式和性質上都有區別。前者是方國的國君，後者是一個聯合王國的君王，將金杖稱為王杖，恐怕更為確切。同時可以認為，魚鳥象徵吉祥，箭翎則表示威武，這正是金杖作為權力象徵的應有之義。但有人認為，這支金杖的圖案，有魚有鳥，當印證是魚鳧王所執掌。但直到目前，尚無任何實物能證明魚鳧王朝的族徽是由魚和鳥組成。金杖上的圖案，第一組當然是王者之像，但第二組、第三組，從順序上看，是先鳥而後魚。這種排列方式則很難解讀成魚鳧，而應讀成鳧魚才對，但歷史上的蜀國又沒有鳧魚這一名稱的國王。所以，要說這根金杖為魚鳧氏所用，理由還欠充分。

關於劉少匆對魚和鳥這兩件圖像所做的結論，有學者認為這是劉氏本人只知其一不知其二的表現和明證，並表示這柄金杖上的圖案毫無疑問就是魚鳧王的象徵和整個族屬的族徽的鐵證。由此提醒對方不要忽視，或視而不見的是，在三星堆二號坑與金杖同時出土的還有一件青銅大鳥頭。這件器物通高四十點三公分，頭頂原似有冠飾。出土時，發現其勾喙口縫和眼珠周圍皆塗朱砂，原本是一隻彩色的雄鷹。鷹頸下端有三個圓孔，估計是作固定用的。從製造形式上看，有可能是神廟建築上的飾件，也有可能是安裝在什麼物體之上作為儀仗用途的象徵標誌。無論是文獻記載還是遠古傳說，作為遠古時代圖騰遺存及自然崇拜、神靈崇拜、祖先崇拜之物，鳥與蜀人有極為密切的關係，幾代蜀王直接以鳥為名，足證此點。而三星堆文物中眾多的鳥形器物及紋飾圖案，更從考古挖掘的角度提供了有力的實證，反映出古蜀先民的鳥崇拜觀念。

有相當數量的學者認為，三星堆二號坑出土的青銅大鳥頭，其造型與魚鷹（魚鳧）的造型十分接近，應是蜀王（魚鳧）的象徵，也有蜀族的族名、徽號之意蘊。結合遺址出土數量巨大的魚鳧造型的勺把即鳥頭勺把這種情況，並綜合其他各種因素進行分析，認為三星堆古蜀國最繁榮的時代屬魚鳧王朝時期。如再擴大到廣袤的蜀文化分布區域內，大量出土魚鳧造型的勺把這種情況，可推測三星堆古蜀國魚鳧王朝時期的勢力，已達到了一個相當廣闊的範圍。根據三星堆文化稍後時期的漢中平原出土、不乏帶魚鳧造型意味的青銅器群的研究，有學者認為漢中平原一帶是三星堆古蜀國的東北邊界，當盛極一時的三星堆古蜀國突然消亡之後，魚鳧氏的一支部落就遷徙到了此地，開始了新的生活。

當然，就這批珍寶的本來面目、用途和性質等等而言，單憑就器物論器物是難以解釋清楚和明瞭的，必須結合當時的歷史條件和人文背景，方能在學術研究上有所突破。而這些彌足珍貴的世之大寶，何以出現在三星堆遺址，又何以被埋入兩個土坑中，被埋器物又何以遭到明顯的外力打擊與焚燒等等諸如此類的問題，則是學者們更加重視與關注的焦點。

第八章

在迷霧中穿行

兩個器物坑性質之爭，讓馮漢驥當年的斷言再度被憶起，窖藏的可能性到底有多大？學術界紛爭再起，火葬墓與盟誓之說的加盟。

祭祀坑之說的出籠

早在一九八六年，在廣漢召開的「巴蜀歷史與文化學術討論會」上，就有為數眾多的專家，高屋建瓴地注意到了三星堆遺址兩個器物坑性質的重要，並提出了「墓葬陪葬坑說」、「亡國寶器掩埋坑說」等多種說法。這次會上，有學者又把當年馮漢驥提出的觀點舊事重提，仍堅持認為應屬窖藏性質。

一九七六年九月，當馮漢驥躺在病榻上，在生命的最後一段歷程中，指導他的愛徒童恩正，在論述月亮灣出土的玉器時，曾有過這樣明確的表示：「廣漢玉石器埋藏的性質，過去有人認為是古代蜀國帝王的墓葬，有人認為是祭山川之所。現在看來，以屬於窖藏的可能性較大。根據我們解放後多次在廣漢調查和試掘的情況來看，這裡文化層的堆積很厚，範圍也相當廣泛，很可能此處原來是古代蜀國一個重要的政治經濟中心，而發現玉器的地點，即為其手工業作坊所在地。歷年來出土的玉石成品、半成品和石坯，應該就是這個作坊的遺物。但不知由於什麼原因，這個作坊突然廢棄，人們只能倉促將所有的產品埋藏起來，以後也就沒有機會再來挖掘，所以保存至今……對此我們亦有一假設：據《蜀王本紀》和《華陽國志》的記載，蜀的統治者原為杜宇氏，以後為開明氏所取代。據《華陽國志．蜀志》載開明氏位十二世，《路史．餘論》則記開明氏經十一代三百五十年為秦所滅。按秦滅蜀為西元前三一六年，經上推算則開明氏取代杜宇氏的時間約在西元前六六六年左右，廣漢玉石器作坊的突然廢棄，可能與此一歷史事件有關。」

繼馮漢驥與童恩正發表這一觀點之後的一九八六年，曾主持三星堆考古挖掘的四川省博物館著名考古學家沈仲常和另一位同事黃家祥，又發表了《關於廣漢土坑出土石璧的認識》一文。文中說：「在本世紀三〇年代，廣漢土坑出土了石璧等遺物。這種土坑到底是墓葬或是一種祭祀坑？石璧等遺物是作為墓葬的或是作為祭祀坑的埋藏物？弄清這些問題，對於我們認清石璧的性質，解開埋藏或隨葬石璧之謎無疑是有所啟迪的……我們認為解放

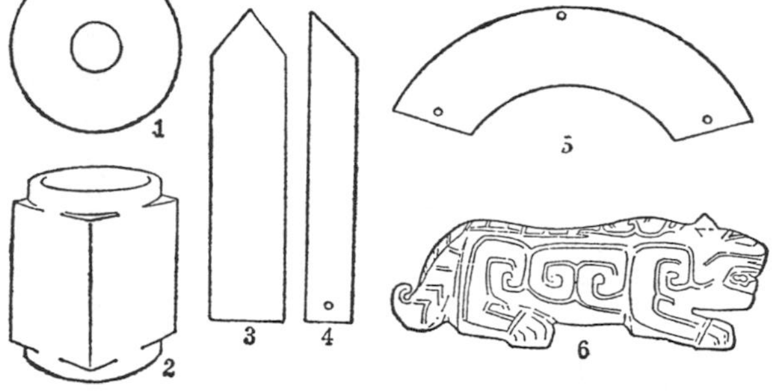

古代禮制中的「六瑞玉」。1. 璧、2. 琮、3. 圭、4. 璋、5. 璜、6. 琥

前廣漢土坑出土石璧、玉琮等一組玉石禮器當是作為隨葬品埋入墓葬的，出土石璧、玉琮等一組玉石禮器的土坑當是一座墓葬。這座墓的墓主人當是有一定地位、一定身分和級別的顯貴者。同時還說明，林名均和鄭德坤先生有關解放前廣漢土坑出土石璧在坑中置放的情況，當以『葛氏據董君所聞，謂璧在地中布置，由小而大，分三道，一列坑左，一列坑右，一列坑面，形如長方坑之裝飾』。比林氏從攝影員晉君所聞石璧大小不等『迭置如筍，橫臥泥中』的記載，更接近於墓葬隨葬石璧的置放情況。

「雖然良渚的墓葬、齊家的墓葬隨葬的玉石璧沒有顯示出分成幾道、幾列，但仍可看出石璧的置放是有特定的位置。這裡可舉皇娘娘台齊家文化第四十八號墓隨葬的八十三件石器的置放情況為例。從發表的考古資料中可看出大量石璧在墓坑中部，墓坑內其他地方也零星有一部分。另一部分石璧壓在人骨架之上，一部分石璧在墓坑底部的人骨架之下。因此，從記載的廣漢土坑出土的石璧情況，我們可以推知，放在坑面的石璧，當是墓坑的底部。這座墓葬之所以無人骨架發現，從當時記載看，由於墓坑在溪底，燕氏『疑其下藏有金珠寶物，乃待至深夜，始率眾匆匆前往掘取……』這可說明只是為了索取寶物，即便坑內有殘留的人骨架痕跡，在黑夜的挖掘過程中，是絕不會發現和保留下來的。

再參照中原一帶商、周之際大量遺存的挖掘，我們可以說，不能一見到有人骨架的遺跡就判定為墓葬，有的遺存儘管有人骨架卻不是墓葬。由於某些特殊的地理環境，土壤中酸鹼程度不一樣，有些墓坑內人骨架全部腐朽，蕩然無存，連骨架的痕跡也難以辨認，而隨葬器物卻放置在墓坑原處保存下來，特別在挖掘早期墓葬中會遇到這種情況。遇到此類現象，我們也不能斷然就判定它不是墓葬。這些情況，在今後的田野考古工作中，可能還會出現的。廣漢土坑出土的石璧等玉石禮器，我們透過上面與其他考古資料的比較研究後，推測這個土坑是一座墓葬，出土的石璧等玉石禮器是作為隨葬品埋入墓坑內的可能性極大，而且隨葬有璧、琮這類玉石禮器的墓主人，在當時是有一定地位和身分的顯貴者。這種組合的玉石禮器的隨葬品，在前面所列舉的考古資料中均已看出。因此，廣漢出土玉石禮器的土坑是祭祀坑的可能性極小。」

令沈仲常、黃家祥意想不到的是，就在他們發表此文的兩個月後，震驚中外的三星堆器物坑被發現了。面對兩個大型的土坑和埋藏的奇特古怪的器物，在隨後召開的學術討論會上，沈氏除了堅持以前的觀點——即新發現的兩個器物坑，與此前燕氏發現的玉器坑一樣同屬墓葬之外，還稍有緩和地表示：「即使不是墓葬，也應與墓葬有關」。

但三星堆兩個器物坑的主要挖掘者陳德安、陳顯丹則不管沈仲常這位考古界老前輩那套高見，當挖掘剛一結束，就很快斷定兩坑是不折不扣的祭祀坑，並在隨後發表的權威性簡報中，明確地向學術界正式提出三星堆兩個器物坑是祭祀坑的論點，並直接把「祭祀坑」三字作為一、二號挖掘簡報的標題公之於世，並這樣論述道：

一號祭祀坑開口於三星堆遺址第五、六層以下。從地層的疊壓打破關係分析，此坑年代的下限不會晚於三星堆遺址第三期後段。

坑內出土的青銅頭像、人面像等為國內首次出土，目前尚無可相比較的材料。璋、戈等玉器，從器形特徵看有的可早到二里頭文化時期，有的又晚到殷墟時期，也不能作斷代的依據。只有出土的陶器和青銅容器，為推斷祭祀坑的年代提供了較科學的根據。陶器中的廣肩平底罐和頸部施凹弦紋的壺，是三星堆遺址第三期出現的典型器物，尖底盞器座是第三期偏晚出現的新器物。尖底盞形體較大，胎較厚，尖圓唇，腹較深。器座底部較平，邊緣較鋒利。形制呈三星堆遺址第三期特點，與第四期器物明顯不同。故可進一步推測此坑的時代為三星堆遺址第三期後段。

青銅容器中罍的形制、花紋與河北槁城台西村墓葬出土的銅罍相似，尊的形制、花紋和鑄造工藝與安徽阜南月兒河段打撈出的商代前期（晚於鄭州二里崗上層，與殷墟文化第一期相當）的龍虎尊一致，時代也應與之相當，盤也是商代前期的形制特徵。據此，我們推測一號祭祀坑的相對年代相當於殷墟文化第一期。

過去有關商代祭祀的考古材料，主要有「人祭」和「殺牲祭」兩種。而以「俑」代替人牲作為祭品，則尚無發現。在殷墟婦好墓中，隨葬的玉人、石人，似乎可以看作是用「俑」替代人殉的發端，廣漢三星堆一號祭祀坑內出土的銅人頭像，頸部做成倒三角形，出土時有的內裝海貝，有的內插象牙，均被火燒過。這種情況，不像是作為祭祀對象——「神祇」，而像是作為祭品——「人祭」的代用品。頸部做成倒三角形，很可能用它們象徵被殺的「人牲」。

燔燎的現象，過去也很少見，僅在殷墟丙組基址內發現有「燒牲祭」。但甲骨文中有關「燎祭」的卜辭屢見不鮮，祭祀的名目相當繁多，對象很廣泛，祭品尤為豐盛，有牛、羊、羌、犬、豚等，有的用牲多至十五頭牛及三十牛，可見「燎祭」是隆重的大祭典。三星堆一號祭祀坑內瘞埋了約三立方公尺經火燔燎敲碎的骨渣，出土的金器、青銅器、玉石器、陶器、象牙、貝等均用火燒過。我們認為，這些遺物是在舉行一次規模浩大、祭典隆重的「燎祭」活動後瘞埋下的。

三星堆一號祭祀坑既使用「燎」祭，再將「燔燎」後的祭品「瘞埋」，我們推測祭祀的物件是天、地、山、川諸自然神祇之一，而祭祀先公先王等人鬼的可能性很小。

二號祭祀坑與一號坑相比，出土遺物不論種類還是數量都豐富得多。在二號坑出土的遺物中，提供判斷時代依據的器物主要是銅尊、罍等容器及大型青銅立人像、青銅樹上的鳥及其他紋飾。但上述器物的時代差距較大，我們選擇其中鑄造年代最晚的，作為此坑下埋年代的上限。

二號坑與一號坑同處一個區域，相距僅三十公尺。但一號坑開口於第二挖掘區的第六層下，其時代相當於殷墟一期。而二號坑則開口於第二挖掘區的第五層下。就地層關係而論，二號坑顯然晚於一號坑。

二號坑出土的璋、戈、瑗等玉石器的形制和一號坑所出相比，顯得體形長大而厚重。青銅頭像比一號坑出土的種類增多，造型也有所變化，顯得更為成熟。因此時代應比一號坑晚。

二號坑出土的青銅尊多為侈口，高領，束頸，鼓腹，圈足上鏤方形或長方形孔。這些器物的器型及紋飾特徵，均與晚期商文化特徵相同，約相當於殷墟二、三期。從二號坑內出土的大量鳥的形象來看，頭上都有冠，鉤喙，尾上翹。而殷墟一、二期所發現的鳥紋，頭上都無冠羽，尾普遍下垂，直至殷代末期容器上的鳥才普遍有冠，尾上翹。故就鳥紋相比，二號坑的時代也晚於殷墟一、二期，大致相當於殷墟晚期。

關於二號坑的性質，或認為是「墓葬陪葬坑」，或認為是「異族入侵」等等，我們認為二號坑應是祭祀（埋）坑，其理由是：

一、半個多世紀的調查挖掘，附近沒有發現墓葬區。在兩坑的周圍，磚廠十餘年燒磚取土，也沒有發現墓葬。因此，是墓葬陪葬坑的可能性很小。

二、古書記載中有荊人「鱉靈屍隨江上，遂活」，「望帝以鱉靈為相」，最後「杜宇禪位於開明」的傳說，這僅僅是意味著政權的變更。其間雖然不免有爭鬥，但似乎沒有發生過將宗廟徹底「犁庭掃穴」的劇烈事件。況且，二號坑中出土遺物的投放都有一定順序，同類遺物的分布也較為集中，這反映出投放這些遺物是有目的而不是盲目的，有規律而不是任意的。

三、出土的青銅人頭像、人面像、神樹以及玉璧、瑗、璋、戈等，都應是祭祀用品。特別是邊璋上遍刻的圖案，應是蜀人祭祀禮儀的反映，其中一組圖案是插璋祭山。《周禮．春官．典瑞》載：「璋邸射以祀山川，以造贈賓客。」邊璋的圖案印證了古書的記載，也為我們判斷二號坑的祭祀性質提供了證據。

二號坑出土的遺物均有火燒過的痕跡。結合文獻記載，我們推測，當時的祭祀應有「燔燎」祭天、「瘞埋」祭地、「懸庋」祭山等形式，二號坑正是一次重大綜合祭祀活動的遺存。

但四川大學考古系教授林向並不認同。他認為，蜀文化是有別於中原文化的地域性文化，有自己的原始宗教信仰，不能用中原祭祀坑來硬套。在他看來，這種合坑埋藏的情況，很可能是古代世界風行的巫術——「薩滿文化」的產物，大概是附近場地上舉行了巫術活動後的厭勝性埋藏。林向說：「我們知道，原始宗教的靈物和偶像也可能遭到蔑視和責罰。有些原始部族認為，不靈驗的靈物可以拋棄另找代替，不靈的靈物加以虐待、捶擊、辱罵，可以刺激靈驗起來。偶像如果不能滿足崇拜者的希望，也有可能遭打擊、丟棄或燒毀。例如：奧斯蒂亞人在出獵不獲時，就責打偶像。坑裡的酒樽與失寵的神像大概也是如此被埋入地下的。至於神像為什麼會失寵，已不可深究，但筆者頗疑此事與蜀地洪水及戰亂有關，時間應發生在杜宇時代。三星堆遺址第八層上有一層厚約二十至五十的淤土，青黑色，包含物極少，此層以上出筒瓦、漢磚等物。第八層相當於第四期，殷末周初，正是祭祀的年代。這大概就是巫術厭勝性埋藏的原因吧。神靈不能制止洪水，只好埋入地下，開明治理了水患，就取得了政權，當是地下埋藏器物的謎底。」

林向的觀點一經傳出，他的學生陳顯丹立即做出回應，並拿出比先前還要詳盡的論證、論據，對自己的老師進行了毫不留情的反擊。並根據坑內挖掘的各種遺物現象結合文獻記載分析表明，三星堆遺址一、二號坑應是祭（埋）祀坑，且採用以下四種祭祀方法：

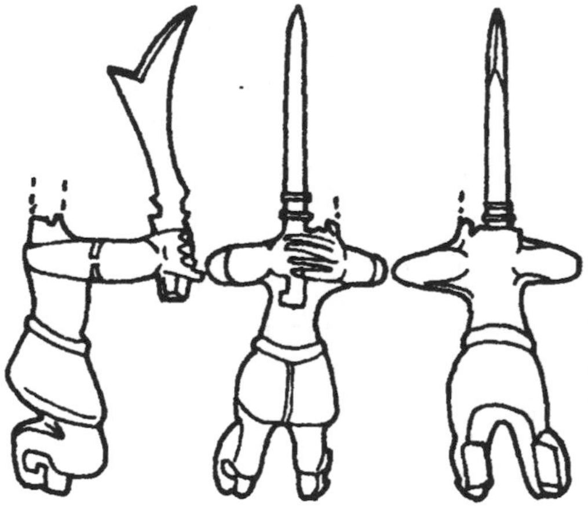

上：出土時破碎的青銅人頭像
下左：青銅持璋小人像摹圖
下右：青銅持璋小人像

一、燔燎法。根據兩個坑內所出遺物上都有火燒、煙熏痕跡和大量的竹木炭、灰燼及被燒熔的青銅器和燒得裂片的玉石器等分析，兩個坑的祭祀者在此進行了燔燎。

二、瘞埋。兩個坑的數百件遺物和牲物經火燎後，又全部埋入坑中，這顯然是瘞埋的手法。

三、血（灌）祭。是將祭祀之牲殺戮放血。一號坑內出土的三立方公尺的動物骨渣燒後均呈白色，表明當時是將牲物放過血的，放血的目的是為了血（灌）祭。

四、懸祭。二號坑內出土的青銅樹上均懸掛著許多飛禽異獸、果實和其他仿昆蟲類的青銅飾件，以及銅器、石瑗等。這些遺物一方面反映著「桑林」的景象，另一方面映照出了古人祭祀所採用的懸法。

從以上四種祭法，再結合兩個坑內出土的各種遺物來看，不論是一號坑還是二號坑，都不是單祭某一物事，而是由燔燎、瘞埋、血祭、懸祭等組成的合祭。這種祭法是古代特別隆重的祭禮，其反映的祭祀內容主要是祭天、祭地、祭山、迎神驅鬼、迎敵祭祀等。

兩坑應是火葬墓

陳顯丹投放的這個反擊林向的重磅炸彈，得到了許多學者的贊同與支持。一時間，「祭祀坑說」甚囂塵上，大為走紅，似乎成為學術界的定論。但就在這場爭論的大幕即將合上之時，有位叫張肖馬的學者又提出了自己的理論。

按張氏的說法，三星堆遺址發現了古蜀王國的都城，據初步調查推斷，城內面積規模已相當龐大。都城的確定和兩個器物坑出土大批精美的遺物，完全證明了古蜀王國已進入了文明時代。兩個器物坑出土的遺物，反映出古蜀王國祭祀內容極其豐富而又複雜，與殷商王朝相比應毫不遜色。這些遺物許多應陳藏在宗廟或神廟內。但是，作為古蜀王國的都城，在所謂的「祭祀坑」周圍與附近區域，沒有發現宗廟、神廟或祭壇一類禮儀性建築，也未發現與祭祀活動有關的其他場所，僅發現獨立的兩個器物坑，相距約三十公尺。如在這兩個土坑中舉行古蜀王國恢宏的綜合性祭祀活動，實在難以使人信服。祭祀本是國之大事，極受重視，都要修建與之有關的禮儀性建築以供舉行活動，由於受到商文化影響，古蜀王國亦當不會例外的。

張肖馬接著說道：

陳顯丹曾宣稱三星堆遺址中的三座土堆是蜀人祭社的「塚土」，它們與兩個「祭祀坑」屬於一個整體，是蜀人在此舉行各種祭祀的場所云云。根據四川省博物館最早對三座土堆的田野調查，得知「三座土堆是各長數十公尺至百公尺，寬二十至三十公尺，高約五至八公尺，連接成一線的土堆」。從三座土堆的長寬比例看，不像「塚土」。三座土堆連成一線，更類似一條長土埂，與城牆體亦有相似之處。此前未見土堆上有任何建築遺跡的報導，也未見其中有玉石器與銅器或哪怕是幾個殘塊的報導。土堆的時代與兩個器物坑的時代，二者的關係並不明確，僅猜測土堆是「塚土」，可見其立論的證據不足。土堆的功用究竟是什麼，尚待考古挖掘來證實。也不排除這種可能：三座土堆原來相連，後經幾千年的風雨與人為的毀損，形成今日所見的分離的土堆了。

再者，古蜀王國恢宏的祭祀典儀，應有與之相適應的廟壇一類的禮儀性建築或其他大型祭祀場所，作為經常舉行宗教祀典的固定的神聖之地。考古發現證明，在新石器時代晚期都能出現與氏族、部落與部落聯盟或更大的文化共同體相適應的公共祭祀場所或宗教中心，而進入階級社會後，中原殷商王朝以及春秋戰國時期的諸侯國的都城，也都有宗廟類的禮儀性建築。甲骨卜辭中有「壇」的記載，還有其他祭祀場所。由此及彼，古蜀王國的都城一定也會有與之相適應的廟壇類禮儀性建築或神廟，或者其他大型祭祀場所，絕不只是已發現的兩個器物坑。

前些年，經考古工作者的努力，在成都平原已經發現一處古蜀王國用於宗教祀典的神聖場所，那就是著名的羊子山祭壇。據考察，其始建年代在商代晚期，是一座三級四方無屋榭的土台，台高有十餘公尺，底邊一百零三點七公尺見方，一、二級各寬十八公尺，第三級三十一點六公尺見方，總體積為三萬五千五百七十四立方公尺，其規模是相當巨大的。這是一座古蜀文明產物下的祭壇，一個宗教祭祀中心，有著祭天禮地等功用。所以，三星堆古城範圍內應有廟壇之類以及其他祭祀的場所。

最後不能忽視的一點是，古蜀國為舉行一兩次祭祀活動，專門就地鑄造數百件青銅器，加上金器與玉器等，共計器物近千件。如此多的高級珍品，將其全部搗爛毀壞再埋入坑中，這是難以令人信服的。而古蜀王國的祭祀內容是極其豐富的，祭祀活動也是相當頻繁的。在這樣一種情況下，如果舉行一次祭祀就要耗費近千件器物，其國力當難以承受。既然如此，也就決定了它的不可能性。

當然，需要說明的是，我以這樣的證據否定兩個器物坑是「祭祀坑」，並不是否定坑中出土大批與祭祀有關的器物的性質，二者應嚴格區別開來。如坑中的神樹和各類神祇與神靈，原應藏于古蜀王國的宗廟或神廟內，舉行祭祀時才使用。那麼，兩個器物坑既然不是「祭祀坑」，其性質是什麼呢？要回答這個問題，有待兩個器物坑的全部資料公布後，經過認真而全面的研究與分析，最後才能推導出比較合理的結論。

張肖馬的聲音剛剛發出，學界中人尚不知是為之歡呼還是高聲斷喝，浙江省考古所的學者張明華又提出一個「墓葬坑說」，並以超越前人的論證和論據使這場爭論再生波瀾。但張明華顯然是把兩個在平地上挖掘的器物坑，自作主張地搬到三星堆的高台之上。但不知出於何種原因，學術界充耳不聞，沒有人出面與其爭辯。倒是中國社科院考古研究所的考古學家王仁湘在此之後，又橫生出一個「盟誓遺跡」說。按王仁湘的解釋：

在諸侯林立的商、周時代，與兼併戰爭始終伴隨的是頻繁的盟會活動。如《春秋》所記兩百四十二年內，列國間的軍事行動凡四百八十三次，而朝聘盟會達四百五十次。盟會的作用並不次於戰爭。盟誓時有一定的科目，主要是涖牲歃血。

三星堆葬物坑中有大量獸骨遺存，挖掘者斷定犧牲在焚燒前都曾放血，也許就是歃血的結果。大量使用玉器也是古代盟誓的通例。侯馬東周盟誓遺址發現的數百座坑穴，也都埋有玉器、牲，或有載書，有的還見到祭器。所不同的是，三星堆的祭器、祭牲都曾經炭火焚燒過。因而我曾考慮是否有另一種可能，那就是蜀部族與其他部族結盟活動所留下的遺跡。

認為這是盟誓遺存，還有一個重要證據，就是那些原本不屬於一個部族的青銅偶像，它們有相當一部分代表的是蜀族以外的部族，如果純是蜀族自己的宗教祀典，卻請了若干個不同部族的代表參加，那是不可思議的。而這種現象只可能在盟誓時才會出現，那是一種多部族的聯盟活動。是否可以這樣設想：青銅大立人代表了主誓盟主蜀王（包括金杖在內），其他頭像則代表了與盟的各部族首領。每經過這樣一次盟誓，就結成了一個新的蜀族大聯盟。

還有一點值得注意的是，銅像鑄造地點可能離埋葬坑不遠，坑內燒骨渣中發現了鑄造用的泥芯和銅渣，說明鑄造活動是會盟之前不久完成的，那些青銅製品不會是經過長期陳列的宗廟祭器，而應稱作為「盟器」。與其說三星堆葬物坑為禮拜自然神祇的祭祀遺跡，還不如看作是盟誓遺跡更為妥帖。盟器與牲，都是古人用以通達神靈的工具，盟會就是透過這種隆重的方式請求神靈來監督誓言實現的活動。

繼王仁湘這一說法之後，四川省考古所的胡昌鈺又提出一個「魚鳧王朝滅亡」說，即三星堆兩個大型器物坑是魚鳧王朝滅亡的標誌。此說在總體上和陳顯丹之說保持一致的共性，只是局部做了新的創意和開拓。按胡昌鈺的說法：

當一個國家滅亡時，戰勝國建屋掩社，即所謂「是故喪國之社屋之，不受陽也」，或搗毀對方的社或社樹、社神，以求在精神上徹底摧毀對方。魚鳧氏的國家和權力的象徵是被「屋之」，還是被搗毀呢？這裡雖不能一一加以稽考，但他們崇拜的社神、社樹卻實實在在地被毀壞了，並被挖坑深埋，似乎再也不能讓其「達天地之氣」了。

為什麼這些被祭祀的諸神連同社神、社樹會一起被搗毀和深埋呢？因為這些銅罍、尊、彝等器物是杜宇族以前的蜀王族用以祭祀的重器。正如《禮記》所說，「家主中溜而國主社，示本也」。所以，這些禮器對於一個王族來說，無疑會是至關重要的根基和資本。禮器的被掠，被毀，正標誌著一個國家的滅亡。順而推之，魚鳧王朝的社神、社樹、權杖及大量禮器的被毀和深埋，表明這兩個器物坑應是埋葬魚鳧王朝的「墳墓」，標誌著魚鳧王朝的滅亡，同時也標誌著杜宇王朝的建立。這是杜宇氏用戰敗的魚鳧國的社樹、社神和所用禮器來祭祀自己祖先而專門設立的祭祀坑。從遺存跡象看，杜宇王將遺存入坑前曾舉行過某種儀式，並有意將魚鳧王朝的社樹、社神及禮器等損壞，然後有一定次序地再將這些遺物投入坑中。

既然兩個器物坑既標誌著魚鳧王朝滅亡的墳墓，同時又是杜宇王用以祭祀自己祖先的祭祀坑，那麼，這兩個土坑就不應像它的挖掘者二陳所說的那樣一前一後，應為同一時間所挖。

此外，兩個器物坑所出器物大都有意被毀、被燒。二陳認為這是以燔燎法祭天，瘞埋祭地，顯然兩個器物坑都與某種宗教活動有關，是一種有目的、有意識的行為。兩個坑所出器物內容大致相同，相距不遠，且坑向和下埋手法大致相同。如果說一號坑下埋下限為殷墟一期，而二號坑為殷墟晚期，兩坑下埋時間間隔起碼一百多年，就確實讓人難以理解了。應該這樣認為，一、二號土坑下埋的下限時間相同，均在殷末周初。至於兩個坑內一些器物、器形的不同，這可能與杜宇氏在厭勝埋藏時曾有所分別有關。在此之後，諸多的文化因素仍然流行了一段時間，這是杜宇氏取代魚鳧氏以後，文化上的一些承襲反映，正如周朝取代殷商之後，文化上仍有承襲一樣。

亡國滅族之坑

繼胡昌鈺的「滅亡說」之後，畢業於四川大學歷史系考古研究所，後到日本留學的徐朝龍，又在這場眾說紛紜的大論戰中，毫不客氣地提出一個推斷：

一九八六年，廣漢三星堆遺址兩個器物坑剛剛發現而挖掘工作正在進行之時，儘管還沒有進行任何科學的研究，也不知道根據什麼，新聞報導就已經在大肆使用「大型祭祀坑」這一定義了。當初也曾出現過一些不同意見，但很快就被淹沒在祭祀坑說的潮流中。

日子一長，新發現的興奮有所降溫，出土資料的面貌日漸清楚，從而使人們可以有機會冷靜思考一下問題的所在。在接觸大量資料（包括觀察實物資料）以後，我認為：在「祭祀坑」的性質問題上，有些看法恐怕未必沒有一個「當事者迷，旁觀者清」的問題。

在這裡，我只想以一個在國外研究者的角度，就「祭祀坑」的問題以及與之有關的三星堆和「魚鳧」及「杜宇」的關係問題進行一些探討。

首先，從陳德安、陳顯丹撰寫的報告來看，定性為「祭祀坑」的理由顯然是沒有經過深思熟慮的（順便說一句，在「一號祭祀坑」的報告中，甚至連斷定的理由也不做任何交代，標題上就直截了當地使用「祭祀坑」這個詞來）。二陳之說基本理由可以簡單歸納如下：

一、在「祭祀坑」附近沒有發現墓葬，故不是陪葬坑。

二、杜宇和開明之間的政權變更沒有發生過「犁庭掃穴」的劇烈事件，而且遺物投放有目的、規律而非任意的。

三、出土遺物都應是祭祀用品，邊璋圖案在古書記載中是祭山用物。所以，可以證實兩坑為祭祀遺跡。

很明顯，僅僅用上述這些簡單的理由就來斷定如此重大的遺跡的性質未免有草率之嫌。這且不去說，在考慮將兩坑定性為「祭祀坑」時，以下一些常識性的問題恐怕是很難視而不顧的。

一、在古代，祭祀活動是國之大事，當然不會是某年某日突然想起來才進行的，而必然是作為文化傳統中最重要的一環，世世代代經常並持久地開展下去的。那麼，這樣看來，如果像三星堆「祭祀坑」所見，僅僅兩次「祭祀」活動，就把包括金王杖、金人面、青銅人像、青銅神樹、玉器、海貝（錢幣？）、象牙等如此巨量的社會最高財富投入進去，即便設想三星堆的青銅器時代持續了大約一千年左右（從二期末起算），那麼，在此期間蜀人們曾舉行過多少祭祀？這些祭祀需要耗費多少社會財富？按照當時的社會生產力能否承擔得起如此巨大的耗費？

二、在主要生產工具還是石器的生產條件下，要生產如此大量的青銅器（逾噸！）和玉器（百餘件），除了巨大的人力、財力外，無疑還需要花費相當長的週期。如果它們僅僅是為了一兩次祭祀而生產的，那麼，是否只有設想這些祭祀是在很多年前就計畫安排好了，然後為了實現它，整個三星堆的蜀人們不惜傾其鼎盛時期的「綜合國力」，在相當長的一個時間裡去製造那些貴重的祭祀物，而主要目的不過在於製作好後便將它們砸碎、燒毀埋葬掉而已。我認為，無論是蜀國先民們對神靈有多麼虔敬，這樣荒唐的祭祀恐怕絕非是他們實際生活所能承擔的。

三、在出土的遺物中，禮器占了多數的現象似乎是二陳主張「祭祀坑」最主要的理由。然而，我們知道禮器在中原地區多是為「子子孫孫永保用」而傳之後世或者隨死者埋入墓裡，而像三星堆那樣「祭祀」後將禮器全部砸碎燒毀，然後集中埋在一起的情況極其罕見。中原地區禮器主要是作為隨葬品見於墓葬，而祭祀坑中常見的是牲口或奴隸，這樣的傳統到春秋時期也沒有變化。這就是我們許多學者儘管在時代斷定、青銅器和玉器型式甚至祭祀傳統上熱衷於和中原進行比較，但卻拿不出中原的實例來為三星堆「祭祀坑」的斷定做旁證，因而只好敷衍為「蜀地獨特的祭祀」之說的原因。

就拿「燎祭」來說，從來的文獻材料上都是說用牲口，絕無拿珍貴的禮器等來「有意」燒、砸、埋的。在對於旨在尊畏神祇的宗教活動來看，後面這些行為是特別不好說明的。總之，禮器必然和祭祀相關也許還說得過去，但祭祀坑說者混淆了一個最根本的問題，即：禮器的功用與埋它們的土坑的性質之間是沒有必然聯繫的。要說禮器出現在土坑裡，因而土坑就必然是「祭祀坑」，那麼所有出土禮器的窖藏是否都只有定為祭祀坑才是呢？必須特別指出的是，二陳憑空弄出的這個祭祀坑說，其所謂「祭天」、「祭地」、「祭山」、「迎神驅鬼」、「迎敵祭祀」等種類繁多的論點，很明顯都是建立在這個脆弱的假設之上的，如果該假設不能成立，則以上的諸說都將無法站住腳而成為胡說了。

四、關於進行「祭祀」者，國內學術界普遍認為是蜀國的最高統治集團，而被「祭祀」的物件有說是統治者本人，有說是蜀人們尊崇的神祇，或稱「政教合一」的代表。那麼，最高統治者們將自己的形象或神祇們鑄造成威嚴巨大的青銅像讓被其統治的人們朝拜從而達到威懾社會的目的尚可以理解，而自己動手把自己的偶像或自己尊崇的神祇們砸碎、燒掉並埋入土裡，究竟是一種什麼意味的行為呢？這恐怕是祭祀坑說最難以解釋的問題所在。

最後，祭祀活動又成為戰勝外敵的「迎敵祭祀」活動了，而且指揮蜀人對敵人的偶像進行打擊破壞以求神靈幫助的「司巫」(高大的銅人)，竟然也落得一個被打碎埋入土坑的結局。也許主張者自己也覺得牽強過分，因而又設想出是蜀人為了「求得神靈的保佑或寬恕，非自我犧牲不可。因此在祭祀禮儀中製造出若干替身代己，但其中也不排除是他們仇視的人或鬼神以及戰俘的偶像」，這到底是什麼祭祀？誰在祭祀誰？這種解釋曲折而多變，讓人不得要領。

五、為了和「祭祀」沾上邊，眾多的青銅人頭像還被認為是「人祭」的代替。可是我們知道，在當時先進的中原地區商王朝還在大量地使用人殉，而在社會發展明顯落後的四川地區卻居然如此文明起來，竟然不惜花費精力、財力使用昂貴豪華的青銅人像來替代那些奴隸，這實在是不可思議的。另據說「祭祀坑」裡出土了大量被燒過的所謂「動物骨渣」，但至今沒有見到詳細的分析報告。

也許因為這些骨渣都被砸碎而難以進行辨認。但像如此關鍵的考古材料，僅僅憑現場的一次肉眼觀察就做出定性，未免太草率。而且二陳根據骨渣多數顏色發白就斷言那些動物是被放血後才「燔祭」的，並和「血（灌）祭」也掛起鉤來。以常識而論，任何血肉之軀無論放血與否骨頭一經火化皆會呈白色或灰黑色。當然二陳的主要目的明顯在於要旁證兩坑為「祭祀坑」。關於這一問題，我倒是對林向先生的「骨渣裡可能有人?!」的質疑頗感思路犀利。

六、再從青銅人像來看，高大的銅人、神樹等自不必說，人頭面具、車輪形器、大眼睛銅片、龍柱等皆附有加工非常精緻的用於吊裝的孔眼或部件，而且多是經過細心剔銼修整的，那似乎表明它們並不是僅僅為一次性使用而生產出來的。又從其製作精細造型威嚴並講究視覺效果來看，可以設想它們是曾被陳設在某一特定的神聖場所，供人們長期頂禮膜拜的。很有可能它們在被砸碎、燒毀投入坑內以前已經存在了相當長的一段時間了。至於坑中發現泥芯和少量銅渣並不能說明這些青銅器就是為「舉行儀式時在現場使用」而「臨時就地鑄造」的。熟悉青銅器鑄造的人就知道有些泥芯往往會留在器物胎內。而「祭祀坑」中的器物多被砸碎，因而泥芯破土殘留於坑內是非常自然的。至於銅渣，既然如報告所說有許多青銅器已經被燒毀了，產生了銅渣也不足為怪。

在這裡我只想指出的是：三星堆青銅業與中原地區之最大不同的在於其重點表現的是人物而不是器物。青銅彝器基本仿自中原，龍、虎、蛇等動物（鳥除外）也並非表現特異，而人物表現則個性極其強烈，完全游離於中原傳統。因此，在器物和人物兩者之間形成了強烈的反差。我們知道，中原地區青銅器的發達一直是以器物製造為中心的。因此，以突出人物表現為主的青銅業，反映了三星堆文化有著自己一套不同於中原宗教意識和文化背景的思維方式和組織形式。

此外，三星堆的青銅器有一些非常值得注意的現象。比如，挖掘地層裡很少出青銅器，因而看不到一個青銅業技術上的積累和漸進發達的歷史。這一現象既可能反映了統治階層對青銅器的高度壟斷，也可能暗示著如此發達的青銅業的出現是具有突然性的。支持後面一種可能性的證據是：一般都認為其中原風格的器物都係本地鑄造，而且其時代上限據認為都在殷墟晚期或者具有「晚商文化特徵」。「祭祀坑」裡出土的這些本地鑄造的器物，都仿自中原地區某一個特定時期的風格究竟意味著什麼呢？從三星堆文化的時代下限為西周前期，再結合青銅器的上限時代來看，可以說這批青銅器是「來得急，去得快」。很顯然，它們的出現是有著非常特殊複雜的歷史背景的。那麼，這個背景是什麼呢？

從當時的古蜀國與中原的關係來看，甲骨文中證明蜀和殷商基本是敵對關係，殷王朝不僅壓榨蜀，還多次討伐蜀。又據《尚書．牧誓》記載，周武王發動滅殷戰爭，蜀人是積極參加了的。根據青銅器在三星堆出現的時期以及在此之前三星堆沒有相應發達的青銅業存在和技術積累等事實來判斷，可以做這樣的推測，即參加周人同盟軍的「蜀」很有可能就是「魚鳧」王朝的蜀國（鳥頭勺把最多的第三期後半部蜀文化達到全盛）。在殷商時期，他們得不到中原先進的技術。在摧毀殷王朝後，他們作為「戰勝國之一」可能不僅分到了相當的戰利品，而更重要的是還獲得了不少從事青銅器鑄造的技師。這些隸屬殷王朝的技師們被帶回四川後，在魚鳧王的命令下，利用先進的中原技術製造出了殷代晚期流行但屬於西周初期的青銅禮器（儘管比較粗糙或有走形）。同時，他們還依據當地要求設計製作了具有蜀文化風格的青銅像等（蜀人在很早之前就可能擁有諸如「縱目蠶叢」之類的人物形象，以用於宗教禮儀，只不過可能是用其他材料，諸如木頭之類製作的罷了）。我們知道那些青銅像（器）與中原青銅器相比，無論在技術還是在造型上，都並不複雜，對那些手藝高超的技師們來說是完全不成問題的。不過，為了彌補這些本地風格青銅製品的單調和簡樸，技師們還儘量運用了中原風格的紋飾來進行裝飾。相對於中原風格的器物，其在視覺效果上的優勢是不言而喻的。其結果讓人明顯感到兩個系統相異文化的驟然合流。總之，遺跡本身缺乏青銅業發展線索，器物的時代特徵局限以及青銅器在造型和傳統上兩種對照強烈風格迥異的製品共存等現象，透露了三星堆本來沒有青銅器技術積累，而在特定時期引進中原技術的同時也積極進行了轉用這樣一個特殊的歷史背景。在這裡，我還想提醒各位學者留意兩點：唯一出現在「祭祀坑」裡，而且是被「最後放置（下去）」的一套尖底盞意味著什麼？「祭祀坑」的時代與三星堆文化的結束在同一個時期反映了什麼問題？對這兩個意味深長的問題，我可以比較自信地結合其他問題一併做出如下解釋：

一、三星堆出土青銅器、玉器等遺物的土坑並不是陳德安、陳顯丹所謂的什麼「祭祀坑」，而是古代四川最初的大規模王朝更替的直接結果。那些宗廟重器是隨魚鳧王朝的滅亡而被砸碎、燒毀後埋葬的。造成這一切的主要原因就是因為杜宇王朝這一新的政治勢力的崛起，即魚鳧（族）並不是忽然「仙去」了，而是被杜宇族推翻，毀滅在血腥的改朝換代鬥爭中。魚鳧族最後的王及其宗族被殺並連同其王杖等財寶被燒毀埋葬在一號坑。他們的宗廟被搗毀，那些一度神聖不可侵犯的以祖先蠶叢為主的眾神像、禮器等被搬出來打碎、燒毀後拋入隨意挖的二號坑內埋掉。正如《國語．周語》所言，「人夷其宗廟，而火焚其彝器」是對這場政治悲劇的絕好寫照。

其實，三星堆器物坑的問題說到底就是一個坑內遺物的破壞、焚燒以及掩埋等行為，是所有者自己所為，還是非所有者所為的問題。很明顯，只有承認是非所有者（外來對立政治集團）所為，才能順利地解釋清「祭祀坑說」所含的種種牽強附會的部分，從而得到合乎邏輯、常識以及歷史事實的結論。也就是說，所謂的三星堆「祭祀坑」應該更名為「魚鳧滅國器物坑」。杜宇族取代魚鳧王朝在早蜀文化歷史上是一個重大的轉捩點，而「魚鳧滅國器物坑」則是此一歷史巨變的見證。

二、三星堆遺址「魚鳧滅國器物坑」的時代應在西周中期，青銅器的出現和尖底盞的存在可以證實這一點。三星堆的青銅器很可能是古蜀魚鳧王朝利用參加周武王滅殷戰爭後得到的戰利品——青銅器鑄造技師製作的。他們既仿製了中原殷晚期風格的禮器，也讓技師們鑄造了非常獨特的青銅像、神樹等為自己的政治、宗教目的服務，從而出現了造型和傳統上鮮明對立的兩種系列並存的罕見現象。這就是缺乏技術積累和發展的三星堆何以突然擁有發達的青銅鑄造業的背景原因所在。青銅器製作於西周初期，毀壞於中期，尖底盞出現於三星堆最晚時期，這一切都為時代斷定提供了根據。尖底盞本是來自杜宇族文化圈的代表器物，作為唯一的一套陶器被「最後放置」在坑裡燒殘的重器之上，可能是杜宇氏在埋葬蜀王魚鳧後，為了鎮鬼壓邪慶祝勝利而舉行過某種儀式（祭酒？）的證明。

三、杜宇族和魚鳧族不是什麼同族關係，雖然二者似乎都與「鳥」有關，但前者在實質上從來沒有和「鳥」發生過聯繫。他（們）之所以要「更名」為「蒲單」完全是出於治蜀政治策略上的需要。而被稱為「子規」與「杜鵑」，則純粹是因為後世人們的追認。他（們）在西周前期，曾處在以三星堆為政治中心的魚鳧王朝的統治下，西周中期取得政權。成都地區是其政治中心，以尖底器為代表的陶器群是他們最主要的文化特徵。在「積百餘歲」之後的春秋前期，「荊人」的開明王朝又取其天下而代之，歷史再度被暴力與強權改寫了。

不祥寶器掩埋坑

繼徐朝龍那長篇推論之後，便是北京大學考古系教授孫華以總裁判的身分，所做出的蓋棺定論的概括性評說。他在對許多論點、推斷甚至是妄言做了否定的同時，特別對二陳最早提出的那個「祭祀坑」之說，再度提出了尖銳的批判：

有關三星堆器物坑係祭祀坑之說，其根據主要有二：一是兩個器物坑「出土的青銅人頭像、人面像、神樹以及玉璧、瑗、璋、戈等，都應是祭祀用品」；二是兩個器物坑中的器物都經過火燒，它們應是「燎祭」的遺物，是在「燎祭活動後瘞埋的」。這兩個說法都來自陳德安、陳顯丹執筆的挖掘簡報。但這些根據實際上並不能證明三星堆器物坑就是祭祀坑。三星堆器物坑的器物種類很多，既有許多與祭祀有關的物品，如銅像、銅禮器和玉石禮器等，也有一些與祭祀關係不大的器物，如金杖、象牙、海貝、陶器等，不得以偏概全。退一步說，即便是兩個器物坑中的器物都可以用於祭祀的目的，坑中器物的用途與坑的用途，二者也並不等同。更何況坑內那些浸透著濃烈原始宗教色彩的銅像，它們本身就很複雜，既有形體巨大、凸眼尖耳的神像，也有所謂「大巫師」的立人像，還有許多冠式與髮型都各異的銅人像。在這些銅像中，銅神像在祭祀中應作為祭祀的對象而出現，其他銅像則應是主持祭祀和參加祭祀的人像。將祭祀物件和祭祀參加者埋在一起進行祭祀，這是很難令人相信的。

如果三星堆器物坑真是祭祀坑，那麼祭祀掘坑掩埋祭品，這是屬於瘞埋一類祭法，而三星堆器物坑所埋之物又多有被火燒的痕跡，這又屬於燎一類祭法。根據古代文獻記載，瘞埋一類祭祀方法是「既祭埋藏之」，其對象主要是在地下的種種神靈。而燎一類祭祀方法卻是「既祭積薪燒之」，其對象主要為在天的諸種神靈。祭品用火焚燒與掘坑掩埋，其祭祀對象有別，用「先燎後埋」來解釋三星堆器物坑的遺存狀況，進而將坑的功用推斷為祭祀坑，這是不妥當的。

祭祀是古代人們經常進行的活動，而無論是祭地、祭社、祭祖，還是祭祀山川，瘞埋又都是一種十分重要的祭祀方式。由於祭祀要經常舉行，瘞埋又是重要的祭法，所以凡是祭祀場所都有許多用於瘞埋祭品的深坑。考古發現的祭祀場所，祭祀坑往往十分密集，如僅在殷墟西北岡商王陵區東部區域（即一四〇〇號大墓周圍），已挖掘和探明的祭祀坑就有上千座之多。三星堆器物坑現在僅發現了兩座，從已挖掘的情況看，今後也不可能再發現許多。這就不大符合祭祀的要求。根據古代文獻記載和現代考古材料，中國古代祭祀無論是埋祭還是燎祭，它們所用的祭品不外乎牲、玉兩類，從未見有將大量金、銅、玉、石、骨器一起焚燒或一起掩埋的現象。三星堆器物坑埋藏物品的巨大數量，也使人難以相信這是用於祭祀的目的。且不要說經常舉行這樣的祭祀非一般國家財力所能承擔，就是一年或十年舉行這樣一次祭祀也太勞民傷財了，這都是祭祀坑所難以說通的。

在否定了二陳的「祭祀坑說」之後，孫華對前些時候沈仲常、張明華等學者提出的三星堆器物坑是墓葬（包括墓葬陪葬坑）的說法，也提出了異議。他認為沈、張等人因為不同意陳德安、陳顯丹的祭祀坑說，卻一時又提不出更好的解釋，於是便將這兩座器物坑與墓葬掛起鉤來，或稱之為墓葬陪葬坑，或稱之為火葬墓等等。實際上，正如二陳在《三星堆遺址二號坑簡報》結語中已經指出的那樣，在三星堆一帶經過「半個多世紀的調查挖掘，附近沒有發現墓葬區。在兩個坑的周圍，磚廠十餘年燒磚取土，也沒有發現墓葬」。因此，三星堆器物坑是墓葬陪葬坑的可能性很小。

至於張明華提出的三星堆器物坑係火葬墓的說法，可知此人注意到了坑中器物均被火燒的現象，也注意到了「甲骨文中提及燎祭儘管名目繁多，但仍多見牛、羊、豕、豚等，並無作為禮器的青銅器、玉器出現」的事實。但如果僅憑這兩點就推斷三星堆器物坑是「死於非命的蜀王」的火葬墓，卻又存在著如下方面的問題。首先，三星堆兩個器物坑各自包含物差別較大，一號坑有大量燒骨渣和所謂金杖，尚可能勉強與火葬墓聯繫在一起。但二號坑既沒有燒骨渣也沒有所謂金杖，只有縱橫交錯的六十餘枚象牙，這就很難將它與火葬墓相聯繫了。其次，如果三星堆一號器物坑是蜀王的火葬墓的話，蜀王火葬後的骨渣就應妥善保存，不應當隨便倒在坑中「呈斜坡狀堆積」。更何況《一號坑簡報》已經指出，該坑多達三立方公尺的骨渣都「屬於較大動物的骨骼」，並未說其中有人骨，不存在火葬墓假設的前提，所以將兩坑斷為火葬墓是頗為荒謬的。

既然三星堆器物坑不是祭祀坑，也與墓葬沒有關係，從其埋藏現象來分析，又不容有窖藏的假設。因此，有的學者開始注意到該坑器物多與原始宗教有關的現象，提出了三星堆器物坑係某種特別原因形成的掩埋毀棄寶器的掩埋坑。至於這個特別的原因，則有神靈失驗和國家滅亡兩種解釋。

三星堆器物坑為失靈神物掩埋坑之說，其合理因素甚少。因這兩個坑包含器物的種類很多，不僅有青銅神像、神樹、人像，也有尊、罍、彝等銅禮器和璧、瑗、璋等玉石禮器，此外還有金杖、象牙、海貝等物。這幾乎囊括了當時社會最珍貴的東西，不僅僅是個別靈物和神像。從歷史文獻和民族志材料來看，古代人們對於自己崇拜的神靈都是十分尊崇的，即便向神靈所求之事失驗，那時的神職人員也會找出種種理由來解釋。只因向神許的願未能實現就將神像搗毀埋入地下，這種事情是很難發生的。毀棄失靈的靈物而另外製作一個可能靈驗的靈物，這種現象只存在於流行靈物崇拜的人群中，並且這些所謂的靈物一般都很簡單草率，因而可以不時以新換舊。三星堆器物坑的時代已是王權神授的時代，器物坑中巨大的青銅神像和各種精美的宗教用具反映了人們對於神的敬重程度。如果經常毀棄這樣的神像和祭祀用品，這不僅為當時社會財力所不能容忍，同時也足以導致精神世界的動搖——當時的統治階級和祭司巫師集團是不能容忍這種事情發生的。

對比之下，三星堆器物為亡國寶器埋藏坑之說就合理得多。古代國家間打仗，勝利的一方將敵國的神廟寶器毀壞掩埋起來，或失敗的一方將自己的神廟寶器付之一炬後埋藏起來，這種可能性並不是沒有的。商王朝滅亡時，商紂王就曾穿上寶玉衣赴火而死。不過，這一種說法也還存在一些疑點。疑點之一，是三星堆兩個器物坑還存在著年代不一致的可能性。按照原簡報結語的判斷，三星堆一號坑為殷墟一期，二號坑為殷墟二期以後。而根據現已公布的材料，我們雖然已經可以證明二號坑不可能晚於殷墟二期，它應是殷墟一期偏晚階段或殷墟一、二期之交的東西，但卻不能排除一號坑早於二號坑，兩坑年代不一致的可能性。只要三星堆一、二號坑之間存在著相當的時間差距，亡國寶器埋藏坑之說就難以成立。因為一個國家在前後不長的時間裡兩次遭到強敵入侵，宗廟被焚，寶器被毀，這種可能性是很小的。疑點之二，中國古代雖有為使敵國徹底滅絕而搗毀敵國宗廟的習俗，但在一般情況下，敵國宗廟雖要焚毀，宗廟內的寶器卻不在毀棄之列。戰勝國往往是把戰敗國的寶器當作戰利品或者政權變更的象徵運回到自己國家中去。所謂「燔潰其祖廟」、「遷其重器」，就是這種習俗的反映。

三星堆器物坑的埋藏原因，既然以上兩種解釋都難成立，剩下的解釋範圍就相當狹小了。透過仔細分析這兩個器物坑的埋藏現象，並權衡各方面的制約因素，孫華認為，三星堆器物坑很可能是根據原始宗教的某種習俗而掩埋的古蜀國國君神廟器物的掩埋坑（下簡稱為「不祥寶器掩埋坑說」），這種解釋主要基於以下三個方面的理由：

一、這兩個器物坑器物等級很高，器物功用又多與原始宗教有關，它們應當是當時蜀國政治和宗教的最高統治者神廟中的東西。

二、三星堆一、二號坑器物坑的時間不同，存在著一定的年代差距。這個差距如果代表的是一個或兩個蜀王的統治年限，或是具有某種特別含義的年代距離，這就正好可以解釋三星堆一號坑早於二號坑的年代現象。

三、只有在三星堆器物坑的器物是已故蜀王或舊時代蜀王神廟中的東西，新王用之不祥的情況下，這些器物被掩埋於地下才可能得到合理的解釋。

當然，以上這種解釋，主要基於三星堆一號坑與二號坑時間存在一定的年代距離這一點而立論的，如果這兩個坑最終被證明年代完全一致。那麼，除非再發現一個或數個與這兩個器物坑年代不同的器物坑，否則，這種解釋存在的可能性也同樣是很小的了。根據現已公布的文物與挖掘報告，三星堆器物坑是「亡國寶器掩埋坑」和「不祥寶器掩埋坑」的解釋是相對合理的。

第九章

三星堆城破之謎

為弄清三星堆古城的整體面貌，考古人員展開了又一次大規模的鑽探與挖掘，城牆的發現與確認，遠古之城的廬山真面目得以顯現。

關於蜀國亡於戰爭的推斷，遺址內，一根「世紀尺規」的發現，預示著一場特大洪水的到來。

寶墩、魚鳧城的發現

自孫華對「亡國寶器」與「不祥寶器」掩埋坑的說法給予了相對肯定之後，學術界有為數眾多的專家學者對此一觀點，或表示認同，或感覺有較大的可取之處與合理性。於是，此一說法一時成為三星堆兩個器物坑性質的主流論斷。既然這批器物是在亡國與不祥的情況下被埋藏，那麼接下來就要推斷這個國家為何而亡，一批好端端的國之重寶又為何成了不祥之物，直至出現非要搗毀焚燒並遭掩埋的悲慘命運。而要弄清這些疑問，首先要搞清楚三星堆遺址到底是不是一座古蜀國的王都。如果是，研究尚可沿著這一思路繼續追尋探索；如果不是，則學者們的一切推斷與假設都很難成立與存在了。儘管此前像蘇秉琦那樣的考古學大師曾推斷三星堆是一座古都，但是不是王者所居的首都，尚難推定。而事實上，對於一座古城或者王都的確定，任何學者只憑在地面上觀察做出判斷，是遠遠不夠的，必須透過考古挖掘，且要挖掘到一定時期之後，才能得出最後的結論。

為此，自一九八八年十月至一九八九年一月，四川省文物考古研究所陳德安、陳顯丹等考古工作者，再度挾兩個大型祭祀坑挖掘的餘風，一鼓作氣，對分布在廣漢三星堆遺址南部的「土堆」、「土埂」進行了全面調查和試掘，從而進一步證實和確認了三星堆的「土堆」和「土埂」均是人工夯築堆積的土城牆。

一九九〇年春與一九九一年冬，四川省和廣漢市考古工作人員再度合作，在東、西城牆周圍又進行了重點式的挖掘。透過兩次挖掘，了解到三星堆古城牆外均有城壕，城牆的填土就是從城壕中挖取而來的。城牆的橫斷面呈梯形，牆基寬約四十公尺，頂部寬二十餘公尺，牆體由主城牆和內、外側牆三部分組成。主城牆逐層填土平夯，兩腰間經過鏟削修整後，用木棒拍打，內外側牆是分段夯築而成。挖掘過程中，考古人員在主城牆局部，還發現由長四十公分、寬三十公分、厚十公分的土坯磚分段砌築。這些築城所使用的土坯磚，是中國城牆建築史上發現最早的實物例證之一。如此久遠的城牆建築結構，在整個世界文明史上也是極其罕見的。

左：三星堆東城牆發掘現場
右：陳德安（左蹲者）在發掘現場

一九九四年冬，四川省文物考古研究所考古隊陳德安等考古人員，在三星堆遺址南部地段再度選點挖掘。這一地段被當地土著稱之為「龍背」。經挖掘得知，所謂的「龍背」也是三星堆整座古城城牆建築的一部分，按其位置推斷應是古城最南邊的南城牆。至此，已挖掘證實的三星堆古城建築總面積達到三點五平方公里以上，名列全國已發現的商代古城前茅。

被歲月風塵掩埋了幾千年的三星堆古城，總算在世人面前露出了廬山真面目的一部分。面對如此恢宏龐大並具有厚重神祕文化內涵的一座古城，為數眾多的學者認為這就是古蜀國某一時期的政治、經濟、文化中心，是一座當之無愧的王都。也有部分學者禁不住瞪大了眼睛，帶著驚訝與疑惑的表情發出一連串疑問：如此浩大的古城真的是古蜀國的國都嗎？如果是，它是什麼時候出現的？又是什麼時候消失的？它的前世今生是誰，在這塊溫熱多情的土地上留下過痕跡嗎？

為了解答學者們的疑惑，也為了把學術目光放得更加遼闊，深受鼓舞的四川考古界，在繼續探索三星堆古城奧祕的同時，開始著手投入相當一部分人力和財力，在整個成都平原上展開了地毯式考古調查，四處搜尋與三星堆古城有關的遠古資訊，特別是其他一些古城的線索。在一九九五年至一九九六年短短的兩年時間內，就相繼於成都平原發現了新津寶墩古城、都江堰芒城、郫縣三道堰古城、溫江魚鳧城、崇州雙河城、紫竹城等六座古蜀文化時期的早期城址，並對每座古城的城牆和文化堆積較厚的區域做了解剖和挖掘，從而對這些遺址的文化內涵有了初步的認識。

考古人員驚奇地發現，儘管七座古城的年代不盡相同，但它們的文化面貌在總體上卻大體一致，均有一組貫穿始終而又區別於其他考古學文化的獨特器物群，這組器物應屬同一考古學文化遺存。在所發現的七座城址中，寶墩古城是面積最大、文化內涵最為豐富，同時也是最有代表性的一座標示性建築，屬於同類考古學文化遺存中最為典型的遺址。因此，按照考古學文化命名的慣例，考古人員將這七座古城的文化統稱為「寶墩文化」。

寶墩古城遺址位於新津縣城西北約五公里的龍馬鄉寶墩村，過去一直被稱作「龍馬古城」。當地土著傳說它是三國時期諸葛亮七擒孟獲的「孟獲城」。這個城址的平面呈長方形，其中東北、東南兩面牆的北段以及西北牆的北段尚保存完好，其他保存較差，高度僅為完好城牆的一半左右。拐角中，西南牆與西北牆相接的地方保存完好，數千年前的夯土清晰可見，最寬的地方達二十五公尺，最高的地方為五公尺。按照城牆的長度計算，寶墩古城長約一千公尺，寬約六百公尺，總面積為六十萬平方公尺。

當考古人員最初發現這座古城時，並未預料到它的年代有如此久遠，只是在城牆上發現了漢代的墓葬。後來，透過對城牆的解剖和遺址內的鑽探、試掘，才驀然意識到這是一座古蜀時期人類遺留的大型城址，此後相繼出土大量的陶片、石器、墓葬和房基。隨著出土器物的不斷增多，遺址的文化內涵逐漸浮出水面。最後考古學家們確認，這是一座早於三星堆古城遺址的古蜀文化早期遺存。

繼寶墩古城發現之後，另一座頗具影響，並與三星堆遺址有著更加直接聯繫的古文化遺存，便是魚鳧城遺址。這座古城位於成都平原溫江縣城以北約五公里的萬青鎮魚鳧村，傳說是古蜀王魚鳧的國都所在，故稱魚鳧城。從它所處的地理位置看，屬於成都平原的腹心地帶。因為傳說的誘惑，這座古城對於考古學家來說具有非凡的吸引力。一九九六年冬天，成都市文物考古研究所的考古人員王毅、江章華等對該城址進行了詳細的調查、鑽探和挖掘，結果發現魚鳧城的城牆形狀與寶墩時期其餘幾座古城大相徑庭。其他的古城形狀呈長方形或接近方形，而魚鳧城是呈規則的六邊形。

可惜這座古蜀時期的城址，其城牆牆體毀損嚴重，保存極差，僅有南垣四百八十公尺、西垣南段三百五十公尺、西北垣西段三百七十公尺、東南垣一百五十公尺依稀尚存。復原後的城垣全長約為兩千一百公尺，城址總面積約為四十萬平方公尺。在挖掘魚鳧城時，考古人員沒能發現類似三星堆那樣能夠代表魚鳧王國都城所特有的重要文物，只發現其城牆夯築十分講究，內側牆體的土均為質地緊密的黏土，而外側牆體的土是質地疏鬆的黑土與黃土，但土中夾雜有很多堅硬的鵝卵石。挖掘中，考古人員注意到，有一條古河道從西北牆穿過，又從東南橫穿遺址流出。由於對河道的形成年代與遺址的年代關係一時難以斷定，因而挖掘人員也就暫時無法斷定魚鳧城的廢棄是否跟這條河流有直接關係。

考古學家林向、趙殿增及成都市考古研究所的考古人員，透過對寶墩、魚鳧城等新發現的七座古城進行堪察、研究，認為這些城邑在人類文明歷史的長河中早則早矣，但就個體存在的年限而言不會很久。幾座古城此興彼廢，交替更生，各自興盛了兩百至三百年左右。因為當時整個成都平原尚處於酋邦制時代，酋邦不像國家以領土為疆域，而是以同血緣的氏族部落的聚邑為疆域，或村居或築小城，部落聯盟的中心酋長則居中心大城，其他則居小城或村居。人來築城，族遷城廢，天災人禍，興廢消長，變化多端。

也正因為如此，在這一歷史時期，成都平原上才留下了這麼多的古城。這些以寶墩文化為代表的古城不論後來保存得好壞，從考古挖掘的成果看，其文化內涵與三星堆文化遺址一期（也即萌芽期）相互銜接。也就是說，寶墩文化是三星堆文化的胚胎和母體。換言之，三星堆文化是寶墩文化的延續與發展。沒有寶墩文化的鋪墊與滋潤，就沒有後來三星堆文明的輝煌。

既然三星堆古城的前世今生已有了較為清晰的線索，那麼，延續了寶墩文化血脈，承載了這一文明遺產和生命基因，在古蜀人類歷史上曾輝煌蓋世的三星堆古城又是如何走上毀滅的呢？遺憾的是，古代文獻沒有點滴記載。專家學者們除了對已公布的考古成果做盡可能全面深入的研究外，仍在不斷地全方位搜尋資料，並根據這些資料透露的點滴資訊，謹小慎微地校正著自己原有的成果，以此希望有所新的發現與突破。

此時，四川省內有一個號稱「學界怪才」，名叫鄧廷良的雜學研究者，親自到三星堆做了一番考察。在與部分學者們座談之後，根據他的理解和想像，放開膽子編了一幕叫《叢林戰舞》的劇碼。劇中，鄧廷良把三星堆古城正式確定為魚鳧王朝的首都，並描繪了三千年前這個王朝在城陷之日那頹敗悲壯的一幕。

暮色蒼茫。

風兒把滿天的烏雲急急地趕向廣漢平原上空。泛著魚肚白的古雒水（即今鴨子河）匆匆流過，將一股股帶血的腥味送向它環繞的三星堆城頭。

在一面依然平靜飄揚的繪有黑色魚鳧標誌的大纛下，最後一代魚鳧王率領為數不多、個個血汙的守城將士，怒視著城下四周黑壓壓一望無際的杜宇族大軍。剛才，這兒才經歷過一場激烈的鏖戰。來自蜀國以南重鎮朱提的年輕的杜宇王，趁魚鳧王朝傾精銳北上參與伐商之際，揮師入蜀，一路勢如破竹，不到一個月的時間就打到了三星堆蜀都城下。此時，他們已在雒水兩岸安營紮寨，點燃起一堆堆篝火，躊躇滿志地勁舞狂歡。鼓聲與歌聲籠罩四野，勝利的喜悅充溢軍營……明早，他們將一鼓作氣，以摧枯拉朽之力入主三星堆城，正式建立杜宇王朝。城內，魚鳧族將士在三個巨大的黃土圓丘上也點燃了祭天地祖先的燔燎。從西南商道入貢國都的數十頭珍稀大象，被全部宰殺慰勞與社稷共存亡的將士們。象牙及國之重器青銅縱目大面具、青銅神樹以及巨大的玉、石、璧、璋與貝貨珍寶，被依次投入幾座火坑。猩紅的火焰伴隨著滾滾濃煙騰空而起，映紅了半邊天宇。

清脆的編磬敲響了，鏗鏘的編鐘叩響了，沉重於撞響了，淒厲的塤篪吹響了……年邁的魚鳧王面向西北方向遙遠的岷山故地禱祝著，兩行晶瑩淚水悄然爬過他那清臞和布滿皺紋的雙頰……良久，他滯緩而莊重地戴上黃金面罩，將手中雕繪有魚、鳥圖案的金杖朝天豎起——一場震撼天地的祭祖、祀神、祈天大歌舞即刻開始。在十餘個頭戴縱目大面具的王室巫師的帶領下，全城殘餘的將士連同眷屬及城內百姓一道，唱起激昂的「左言」〈魚鳧歌〉，在雄壯而悲愴的樂聲中一同踏地起舞，決心以死來謝社稷、祖神、上帝。

……終於，魚鳧王和他的將士們掩沒在翌日的血泊中。方圓十二里的夯築城郭被夷為平地，只留下魚鳧子孫死不旋踵的榮光以及那一大堆怒目圓睜，象徵靈魂不死精神的祭祖面具和幾座還餘煙嫋嫋的祭祀坑、大圓丘……

在鄧廷良編造的這一劇碼的基礎上，四川成都圖書館的學者肖平再度展開想像的翅膀，對其中的內容做了新的補充與更大膽的設想。按照肖平的描繪，展現在世人面前的是這樣一幅歷史畫面：

在三星堆古城即將被攻破的前夕，魚鳧王站在被戰火洗禮過的殘垣斷壁上，忽然想起了陪伴他一生的神靈和偶像。這些本來待在幽暗宗廟裡的神偶像天空中的閃電一般，忽然浮現在他的腦海裡。雖然它們沒能保佑他贏得這場戰爭，但它們畢竟是祖宗遺留下來的國家重器，關乎這塊土地、這方百姓、這片天空的榮辱衰敗——這樣的東西豈能落入敵人之手？負傷的士兵一瘸一拐地前來報告說，南邊的城牆已經失守了，敵人像潮水一樣向我們湧來，我們該怎辦？魚鳧王用他那魚鷹般銳利的眼神瞪了一眼這個驚慌失措的士兵。心想，怎麼辦？乾脆集合剩餘的士兵和百姓舉行最後一次祭祀吧。於是，在無比悲壯淒厲的氣氛中，魚鳧王帶領他為數不多的士兵和百姓，匆匆忙忙地完成了這場空前絕後的祭祀。祭罷，再給它們建造了兩個可以安息的土坑，然後眾人一齊拔劍自刎。

破城之後，身披大氅的杜宇威風凜凜地站在三星堆的土台上，他的目光傲慢地俯視著戰敗者的鮮血和這座殘破的城池。儘管以前他聽說過魚鳧王的城池修得多麼固若金湯，多麼範圍廣闊，多麼豪華壯麗，但當他攻破這座城池並置身其中時，臉上不禁露出了一絲獰笑，心想，再堅固的城池不也被我杜宇給攻破了嗎？

此時的杜宇看到，在他的腳下，魚鳧王朝軍隊的屍體像剛剛收割的莊稼一樣倒在地上，鮮血染紅了泥土。難道歷史的變革都必須付出如此血腥的代價嗎？他有些不敢相信，但很快又從憂鬱的思索中回過神來，下了一道旨意：「把魚鳧王的宗廟全部毀掉，該燒的燒，該砸的砸，讓曾經保佑過他的神靈們都一道見鬼去吧！」於是，士兵們站在杜宇面前發出陣陣歡呼。劫掠和報復本來是戰勝者最普遍的心理欲望，不如此，怎麼對得起死去的同伴，怎麼對得起為這場戰爭所付出的高昂代價呢？接著一把火燒起來了，那一塊塊石頭撞擊青銅人像、青銅神樹的「咚咚」聲，以及青銅神壇的碎裂聲，久久地回蕩在歷史的隧道裡。新掘出的土坑旁，一批批被大火焚燒和砸爛的禮器被傾倒下去，「叮叮噹噹」的響聲聽起來像是神靈們無助的哀怨……

蜀亡的另一種版本

對於鄧廷良想像出的這個劇碼與畫面，四川學者劉少匆表示不敢恭維，特別是對鄧廷良編造的城破一幕更是不屑一顧。按劉氏的說法，這悲愴壯烈的一幕，如果作為瞎編亂造的科幻小說來讀，無關緊要，但若作為描述一段歷史，就有必要進一步探討。有些學者把湔山定在灌縣境內沿白沙河一帶，如果按《華陽國志》記載：「(魚鳧)王獵至湔山，便仙去，今廟祀之於前。」就根本沒有到過三星堆。那麼，這決死一戰，就是子虛烏有了。再說，杜宇能在不到一個月之內，就來到三星堆城下嗎？假設杜宇率部前來攻打三星堆古城，從雲南的朱提渡長江，沿岷江而上，一路會遇到若干個濮族小國的狙擊，在江原還有「完婚」的大事。當他征服了這些濮族小國後，還要教他們務農，取得信任才能聯軍伐魚鳧。這一連串的事加起來，要到三星堆，一個月不行，五個月也不成。

按劉少匆的研究與推斷，他並不否認三星堆古城為魚鳧王朝的首都，只是魚鳧國破，應與參與伐紂有直接關係。劉氏說：周文王五十二年，太公姜尚，派使節入蜀，聯絡蜀王魚鳧氏，會同西南巴、濮各部，相約次年春天，會師孟津，進軍朝歌。蜀與周人本是姻族，加之長期受到殷人的鎮壓和迫害，早對「瘟商」恨之入骨，便欣然加盟，傾其精銳北上伐紂。而蜀中彝、濮等小國，對蜀人來到川西平原屢屢吞食他們的領土十分不滿。但蜀人武器精良，又抵抗不過，但驅蜀之心，早已有之。因此，趁蜀軍揮師北伐，國內空虛之際，一舉摧毀了魚鳧王朝。於是，蜀人又一次亡國。

關於魚鳧亡國的具體時間，劉少匆的推斷是早於克商之前。其理由為，蜀國既加盟伐紂，《牧誓》中，蜀就應該在「我友邦家君、禦事……」以內，但誓詞中講的都是「蜀人」。所以說，魚鳧王朝的覆滅，當在牧野誓師之前。

魚鳧王朝在蜀地失國了，已開赴中原的參戰武士，繼續參加伐商的戰鬥，並在戰爭中立了功，其首領封為伯。因為他們都是戰士，所以，在魚鳧氏的魚字旁，特別加了一個「弓」字。勝利揮師的周武王在渭水之南、清姜河西岸的地方，專門撥一塊地，為他們建立了一個國家。據說國最強盛時，南界曾越過秦嶺，到達嘉陵江上游。但他們始終未能進入四川盆地，恢復魚鳧王朝。在此之後，蜀國復興的重任，才落到了杜宇部落的肩上。

對於劉少匆的這番別開生面的推斷，三星堆祭祀坑的挖掘者陳顯丹表示部分同意，但在具體亡國這一點上卻另有別論。按陳氏的說法，從古文獻中，可以看到古蜀人不僅與夏人發生爭戰，而且在商王朝統治時期也常與商人衝突。因此，在商王朝的甲骨文中留下了一些隻字片言。在這些記載中有商王命軍隊伐蜀和抽調蜀國射手的內容。

如「至蜀」、「征蜀」、「伐蜀」、「……蜀射三百」，或充當御手的卜辭「□蜀街□」。也有商王派遣使者到蜀國的記載：「丁卯卜，共貞，至蜀，我又（有）史（使）。」這段記載的意思是，丁卯的那一天，一個名叫共的人占卜，問派遣使者去蜀這件事的吉凶。

當然，蜀王是不會任由商王擺布的，他經常拒絕商王的要求。因此商王就派軍隊鎮壓，這就出現了「□寅卜……王登人正（征）蜀」的卜辭。此卜辭的意思是說，商王武丁準備徵集軍隊討伐蜀國。這種戰事的記載有多起。由此可見，蜀、商之間的惡戰促使二者結下了冤仇，而不是朋友。

不過對記載中的蜀是現在的何處，是否就是指今天四川的問題，學術界曾有不同的看法。如甲骨學者胡厚宣認為甲骨文中的「蜀」在今山東泰安至汶上一帶；陳夢家釋為旬，即認為是指後世的旬國；董作賓認為在今之陝西或者四川；李伯謙將漢中地區出土的銅器和陶器與成都平原蜀地的一些銅器和陶器進行比較研究後，提出了漢中盆地「城固銅器群為代表的文化有可能是更早的蜀文化，蜀族最早的中心可能不是在其他地區，而是在漢水上游，只是到了西周時期才轉移到成都平原」的說法。而三星堆遺址的挖掘表明，以小平底罐、高柄豆、飛鳥頭形勺等器形為代表的這類文化遺存，在川西平原是自成系列的一支新文化。這支文化的上限在新石器時代晚期，下限至商末周初或略晚些。除第一期遺存外，二至四期遺存和過去已被大家所認識的春秋戰國時期以柳葉形青銅短劍、煙荷包式銅鉞、三角形銅戈為代表的巴蜀文化相銜接。故有人將這類文化稱之為「早期巴蜀文化」或「早期蜀文化」。

從三星堆遺址挖掘的情況來看，至遲在二里頭文化（學術界普遍認為是夏文化）時期，蜀族就與中原有文化交往。商、西周時期交往更為密切。一號祭祀坑出土的器物中，除金杖、金面罩、青銅頭像、部分玉璋等具有強烈的地方特點，為商文化所不見外，其他如尊、罍、盤等青銅容器與玉、璋等都和商王統治區域內出土的商代前期器物的形制、花紋基本一致。在祭祀禮儀上，蜀人用「燔燎」法可與卜辭中「燎祭」相印證。這些均說明蜀人在物質文化方面受到中原商文化的影響，在宗教意識、祭祀禮儀制度方面也與商王朝有相近之處。也就是說，甲骨卜辭中的「至蜀」、「征蜀」、「伐蜀」所指的蜀，應就是川西平原的蜀。這個川西平原的蜀與商是仇敵，但與西

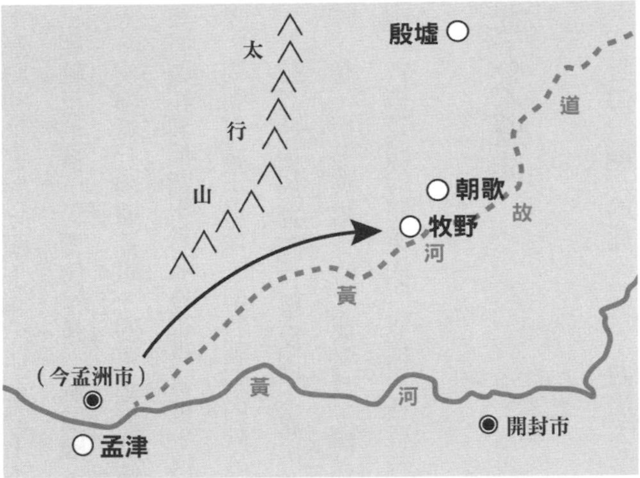

牧野之戰路線圖

北部的西岐卻是要好的盟友。

西岐是周人的領地。當時周人也常與商人發生惡戰，周、蜀自然成了朋友和盟軍。因此，周武王在與商紂王的決戰中特邀蜀軍前往參加，蜀軍答應後，迅速在預定的甲子日前趕到了集結地應是可能的。歷史上著名的牧野決戰前，周武王和他的弟弟周公統兵車三百輛，勇士三千及西南盟軍蜀、巴、庸、羌、微、盧、彭、濮等國的精銳之師，在牧野舉行誓師大會。誓畢，周武王率軍與商王的十七萬大軍在牧野（今河南淇縣西南）之地進行了生死決戰。

就在牧野大決戰中，援周的蜀軍奮勇當先，個個驍勇善戰，以銳不可當之勢，在很短的時間內就與其他盟軍一起，徹底摧毀了商王朝的精銳部隊。最後，商紂王在鹿台自焚，從此結束了商王朝對中原的統治。

周朝的勝利，可以說主要依靠了四川境內幾個方國的軍隊，特別是巴、蜀的軍隊功不可沒。因此，當時的史官在《尚書．牧誓》中這樣讚譽道：「武王伐紂，實得巴蜀之師，巴蜀之師前歌後舞，令殷人倒戈。」

為此，陳顯丹結合文獻《逸周書》繼而推斷說：就在周與蜀等國聯合滅掉商王朝之後，蜀國的厄運到來了。由於蜀軍參戰將士對勝利果實的分配不滿，加上蜀王不願受周武王的支配，兩國之間便產生了新的衝突與對峙。周王朝認為，商王朝雖已消滅，但蜀國卻是一個強國，且又不肯臣服於周，將來必是一大隱患。因此，周武王在克商的第三十七天，突然派兵襲擊蜀軍。蜀軍毫無準備，被周武王的軍隊打得七零八落，潰不成軍。蜀王手下的霍侯、佚侯等主要將領和其他四十六名各級軍官被生擒，損失車輛輜重達一千多輛，士兵死傷者無數，蜀軍元氣大傷。

周朝自厲王以後，由於朝野內外的衝突與對峙加劇，天下開始大亂。位於西南的蜀國首舉反周大旗，並率先稱王稱帝，以至各國仿效，紛紛割據，自立為王。在楚、秦、晉、韓、趙、衛等國稱王時，蜀又改王稱帝，並東伐西征。一會兒與楚國交戰，一會兒又與秦軍對壘，乃至蜀王的江山，曾被楚國的開明氏所取代，直至若干年之後被秦所滅，成為華夏大國的一部分。

蜀人大遷徙

針對陳顯丹的此一說法，四川大學教授林向明確指出，三星堆古城既不是毀於杜宇攻擊的戰火，亦不是終結於援周伐商的事件，而是毀於一場特大洪水的侵襲。就在一九八六年的那次著名的多方聯合挖掘中，在三星堆的北面、古城內建築群之間，考古人員挖掘出一條壕溝。經林向測量，溝內的文化層堆積超過二點五公尺，根據土色土質共劃分為十六層。後來經碳十四測定，文化層的最早年代距今約四千八百年左右，其探方的剖面幾乎構成了川西平原近五千年來的世紀尺規。

就在考古人員正在挖掘的某一天，四川省水利研究所的幾名工程師特地來工地參觀考察。當他們站在壕溝邊聽完林向的介紹後，面對挖掘後特意留下作為研究之用的巨大「關鍵柱」久久審視不去。在這根「關鍵柱」的剖面上，可以看到整體為十六層的文化堆積中，第七層是個明顯的分界層。這是厚約二十至五十公分的洪水淤泥

三星堆遺址第三區坑點陣圖，中間為考古人員留出的關鍵柱，柱上可見洪水導致的淤土堆積。（林向攝）

層，頂面呈水準狀，底面則隨第八層的頂面形狀而傾斜，呈凹凸不平狀。挖掘時，考古人員清楚地觀察到這一淤泥層在壕溝及其周圍存在，顏色為青黑色，純淨而幾乎沒有什麼包含物，只是在底部發現過一柄長二十四公分的柳葉形銅劍。在這一層之上，一至六層分別是現代耕土層到東周層。下面的八至十六層，根據地層疊壓與陶器形態分析，可分為四期：

第一期，時代相當於新石器時代晚期。

第二期，時代相當於夏、商之際。

第三期，出土一組有特色的陶器，如小平底罐、鳥頭把勺、高柄豆形器、杜鵑、綿羊等，還有一個被反縛的無頭石人像，相當於商代中期。

第四期，富有特徵性的文化發展到鼎盛，相當於殷末周初。建築遺址分屬於第三、四期，整個漫長的文化堆積看上去在第七層突然產生了斷裂。

由此可以看出，這根「關鍵柱」的剖面所透露出的文化堆積突然中斷的信息，可能與不可抗拒的特大洪水有關。對此，林向專門與前來參觀考察的水利專家就這一問題進行了討論。按水利專家的說法，成都平原的東北部屬於沱江水系，東向穿越龍泉山的金堂峽，峽谷長十二公里，最狹處不到一百五十公尺。

而平原西部，水系的上游素有「西蜀天漏」之稱，雨量集中在夏秋季節。每當暴雨成災，東向穿峽的徑流量可大於三千立方公尺。所以，至今峽口的金堂縣常發生水災。加以金堂峽常有壅塞的危險，兩岸山岩屬於侏羅紀蓬萊鎮砂岩與泥岩石層，最易風化崩坍，又恰有一條東向的斷裂帶通過，存在著每千年發生一次大於五級地震的危險性，更加大了水道堵塞的可能。一旦金堂峽被阻，就可使廣漢、德陽、新都一帶低窪處成為洪澇澤國。

從文獻記載看，古代蜀國確有自己的洪水傳說，同時由於水的原因而發生政變，並導致改朝換代，甚至遷徙都城的重大事件的發生。杜宇時代就發生過一次特大洪水，並有了「其相開明，決玉壘山，以除水害，帝遂委以政事」、「帝升西山隱焉，時值二月子鵑鳥鳴，故蜀人悲子鵑鳥鳴也」，「開明王自夢郭移，乃徙治成都」。等等記載。儘管常璩等人對這種包含真實歷史內核的神話傳說往往加以改篡，但至少可以從中看到三個方面的事實：一、杜宇時洪災極為酷烈，《蜀王本紀》說「若堯之洪水」，民不能「陸處」。二、因災而變，改朝換代，開明乃荊人鱉靈，等於是「異族王蜀」。三、杜宇下台是被迫的，蜀人才會悲子鵑。過去，史家總說蜀史可信成分不多，今見這根「關鍵柱」，可作為一件歷史史實來證明文獻記載並非空穴來風，事實勝過了雄辯。

按林向的研究成果推斷，三星堆遺址出土的大量青銅鳥頭，勾喙的鳥頭與杜鵑的形象相同，還出土了一件陶塑展翅的杜鵑鳥。這一連串的現象並非偶然。結合那根「關鍵柱」所透露的遠古資訊，可以這樣認為：三星堆古城的最後放棄不是發生在魚鳧時代，而是晚於魚鳧的杜宇時代。在這個時代裡，代表古蜀文明權力中心的三星堆古城被洪災所困。當杜宇王所屬的四方部族領地被洪水淹沒，村寨被衝垮，三星堆古城在洪水的衝擊浸泡下，即將面臨滅頂之災時，不得不率領舉國民眾棄城出逃。其後，古蜀國的這個權力中心都邑，便轉移到成都市區的金沙遺址中去了。

按照林向的說法，三星堆古城最後的場景應是這樣的：

大雨滂沱，電閃雷鳴，連續不斷的暴雨仍在不住地下著。這場雨對三星堆古城的老國王杜宇與統治之下的四方族人而言，是一場末日之災。夜裡，杜宇躺在宮中那潮溼的床榻上，聽著洪水在城牆外面不斷拍打撞擊的聲音，心中充滿了焦慮與不安。這種聲音越來越壯闊響亮，越來越令人心慌意亂、膽戰心寒。直覺告訴他，岷江上游的狂濤巨瀾正以萬鈞雷霆之勢向三星堆古城沖壓而來。這一夜，杜宇幾次披衣坐起，來到大殿門口，望著漆黑的雨幕不時閃過耀目的電光和隨之爆出的隆隆雷聲，他在心中不住地祈禱和哀嘆。

翌日清晨，老態龍鍾的杜宇在近臣的服侍陪伴下，憂心忡忡地登上了城樓。就在登城的過程中，他感覺原本堅實的城牆此時已經像浸泡在水裡的蛋糕一樣有些酥軟了。驚恐中他不禁問道：「上個月我們祭祀過幾次天神、雨神和水神了？」

負責國家祭祀儀式的大臣立即上前躬身稟報：「我們一共祭祀十幾次了。前一段每三天祭祀一次，這幾天改為每日一次。」

杜宇聽罷，將那老眼昏花的眼睛轉向城外，望著在雨水泥濘中挑筐搭擔、四散奔逃的草民百姓，又望望城內四處湧動的水流和一個個臉上布滿了驚恐之色，精神即將崩潰的紛亂的人潮，又絕望地垂下了頭。剛才答話的那位臣僚看到主子一副憂鬱沉重的表情，心中泛起一股酸楚，感到了面臨局勢的危難與自己責任的重大。他忙湊上前來既表現自己又推卸責任地說道：「依臣之見，這些太廟裡的神靈好像一點也不中用了，是不是被嬌寵壞了，或者是中什麼邪了，在我們急需他鼎力相助時，他們卻像死的一樣，一點表示都沒有，索性給點顏色瞧瞧，看它們還敢不敢發邪？」

「不許胡說！」杜宇用沙啞的語調打斷了這位臣僚的話，停頓片刻，又突然想起了什麼，輕輕地對陪同的眾臣僚們說道：

「走，大家一起到太廟去看看這些個神靈到底是怎麼了。」言畢，在群臣的簇擁下，走下城樓的瞭望台，向城內的太廟走去。太廟那高大的殿堂裡，香煙繚繞，霧氣迷蒙。只見一尊尊、一排排、一列列由青銅鑄成，神態各異、大小不一的神偶、神物和由各種玉器組成的祭品，錯落有致地擺放在不同的位置，呈現出一派眾神薈萃的天國境界。

老杜宇先是在群神面前跪拜、祈禱了一番，然後起身圍著廟堂轉了一圈，心懷怨恨與憤懣之情暗暗想道，眼看我的蜀國就要國破家亡了，這些神偶一點救援的表示都沒有，看來確是不甚靈驗了，還是趕緊想別的辦法自救吧。

回到宮殿之後，尋找新的住居地和遷都的想法終於被杜宇提了出來。眾臣僚在表示全力擁護的同時，認為應遷往成都平原的腹心地帶，而不應該再回到平原西北邊祖先們住居的山地裡去了。假如再回到那裡，對於已經熟悉了平原農耕生活的部族來說，無疑將面臨著更多、更大的災難。杜宇聽罷，表示贊同，遂吩咐臣僚速派人到成都腹地去聯繫其他部落，尋找新的住居地，並令全城的官員和百姓做好大搬遷的準備。

洪水依然沒有退去的跡象，而且來勢更加兇猛。在越來越混亂危急、諸事紛雜的局勢中，主持搬遷的大臣向杜宇稟報道：

「那些用於祭祀的國家禮器是否全都帶走？」杜宇蹙著眉頭想了想說：「帶走一點象徵性的神物就可以了，其餘的留下。在我們撤出這座城之前要舉行一場盛大的祭祀，把這些不中用的偶像燒掉。」眾臣僚對老國王的話語，紛紛表示理解與贊同。是呵，即使是再偉大的神靈，也要為天下蒼生服務。如果不為天下蒼生服務，將不再被認作神靈。

這天上午，折騰了十幾個晝夜的狂風暴雨，總算有了短暫的停歇。籠罩在滾滾烏雲中的三星堆古城迎來了一個短暫的喘息機會。但幾乎所有的人都清楚地知道，這是又一場更大暴風雨來臨之前的預兆，這片刻的安寧根本無法阻攔城外的洪水以更凶、更猛、更快的速度和更為浩大的流量湧向這座已岌岌可危的古城。

左：三星堆出土的被焚毀的青銅人頭像
右：砸爛焚毀的祭祀器物

就在這個危機四伏災難臨頭的空隙裡，一場特殊的祭祀在滿城哀怨與憤怒的目光中悄然開始了。在一塊高高的台地上，一頭頭無法帶走的戰象和牛羊等牲畜被宰殺，以慰勞全城的將士和有功的官員。一件件青銅神偶和玉石禮器，被從太廟裡搬出，一堆三星堆遺址出土的青銅龍形飾摹圖砸爛焚毀的祭祀器物堆散發著潮溼與黴味的木柴被架了起來。大火終於點燃了，呈麻花狀的滾滾濃煙伴隨著黴爛的氣味沖天而起，徑直插入低低懸垂著的鉛灰色雲層。古城的上空，不祥的大鳥撲扇著黑色的翅膀在天地間低低盤旋，不時發出一陣陣恐怖淒厲的哀鳴。火堆旁的台地上，兩個寬大的土坑在苦力們揮汗如雨的搶挖中很快完成。烈烈火光映照下，土坑外的武士們在如狼似虎地吞吃了烤熟的大象、牛羊之後，開始舉起銅錘、銅刀、銅棍、石頭等一切可用以撞擊與切割、分裂的工具，狠狠地打砸和焚燒著從太廟裡搬來的各種青銅禮器。平日裡躲在太廟高高的殿堂之上，養尊處優的神偶們，面對這突如其來的災難，神通頓失，束手無策，一個個緘默不語，任憑眾武士們的刀劈、錘砸與焚燒。

幾天之後，滔天洪水夾帶著滾滾巨浪動地而來，在江河震蕩，山呼海嘯中，洶湧澎湃的浪頭在聲若巨雷的奔騰聲中撞開了高大堅固的城門，折斷了城中高大的旗杆，席捲蕩平了城中的大街小巷、殿宇茅舍。瞬間，三星堆古城變成了一片澤國，水中漂浮著屋頂的茅草和嬰兒的衣衫……

三千多年之後，考古人員在三星堆遺址，發現了這次特殊祭祀留下的兩個土坑，以及壕溝中那一層青黑色的沙礫淤泥。

又過了十幾年，在成都平原腹心地帶，發現了杜宇王朝自三星堆遷徙之後，建造的另一座新的都城——金沙遺址。

第十章

金沙金沙

隨著挖掘的繼續，地下文物不斷出土。神奇的金冠帶、撲朔迷離的太陽神鳥金箔、曠世珍品青玉琮的橫空出世，再度令芸芸眾生為之傾倒浩嘆。三星堆與金沙遺址的謎團撥雲見日，血脈總相連，古蜀歷史的長河再度激起奔騰的波瀾。

沙中覓珍寶

二〇〇一年四月四日，成都西郊金沙村發現了大型古蜀文化遺址——金沙遺址。自金沙遺址發現的消息公布之後，所展開的大規模挖掘仍在繼續。隨著地下文物的不斷出土，遺址的文化內涵以及與三星堆遺址的關係，也越來越清晰明亮。林向等考古學家的預言與推斷，也在一點點地得到證實。

自二〇〇一年下半年開始，成都市考古所的考古人員，又對出土玉石器、銅器、象牙等器物的地點進行了普查。與此同時，考古隊還集中精力，對遺址範圍內的摸底河南側金沙村一帶、原中房集團即將進行挖坑蓋房的所謂「梅苑」、「蘭苑」、「體育公園」等工地，進行了文物勘探與考古挖掘。並對摸底河北側的黃忠村、龍嘴村周圍，及沿河地帶進行了大規模考古鑽探、文物勘探和考古挖掘。

經過兩年多的努力，到二〇〇三年九月，考古人員進行文物勘探的工地達六十六個，共分布探溝一千七百餘條，鑽孔五千餘個，布置五乘五公尺的探方兩千兩百餘個，發現各類遺跡單位近三千個，商周時期文化堆積面積近三十五萬平方公尺。基本弄清了遺址的大型建築基址區、祭祀區、一般居住區、墓地等幾大功能分布區，對遺址的性質、時代等也有了一定了解。從挖掘鑽探中可知，整個金沙遺址面積在五千平方公尺以上。經成都市考古研究所與當地政府部門及開發商共同協商，對發現遺跡的區域劃定了保護範圍。

從考古人員勘探和考古挖掘的階段性成果看出，金沙遺址有著嚴格的布局結構。遺址的東部是宗教儀式活動區；遺址的中南部是居住活動場所；遺址的中部則是住居區和墓地；遺址的北部，是先後進行過兩次大規模挖掘的黃忠遺址，其主體遺存的時代為商代晚期至西周時期，據考古人員推斷應是金沙遺址的一個重要組成部分。

挖掘成果顯示，遺址內文化現象極其豐富，共發現房址、窯址、灰坑、墓葬等近千座。其中有十餘座房址長度在二十公尺以上，最大的一座六號房址長度為五十四點八公尺，面積達五百多平方公尺。這些大型的建築布局

左：金沙遺址幾十個探方同時開挖，據了解，發掘者主要是清理表面的小墓，真正的商代遺址還在地層之下
右：金沙遺址發掘現場（作者攝）

都遵循一定的規律。據考古人員分析可能屬於同一組建築，而這組建築極有可能就是金沙遺址宮殿區的一部分。無獨有偶的是，此一地區的位置分布，和三星堆遺址兩個祭祀坑與內城宮殿區的分布格局完全一致。挖掘人員由此推斷，這可能是一處與三星堆遺址性質相同的大型的商周時期蜀文化中心區域，是三星堆古城毀棄之後古蜀國的又一都邑所在。

從金沙遺址出土的文物數量來看，可謂數目眾多，種類豐富。已出土金器、銅器、玉器、石器、象牙、骨器、漆器等三千多件，另外有數以萬計的陶器和陶片。其中僅出土的金器就高達九十餘件，器物種類有金面具、金冠帶、蛙形金箔、太陽神鳥金箔、鳥首魚身金箔、金喇叭形器、金盒形器、魚形金飾及大量金器殘片等。在這些出土物中，以金冠帶、太陽神鳥金飾、金面具最具特色和文化價值，器物製作工藝達到了極高的水準，堪稱同時期金器加工工藝的經典之作。

最令人注目的金冠帶為一圓圈形，直徑約五十九公分、寬約四公分、厚零點零二公分。此器物表面鏨刻四組圖案，以其中的一人面紋為中心，分布兩側的圖案完全對稱。每組圖案由一鳥、一魚、一箭和人頭圖案組成，紋飾構圖簡潔，主要使用鏨刻技術，間或採用了刻劃工藝。考古人員發現，金帶上的圖案和鏨刻工藝，與三星堆遺址一號坑出土的金杖上的圖案幾乎完全相同，因而可進一步說明金沙遺址和三星堆遺址的關係極其密切，屬於一個連續的文化系統。

為此，成都市文物考古所所長王毅透過研究對比後，曾明確對外宣稱：「這條金冠帶不是一般的裝飾物，它肯定是當時此地最高統治者戴在頭上，象徵著特殊權力和地位的裝飾物。金帶上的花紋也不是普通的圖紋，而是這個民族或統治階層的特殊徽記，具有特殊含義，並非一般人可以使用。這種花紋在其他的考古挖掘中極少發現。金冠帶上的魚、鳥紋飾與三星堆遺址最高權力的象徵——金杖的圖紋驚人地相似，這幾乎可以肯定金沙遺址的主人與三星堆的統治者一樣，同屬於蜀王，而不是隸屬於三星堆統治者的藩王。而兩種文化也同屬一個文化系統，並且兩個遺址之間必然存在著某種特殊的聯繫。儘管具體聯繫的情況一時尚難以確定，但可以初步推斷這個遺址的主人肯定是古蜀國的最高統治者之一，與三星堆的統治者地位相當。」

至於這條堪稱絕品的金冠帶出土的具體情形，據當時挖掘的考古人員張擎事後回憶說：「金冠帶的出土使我們激動不已，但也讓我們深感後怕，因為這條金帶出自雨水管道的回填土中。要知道這些回填土是挖掘機從溝中挖出，又堆放在人來人往的露天，待管道修好後，再由人工進行回填夯築。我們就是從雜亂的回填土中發現了它。現在想來，這件寶物沒有在中間的流動過程中被不法分子趁火打劫，能完整地保存下來，真是不幸之中的萬幸啊。」斯言甚是。

遺址內出土的另一件堪稱神品的金器——太陽神鳥金箔。器身為圓形薄片，空心部分是圖案，外徑十二點五公分，內徑五點二九公分，厚僅零點零二公分，重二十克。從外形上看，與現代剪紙工藝制出的物品極為相似。據器物的挖掘者朱章義、張擎等考古學家的研究，認為中心鏤空的圓形代表太陽，其外側十二道弧形代表太陽的光芒，整個器物形象地表現了運行中的太陽特徵。在器物外緣與十二道太陽光芒之間又鏤空出四隻飛鳥。鳥的形制相同，均引頸伸腿，首足相接，張開的喙微微下鉤，逆時針同向飛行。中心的太陽及光芒和周邊的四隻鳥，共同組成了一個圓形的極具動感的圖案。其構思新穎，極富現代氣息，在商周時期出土的文物中屬於極其罕見的神品，達到了同時期工藝技術的頂峰。

關於這件器物所代表的文化內涵，學術界基本傾向於「太陽崇拜」說。遠古時期的人類對太陽的東起西落，還沒有像現代人這樣具有科學認識。他們看到能在天空中飛翔的只有鳥。因此，他們認為太陽的東起西落，是鳥背負著，在天空中飛行，而且由一隻鳥來背負著又大又熱的太陽飛來飛去，一定感到很累。所以想像中應有多隻鳥輪換著背負才比較合理，於是便有了白天和黑夜。

金沙遺址出土的銅器均為小型器物，大多不能獨立成器。據考古人員分析判斷，應是大型銅器的附件。而在挖掘中發現的少量銅尊圈足殘片和大型銅異形器殘片，則暗示著在未來的挖掘中極有可能出土大型青銅器。此次出土的器物主要有銅立人像、銅牛首形飾、銅戈等。其中青銅立人像高約二十公分，重六百四十一克。人體立於座上，頭戴有十三道光芒的太陽帽，長辮及腰，臉形瘦弱，兩耳有穿孔，雙手握於胸前，手腕上帶一銅飾物，腰系帶，內插一物。其造型特徵與人物形象和三星堆二號祭祀坑出土的大型青銅立人像極其相似。此一鮮明特徵再度反映了金沙遺址與三星堆遺址在文化脈絡上驚人的一致性。

除金器與青銅器外，金沙遺址出土玉器一千餘件。這在所有出土文物中占有十分重要的地位。所出玉器不僅數量多，種類豐富，而且製作工藝十分高超，普遍具有色澤溫潤，質地堅硬，美觀、持久、稀少之特點。主要器類有玉琮、玉璧形器、玉璋、玉戈等，尤以十節玉琮、玉璋、玉人面等最有代表性。這批玉器表面色澤豔麗，呈現出紅、紫、褐、黑、白等多種顏色，極富層次變化，打磨極其細膩規整，表面異常光潔，堪稱玉器中的極品。

令考古人員格外注意的是，有幾件玉琮在出土時，射孔中均填滿了沙子。在太陽的光照下，沙子金光閃閃，異常明亮。考古人員聯想到「金沙」的得名或許就是因為古河道中有沙金的緣故吧。

最令挖掘者難以忘懷的是二〇〇一年二月十二日上午。那天，天氣陰沉沉的似要下雨。考古人員張擎手拿小型攝影機，正在聚精會神地拍攝挖掘人員從散土中清理翻查出來的文物。九點三十分左右，一位技工突然對張擎喊道：「來，來，快來這裡拍一下，我發現一件寶貝呢！」張擎聞聲立即趕過去。只見這位技工手拿一件東西，正輕輕抹去上面的泥土。仔細一打量，原是一件青色的大號玉琮。張擎見狀大驚，急忙對正在現場檢查工作的成都市考古所所長王毅喊道：「王所長，快過來，不得了了，這裡發現寶貝了！」王毅聞聽急奔而來，從技工手中小心謹慎地接過玉琮一看，臉上立即露出驚喜之色。他捧在手中一邊觀察一邊情不自禁地說道：「曠世珍品，曠世珍品啊！」讚嘆聲中，眾考古人員紛紛圍了上來，共同目睹這件寶器的曠世風采。

只見這件青色的玉器為十節玉琮，高約二十二公分，重一千三百五十八克。青色，上下共分十節，外方內圓，上大下小。全器上共雕刻出四十個神人面，每個人面均雕刻出冠飾、眼睛和嘴，冠飾和嘴上還雕刻有比髮絲還細的微雕。這件器物和長江中下游地區新石器時代的良渚文化玉琮十分相似，但也有一定的不同之處。從整體上看，良渚玉琮有粗獷之感，一般內壁較為粗糙，打磨不精。而這件玉琮卻精雕細刻，內壁打磨十分光滑，看上去比較內斂。

特別令考古人員感到不可思議的是，著名的良渚文化是長江中下游地區的一個新石器時代文化，而金沙遺址則是位於長江上游的一個商周時期遺址，兩者之間的時間差異達一千五百至兩千年左右，在地理位置上也相隔數千公里。如此大的時間、距離之差，其中間的文化傳承關係是直接的還是間接的，頗令人費解。據王毅、朱章義、張擎等考古人員後來考證，這件器物的製作者可能不是金沙遺址的古蜀人，而是良渚文化的先民。也就是說，這件器物在商周時期已經是一件擁有一千多年歷史的文物了。至於這件器物是如何歷經一千多年而保存下來，又是如何輾轉數千公里而流傳到成都平原，並經古蜀人之手埋藏於金沙遺址之中，則成了一個難解的謎團。

與三星堆遺址有所差別的是，在發現大量精美玉器的同時，金沙遺址還發現了近七百件形態各異、用途不同的石器。其品種主要有璋、璧、虎、蛇、龜、跪坐人像等。據挖掘人員研究，這些器物大多已不具有實用性，而與祭祀宗教活動密切相關。尤其是跪坐人像和動物形石刻圓雕作品，造型優美，栩栩如生，是中國目前發現的時代較早、製作最為精美並和祭祀活動有關聯的石雕藝術品。其中幾件跪坐人像，高十五至二十五公分不等，總體

金沙遺址出土的石虎、石蛇、石人

形象是頭髮中分，長辮及腰，雙手反縛並有繩索捆綁。兩耳穿孔，嘴部和眼眶塗抹鮮豔的朱砂，如同現代女性一樣吊耳環、塗口紅，表情各異。據分析推斷可能是奴隸或戰俘的象徵。

令考古人員大感興趣的是，這幾件跪坐人像均出土於金沙遺址的祭祀區，並和玉器、銅器等一起出土，說明它們同樣是作為祭品被埋於地下的。此一祭祀的形式，又可說明成都平原已具有了高度的文化和文明程度。而同一時期，中原地區商周王朝的國王和貴族們殺人祭祀還是一種普遍現象。這在甲骨文中有很多的記載，考古挖掘中也發現大量的實物。二者的文化差異如此之大，是學術界在此之前所未曾想到的。

就整個金沙遺址的發掘而言，除發現各種大小不一的器物外，更重要的是發現了遠古時代的建築遺存。其中在位於摸底河北岸的黃忠村「三和花園」工地內，一口氣發現了十七座大型房屋建築基址。房址均為木（竹）骨泥牆式建築，多數為長方形排房。這些排房在建造時，一般是先開挖牆基，再做其他各部件的安置。牆體多採用木骨泥牆或加立柱的方法。由於時代過於久遠，晚期破壞比較嚴重，挖掘時牆體和地面均已不存，僅有牆基槽和柱洞尚依稀可辨。那些被埋在黃土之下數公尺，開口都在第五文化層之下的六座房址，布局較有規律，均為大型排房建築。雖然因挖掘場地限制，有三座房址未能挖掘完畢，但可以肯定這六座房址為同時規劃和修建的一組建築。

這一組建築基址的挖掘總面積在一千平方公尺以上，是西南地區所發現的最大的一組建築群。從幾十年的考古情況看，以木骨泥牆為主體的宮殿式建築基址在西南地區極少發現。據挖掘者推斷，這種成組的大型排房建築絕非一般平民所能擁有，只有古蜀國最高統治階層才有能力動員人力、物力來修建此一工程浩大的建築物。結合金沙村出土的大量同時期祭祀用品和專用祭祀場所分析，這一組建築基址很可能是金沙遺址的中心宮殿區，也就是當年古蜀國的國王臨朝聽政、發號施令，以及群臣集會的國之聖地。

大象來源之謎

繼發現建築遺跡之後，考古人員在金沙遺址的東南部，摸底河與那一組著名的大型建築基址相望的部位，再度展開大規模鑽探與挖掘，正式確定了古蜀王國的祭祀區域。根據鑽探和部分挖掘的情況看，整個祭祀區面積約一萬平方公尺，是一個長期使用的專用祭祀場所。其主要特點是文化堆積厚，祭祀遺存豐富。從已發現的二十五處祭祀遺存來看，祭祀的方式、方法並不完全相同。有的像三星堆遺址一樣開挖較深的長方形坑；有的開挖較淺的不規則形土坑；有的則利用當時凹凸不平的地面，將祭品扔入後用土掩埋；還有的採取直接在平整的地下掩埋的方式進行祭祀。所發現的祭品大多以玉器、銅器、石璧、石璋等器物為主，但同時也發現相當數量和規模的象牙祭品。在不同的祭祀坑中，出土象牙總數已達到三百多根。此一出乎意料的發現，引起了考古人員的特別關注。

由於象牙的質地較為獨特，三千多年前的象牙出土極少，而象牙的保護在中國尚無成功的經驗。二十世紀三

在金沙遺址現場可以看到下層出土器物，坑壁上成捆的象牙顯露出來

○年代，以李濟為代表的第一代考古學者，曾在安陽殷墟出土了數十件象牙、象骨，以及雕鏤精巧的象牙禮器和占卜用的象骨。這是此類文物在中國首次科學的考古發現。後來在福建閩侯曇石山遺址、浙江吳興邱城新石器時代遺址下層、河姆渡文化遺址、山東大汶口遺址、上海青浦遺址的崧澤文化遺存、河南淅川下王崗仰韶文化一期遺址以及四川巫山大溪文化遺址中，都曾發現過象骨、象牙和用象牙雕刻的飾品。遺憾的是，由於當時的條件所限，這些象牙、象骨出土後大多數慘遭毀損，使後人難窺真顏了。

在一九八六年三星堆遺址的挖掘中，考古人員曾於一號祭祀坑出土象牙十三根（節），二號祭祀坑出土了象牙六十根（節）。從當時的挖掘情況看，象牙在坑中是覆蓋在玉器和青銅器之上，處在最上層的位置。根據陳德安與陳顯丹對挖掘現場的觀察和分析，被埋藏的象牙均遭到了不同程度的焚燒，部分象臼齒後來經科學鑑定屬亞洲象種。如此成批成根（節）的象牙出土，在中國境內是極其罕見的。

與歷次發現象牙的遭遇一樣，仍然是由於條件所限和事發突然，三星堆出土的象牙依然沒有得到很好的保存和保護，從而成為無法彌補的遺憾。

意想不到的是，就在三星堆挖掘的十幾年之後，金沙又有大批象牙出土。在一時找不到較好的保護方法的情況下，出於對文物負責和預防因保護不力而遭到破壞的考慮，在發現挖掘之初，成都市考古研究所所長王毅得知消息後，果斷下令暫停對象牙坑的挖掘，已經挖掘的部分立即回填保護，並著手研究整體提取的可能性。按考古人員的設想，此次提取、保護如能成功，一個以象牙為主的保持原始形狀（不是複製品）的祭祀坑，將展示在世人的面前，在了卻歷代此類考古挖掘中的遺憾的同時，也將成為金沙遺址的一大亮點。

就在此坑回填的兩個月後，在相距三公尺的地方又發現了一個象牙祭祀坑。此坑平面形狀大致為長方形，長二點五公尺，寬一公尺，高一點三公尺。大量的象牙採用平地掩埋的方式，被疊壓於第十一層文化堆積之下。為了將這批象牙完整地取出和保存下來，在挖掘之前，所長王毅委託幾名考古人員和文物保護方面的專家進行溝通、研究，並獲得了幾個看似可行的方案。

由於成都平原地下水位較高，象牙又大多埋藏於距地面近四公尺的地下，常年被地下水浸泡，含水量極高，文物的強度極低，一旦失水太快，像眾多出土的漆木器一樣，很快就會開裂變形，原來光滑堅硬的表層隨之脫落，直至變得像一塊爛樹皮一樣一拿即碎，無法長期存留。從文物保護專家處得知，象牙和漆器的提取與保護具有同樣的道理，最主要的就是要解決文物本身強度過低和失水過快的問題。為解決這一問題，挖掘人員首先在坑的上方搭設了一個簡易的挖掘棚，避免太陽光徑直射入坑內。同時在挖掘過程中不斷用溼毛巾擦拭，挖掘完畢後又用保鮮膜貼於象牙表面，這樣就保證了在挖掘過程中象牙不會因為失水太快而開裂，並造成質地光滑的象牙表層脫落。為解決象牙強度低和在提取的過程中象牙發生斷裂的弱點，考古人員採用了石膏加固的辦法，首先將象牙與下部的泥土全部脫離，重新做象牙的支撐點，避免在提取象牙時，泥土與象牙的粘接力把象牙拉裂。此後再用綁帶對保存較差的部分進行加固，考慮到石膏凝固時要大量吸收水分，為防止石膏對象牙內水分的吸收，在倒入石膏前還要在象牙體外加一層塑膠薄膜再次覆蓋。當這一切完成之後方能倒入石膏。待石膏凝固後，用綁帶將象牙和石膏固定在一起，進行整體搬運。這樣就借用了石膏凝固後強度高的特點將象牙無損地搬運出坑外。

當象牙被整體運回室內後，將每根週邊的泥土清理乾淨，再進行必要的修復。最後將象牙放入已做好的專櫃中，取出石膏範本，加入一種透明的高分子材料進行封存。至此，一根完整的象牙就展示在人們的面前了。在這個祭祀坑中，共出土象牙十五根、象牙器十二件、鑲嵌玉片的漆器和木胎虎頭漆器各一件。特別引人注目的是，這批象牙埋在地下越幾千年，但基本保持了原來的風貌。每根的長度都達到一點五公尺以上，最長的一根長一點八五公尺——這是金沙遺址已挖掘的祭祀坑中最大的象牙，堪稱象牙之王。經初步鑑定，象牙的來源與三星堆出土的一樣，均是亞洲象種。

早在三星堆祭祀坑挖掘之時，一號坑內除發現象牙外，還發現了很多大型動物的骨骼。有學者經過觀察和科學鑑定，認為是大象的遺骸。既然在祭祀坑內有遺骸埋藏，那就證明應是活著的大象在附近被宰殺後埋藏的。否則，不太可能專程從很遠的地方運一批大象的排骨或大腿到三星堆來掩埋。既然如此，新問題就相應地出現了，即這些大象是在哪裡生長的？又是從哪個地方來到三星堆古城的？從可查考的文獻來看，川西平原並無象群生長繁衍的詳細記載。因而有研究者認為，三星堆祭祀坑所埋的象牙、象骨，是「熱帶叢林文化的贈禮」，是古蜀人歷經千山萬水，沿南方絲綢之路從印度和孟加拉等地販運而來的大象在附近宰殺的結果。這個說法得到了不少學者的贊成，曾流行一時。

考古發現證明，在商代以前，中國大陸就有大範圍的象群活動區域，直到春秋戰國時期，長江流域仍有大象生存。所以三星堆和後來的金沙遺址所出象牙或象骨，極有可能出自本地。關於大象在這一時期的活動情況，文獻也有一些零零碎碎的記載。從文獻和考古材料兩方面結合可以證明，在春秋戰國之前，長江流域的生態和氣候條件都適宜大象生存。不然，大象耕田的傳說，怎麼會得以代代流傳？河南省簡稱豫，又何以得名？中國的象牙製品品種繁多，做工精細，用途廣泛，在世界享有盛譽。從象尊、象邸、象笏、象車、象管、象床，一直到象牙筷，可以說應有盡有，如果沒有原料，或原料來源過於遙遠，何以會產出如此之多的象牙製品？

廣漢學者劉少匆曾針對三星堆出土象牙的產地問題做過專題研究，認為大象是土生土長的，就產自成都平原，而商周時期的黃河流域也盛產大象。至於後來在北中國消失的原因，主要是生態環境變化之故。因為大象的生存，需要有茂密的闊葉林和鮮嫩的草本植物。同時，氣候也要暑熱和潮溼。所以《大唐西域記》裡說：「地惟暑溼，偏宜象住。」中原地區森林的日漸稀少，氣候變得乾燥，喪失了大象的生存條件。所以，象群就朝南方遷徙。《爾雅．釋地》說：「南方之美者，有梁山之犀象焉。」因而後來所稱的象郡、象州，名副其實。

《山海經．海內經》曾有這樣的說法：「西南黑水之間，有都廣之野，後稷葬焉。爰有膏稻、膏黍、膏稷，百穀自生，冬夏播琴，鸞鳥自歌，鳳鳥自舞，靈壽實華，草木所聚。爰有百獸，相群爰處。此草也，冬夏不死。」這個記載就是現在人們看到的西雙版納的景色。西雙版納現在仍有大象生存，焉知當時的都廣之野無象？其中，特別值得注意的是，「草木所聚」，「冬夏不死」是大象生存的必要條件。而「爰有百獸，相群爰處」，雖是一種泛指，但川西有虎、豹、犀等大獸，何以能沒有適應此生存條件的大象？要知道，這裡正是「地惟暑溼，偏宜象住」的地方。

從間接方面看，古人的祭祀活動，必定與自己的生存環境有密切的聯繫。獻給神祇和祖先的祭品，一般都是自己身邊之物。雄雞鳥頭如此，尊彝壺卣如此，陶俑陶馬也是如此。非洲人以鱷魚為長壽吉祥，是因為那裡河流裡的鱷魚特別多。印尼以椰苗賜福，是因為印尼到處都遍布著高聳入雲的椰樹。如果象牙只是象徵財富而埋入祭器坑的，那麼三星堆第一坑的象骨和金沙幾十個祭祀坑的象牙又當作何解釋？

也許有人會提出，成都平原倘若真有大象，為何文獻資料沒有提及，以前地下也出土不多？其實，古文獻資料對蜀地的敘述，從來都很簡略，因為這裡本是「蠻夷之地」。而出土不多不等於沒有出土。三星堆兩個祭祀坑和金沙遺址不是已經大規模出土了嗎？而無論是三星堆還是金沙，真正的考古挖掘還遠遠沒有結束，也許更大規模的象牙、象骨就深埋在人們平時最不留意的地方。再者，川西古象化石已有多處發現，僅廣漢就有兩處。至於大象以後為何消失了，原因很簡單。大面積的農業開發，必然要毀壞林木茂草，這樣就斷了大象的生路。牠們只得往南逃竄，最後到滇南的熱帶和亞熱帶雨林，這才定居下來，其情形當發生在杜宇為王的時代。所以，自開明之後，儘管文獻紀錄多了起來，卻沒有川西有大象的記載。

劉少匆最後認為，退一萬步說，蜀地無象，祭祀祖先需以象為祭品，荊州、滇、桂都有象群，大可不必捨近求遠，到萬里之外的印度和孟加拉去購買。何況，即便已有南方絲綢之路，其交通工具也只能是人背馬馱。所以，無論是三星堆的象還是金沙遺址的象，自遙遠的印度之說論據並不可靠。岷山多犀、象，應該是更符合古時川西地區的地理環境的。

就在學者們圍繞三星堆與金沙遺址出土象牙、象骨的來源與產地問題爭論不休之時，關於兩個遺址內所出象牙的功用問題又被好事者提了出來。有的學者認為是一種巫術作用，是作為厭勝的靈物而埋入土中的。也有人認為是奉獻給神靈享用的祭品，用於祭天大祭。兩種說法各有長短，一時難分伯仲。但有一個現象卻引起了爭論雙方的注意，即在金沙遺址挖掘區的東北部，考古人員發現了一個比較特別的土坑，此坑坑口在第六層文化堆積之下，平面形狀大致為長方形，長一點五公尺，寬一公尺，高零點二公尺，面積約一點五平方公尺。堆積分為上下兩層，上層為七根象牙，下層為十六件玉器。其中一件玉璋上雕刻有四組對稱的肩扛象牙的跪坐人像。這件玉璋的出土，對研究古蜀人如何用象牙進行祭祀活動提供了極為重要的資料，也為解釋三星堆與金沙遺址為什麼有如此眾多的象牙找到了依據。

除了數量眾多的象牙外，金沙遺址在祭祀區的北部，還發現了大量的獠牙、鹿角祭祀遺存。在面積近五百平方公尺的地層下，出土了野豬獠牙一千餘枚，鹿角數百支，並有少量象牙、玉器、美石、陶器等同時出土。當然，這個數量，只是整個金沙遺址的一少部分，還有一大片已探知的鹿角和野豬獠牙堆積區尚未挖掘。另一方面，已挖掘部分也僅僅是清理出土的部分，其餘的正在緊張的清理之中。

在一個祭祀區有如此眾多的鹿角和野豬獠牙被掩埋入地下，到底有何用途，這是考古人員必須解決的問題。經過分析判斷，首先認定大量的鹿角和野豬獠牙並不是單獨存在的，它與珍貴的象牙、玉器、石器以及精美的礫石等共同堆積在一起。按照以往的習俗，古代玉石器、象牙和美石等，都是作為祭祀用品來掩埋的。如果鹿角和野豬獠牙不是同類的祭祀用品而是另類廢棄物的話，不可能只有鹿角和獠牙，而沒有其他動物以及野豬和鹿的其他部位的骨頭。這些玉器、象牙等珍貴文物也不可能與之同時廢棄。為此，朱章義、張擎等考古人員專門請有關這一方面的科技工作者對鹿角和野豬獠牙進行了鑑定。在鑑定過程中，有一個特別的現象引起了考古人員與科技人員的注意。這就是所有的野豬獠牙均是下犬齒，沒有一件上犬齒。按一般常識論，一頭野豬應有四隻獠牙，上犬齒與下犬齒各二。而金沙遺址祭祀區的這批獠牙只有下犬齒，而獨缺上犬齒。

這種情形顯然是在擺放埋藏前，經祭祀者有意選擇的。成都市考古所所長王毅率考古人員，對鹿角和野豬獠牙的出土情況做了仔細分析，認為堆積似無規律，投放也非常零亂。如果換一個角度思考，或許這本身可能就是規律，它首先違背了每類物品相對集中的規律，是古蜀人有意而為之。在金沙遺址的其他挖掘區域內基本不見這類堆積。這就進一步說明它是祭祀遺存。

眾所周知的是，野豬是一種十分兇猛的動物，獠牙最具特徵，在新石器時代和商周時期的許多器物上都用獠牙進行裝飾。而金沙遺址的這一堆積文化層，自然和宗教禮儀有關，應是一個特殊的祭祀遺存。為了讓這一世界罕見的文化遺產以原始狀態展示於世人，考古人員在挖掘過程中沒有將野豬獠牙、鹿角取出，而是按原址保護要求做了力所能及的保護，以讓前來考察的不同專業的學者從不同的角度進行多方位觀察和研究，以便從這一珍貴遺存中獲得更多的資訊，為學術的研究和進步做出更大的貢獻。

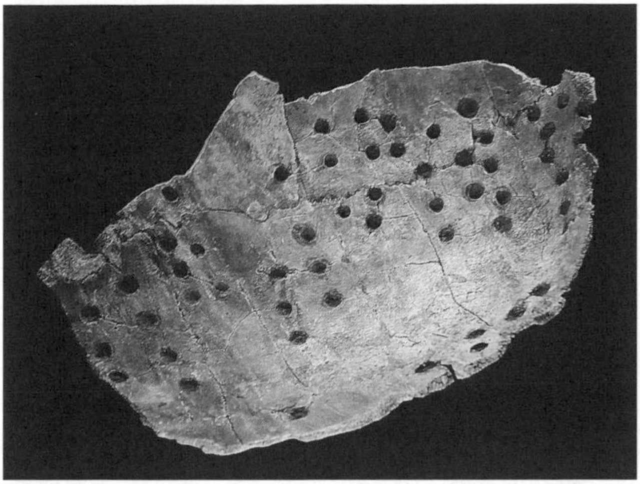

金沙遺址出土的卜甲

出土卜甲與龜城的傳說

繼象牙與獠牙的發現之後，大約在二〇〇一年年底到二〇〇二年年初，金沙遺址又出土了十九枚卜甲。令考古人員欣喜若狂的是，其中一枚竟然長達五十九公分。這一千年巨型龜甲，經中國歷史博物館館長俞偉超等考古文物專家鑑定，認為是全球最大的卜甲。一九八五年，在離金沙遺址只有幾公里的十二橋遺址（脫胎於三星堆文化而又稍早於金沙的一處大型商周遺址），曾挖掘出土了數百片卜甲碎片。其中拼合成最大的一塊直徑超過三十公分，算得上是一隻罕見的龐然大龜，令當時的考古人員驚嘆不已。而金沙遺址此次竟出土如此龐大的卜甲，怎不令考古學家們為之振奮狂喜。它不僅是迄今為止發現的最大遠古卜甲之王，代表了古蜀國統治者崇高的權勢和地位，也為金沙遺址中心被確立為古蜀國龐大的祭祀區提供了有力佐證。

從整體上看，這枚「卜甲王」的表面有許多漫裂的小孔。當時的古人正是透過漫裂後的裂紋來占卜凶吉。而能用千年巨龜做占卜之用的，非地位顯赫的王室莫屬。據挖掘這一區域的主持人朱章義說，商周時期的卜甲是古人用於占卜的龜甲。中原地區出土的許多卜甲上都用甲骨文記載占卜之事。而此次在金沙出土的十九塊卜甲上卻沒有找到任何文字。此前成都地區出土的卜甲也都沒有發現過文字。這一現象顯示了兩種可能：一是古蜀人在占卜習俗上與中原文化有所差異，卜甲原本就只有鑽孔沒有文字。二是有一部分有文字，只是沒有發現，不排除今後發現的可能性。

據朱章義考證，此前凡在蜀地出土的卜甲均為龜腹甲，也就是烏龜肚子上的那塊硬甲，而不是背上的那一塊。究其原因，可能是由於龜腹甲要比龜背甲的堅韌度差，修整起來或者鑽孔燒灼起來比背上的那塊更加容易和方便的緣故吧。但不管是龜背還是龜腹，二者的功用和意義卻是完全一樣的。所以古蜀人取材時，往往將龜背和龜腹連接處的「甲橋」鋸斷，只取腹甲用於占卜。

從考古挖掘來看，在商周時期的成都平原，就已有發達的占卜文化和與中原相同的占卜習俗。統治者們習慣並喜歡讓巫師燒灼龜甲，以此觀察兆紋來預測吉凶。大凡遇到祭禮、征伐、田獵、使命、往來、年節、婚喪娶嫁等大大小小的事情，古蜀國的上層統治階級都必須占卜測算。成都地區已發現過卜甲的商周遺址，散布於包括以十二橋命名的十二橋、方池街、指揮街、岷山飯店、撫琴社區、將軍衙門、軍區第三招待所、新一村等等十幾個大小不同的遺址。且各遺址發現的卜甲數量眾多，龜的種類也包括陸龜、黃緣閉殼龜、烏龜等，形成了與中原地區在功能與意義上基本相同、相通，但又有自己特色的古蜀龜殼式占卜文化。

當然，任何一種文化的發生發展都是跟它所涉及的物質基礎分不開的。古蜀地區占卜文化的盛行，應跟成都平原曾經大量產龜不無關係。前些年，地質工作人員曾在自貢市郊區侏羅紀地層裡，發現四川地區最早的一批龜化石，距今已有一億兩千萬年左右的歷史。據地質水利專家考證，在三四千年以前，成都平原江河密布、湖沼眾多，各式各樣的龜還在河灘上留下無數蹣跚的腳印並產下小小的蛋。於是，古蜀人對龜類崇拜的習俗被慢慢培養了起來。

據成都圖書館的學者蕭平說，幾千年前的十二橋遺址和相繼崛起的金沙遺址宮苑中，可能就養著許多大小不

一、品種各異的烏龜。這些龜當然不是在河灘或汙泥中滿地亂爬的那種，大都是名貴品種，是蜀王統治下的各部族首領進貢而來的。據《甲骨文簡論》一書統計，武丁時期，中原商王就收到各地的龜甲貢品一萬兩千版。蜀王雖然沒有商王那樣家大業大，但他本人生活在盛產龜的國度，想來「貢龜」也一定不會太少。

在日常生活中，漸漸被人們神化了的龜不但和人類的生死禍福密切相關，而且在傳說中還和成都古城的關係異常緊密，並產生過一段流傳千古的奇緣。據說這段奇緣發生於秦滅蜀之後的一段時期。秦惠王命令駐守在成都的秦國征蜀總司令張儀，集中財力、人力修築成都大城，要把被中原人視為「蠻夷之地」的成都建成一座高標準、高品質的超級都市。接到命令之後，張儀決定不惜一切代價把都市建成。於是，他手下的一幫文臣武將，很快就招來全城最優秀的建築設計大師、工匠和無以計數的民工開始築城。但是城牆每築一次，就坍塌一次，無論怎樣翻著花樣折騰都築不起來。張儀望著這個場景，既感到生氣又有些納悶，便一個人悄然來到城邊緊皺眉頭向遠處觀望。

這時，前方突起一道白霧，接著「忽有大龜浮於江」面。這大龜在水中抬起頭看了張儀一眼，奮力游到了東子城的東南角，長長的脖子伸出江外，核桃大的眼睛流著青綠色的淚水，朝張儀長嘯兩聲，然後猛地翻了個身，露出白白的腹甲，絕氣而亡。張儀望著眼前的一幕，先是驚訝，接著感到有些不可思議，再接著是一股莫名的傷感襲上心頭。他陰沉著臉，悄悄地返回駐地，命人找來巫師，將剛才所見敘說一遍，詢問這是一種什麼徵兆。

巫師思索了一會兒道：「天機不可洩露，洩露者必死。這隻烏龜是為了幫您建城而以身殉難的。現在您就命人沿著大龜游動的路線築城，即可大功告成矣！」張儀聽罷半信半疑，遂抱著試試看的想法依計而行。想不到一試果然成功，再也沒有像從前那樣發生坍塌事故了。因為有這段頗具傳奇色彩的經歷，也為了紀念這隻老烏龜的捨生取義之功，人們最初把成都城稱作「龜化城」。

具有神話色彩的故事自不能當作真實的歷史來解釋問題，但張儀築造龜城卻是事實。關於成都最早建城事，據四川學者任乃強說：開明氏稱帝時，蜀國都邑已由郫邑徙居新都（今新都縣名未改，言新都以別於舊郫），又向南展拓為廣都（故邑在今成都市東郊沙河堡、中和場地界）。迨治水功成，乃定都於大隳山下的赤里街，是為成都。故《華陽國志》云：「蜀以成都、廣都、新都為三都，號名城……開明王自夢郭移，乃徙治成都。」這個記載未明確指出是哪一代開明王。按上文所述，可能指的是第九世的開明帝，因為只有到了他這一代，才「始立宗廟，易服色」。這個改革開放的時間，大概就是在徙都之後才一步步完成的。那時的成都可能還只有郭，無城，故叫「赤里街」。其故址在今城北二十里昭覺寺附近，略與砂原齊平的黃土隴上，故曰赤里。秦滅蜀後，張儀築龜城，為蜀郡治，亦只在今城北的駟馬橋附近。唐代又徙向南。今天的成都城乃明代所築，較唐代之城又向南做了擴展。

血脈總相連

從地理位置看，無論是開明王建造的「赤里街」，還是張儀修築的龜化城，繼之唐、宋之後崛起的新城，都和金沙遺址近在咫尺。也就是說，金沙遺址是已發現的成都城最古老的城址，是整個長江上游和中國西南地區繼三星堆遺址之後，又一處最為重大的考古發現。它的意義不只是對一座城市的研究至關重要，更重要的是它大大地拓展了整個巴蜀文化的內涵與外延，為探索古蜀文明發展的歷史提供了大量難得的實物資料。

透過金沙遺址的考古發現，結合成都平原先秦考古挖掘與研究成果，考古學家初步認為，金沙遺址的時代上限可至寶墩文化（西元前一七〇〇至前二五〇〇年）時期，下限可至春秋時期。其主體文化遺存的時代當在中原地區的商代晚期至西周早期。金沙遺址附近的區域，以前曾發現過大量商代至西周時期的文化遺存，如位於金沙遺址北部的黃忠村遺址，就曾發現過與金沙遺址主體文化同一時期或稍晚的墓葬、陶窯和大型建築遺址柱洞等。

而在金沙村的東部、南部也曾發現同一時期的文化遺跡多處。從考古學的劃分來看，此前挖掘的三星堆遺址，文化最燦爛的時期約為商代中期。也就是說，金沙遺址的主體文化處於古蜀文化分期的中段。它晚於三星堆文化而稍稍早於成都市區一九八五年年底發現的另一處古文化遺址——十二橋文化。

有了金沙遺址的發現與挖掘，結合成都平原的寶墩文化、三星堆文化和十二橋文化的研究，就可以把成都平原新石器時代晚期到戰國時期的歷史文化脈絡連接起來。這對蜀文化的發生、發展、演變過程的歷史追索和學術研究，具有里程碑式的重大意義。因為有了這樣的發現和研究成果，遂使此前不被國內學術界當一盤菜來看待的偏遠落後地區，一躍成為中國文明的起源與發展研究的重要區域之一。當然，金沙遺址的意義不只這些，透過對其不斷的挖掘與研究，還可以在相當大的程度和範圍內揭示金沙遺址與三星堆遺址二者之間的關係，並有助於加深對三星堆遺址以及兩個器物坑性質和出土器物文化內涵的認識，破譯古蜀文化遺留給後世人類的許多未解之謎，對建立整個商周時期成都平原先秦考古學年代序列和文化譜系，具有劃時代的意義和決定性的作用。

就金沙遺址本身而言，其豐富的文化遺存、精美的器物造型、發達的冶煉技術和高超的製玉、製陶工藝，以及複雜的聚落布局，包括宮殿區、宗教禮儀活動區、一般居住區和墓地等遺跡現象的發現，凸現了金沙先民高度發達的文明，揭示了中國青銅時代西南地區較為發達和最具魅力的區域文化。此一獨特且富有鮮明個性特點的文化，作為中國青銅文化重要的有機組成部分，又當之無愧地成為世界青銅文化大家庭中的一朵奇葩，在豐富中國與世界的多元性青銅文化寶庫的同時，也成為繼三星堆遺址挖掘之後，世界學術界關注和研究的熱點之一。

眾所周知，中國古代祭祀活動有著悠久的歷史和獨特的思想、文化與具體的操作儀式。金沙遺址所在的商周時期正是祭祀活動最盛行的黃金階段。這種活動構成了當時古蜀國社會生活中，最重要和不可或缺的組成部分。據朱章義等人員的考古勘察，金沙遺址祭祀區規模宏大，所探明的面積已達到了一公頃以上。從已挖掘的區域看，祭祀活動頻繁，方式獨特，品種繁多，文化堆積厚度高達四公尺以上。從出土的祭祀遺物所展現出的特點來看，各個小型區域出土的文物相對固定，沒有大面積混亂局面出現。這種格局當是由不同時間、不同內容的宗教祭祀活動所致。除此之外，考古人員還在金沙東北八公里處的羊子山，發現了同時期的三層祭祀台。這一切充分反映了古蜀國祭祀活動的頻繁和宏大氣派。

除祭祀的功能之外，金沙遺址出土的遺物還具有多元性特徵，與周邊地區古代文化之間有著千絲萬縷的聯繫。從出土的玉鉞、玉戈及玉器上的多種紋飾可以看出，商周時期成都平原和中原地區的關係十分密切。具有良渚文化特徵的十節神面紋玉琮、玉箍形器等珍貴器物的出土，儘管其中內含許多未解之謎，但卻以鮮活的實物，證明了長江上游和下游地區早在三四千年以前就已經有文化交流。而出土的一件玉圭形器，周身陰刻的連體獸面紋，就與中原地區西周早期銅鼎上的獸面紋基本一致。出土的銅容器圈足上的紋樣，以雲雷紋為底，上面再飾以夔紋。這些都是受中原商文化與周文化影響的結果。至於那些凹刃鑿形器、玉斧形器、有領玉璧形器等出土器物，則與東南亞地區青銅時代出土的同類器物及裝飾風格非常相似。這就從另一個側面反映了商周時期成都平原和東南亞地區的古代文化之間已有了交往和相互影響，對於探索商周時期成都平原與東南亞地區青銅文化以及其他諸文化的關係，有著其他遺址無法替代的重要作用。

就金沙遺址與三星堆遺址的文化特徵以及性質比較而言，金沙遺址出土的金器、銅器、玉石器等珍貴文物絕大部分都是禮儀性用器，與宗教祭祀活動有關，其總體風格與三星堆祭祀坑出土的器物相一致。如金面具、金王冠帶、銅立人像、銅環形器、銅方孔形器、玉璧、玉璋、玉戈、玉鑿、石蛇等，均與三星堆祭祀坑出土的同類器物在造型風格和圖案紋樣上基本相同。此一相同的文化特徵，顯示該遺址與三星堆遺址有著極為密切的淵源關係。金沙遺址出土的金面具和三星堆出土的青銅面具在造型和風格上基本一致。兩者均保持遠古祭禮的神祕威儀，特別是那條令人怦然心動的金冠帶所鏨刻的細膩魚鳥花紋，與三星堆金杖上的圖案彷彿出自一個工匠之手。有的學者認為此金冠帶和三星堆的金杖可能為同一個蜀王所擁有，只不過金杖是握在手裡，而金冠帶則是環繞在皇冠之上的飾物罷了。

最不可思議的是，金沙遺址大量象牙和動物骨骼的出土，也與三星堆祭祀坑的象牙與動物骨骼無甚區別，加之兩處器物的埋藏均較為集中，因此當這批器物被挖掘並集中展示時，就構成了一種考古學文化的基本面貌。凡是目睹過金沙遺址考古學文化面貌的學者，無一例外地認為，它跟三星堆遺址一定有著密不可分的隱祕聯繫。三星堆文明的猝然消失，曾引發學術界長久不息的論爭，金沙遺址的橫空出世，則使這個懸念和謎團終於有了破譯的可能和撥雲見日的亮色。與此前林向等學者們想像大同小異的是，三星堆文明由於突如其來的洪水或戰爭消亡之後，這個王國的倖存者陸續遷徙到以金沙遺址為中心的寬闊地帶，並讓三星堆文明在血與火的洗禮中得以延續和重建。可以說，金沙遺址是三星堆文明突然消亡之後在成都平原腹地的再次復活，是商代中期正處於鼎盛的古蜀王國在遭遇一場天崩地裂的突變之後，於劫難的灰燼中重新燃起的希望之火。

當然，金沙遺址所顯現的文明特徵也有與三星堆文明不盡相同之處。如金器的多樣化，石跪坐人像、石虎、石蛇等數量眾多的石圓雕像。這在三星堆未見出土，在中國則屬首次發現。除此之外，那數以噸計的象牙更是罕見。三星堆遺址以青銅器見長，而金沙則以玉器見長。金沙出土的玉器不僅數量眾多，且十分精美，其中大型玉琮的出現又讓人想起良渚文化，並對二者的文化交流進行思考和追索。那巨型卜甲的發現則又把金沙遺址與稍晚的十二橋文化連接起來……

當然，從文明的產生和發展規律看，這些現象的出現並非偶然。任何一種文明都不是孤立和突然冒出來的。它必有內部和外部的推動力量，也必然離不開大地的滋潤和它身處那個環境中的文化浸淫。據考古人員透露，整個金沙遺址的挖掘尚未過半，許多未知的文化面貌和因素亦未被揭示出來。要對此一面積巨大、內容龐雜、文化精深的古代遺址，在短時期內做出全面的分析和判斷還為時尚早，即使是經驗豐富的考古學家，也無法預測和斷言此處是否埋藏有類似三星堆青銅神樹和大立人像那樣巨型的商周時期的青銅製品，或者還有比三星堆遺址更多、更美、更珍貴，更具學術研究價值的器物發現？這一切都有待進一步的考古挖掘和研究。或許正如著名考古學家林向所期望的：「我們仍將寄希望於未來的考古發現。可以相信，在不久的將來，這裡將爆發出更加驚人的考古新聞！」

末章

悲回風

就在金沙遺址的發現、挖掘取得初步成果，並在中國內外引起震動之時，三星堆遺址的出土文物已堂而皇之地走進博物館，開始登台亮相，對外展覽了。

一九八七年五月，四川省委宣傳部部長許川針對有關部門做出「進一步保護好三星堆遺址」的批示。隨後，四川省、德陽市、廣漢縣三家文化部門正式確定了三星堆遺址的重點保護區域和一般保護區域。同時決定拆遷遺址內所有的磚瓦廠。與此同時，三方提出就地建立「三星堆遺址博物館」和籌建「三星堆工作站」的初步構想。

此時廣漢縣打報告向省裡索要的搬遷費仍沒著落，對於磚瓦廠的拆遷問題，在省、地、縣三方協商之時，廣漢方面藏而不露，當場答應。但協商過後，卻把這個棘手的難題推到省文化廳頭上。省文化廳深知此一工作的難度，便指示省考古研究所出面與當地具體協商解決。省考古研究所的負責人趙殿增自知使命難違，便做了一番思索與謀畫。他令陳德安以三星堆考古隊隊長兼工作站籌備處主任的名義，把此前由省、市、縣三方文化部門在協商中做出的搬遷決定，向當地磚瓦廠的廠主和民工們予以通報，希望對方儘快做出抉擇。

這些磚瓦廠的廠長及民工們，在經過反覆權衡之後，決定組成上訪隊，先到縣再到省，挨家挨戶討說法——要磚瓦廠搬家可以，但必須拿出一筆搬遷費和安家費，否則不搬。

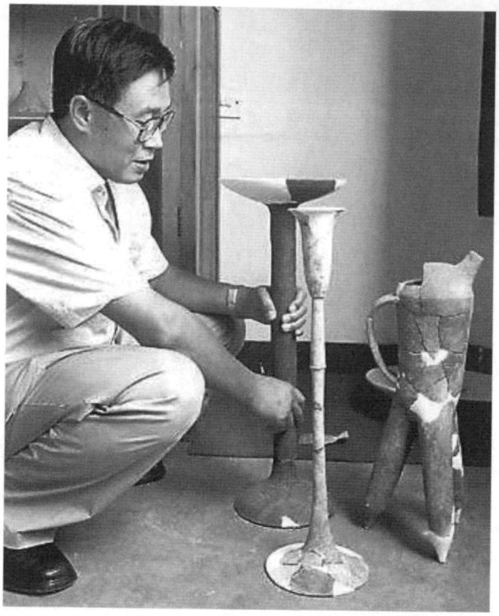

陳德安整理修復三星堆遺址出土的器物

這支上訪隊來到廣漢縣文化局後，說明了原因和要求，但沒獲得正面回應。於是他們又轉往四川省文化廳，但依然沒結果。最後來到省考古研究所，經陳德安一番好言相勸並設宴款待，才又各自解散。

兩個月後，四川省省長蔣民寬到廣漢視察工作，在視察三星堆遺址時，廣漢縣委書記葉文志提出了磚廠搬遷經費落實問題，希望這位即將調往北京的省長給予特事特辦的關照。回到成都後，蔣省長指示財政方面立即撥款給廣漢，以支持三星堆磚廠搬遷事宜。廣漢方面接到這筆款項後，為所有的磚廠進行了搬遷賠償與重新安置。從此之後，三星堆遺址的保護方案得以落實。一九八八年一月十三日，三星堆遺址被國務院正式批准為全國重點保護單位，從而得到了更高規格和更具安全度的保護。

既然遺址已成「國保」單位，兩個祭祀坑出土的器物大部分已清理、修復，那麼蓋博物館的事就成為一件緊迫的議題。因為從整體形勢來看，只有把博物館蓋起來，三星堆出土的文物才有可能重新回到廣漢。

一九八八年六月二日，四川省文博界的行政官員與專家學者聚集在廣漢外賓樓，與廣漢縣的相關人員首次討論博物館的館址和館名問題。經過一番爭論，方案終於被確定下來，最後定名為三星堆遺址博物館，館址建在三星堆遺址之內。

一九八八年八月十一日，四川省編制委員會批准在廣漢建立三星堆遺址博物館，隸屬廣漢縣文化局（後升格為副縣級單位，直接隸屬於縣政府）。一九九〇年三月三日，廣漢縣政府邀請有關方面舉行三星堆遺址博物館設計方案論證會。最後選定西南設計院的「蝸牛」方案——這就是後來建成並用於對外展覽，並被大家笑稱鴨子河邊一隻蝸牛的三星堆博物館主體建築。

又經過近一年的折騰，籌建博物館的事總算有了一個大體的輪廓。前期的基本工作已經做完，可謂萬事俱備，只欠東風。這個「東風」包含缺少金錢，還有就是凡在「國保」遺址之內建造博物館，必須有國家文物局的批文，方能動工興建。

一九九一年春，文化界老將敖天照與博物館籌備處一位臨時負責人同赴北京，向國家文物局當面彙報，陳情蓋博物館所具有的重大歷史與現實意義。但文物處處長黃景略說：「蓋博物館也不是不可以。既然是遺址博物館，就要把遺址盡可能地搞清楚。你們回去跟省考古研究所商量，至少把城牆的事弄明白，什麼時候把這個事搞清楚了，再申請蓋館的事，否則這個館不蓋也罷。」

敖天照等二人聽罷這一錘定音性質的發言，雖心中壓著火氣，但不好當場發作，深知自己無力回天，只好哼哼哈哈地點頭答應著，頗為尷尬與惱怒地走出了國家文物局。

回到四川後，敖天照等二人將北京之行向省、縣有關部門做了彙報。省、縣官員深感無奈，只好再和省考古研究所趙殿增協商，令陳德安、陳顯丹等繼續對三星堆遺址進行勘察挖掘。經過近一年的努力，取得了豐碩的成果。特別重要和關鍵的是，在遺址的西部發現了城牆，經過部分試掘和解剖，發現大量與城門有關的柱洞和其他建築遺跡，從而使三星堆古城牆在學術界首次獲得了確切的肯定。

既然古城牆已發現並被學術界認定，從東、西城牆的間隔與規模等跡象推斷，此地作為古蜀國某個時代的都城，是不會出現大的偏差的。至於是屬於魚鳧還是杜宇，或者是開明，仍然難以做出最後的結論。儘管如此，廣漢方面還是再度打起精神，要解決蓋博物館的最後一道障礙——錢的問題。在首先以東道主的身分召開一場百餘人的國際學術討論會之後，又輾轉透過關係，想將三星堆遺址出土文物運到日本東京、廣島、長崎等地進行付費展覽。但最終因國家文物局的不批准而不果。

為此廣漢方面大為光火，盛怒之下便不再顧及建館的事宜是否得到上級有關部門的批覆，於一九九二年八月二十八日，在三星堆遺址北部，靠近鴨子河的河灘上，舉行了聲威浩大的三星堆遺址博物館奠基儀式。

一九九三年四月，國家文物局發下「關於建立三星堆博物館有關事項的批覆」的文件，最終同意了廣漢方面的申請，在三星堆遺址建立三星堆遺址博物館。

一九九四年七月，由中央、省、縣三方投資興建的三星堆遺址博物館主館興建工程竣工。同年九月，三星堆考古工作站陳德安等考古人員，在遺址內發現了苦苦追尋十幾年的南城牆。至此，除北城牆可能被鴨子河沖毀外，三個方向的城牆全部找到並透過挖掘得到了確切的證實。已探明的三星堆古城區範圍面積達到三平方公里以上。

一九九七年七月四日，經四川省有關方面討論決定，將原定的「三星堆遺址博物館」更名為「三星堆博物館」，同時把開館時間定在一九九七年十月二十六日，即在成都召開的第五屆中國藝術節開幕的次日。

當這個決定下達後，廣漢方面極度興奮，一邊加緊對外部園林和附屬設施的建設，一邊向省政府打報告索要正在省考古研究所修復的三星堆遺址出土文物。為此，省政府辦公廳專門召集省文化廳、省考古研究所與廣漢方面的負責人開會協調，並請考古研究所儘快交出文物。儘管這時省考古所的趙殿增已不再擔任主要職務，但他制定的基本戰略決策沒有多大的變化。於是，繼趙殿增之後而上任的考古研究所負責人，仍然延續趙殿增當年制定

左：1996 年 9 月，三星堆出土文物在英國倫敦大英博物館展出時的排隊盛況

右：三星堆博物館奠基典禮

的基本戰略戰術，以「文物正在修復，已修復的部分文物大多都在國外展出尚未運回」為由，把廣漢方面的請求和省政府協調人的要求暫時擋了回去。

當此之時，三星堆出土的文物的確是在緊鑼密鼓的修復之中，同時有一少部分文物正在國外展出。這個展覽由國家文物局和中國歷史博物館主辦，名為「中國文物『人與神』特展」。由於三星堆文物巫術特色較重，看上去頗有些神裡鬼氣，便特地挑選了青銅大立人像、縱目人面具、太陽器、牙璋、銅尊等二十多件器物隨團展出。這批文物於一九九五年六月始，先後在德國的埃森和慕尼黑、瑞士的蘇黎世、英國的倫敦、丹麥的路易士安娜等城市的文化藝術場館巡迴展出，至一九九七年秋季才全部結束，時間長達兩年餘。

巡迴展覽大獲成功。前幾年由於國家文物局黃景略等人的阻撓而吃了閉門羹的日本方面獲此消息，立刻火速派員祕密潛入成都，悄悄與當地文化官員磋商，希望三星堆文物能在日本展出。磋商結果，中國方面同意於三星堆博物館正式開館之後，打破三星堆文物沒有單獨到海外展出的先例，允許這批出土文物中的精品赴日展出。

當大部分條件談妥後，日本方面派出一個先遣隊來到成都，先行察看文物，計定包裝計畫，商討運輸線路、文物保險等事宜，並帶來攝影師，為預展的文物拍照，以便做展出前的宣傳工作。此時，三星堆出土的部分文物正在省博物館展廳對外展出。中國方面派出四川省考古研究所修復專家楊曉鄔等人負責監督和協助日方的拍攝工作。

照楊曉鄔等專家的要求，展廳中的文物在拍照時，必須在地上加鋪軟墊，且由中方人員親自動手移動文物。因為就這批文物的材質、習性以及修復後器身各部位的承受力等等，楊曉鄔等修復專家瞭若指掌。在移動時他們會注意到每一個部位，每一個細節，不至於造成大的閃失。但幾個日本人特別是年輕氣盛人高馬大的攝影師卻不吃這一套。他將幾張白紙鋪在展廳的硬質水磨石上，置楊曉鄔多次建議於不顧，並膽大包天地撇開中方人員，開始和同伴把一件又一件文物，搬來倒去來回調整位置以便拍照。當攝影師對著一件玉璋拍了幾張之後，感覺不甚滿意，於是放下相機親自上前拿起玉璋來回翻騰，以便調整出一個最佳的角度。意想不到的是，就在他一恍惚間，沉重的玉璋突然脫手，「咣」地一下掉在了鋪有兩層白紙的水磨石地面上。隨著「砰砰」幾聲清脆的響動，玉璋當場被摔成幾截，四散於地下。

眼看著文物被摔碎，中方人員無不驚駭，一個個瞪大了眼睛看著對方和腳下的器物，心中迸發出痛楚與怨恨之情。但日本的那位攝影師仍像什麼事情也沒有發生一樣，滿不在乎地站起身，準備繼續拍攝這件玉璋。楊曉鄔等人當場以東道主的身分高聲喝令對方停止一切操作，開始針對這件玉璋做各方面的善後處理工作。正在眾人面帶驚恐之色分頭忙碌之時，無事可做又頗感無聊的日本攝影師，從身旁一個同仁手中要過了中日雙方簽署的文物保價單，當翻到這件玉璋時，保單上清清楚楚地填寫著三千五百萬美金。這位攝影師看罷，嘴猛地大張，眼珠往上一翻，腿一軟，如同被颶風驀然拔起的電線杆，在空中搖擺晃動了幾下，噗通一聲跪到地上，手裡那疊保價單飄飄悠悠地落到了被摔碎的玉璋上。

此前這位攝影師絕沒有意識到，這件通長六十五公分的玉璋，竟是國寶級的極品文物。他不可能知道，在三星堆兩個祭祀坑出土的所有玉璋中，這件器物不僅形體較長，製作工藝精美絕倫，更重要的是它兩面均飾有人像

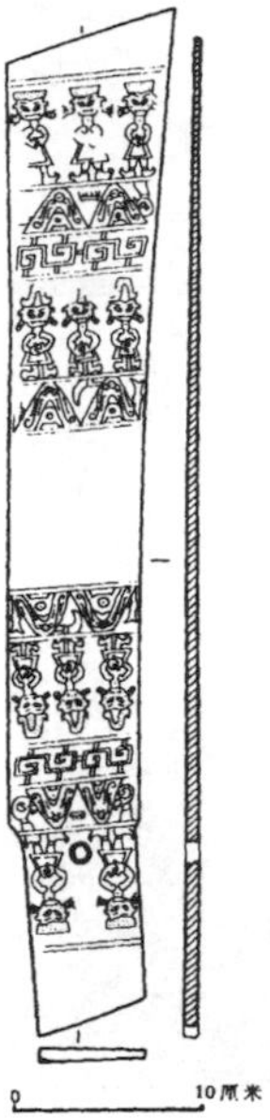

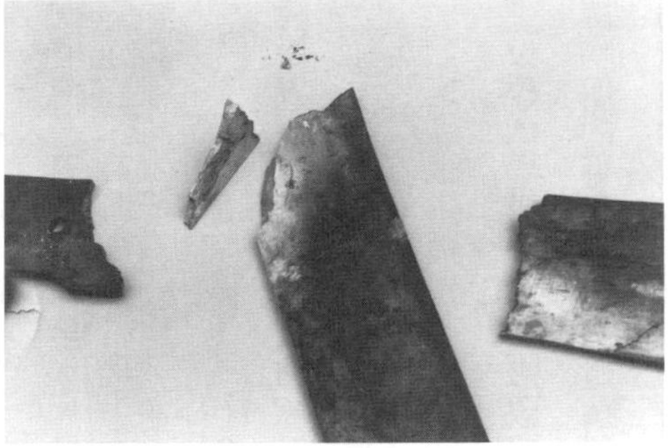

左：玉璋摹圖
中：日本攝影師拍攝的三星堆出土玉璋
右：玉璋摔碎的情況

和其他形態的圖案，揭示了古蜀人祭祀活動的祕密，具有豐富的文化內涵和學術價值。正因如此，它才與同坑出土的青銅大立人、青銅神樹等器物，均被視為極品，對外展出的保險費也高達三千五百萬美元，折合人民幣近三億元的天價，成為中國所有單件出土文物保價價位之最。而同一時期舉世聞名的秦始皇陵兵馬俑中的極品——將軍俑，對外展出的保價僅為五百萬美元，馬俑為兩百五十萬美元。由此可見這件玉璋的價值之高。

國寶級的極品玉璋已被摔碎，不可一勢的日本人倒地不起，接下來的工作就是中日雙方重新談判。最終的結果是日本方面針對這次重大損毀文物事故給予經濟賠償。這次事件之後，與日本方面的合作仍在友好與愉快的氣氛中繼續進行，雙方都在耐心與默契地等待三星堆博物館開館之後，中國的文化瑰寶敲開日本博物館大門的那一天。

當與日本方面的糾葛與前期合作暫告一個段

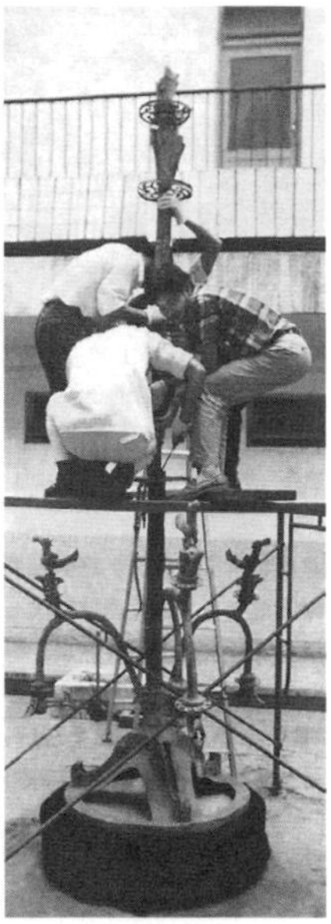

考古人員在工作站內修復出土的青銅神樹

落之後，時間已到了一九九七年的十月。此時的三星堆博物館一切布置妥當，真正是萬事俱備，只欠東風。這個「東風」當然就是兩個祭祀坑出土的文物。但儘管廣漢方面派出博物館的人員在省政府、文化廳、考古研究所三方之間來回穿梭，卻毫無成果。而攻擊的重中之重——省考古研究所，卻如同一塊巨型橡皮一樣不軟不硬。在焦急與無奈中，廣漢方面決定一方面從考古研究所發表的資料中尋找突破口，另一方面，向省考古研究所保證，只要對方交出文物，每年可享受博物館門票收入20%的分紅，以用於文物的修復和今後三星堆遺址的繼續挖掘和研究。

省文化廳與省考古研究所經過一番磋商，在權衡利弊之後，也做出了決定。考古研究所出面承認已經修復完成對方登記冊上的文物，但這些文物在修復後仍需一段時間的觀察和保養，方能拿出來對外展出。同時對20%門票收入分紅這一提案堅決予以拒絕。

拉鋸戰持續到一九九七年十月二十日的時候，形勢發生了急劇變化。四川方面接到中央的正式通知，稱中共中央政治局常委、全國政協主席李瑞環於兩天之後的十月二十二日抵達成都視察工作，其中有視察新建的三星堆博物館的行程。面對這個通知，四川省高層經詢問具體操辦的下級官員，在得知三星堆博物館內部除了幾個亮著的燈泡和幾隻在牆角無目的地來回爬行的蜘蛛外，只有極少的一部分文物。省長當場做出批示，令省文化廳、省考古研究所立即無任何條件和理由地交出已修復的文物，運至三星堆博物館緊急布展，以高品質的文物和陳列方式，迎接李瑞環的視察。

省考古所所長無奈中命人打開保存文物的倉庫，凡修復完工的文物幾乎全部被搬走。處於被動地位的省考古研究所，在這次文物爭霸中再次失手，落了個一敗塗地的下場。一場轟轟烈烈的文物爭奪戰，以李瑞環的到來為契機，就這樣偃旗息鼓，再度合上了它的高潮大幕。

繼李瑞環到來之後，一九九七年十月二十六日，三星堆如期開館。從此三星堆遺址特別是兩個祭祀坑出土的文物走出深閨，讓中國和全世界一睹它的曠世風采。

既然三星堆博物館已經開館，達到國家文物局黃景略處長要求的「讓中國人先看，然後才是外國人」的目的，那下一步就該是帶著瑰寶去撞擊日本博物館大門的時候了。於是，根據此前達成的協議和默契，日本方面以「《朝日新聞》創刊一百二十周年暨朝日電視開播四十周年紀念大會」為引子，邀請四川方面攜瑰寶前往祝壽。由於事情複雜，牽涉到諸多方面，必須由幾家合作才能成行。四川省文化廳、考古研究所與三星堆博物館摒棄前嫌，在三方將各自的利益分享以及應盡的義務等等談妥之後，從三星堆出土文物中挑選出包括青銅大立人、青銅神樹等最為珍貴的兩百八十五件精品，於一九九八年四月首次漂洋過海，開始在日本的東京、京都、福岡、廣島等地巡迴展出——這是舉世矚目的三星堆文物出土之後，真正以專題的形式，用大規模、高品質、高品味的展品，首次敲擊海外博物館的大門。

日本的巡迴展出於同年十二月六日結束。當這批文物重新回到三星堆博物館時，短暫的合作隨之結束，三家分晉、裂土割地的格局業已形成，接下來就是新一輪的爭奪戰。

廣漢方面望著三星堆博物館自開館之後，前來參觀的人流如鴨子河暴漲的河水洶湧而來，深感這座無煙工廠的威力和實惠，已遠遠超越了當年在三星堆建起的十幾個磚瓦廠。在春風滿面，彈冠相慶，開懷暢飲之時，他們仍沒有忘掉當年在三星堆兩個祭祀坑出土的文物中，還有一些留在省考古研究所。如不把這批漏網之魚全部打盡，當然算不得完璧，也稱不上是全面勝利。於是，廣漢方面發出了對省考古研究所最後一戰的口號，聲言要不惜一切代價，讓對方無條件地交出最後一批三星堆文物。

省考古研究所聞聽此事，雖然大為惱火，但考慮到目前的情勢，經研究，向廣漢方面提出要修復、移交剩餘的文物是可以的。唯一條件是把當年由廣漢方面提出的，把博物館每年門票20%的收入作為紅利由考古研究所享有。對方一聽，給予嚴辭拒絕，並表示道：那些都是老皇曆了，今天再提起就明顯有些不識時務。

接下來的日子，雙方邊打邊談，各有進退，一路下來又耗掉幾個年頭的時光。二〇〇一年，隨著金沙遺址的發現和媒體的炒作，三星堆遺址與三星堆博物館也隨之升溫。廣漢方面借此東風，又在原有的基礎上闢出一個新館，希望把留在考古所的剩餘文物修復後擺在新館展出，並再次委派高規格的代表團找考古研究所談判。與此同時，廣漢方面還調整戰略戰術，一舉打通省文化廳的各個關節，並透過文化廳向省考古研究所直接施壓，以達到促使對方無條件就範的目的。但省考古研究所堅持所開之條件，其餘免談。對於這個要求，廣漢方面自然不會輕而易舉地答應，雙方再度陷入欲進不能、欲退不休的膠著狀態。

而此時，省考古研究所設立的三星堆工作站，因缺少經費的支持，已有幾年沒有在遺址區內開展勘察或挖掘的業務，工作站本身的立足生存已成亟待解決的燃眉之急，考古勘察與挖掘便無從談起了。原省考古研究所主持三星堆文物修復的首席專家楊曉鄔，已在無休止的論戰中，黑髮人熬成白髮人。此前，經過十幾年的探索、學習以及與修復界高手的相互交流，楊曉鄔已對三星堆出土文物的內涵與精髓，有了比較全面而深刻的把握，並把出土器物按照不同的內容與內涵排出了系列。

事實上，省考古研究所倉庫中殘留的那一部分文物，並不是廣漢方面有些人所想像的僅僅是一堆並非珍貴的破銅爛鐵。恰恰相反，這一少部分文物同樣是整批文物陣容中的精華，如著名的青銅神壇，就是這批文物中的極品或絕品。遺憾的是神壇在出土時已被燒成炭化狀，上半部全部被燒掉，已無跡可尋，能夠修復的僅是四個側面了。但就這四個側面，以及側面上栩栩如生的圖像，其學術研究價值是三星堆兩個祭祀坑出土的任何一件器物都無法與之匹敵的。當然，除青銅神壇之外，尚有頭頂之冠被燒焦的一件青銅大立人像沒有修復。另外還有一件比已經修復展出的那件俗稱「千里眼」、面部寬一百三十八公分的青銅縱目人像還要龐大、厚重，氣勢還要雄渾、威武的青銅面具——這是目前已知世界上最大的青銅面具。只是這個面具的下半部有幾個地方殘缺，需要用鑄造法進行修復。

而鑄造的工藝又極其複雜繁瑣，所需費用也相當昂貴，這就需要有相當數量資金的投入方能完成。所有這些，除了大量資金的投入之外，還需要有與器物心心相印的專家來承擔修復之責。而此時，能與這批器物心靈相通、血脈相連的楊曉鄔就要退休了，與他一道共事的幾個助手，則另有其他的修復項目和個人興趣，整個心思並不在這批器物之中。這批器物也就自然很難得到及時有效的修復。正如楊曉鄔所言：「這批珍貴的器物，可能還要在倉庫中放下去，也可能是遙遙無期地一直擱置下去了。」

——這就是展現在世人面前的三星堆遺址出土文物的命運，以及十七年來圍繞這批珍貴文物所展開的硝煙不絕、紛爭不斷的結果。

幾乎成為共識的是，世界上任何一個國家，幾乎都將自己的文物和國家命運、民族命運聯繫在一起，視它為國家的象徵。然而，在中國，在中國大地上出土的珍寶呢？那維繫著民族情感與巴蜀文化血脈的三星堆出土文物又是如何呢？想來不能不令人為之扼腕哀嘆。

令人略感欣慰的是，隨著金沙遺址的發現與挖掘的進展，三星堆遺址與出土文物已經引起了世界性關注。二〇〇三年五月十日，新華社對外播發了這樣一條消息：

金沙遺址再次震驚世界

四川省規模最大的一次科學考古挖掘——金沙遺址考古挖掘工作再次取得突破性進展，三千多件珍貴金器、玉器、石器、青銅器、象牙器和數以萬件陶器、陶片的出土震驚了社會各界。該區域占地兩百畝的地下，已探明有數萬平方公尺的文化遺存堆積，神祕的金沙遺址的地下分布情況正逐步明朗。

據考古專家稱，金沙遺址極有可能是三星堆文明衰亡後在成都地區興起的一個政治、經濟、文化中心——古蜀國在商代晚期至西周時期的都邑所在。透過對金沙遺址的挖掘與研究，對建立成都平原先秦考古學文化序列和對巴蜀文化的深入研究，以及破解三星堆文明衰亡之謎等具有重要的學術意義。據初步研究的結果表明，古蜀國統治者在成都附近的活動從原來認為的兩千五百多年之前，向前推進到三千多年之前。

另據可靠消息，由於金沙遺址近期不斷地有驚世發現，已引起國際社會和聯合國教科文組織的極大關注，國家文物局近日已決定將金沙遺址和三星堆遺址聯合申報世界文化遺產。四川省和成都市政府部門已決定重新投入經費，啟動已停止幾年的三星堆遺址的勘察與挖掘，並對原出土的文物進行全面修復和展出。金沙遺址的挖掘和保護也將按照三星堆工作站的模式，在此處建立長期的考古工作站和興建一座大型遺址博物館。

或許，這是一個自一九八六年三星堆兩個祭祀坑挖掘以來，向外界傳遞的最令人振奮，也是最自然和正常的訊息。這標誌著近二十年來，在與文物相關的各方經歷了如此多的風霜雨雪、明爭暗鬥的角逐拚殺之後，一段非正常的悲愴蒼涼的歷史有可能宣告終結，從而在法制規範的社會大背景下，走上以國家利益為最高目標的理性、祥和、自然的坦途。但願此一美好的願望能在新的世紀光照中成為現實。

主要參考文獻

一、著作

《古代的巴蜀》，童恩正著，四川人民出版社，一九七九年出版。
《馮漢驥考古學論文集》，馮漢驥著，文物出版社，一九八五年出版。
《四川上古史新探》，任乃強著，四川人民出版社，一九八六年出版。
《巴蜀考古論文集》，四川省文物考古研究所編，文物出版社，一九八七年出版。
《民國軍事史略稿》（第二卷），姜克夫編著，中華書局，一九九一年出版。
《巴蜀——歷史·民族·考古·文化》，李紹明、林向、徐南洲主編，巴蜀書社，一九九一年出版。
《四川通史》（第一冊），段渝著，四川大學出版社，一九九三年出版。
《三星堆與巴蜀文化》，趙殿增、林向、李紹明主編，巴蜀書社，一九九三年出版。
《中國通史》（第一冊），范文瀾著，人民出版社，一九九四年出版。
《巴蜀文化新論》，林向著，成都出版社，一九九五年出版。
《四川考古論文集》，四川省文物考古研究所編，文物出版社，一九九五出版。
《三星伴明月——古蜀文明探源》，屈小強著，四川教育出版社，一九九六年出版。

《四川考古報告集》，四川省文物考古研究所編，文物出版社，一九九八年出版。
《三星堆尋夢》，樊一著，四川民族出版社，一九九八年出版。
《三星堆——長江上游文明中心探索》，陳德安、魏學峰、李偉綱著，四川人民出版社，一九九八年出版。
《三星堆文化探祕》，劉少匆著，昆侖出版社，二〇〇一年出版。
《三星堆發現挖掘始末》，蕭先進、敖天照、劉家勝、包育智著，四川人民出版社，二〇〇一年出版。
《點擊三星堆》，馮學敏、梅子著，廣東旅遊出版社，二〇〇一年出版。
《三星堆奧祕》，陳顯丹、蕭先進、劉家勝著，四川人民出版社，二〇〇一年出版。
《扶桑與若木》，西江清高主編，巴蜀書社，二〇〇二年出版。
《古蜀文明與三星堆文化》，蕭平著，四川人民出版社，二〇〇二年出版。
《中國古代文明十講》，李學勤著，復旦大學出版社，二〇〇三年出版。

二、論文

〈四川古代石器〉，戴謙和，載《華西邊疆研究學會會志》，一九三六年第四卷。
〈漢州挖掘報告〉，葛維漢，載《華西邊疆研究學會會志》，一九三六年第六卷。
〈古代巴蜀與中原的關係說及其批判〉，顧頡剛，載《中國文化研究彙刊》，一九四一年九月一卷。
〈巴蜀文化〉，衛聚賢，載《說文月刊》，一九四二年第三卷四期。
〈殷代的羌與蜀〉，董作賓，載《說文月刊》，一九四二年第三卷七期。
〈廣漢古代遺址之發現及其挖掘〉，林名均，載《說文月刊》，一九四二年第三卷七期。
〈四川古代文化史·廣漢文化〉，鄭德坤，載《華西大學博物館專刊之一》，一九四六年。

〈寶成鐵路修築工程中發現文物簡介〉，王家祐、張甸潮，載《文物參考資料》，一九五四年三期。
〈四川新繁、廣漢古遺址調查記〉，王家祐、張甸潮，載《考古通訊》，一九五八年八期。
〈巴蜀文化初論〉，徐中舒，載《四川大學學報》，一九五九年二期。
〈四川新繁水觀音遺址試掘簡報〉，四川省博物館，載《考古》，一九五九年三期。
〈四川巫山大溪新石器時代遺址挖掘記略〉，四川長江流域文物保護委員會文物考古隊，載《文物》，一九六一年十一期。
〈記四川彭縣竹瓦街出土的銅器〉，王家祐，載《文物》，一九六一年十一期。
〈廣漢中興公社古遺址調查簡報〉，四川大學歷史系考古教研組，載《文物》，一九六二年十一期。
〈出土文物二三事〉，郭沫若，載《文物》，一九七二年三期。
〈桃都、女媧、加陵〉，郭沫若，載《文物》，一九七三年一期。
〈湖南楚墓中出土的天平與砝碼〉，高至喜，載《考古》，一九七二年四期。
〈記廣漢出土的玉石器〉，馮漢驥、童恩正，載《文物》，一九七九年二期。
〈關於廣漢土坑出土石璧的認識〉，沈仲常、黃家祥，載《成都文物》，一九八六年四期。
〈三星伴月話蜀都〉，林向，載《文物天地》，一九八七年五期。
〈成都十二橋商代建築遺址第一期挖掘簡報〉，載《文物》，一九八七年十二期。
〈蜀酒探源——巴蜀的「薩滿文化」研究之一〉，林向，載《南方民族考古》，一九八七年一期。
〈廣漢三星堆遺址〉，王有鵬、陳德安、陳顯丹、莫洪貴，載《考古學報》，一九八七年二期。
〈廣漢三星堆遺址一號祭祀坑挖掘簡報〉，陳德安、陳顯丹，載《文物》，一九八七年第十期。
〈試析三星堆遺址商代一號坑的性質及有關問題〉，陳顯丹、陳德安，載《四川文物》，一九八七年十期。

〈三星堆祭祀坑會否是墓葬〉，張明華，載《中國文物報》，一九八七年六月二日。

〈成都地區卜甲的初步研究〉，羅二虎，載《考古》，一九八八年十二期。

〈蜀國早期都城初露端倪〉，陳德安、羅亞平，載《中國文物報》，一九八九年九月十五日。

〈成都市蜀文化遺址的發現及其意義〉，王毅，載《成都文物》，一九八九年一期。

〈三星堆一、二號坑幾個問題的研究〉，陳顯丹，載《四川文物》，一九八九年「三星堆遺址研究專輯」。

〈叢林戰舞〉，鄧廷良，載《藝苑求索》，一九九〇年四期。

〈廣漢三星堆青銅器研究〉，陳顯丹，載《四川文物》，一九九〇年六期。

〈廣漢三星堆遺址研究專輯〉，載《四川文物》，一九八九年、一九九二年增刊。

〈三星堆「祭祀坑說」唱異——兼談魚梟與杜宇之關係〉，徐朝龍，載《四川文物》，一九九二年五、六期。

〈三星堆考古發現與巴蜀古史研究〉，趙殿增，載《四川文物》，一九九二年「三星堆古蜀文化專輯」。

〈蜀盾考〉，林向，載《四川文物》，一九九二年「三星堆古蜀文化專輯」。

〈淺談三星堆出土金面銅頭像的修復工藝〉，楊曉鄔，載《四川文物》，一九九二年「三星堆古蜀文化專輯」。

〈魚梟考——也談三星堆遺址〉，胡昌鈺、蔡革，載《四川文物》，一九九二年「三星堆古蜀文化專輯」。

〈廣漢月亮灣遺址挖掘追記〉，馬聚賢，載《南方民族考古》，一九九二年五期。

〈關於三星堆器物坑若干問題辨證〉，孫華，載《四川文物》，一九九三年四、五期。

〈廣漢三星堆遺址海貝的研究〉，莫洪貴，載《四川文物》，一九九三年五期。

〈試論三星堆海貝來源及其影響〉，劉江曙，載《四川文物》，一九九三年五期。

〈三星堆海貝來源初探〉，敖天照，載《四川文物》，一九九三年五期。

〈從月亮灣到三星堆〉，王仁湘，載《文物天地》，一九九四年六期。

〈三星堆文化與二裡頭文化的關係及相關問題〉，杜金鵬，載《四川文物》，一九九五年一期。
〈廣漢三星堆遺址一、二號坑的時代、性質的再討論〉，陳顯丹，載《四川文物》，一九九七年四期。
〈三星堆文化與夏商文化的關係〉，鄒衡，載《夏商周考古學論文集》，科學出版社一九九八年版。
〈三星堆遺址的發現與研究〉，陳德安，載《中華文化論壇》，一九九八年二期。
〈從古代中國看琉球列島的寶貝〉，木下尚子，載《四川文物》，二〇〇三年一期。
〈三星堆話古〉，敖天照、劉雨濤，載《廣漢文史資料選輯》第九輯。
〈三星堆神壇考〉，樊一、吳維羲，載《四川文物》，二〇〇三年二期。
〈三星堆玉石器再研究〉，敖天照，載《四川文物》，二〇〇三年二期。
〈三峽考古瑣記〉，林向，載《四川文物》，二〇〇三年三期。
〈三星堆文明原始宗教的構架特徵〉，趙殿增，載《中華文化論壇》，一九九八年一期。
〈三星堆探索〉，趙殿增，載《中國旅遊報》，二〇〇一年二月九日。
〈一個充滿活力的學科生長點〉，趙殿增、陳德安，載《蘇秉琦與中國當代考古學》，科學出版社二〇〇一年出版。
〈三星堆文化的一個重要特色——神〉，趙殿增，載《中華文化論壇》，二〇〇二年一期。
〈三星堆青銅神壇賞析〉，趙殿增，載《文物天地》，二〇〇二年五期。
〈又一個「三星堆」驚世現成都〉，周其俊、李緒成，載《北京晚報》，二〇〇一年四月三日。
〈金沙遺址的主人是古蜀國王〉，新華社，載《北京晚報》，二〇〇一年四月五日。
〈金沙遺址再次震驚世界〉丁文亞、宋陽，載《北京晚報》，二〇〇一年十一月十四日。
〈繼三星堆後四川最為重大的考古發現〉朱章義、張擎、王芳，載《中國文物報》，二〇〇一年十二月七日。

〈金沙：閃耀古蜀國珍寶的輝煌〉，朱章義、王芳、李緒成、李升，載《中國文物報》，二〇〇一年十二月十九日。
〈成都金沙遺址發現與文物搶救記〉，張擎、朱章義，載《中國歷史文物》，二〇〇二年一期。
〈成都金沙遺址的發現、挖掘與意義〉，朱章義、張擎、王芳，載《四川文物》，二〇〇二年二期。
〈金沙——一個可能是古蜀國都邑的地方〉，王芳、張擎、朱章義，載《文物天地》，二〇〇二年五期。

後記

在採訪與寫作過程中，得到了國家文物局、中國社會科學院考古研究所、中國歷史博物館、北京故宮博物院、四川省文化廳、四川大學考古系、四川省博物館、四川省考古研究所、三星堆博物館等單位的大力支持與說明，同時得到了黃景略、鄒衡、吳九龍、林向、馬繼賢、趙殿增、陳德安、陳顯丹、胡昌鈺、楊曉鄔、王家祐、王有鵬、敖天照、蕭先進、鄧懿梅、張文彥、朱章義、張擎、蕭平、劉鈴、鐘麗霞等專家學者，以及燕道誠四世孫燕氏兄弟的關懷與支持，在此一併表示感謝。

岳南

國家圖書館出版品預行編目（CIP）資料

天賜王國 : 三星堆、金沙遺址發現之謎 / 岳南著 .
-- 初版 . -- 臺北市 : 遠流 , 2020.01
面； 公分
ISBN 978-957-32-8691-2（平裝）

1. 考古遺址 2. 四川省

797.8027 108020988

天賜王國
三星堆、金沙遺址發現之謎

作　　者——岳南
圖片提供——岳南
總監暨總編輯——林馨琴
責任編輯——楊伊琳
特約編輯——黃怡瑗
行銷企畫——趙揚光
封面設計——張士勇
內頁排版——中原造像 葉欣玫

發 行 人——王榮文
出版發行——遠流出版事業股份有限公司
地址：臺北市 10084 南昌路二段 81 號 6 樓
電話：（02）2392-6899 傳真：（02）2392-6658
郵撥：0189456-1
著作權顧問——蕭雄淋律師
2020 年 1 月 1 日　初版一刷
新台幣定價 420 元

ISBN 978-957-32-8691-2

YLib 遠流博識網 http://www.ylib.com
E-mail: ylib @ ylib.com